Shangpinxue
Jichu Yu Shiwu

U0648745

21世纪高等职业教育精品教材 · 工商管理类

商品学 基础与实务 （第三版）

强敏 陆影 主 编

高皖秋 霍霞 张伟 副主编

东北财经大学出版社 大连
Dongbei University of Finance & Economics Press

图书在版编目（CIP）数据

商品学基础与实务 / 强敏，陆影主编 . —3 版 . —大连：东北财经
大学出版社，2025.2 . —（21世纪高等职业教育精品教材·工商管理
类）. —ISBN 978-7-5654-5587-2

Ⅰ. F76

中国国家版本馆 CIP 数据核字第 2025CZ6612 号

东北财经大学出版社出版

（大连市黑石礁尖山街217号　邮政编码　116025）

网　　址：http://www.dufep.cn

读者信箱：dufep@dufe.edu.cn

大连日升彩色印刷有限公司印刷　　东北财经大学出版社发行

幅面尺寸：185mm×260mm　　　　字数：374千字　　　　印张：17.5

2025年2月第3版　　　　　　　　　　2025年2月第1次印刷

责任编辑：郭海雷　曲以欢　徐　群　　　责任校对：刘贤恩

封面设计：原　皓　　　　　　　　　　　版式设计：原　皓

定价：45.00元

第三版前言

2024年的政府工作报告将加快发展"新质生产力"列在政府工作任务的首位。今后一个时期，实体经济面临着如何发展"新质生产力"、赋能商品消费升级的发展机遇。本书以商品质量为主线、案例为先导，从职业素养、知识和能力等角度出发，突出职业教育的特色，按实践需要选取内容，让学生在做中学、在学中做。

本书主要阐述商品学研究的对象和内容、商品的分类与编码、商品品种与商品品类、商品标准与标准化、商品检验、商品质量监督与质量认证、商品包装与商标、商品仓储管理和养护等基本理论知识，并在此基础上介绍食品类、服装类、塑料与陶瓷玻璃类、化妆品类和服务类等具体商品知识。本次修订主要有以下特点：

1.内容选择围绕专业教学标准进行，单元设计重点突出，能够与连锁经营与管理、市场营销、电子商务、现代物流管理、工商企业管理等专业教学需求有机结合，实用性强。

2.突出校企合作、增强实践实务性。为培养高职学生的专业技能，本书在每单元后配有基础训练和实践训练。基础训练主要是对本单元内容的回顾，用来检验学生对课堂知识的掌握程度，评价学生的学习成果。实践训练从企业实际出发，训练学生的实践和综合分析能力，使学生在实训中提高理论知识的运用能力和实际操作能力。

3.编写体例新颖，便于开展线上线下混合式教学。为提高学生的学习兴趣，反映最新教学改革成果，本书在每单元都设计了引例、互动课堂、课内阅读、课外阅读等栏目。通过二维码链接课外拓展资源，学生可以通过扫描二维码的方式方便、快捷地进行拓展学习，也便于教师开展线上线下混合式教学。

本书由安徽财贸职业学院强敏、陆影担任主编，负责大纲编写、全书统稿工作。具体编写分工如下：单元1、单元2、单元12、单元14由安徽财贸职业学院强敏老师编写；单元3、单元4由内蒙古商贸职业学院霍霞老师编写；单元5、单元6、单元7由安徽财贸职业学院张伟老师编写；单元8、单元11、单元13由安徽财贸职业学院高皖秋老师编写；单元9、单元10由安徽财贸职业学院陆影老师编写。其中，食品类、服务类商品的引例和案例等由上海华润万家超市有限公司Ole′精品超市合肥店副店长施欢迎编写。本书既可以作为高等职业院校连锁经营与管理、市场营销、电子商务、现代物流管理、工商企业管理等专业的教材，也可以作为企业经营人员的自学与培训用书。

本书在编写过程中得到了许多单位和老师的支持和帮助，在此非常感谢上海华润万家超市有限公司、安徽财贸职业学院、内蒙古商贸职业学院等单位和老师给予的大力支持，感谢书中所参考的相关资料和书籍的作者，也非常感谢东北财经大学出版社各位编辑对本书的大力支持和辛勤付出。最后，还要感谢教育部和农业农村部乡村振兴人才培养优质校、教育部第二批国家级职业教育教师教学创新团队、安徽省高等学校科学研究项目（哲学社会科学）重点项目：乡村振兴背景下的安徽省农村电子商务高质量发展的路径研究（2022AH052525）及"课程思政"示范课程：连锁企业门店营运管理、陆影教授工作室、安徽省职业教育优质教材、2022年安徽省质量工程项目产教融合实训基地（2022cjrh001）等对本书的资助和支持。另外，本书也是内蒙古自治区教育科学研究"十四五"规划课题："智融合、岗课融通"双翼共筑模块化课程育人模式的实践探索（课题批准号：NZJGH2024513）的研究成果之一。

由于编者水平有限，本书难免存在一些不足之处，恳请专家和读者批评指正。

编　者

2024 年 12 月

Contents

商品学概述

【学习目标】

通过本单元的学习，达到以下学习目标：

知识目标：了解商品学的发展概况，理解商品的概念及构成，熟悉商品学的研究对象和研究方法，明确本课程的学习内容。

能力目标：结合引例、基础训练、实践训练等，培养学生从商品使用价值的角度观察和分析商品，为学习商品学的各单元知识打下基础。

素养目标：结合教学内容、案例资料等，通过互动课堂、案例分析等形式，培养学生利用商品学知识指导社会经济生产及服务大众的意识和能力。

【单元框架】

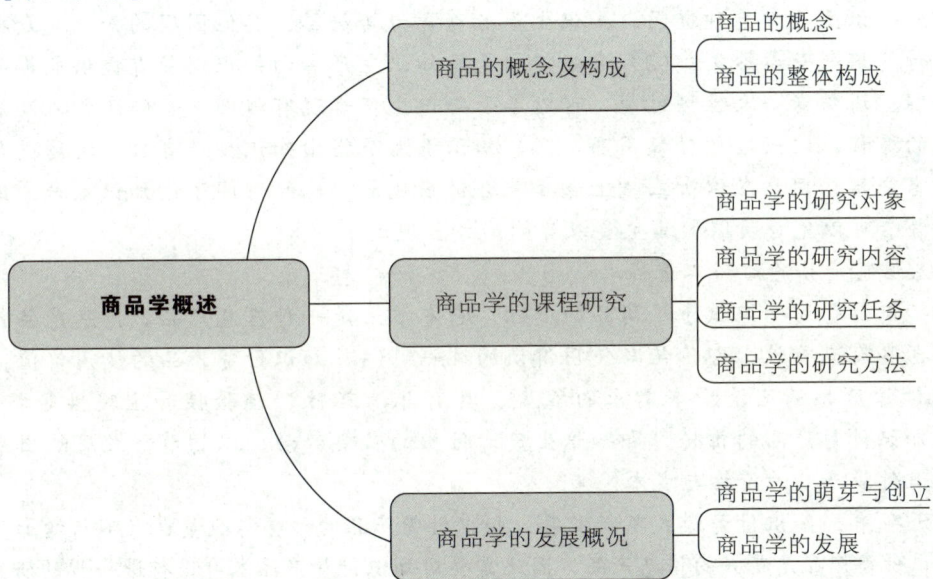

知识付费产品的商品二重性

"知识付费"是近年来的热门话题，2017年中国知识付费产业规模就突破了49亿元，2020年达到了235亿元。将知识视为商品，知识付费即知识的交易，是人们为了获得他人高度提炼的信息服务而进行的付费行为。知识付费是消费者通过付费获取垂直领域的个性化信息和资源，是内容付费和知识共享的后续产物。消费者愿意为更优质的内容和服务付费，生产者收到支付的费用后就能不断改善内容和服务质量。

因此，知识付费可以定义为知识消费者为了满足自身知识需求，向知识生产者付费，获取结构化、高质量知识的模式，是知识共享在新时期结合内容付费特征的进一步发展。

1.知识付费模式

知识付费模式的出现提升了知识共享的效率，知识也因此经历了商品化，成为知识付费产品。通过对现有知识付费平台进行调研和对相关研究进行整理，我们发现知识付费产品目前主要包括付费问答、专栏订阅和知识讲座三种模式。各平台所涉及的模式各不相同，其中微博问答以付费问答为主，喜马拉雅和得到平台以专栏订阅为主，知乎LIVE以知识讲座为主。（1）付费问答是知识消费者支付一定的费用，向知识生产者单独提问，知识生产者负责为其解答，其他围观的知识受众也可以支付费用来查看答案。（2）专栏订阅是指知识生产者向知识消费者提供长期的系列课程，消费者一次性预付费，可以享受知识生产者现有视频、音频课程以及后续更新的课程，比一般预付费用高。（3）知识讲座是指由知识生产者自选主题进行单次内容分享，用户在试听基础上选择是否付费观看，已经订阅了该知识生产者课程的消费者可以免费获取，其主要以音频形式呈现。

2.信息产品的商品二重性

知识付费为知识赋予了商品的属性，它本质上是一种信息产品。信息产品作为商品也具有二重性，即价值与使用价值的统一。（1）知识付费产品的使用价值，即知识付费产品满足消费者需求的程度，具有非消耗性、经验性和主观性等特性。（2）知识付费产品的价值，即知识生产者付出的必要劳动，以货币形式反映出来就是知识付费产品的价格与成本。

近年来，知识付费模式不断发展，知识付费产品的种类与数量也在不断增加。由于知识付费产品是新兴的信息产品，因此需要对知识付费产品本身进行进一步的研究。

资料来源　沈波，蒋岩汐. 知识付费产品研究综述［J］. 商业经济，2021（1）.

1.1　商品的概念及构成 //////////········

1.1.1　商品的概念

商品是人类社会生产力发展到一定历史阶段的产物。商品是一种特指一定范畴的劳动产品，它不同于物品、产品。

1）商品的一般概念

商品是指用于交换、能满足人们和社会某种消费需要的劳动产品。一个物品如果没有使用价值，肯定不是商品。有使用价值但不是劳动产品，肯定也不是商品。如果一个物品有使用价值，也是劳动产品，但是不用来交换也不能成为商品。商品一般具有以下基本特征：

（1）商品是具有使用价值的劳动产品；

（2）商品是供他人消费的劳动产品；

（3）商品是必须通过交换才能实现的劳动产品。

商品具有使用价值和价值两种属性，是使用价值和交换价值的统一体。商品也具有自然属性和社会属性。

互动课堂 1-1

马克思商品概念的两次"术语革命"

从物到商品、从商品到劳动力商品的转换实际上是两次深刻的"术语革命"。通过这两次关键的"术语革命"，马克思对劳动价值论与剩余价值论做了事实性澄清与科学性解析，为实现人类解放的夙愿提供了重要的理论依据与实践指向。

第一次"术语革命"：从物到商品

在资本主义财富生产中，商品首先作为一种能满足人类某种需要的物而被大量生产出来。在马克思看来，商品首先是一种能够满足人的某种需要的"物"，也就是具有使用价值的"物"。马克思从商品的交换价值中抽象出价值，实现了对价值背后的无差别的"幽灵般的对象性"的敏锐捕捉。

第二次"术语革命"：从商品到劳动力商品

如果说从物到商品是马克思政治经济学批判的第一次"术语革命"，那么从商品到劳动力商品则是马克思发动的第二次"术语革命"。劳动力之所以成为商品，这与资本主义生产方式密切相关。劳动力商品同商品、货币、资本一样也具有历史规定性，它是资本主义社会的特有现象。作为特殊商品的劳动力与其他商品相比，在使用价值上具有独特之处。劳动力在消耗过程中，不仅生产出使用价值，还生产出新的价值。

从物到商品、从商品到劳动力商品的过渡，为马克思提出科学的劳动价值论和揭示剩余价值的秘密奠定了必要的理论前提。马克思批判性地继承了古典政治经济学家的观点，并在他们提出的"商品二重物"的基础上创造性地发现了劳动二重性。

资料来源　杨睿轩. 马克思商品概念的两次"术语革命"[J]. 西昌学院学报（社会科学版），2024（12）.

请同学们结合资料思考：（1）商品概念的两次"术语革命"的特征是什么？（2）如何理解马克思商品概念的两次"术语革命"的意义？

2）狭义的商品概念

狭义的商品，一般是指通过市场交换，能够满足人们某种社会消费需要的物质形态的劳动产品，是有形商品。

3）广义的商品概念

广义的商品，一般是指通过市场交换，能够满足人们某种社会消费需要的所有形态的劳动产品。商品的存在形态可以分为物质形态（如生产资料、生活资料等）和其他形态（如劳务形态、资金形态、知识形态等）。商品的主要形态如图1-1所示。

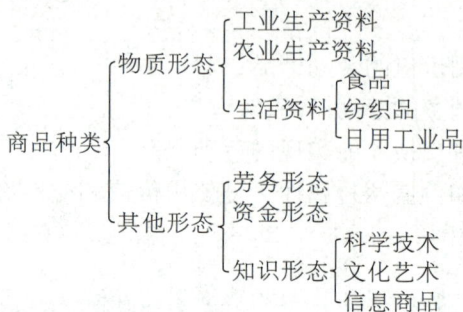

图 1-1　商品的主要形态

课外阅读 1-1

网络信息商品构成

当前，日益复杂的网络空间格局影响着社会生活的方方面面。商品作为社会经济的基本细胞，自然也受到网络的影响。网络商品是指网络上用于交换的劳动产品。信息商品是指具备信息功能的商品。网络信息商品是指依托网络所进行的各种信息商品和服务，按照信息的加工深度不同，可分为一次网络信息商品、二次网络信息商品和三次网络信息商品。

网络信息商品也可以按照载体形式不同，分为有形信息商品和无形信息商品。

（1）有形信息商品是指借助于各种物质载体形式的信息商品，这类商品已经成型或固定，是相对静态的产品，如图书、报告、论文等。

（2）无形信息商品是指各类动态的信息服务，如检索服务、咨询服务、参考服务及各类动态的信息服务，这类信息服务由活劳动构成，含有很高的智力劳动成分。随着网络技术的发展，我们的社会已经步入了大数据时代，数据已经逐渐成为人们最宝贵的财富。

要进一步了解网络信息商品的具体特征，可以扫描二维码查看。

1.1.2　商品的整体构成

1）商品整体的概念

商品整体是指由商品的核心部分、形式部分和延伸部分三个方面构成的统一体或系统。消费者购买商品，本质是购买一种需要，不仅体现在商品消费上，还体现在商品购买和消费的全过程中。商品不仅是使用价值和价值的统一，还是有形物体与无形服务的统一。商品给人们带来的实际利益和心理利益构成了商品整体。

2）商品整体的构成

（1）核心部分，是指商品体所具有的满足某种用途的功能，是消费者真正要购买的服务和利益。

（2）形式部分，也称商品的有形附加物，是指核心产品借以实现的形式或目标市场对某一需求的特定满足形式。

（3）延伸部分，也称商品的无形附加物，是指人们购买有形商品时所获得的各种服务和附加利益。

1.2　商品学的课程研究

1.2.1　商品学的研究对象

商品学是研究商品使用价值及其变化规律的科学。

商品具有使用价值和价值两种属性。商品属性的二重性是由劳动的二重性决定的。抽象劳动是指无差别的人类劳动，产生价值；具体劳动是指满足人们具体需要的人类劳动，产生使用价值。商品的价值借助商品的社会形式即交换价值来实现，而使用价值则通过商品本身的自然属性来实现。

商品的使用价值是指商品的有用性，即商品能够满足人们某种需要的性能。商品的有用性不仅由商品的自然属性决定，还受到商品的社会经济属性的影响。商品的自然属性包括商品的成分、外形、结构、化学性质、物理性质、机械性质、生物学性质等。商品的社会经济属性包括商品的时代性、地域性、民族性、经济性等，满足人和社会在商品方面的物质和精神需要。自然属性相对稳定，社会经济属性相对变化，我们应该动态、综合地看待商品的使用价值。

互动课堂 1-2

梳子的商品构成（去寺庙推销梳子）

有四个人分别去寺庙推销梳子，结果如下：第一位空手而归，和尚没头发不需要梳子；第二位销售出十把梳子，宣传梳子梳头活血健身；第三位销售出百十把梳子，宣传梳子方便香客美容，有助于寺庙香火旺盛；第四位销售出千把梳子，并不断续订，成为梳子厂的大客户，他建议寺庙将刻有庙名的"积善梳"作为礼品送给香客，保证寺庙香火更旺盛，这样梳子和佛教文化、人的情感就有机地结合起来了。

资料来源　汪永太，李萍. 商品学概论［M］. 7版. 大连：东北财经大学出版社，2021.

请同学们结合资料思考：（1）第四位销售人员成功销售的原因是什么？（2）四个人对梳子这种商品的整体认识是一样的吗？（3）如何将我国传统文化有机融入商品的属性中？

1.2.2　商品学的研究内容

商品学的研究内容是由商品学的研究对象所决定的，我们主要是以商品质量和品种为中心来研究商品使用价值及其变化规律。

1）商品学研究的基本内容

以商品体为基础，研究商品在整个生命周期中的商品质量（如固有质量、市场附加质量、形象质量等）及其构成要素（如技术、经济、社会、环境要求等）的计量、检测、控制与管理活动。

2）商品学研究的主要内容

商品学研究的主要内容包括：商品质量与影响因素；商品分类与编码；商品品种

与品类；商品质量管理与质量监督；商品标准与标准化；商品检验；商品包装与标识；品牌与商标管理；商品储运与养护；新产品开发；商品与资源、环境等。

总之，商品学的研究内容是与商品质量密切相关的问题，包括商品的成分、结构、性质、功能、用途、分类、质量要求、标准规范、检验评价、使用维护等内容。从商品整体概念出发，商品学研究的内容还包括商品与人、商品与时代、商品与环境、商品可持续发展等方面的问题。

1.2.3　商品学的研究任务

在商品设计、研发、生产、流通、消费的全过程中实现对商品的科学管理，可以为满足人们日益增长的物质文化需要提供有效的服务和支持，从而使商品的使用价值能够得到充分实现。商品学的研究任务具体表现如下：

1）指导商品使用价值的形成

通过商品信息反馈（如商品资源和市场的调查预测）、商品需求研究等手段，促进生产企业生产适销对路的商品，丰富商品市场。

2）评价商品使用价值的高低

通过商品检验与鉴定等手段，杜绝假冒伪劣商品进入流通领域，为创造公平的市场竞争环境服务。

3）防止商品使用价值的降低

通过适宜的包装、运输、保管、养护等条件和方法，保护商品的使用价值。

4）促进商品使用价值的实现

大力普及商品知识和消费知识，让消费者科学地选购和使用商品。

5）研究商品使用价值的再生

通过对商品废弃物与包装废弃物处置、回收和再生方面的政策法规、运行机制、低成本加工技术等问题的研究，推动资源利用方式的转变，改善生态环境质量。

6）培养管理使用价值的人员

商品学是市场营销、连锁经营与管理、现代物流管理、商务经纪、工商企业管理等专业的重要基础课程，也是企业经营从业人员的必修课程。学习商品学课程能够为各类各级经营和管理人员提供必要的商品知识储备，树立正确的职业道德规范。

综上所述，商品学就是围绕商品的使用价值，以商品质量为中心内容，探讨商品使用价值的形成、评价、维护、实现和再生的过程，是研究人-商品-环境关系的科学。

1.2.4　商品学的研究方法

商品学的研究方法有很多，下面主要介绍五种常用的研究方法：

1）科学实验法

科学实验法是一种在实验室或一定的实验场所，运用一定的实验仪器和设备，对商品的成分、构造、性能等进行理化鉴定的方法。

2）现场试验法

现场试验法是指一些商品学专家或有代表性的消费者群体，凭人体感官的直觉，对商品的质量及与商品有关的方面作出评价的研究方法。

课内阅读 1-1

Ole′精品超市联合上游企业推出新品类水果番茄，共创健康品质惊喜生活

"恋人的红玫瑰，外婆的小桔灯"，8月24日，小桔灯番茄&红玫瑰番茄全球首发品鉴会，在深圳、北京、成都、合肥四城同步举行。本次品鉴会活动由Ole′精品超市和其供应商联合举办，共同为消费者带来健康、品质、美味的新品类水果番茄产品。

Ole′与供应商共同发布的红玫瑰番茄和小桔灯番茄是从欧洲引进的优良品种。红玫瑰番茄的外表呈墨红玫瑰色，酸甜可口，具有番茄红素和玫瑰花青素的双重风味。小桔灯番茄的果肉脆甜，是会让人产生偏爱的口感型水果番茄。

Ole′精品超市和供应商联合推出新品类水果番茄产品，旨在为消费者提供更多的优质水果，持续践行"水果让生活更健康"的使命。

在活动现场，开展了丰富多彩的互动，比如番茄花艺体验、沙拉DIY、番茄果汁品鉴等，红玫瑰番茄和小桔灯番茄受到了广大顾客和嘉宾们的交口称赞。

在已有安第斯红番茄、柠黄蜜茄、葡萄番茄、皇珈串茄、多彩彩茄等多个品类供应的基础上，本次上新的红玫瑰番茄和小桔灯番茄让Ole′的番茄品类更为丰富，带给消费者更多的选择。Ole′倡导自然、健康、品质的生活方式，凭借全球供应链优势的持续赋能，打造差异化商品竞争力，为不同客群和需求的消费者提供多元的选择，通过新品类樱桃番茄的上市，将"美好生活，源于品质"的品牌理念渗透进顾客多元化的生活场景中。

资料来源 叶梅，牛祉策. Ole′精品超市联合上游企业推出新品类水果番茄，共创健康品质惊喜生活〔EB/OL〕.〔2024-08-26〕. https://www.sznews.com/news/content/2024-08-26/content_31171932.html.

3）社会调查法

社会调查法包括普遍调查法、典型调查法、个案调查法、访谈调查法、座谈调查法、实地调查法、抽样调查法、统计调查法、文献调查法等。

习近平总书记强调指出，调查研究是谋事之基、成事之道，没有调查就没有发言权，没有调查就没有决策权；正确的决策离不开调查研究，正确的贯彻落实同样也离不开调查研究；调查研究是获得真知灼见的源头活水，是做好工作的基本功；要在全党大兴调查研究之风。

课内阅读 1-2

"一切实际工作者必须向下作调查"

"向社会作调查"是了解情况的正确方法

调查研究是马克思主义的一项基本工作方法，也是党的优良传统和作风。毛泽东在《〈农村调查〉的序言和跋》中讲道："要了解情况，唯一的方法是向社会作调查，调查社会各阶级的生动情况。"做好调查研究，毛泽东提出必须做到："眼睛向下，不要只是昂首望天。""没有眼睛向下的兴趣和决心，是一辈子也不会真正懂得中国的事情的。"这里强调的是开展调查研究的态度问题。毛泽东还强调，开调查会，作讨论式的调查，要定调查纲目，做到有计划的调查；要亲自出马，口问手写，并同参会人员展开讨论。

要有"甘当小学生的精神"

毛泽东在《〈农村调查〉的序言和跋》中告诫我们："没有满腔的热忱，没有眼睛向下的决心，没有求知的渴望，没有放下臭架子、甘当小学生的精神，是一定不能做，也一定做不好的。"群众的社会实践，是获得正确认识的源泉。要始终坚持从群众中来、到群众中去的工作方法，广泛听取群众的意见和建议。毛泽东指出："群众是真正的英雄，而我们自己则往往是幼稚可笑的，不了解这一点，就不能得到起码的知识。"

毛泽东是我们党内践行调查研究的典范，始终强调要进行调查研究，向群众学习。1917年，毛泽东对湖南的长沙县进行了游学式的考察，第二年又和他的好友蔡和森对浏阳等地进行了半个月的考察，加深了对当时中国国情的了解。之后，毛泽东在调查研究中自觉运用马克思主义理论，先后完成了《中国社会各阶级的分析》《中国佃农生活举例》《湖南农民运动考察报告》《反对本本主义》等关于调查研究的范本。仅在中央苏区时期就撰写了《寻乌调查》《兴国调查》《木口村调查》《长冈乡调查》《才溪乡调查》等多篇有影响的调查报告，对中国基层社会有了全面深入的认识。调查研究要从实际出发，做到理论联系实际。

资料来源　陈安杰．"一切实际工作者必须向下作调查"——读毛泽东《〈农村调查〉的序言和跋》[N]．学习时报，2021-08-25（5）．

4）技术指标法

技术指标法是一种在分析实验基础上，对一系列同类产品，根据国内或国际生产力发展水平，确定质量技术指标，以供生产者和消费者共同鉴定商品质量的方法。

5）对比分析法

对比分析法，也称比较分析法，按属性的数量可分为单项比较和综合比较；按比较的性质可分为定性比较与定量比较；按时空的区别可分为横向比较与纵向比较；按比较的范围可分为宏观比较和微观比较。对比分析法可以对不同时期、不同地区、不同国家的商品资料进行收集积累，并加以比较，从而找出提高商品质量、增加花色品种、扩展商品功能的新方法。

课 外 阅 读 1-2

中国白酒与西方红酒之酒史比较分析

中国白酒随着中华民族的文明史持续兴盛。经考古学家证实，中国近现代出土的新石器时代的陶器制品里发现了专用的酒器，说明在原始社会时期酿酒已经存在，经过夏商两代，饮酒的器具逐渐增多。在中国，与酒有关的传说不计其数，"酒文化"是中国文化不可或缺的部分，从古至今，酒涉及聚会、加冕、喜宴、祭祀等活动。

有学者认为，红酒是由西方国家发明并最早酿造的，中国红酒的出现和规模生产均晚于西方国家。葡萄栽培的发源地为小亚细亚地区，在埃及古墓中发现了有关葡萄酒的记载，已有近6 000年的历史了，葡萄酒随罗马帝国的扩张传遍整个欧洲。希腊是最早种植葡萄和酿造葡萄酒的国家，法国、意大利、美国成为葡萄酒的重要生产国。在西方国家，葡萄酒具有十分深厚的文化底蕴，形成了完善的制度体系，已融入社会、政治、经济发展的各个方面。

要进一步了解中国白酒与西方红酒之酒史比较分析的详情，可以扫描二维码查看。

1.3　商品学的发展概况

商品学是随着商品生产和商品交换的出现以及商品经济和贸易活动的需要，逐步形成的一门独立学科。商品学随着社会经济的发展而不断发展和更新完善，在我国社会经济、企业经营和大众消费中发挥着越来越重要的作用。

1.3.1　商品学的萌芽与创立

商品学在国外的起源可追溯到公元 9—10 世纪，阿拉伯人阿里·阿德·迪米斯基（Ali Ad Dimisqui）撰写了《商业之美》一书，其副标题是"关于优质商品和劣质商品的鉴别方法及对商品骗子与伪货的识别指南"，这算得上是国外最早涉及商品学内容的著作。16 世纪中叶，对商业的研究不断向商品研究方向拓展，这个时期的著作有意大利药剂师普那裴特的《生药学》以及法国人沙瓦利的《完美商人》等。

中国对商品知识的研究可追溯到春秋时期。据记载，我国较早的商品知识书籍是春秋时期师旷所著的《禽经》，该书为春秋时期（公元前 770—前 476 年）所作，书中记载禽鸟的种类、特点、习性及滋味，如"山禽之味多短，水禽之味多长"。晋朝时期（公元 266—420 年）戴凯之著的《竹谱》，是有关竹类商品知识的著述。唐朝（公元 618—907 年）是中国古代史上经济繁荣、商业发达的时期，茶叶成为当时贸易交换的主要商品之一。种茶的茶农、经商的茶商，迫切需要了解茶叶的种植、采摘、加工、品质评定、饮用功能及贮藏方法等方面的知识。陆羽著有《茶经》一书，分为上、中、下三卷。该书是茶叶生产的历史、源流、现状、生产技术以及饮茶技艺、茶道原理的综合性论著，对于推动中国茶叶生产发展和对外贸易都起到了积极作用。《四库全书总目》称"言茶者莫精于羽"，时人甚至称之为"茶神"。宋代（公元 960—1279 年）是中国栽茶兴盛时期，继《茶经》之后，有关茶的著作颇多，如蔡襄著的《茶录》、黄儒著的《品茶要录》、熊蕃著的《宣和北苑贡茶录》。从宋朝开始有关农业技术研究、农产品知识和饮食知识的著作越来越多。例如，宋朝韩彦直著的《桔录》、僧人赞宁著的《笋谱》、蔡襄著的《荔枝谱》、元代的《馔史》（食谱）、明代王磐著的《野菜谱》、鲍山著的《野菜博录》等，都显现了宋代、元代、明代时期农产品知识的传播。

作为一门学科，商品学最早产生于德国。18 世纪初期，德国的工业迅速发展，原材料和工业品的贸易不断扩大，这要求商人必须具有系统的商品知识，否则难以胜任贸易工作。18 世纪后期，在商人和学者的共同努力下，德国的大学和商学院开始讲授商品学课程，并开展商品学研究。德国的约翰·贝克曼（John Beckman）于 1780 年在德国海德堡大学开设了工艺学和商品学课程，出版了《商品学导论》一书。该书创立了商品学的学科体系，明确了商品学的研究内容，研究了商品的分类体系，介绍了商品的制造方法与生产工艺、商品的鉴定与检验、商品的价格与质量，说明了商品的产地、性质、使用和保养以及最重要的市场，阐明了商品在经济

9

活动中的作用和意义。

1.3.2　商品学的发展

　　18世纪以来，随着国际商品贸易与学术交流规模的不断扩大，商品学这门学科先后传入了意大利、俄国、奥地利，之后又传入日本和中国。1810年，莫斯科商学院将商品学列为必修课。1884年，东京商学院也正式开设了商品学课程。1902年，中国商业教育开始把商品学作为一门必修课。1917年，方嘉东编著了《商品研究通论》。1932年，刘冠英编著了《现代商品学》。从1936年起，北平大学、沪江大学、暨南大学等高等院校相继开设了商品学课程。1949年中华人民共和国成立后，随着国民经济的恢复与发展，我国的教育事业也得到相应的发展，为适应我国商业经济的发展，国家积极发展商科教育，商品学学科建设与发展逐步完善和提高。在高等财经院校的国内贸易系、对外贸易系、合作系等首先开设了商品学课程。1951年，中国人民大学由苏联专家执教，招收了商品学研究生，培养了一批商品学师资队伍。1958年，部分高等商业、财经院校创办了商品学系或商品专业。在原商业部的领导下，编写了多种商品学教材，商品学的教学和科研工作有了很大进展。1959年，《商业研究》开展了商品学的研究对象与任务的学术讨论。1961年7月开始，《大公报》也开辟专栏供商品学学术讨论。1963年9月，在哈尔滨召开了首届商品学学术讨论会，就商品学的研究对象与任务、内容与体系等问题进行了深入的探讨，对学科的发展起到了很大的推动作用。

　　1976年，国际商品学会在奥地利成立，以德文缩写"IGWT"为会徽标志，会刊为《商品论坛——科学与实践》，活动中心设在维也纳，每两年举办一次国际学术研讨会。此后逐渐进入到现代商品学时代，将技术型和经济型相互交融，即把研究"商"为主的经济型商品学与研究"品"为主的技术型商品学融合，也称综合派体系的商品学，主要围绕"商-人-环境"系统，从技术、经济、社会和环境等多方面综合、交叉地研究商品。1995年，我国成立了中国商品学会，把我国商品学的学科建设、教学与科研推向了一个新的高度。目前，许多国家都成立了商品学会等专门的学术团体，并把商品学作为一门独立学科，在众多的高等经济类院校开展商品学的教学与研究。

课_外_阅_读 1-3 —————————————————

中国商品学学科建设发展的历史、现状和未来

　　中国是世界上文明发达最早的国家之一，有5 000多年的文明史，商业起源也比较早。中国商品学学科的产生与发展是和中国的商业起源与发展紧密联系在一起的，主要经历了创建发展的茁壮时期、恢复发展的兴盛时期、创新发展的新时期。

　　要进一步了解中国商品学学科发展的历史、现状和未来的详情，可以扫描二维码查看。

单元小结

商品是指能够满足人们的需要、用来交换的劳动产品，具有使用价值和价值两个基本属性。商品属性的二重性是由劳动的二重性决定的，抽象劳动产生价值，具体劳动产生使用价值。商品学的产生是商品生产经营发展到一定阶段的产物，商品学的发展随着社会经济的发展而发展。商品学学科创始人是德国的约翰·贝克曼；中国陆羽的《茶经》是世界上最早的一部茶叶商品学专著。商品学的研究对象就是商品的使用价值及其变化规律。商品学研究的中心内容是商品质量，商品学研究的具体内容是与商品质量密切相关的问题。

主要概念

商品使用价值　商品整体概念　商品有用性　商品学

基础训练

一、选择题

1.衡量商品使用价值大小的尺度是（　　　）。

A.商品成分　　　　　B.商品属性　　　　　C.商品价值　　　　　D.商品质量

2.商品学研究的中心内容是（　　　）等。

A.商品质量　　　　　B.商品代码　　　　　C.商品养护　　　　　D.商品检验

3.商品的使用价值就是商品的（　　　）。

A.有用性　　　　　B.观赏性　　　　　C.价值性　　　　　D.交换性

4.商品学的创始人是（　　　）。

A.约翰·贝克曼　　　B.陆羽　　　　　C.李时珍　　　　　D.师旷

5.商品的有用性是商品的（　　　）体现。

A.使用价值　　　　　B.有用性　　　　　C.价值性　　　　　D.社会性

6.《茶经》的作者是（　　　）。

A.陆羽　　　　　B.王磐　　　　　C.李时珍　　　　　D.蔡襄

7.某超市在化妆品货架上安装了摄像机，来记录顾客对品牌关注的转移过程，以确定顾客的品牌认知，这种数据的收集方法是（　　　）。

A.实验法　　　　　B.观察法　　　　　C.调查法　　　　　D.估计法

二、判断题

1.商品学是研究商品价值及其变化规律的科学。　　　　　　　　　　　　　（　　　）

2.消费者购买商品，本质是购买一种需求。　　　　　　　　　　　　　　（　　　）

3.商品学需要动态地、综合性地看待商品的使用价值。　　　　　　　　　（　　　）

4.商品的自然属性相对变化，社会经济属性相对稳定。　　　　　　　　　（　　　）

5.商品学是研究商品使用价值及其变化规律的科学。 （　　）

6.商品学研究的中心内容是商品质量和品种。 （　　）

7.商品作为交换的劳动产品，具有使用价值和价值二重属性。 （　　）

8.产品整体概念中最基本、最主要的内容是形式产品。 （　　）

9.社会调查法包括现场调查法、调查表法、直接面谈法等。 （　　）

10.商品学研究的内容是与商品质量密切相关的问题。 （　　）

三、简答题

1.如何理解商品学的研究对象？

2.商品的整体构成包括哪些方面？

3.商品学的研究内容有哪些？

4.商品学的研究任务是什么？

5.商品学的研究方法有哪些？

实践训练

案例：玩转智能手机跨越数字鸿沟

对不少老年人来说，如何使用智能手机是个难题。为了帮助他们尽快跨越"数字鸿沟"，乐享生活，10月24日上午，"菊香书语"系列活动之"玩转智能手机'数字鸿沟'"体验式培训在读者生活馆举行，现场有近200名老年读者参加。

本次活动由郑州广播电视报有限公司主办，郑州广播电视报读者生活馆承办。活动以全民阅读进社区为主题，着重关注老年人文化娱乐生活，活动第一期为"玩转智能手机跨越'数字鸿沟'"阅读推广活动。活动现场邀请中国电信郑州分公司的工作人员为老年读者讲解智能手机的使用技巧，并向他们宣传防范网络诈骗和电信诈骗的相关知识。郑州广播电视报有限公司总经理张晓表示，本报长期致力于关心老年朋友的精神文化生活，接下来报社还将举办一系列活动，如乡村旅游、进社区惠民等活动，"以老年人的需求为需求，为老年人做好服务"。

在活动现场，中国电信紫荆山路营业厅副店长吴成红利用精心准备的课件和通俗易懂的语言为老年读者详细讲解了智能手机的基本功能和操作步骤。"叔叔阿姨们的学习热情很高，不仅认真倾听，不明白的地方会马上举手请教，而且培训结束后还会拉着我问个仔细。"吴成红笑着说。"家人用的都是智能手机，但他们平时工作忙，我认为很难学，不想麻烦他们。今天报社专门请专业人士来教我们，讲得很详细，突然感觉也没有那么难学了，今天真是学到了很多。我刚才还用微信给女儿发了个实时位置，这样他们再也不用担心找不到我了。"白先生兴奋地说。除了学会使用智能手机，还要将智能手机更好地运用到生活中去，鲁先生在电信工作人员的指导下，学会了如何使用手机支付、退休年审、生活缴费等。"我原来只会用手机看视频、聊天，今天才知道用手机办理业务也这么方便。马上天气变冷了，足不出户就能缴费、办理业务，动动手就能完成，免去了东奔西跑，省时又省事，实在是太方便了。"鲁先生说。"打开地图，输入目的地"……在电信工作人员的悉心指导下，刘女士反复学习如何操作地图，刘女士今年70岁，这些操作看似简单，但对她来说并不容易。"学了这几次，总算是记住了。"刘女士说，"这几年我也在尝试使用智能手机，扫码买菜、视频聊天这些我已经会用了，很开心今天又学到了一项新技能，以后再出去听戏、逛超市，就不怕找不到路了。"

老年人不会使用智能手机，不是个别现象。我们要热情引导他们克服心理障碍，鼓起勇气跨越"数字鸿沟"，让他们跟得上时代的步伐，更好地享受智能时代带来的各种便利。让广大老年人更好地适应并融入智慧社会，在信息化发展中有更多的获得感、幸福感、安全感。

资料来源 辛俊卿. 玩转智能手机跨越数字鸿沟本报"菊香书语"系列活动举办［EB/OL］.［2024-10-26］. https：//www.163.com/dy/article/GN8K1P8K0530U8BI.html.

结合案例分析：

1.随着时代的发展，智能手机的自然属性和社会经济属性有哪些变化？

2.智能手机的核心部分、形式部分、延伸部分分别是什么？

3.作为新时代大学生如何帮助老年人更好地融入智慧生活？

【学习目标】

通过本单元的学习，达到以下学习目标：

知识目标：了解商品质量和质量管理的内涵；熟悉商品质量特性以及影响商品质量的因素，明确不同类别商品质量的基本要求及全面质量管理的特点。

能力目标：结合引例、基础训练、实践训练等，培养学生从全面质量管理的角度观察和分析商品质量，学会应用全面质量管理的方法。

素养目标：结合教学内容、案例资料等，通过互动课堂、案例分析等形式，引导学生正确把握提高商品质量的社会意义，帮助学生形成正确的商品质量观，坚持党的二十大报告中提出的"质量强国"理念。

【单元框架】

```
                                            ┌─ 商品质量的概念
                          ┌─ 商品质量概述 ──┤─ 商品质量的演变
                          │                  ├─ 商品质量的内涵
                          │                  └─ 商品质量的构成
                          │
                          │                  ┌─ 有形商品质量的基本要求
                          ├─ 商品质量的基本要求 ─┤
                          │                  └─ 服务性商品质量的基本要求
 商品质量与质量管理 ────┤
                          │                  ┌─ 生产过程中影响商品质量的因素
                          ├─ 商品质量的影响因素 ─┤─ 流通过程中影响商品质量的因素
                          │                  └─ 使用过程中影响商品质量的因素
                          │
                          │                  ┌─ 质量管理概述
                          └─ 商品质量管理 ───┤─ 商品质量管理及质量评价内容
                                            └─ 全面质量管理
```

以旧换新"焕"出美好新生活

日前，国务院印发《推动大规模设备更新和消费品以旧换新行动方案》，"以旧换新"成为拉动消费、提升预期的重要措施。以旧换新背后，既有消费品提质升级的行业性结构转型的原因，也和满足消费者对更高品质生活的追求有关。鼓励消费品以旧换新，是在存量中挖掘增量的有效策略，不但能将潜在需求转化为现实需求，扩大消费规模，还能使绿色、智能的"新"产品替换高能耗、高污染的"旧"产品，直接提升人民群众生活质量。"以旧换新"能消除新商品销售的障碍。据调查，城市家庭中的中、高档耐用消费品，尤其是家用电器，普遍到了更新换代的时候。很多家庭之所以没有买新商品，主要原因就是旧商品尚可使用，丢了可惜。以旧换新为旧商品提供了一个折价的机会，这样就会使很多消费者提前更新自己的旧商品，为新商品的销售扫除了障碍。

"以旧换新"，为的是人民美好生活焕然一新。"人民对美好生活的向往，就是我们的奋斗目标。"伴随着人民生活水平的提升，本轮"以旧换新"从满足人们"有没有"的需求升级为"好不好""优不优"。当前汽车、家电等大宗耐用消费品正处于绿色转型的关键阶段。重点鼓励这些商品大规模以旧换新，不仅能够推动高质量耐用消费品更快进入居民生活，让更多居民体验产业转型升级带来的获得感，而且能够为供给端持续加快绿色转型提供驱动力。

"以旧换新"不是新一轮消费热潮的简单"狂飙"，而是一项复杂性、系统性工程。以"推动大规模设备更新和消费品以旧换新"为牵引，提高技术附加值，转变增长模式与路径，让政府引导与市场配置"共舞"、与高质量发展"共生"，才能实现消费与生产、市场与政策"双向奔赴"，更好实现老百姓对幸福生活的新期待。

资料来源　厉敏. 以旧换新"焕"出美好新生活［N］. 日照日报，2024-04-09（A1）.

2.1 商品质量概述

2.1.1 商品质量的概念

商品学研究的中心内容是商品质量，它是政府、行业、企业和消费者都非常关注的热点，也是商品进入国内外市场的通行证。提高和保证商品质量，可以满足人们生活水平日益提高和社会不断发展的需要。

商品质量也称商品品质，是指商品满足规定或潜在需要的特征和特性的总和。商品质量是商品具备的使用功能，反映了商品满足用户全面需求的程度，能够衡量商品使用价值的大小，是商品使用价值评价和实现的前提。

1）狭义的商品质量

狭义的商品质量是指商品的内在质量，是由商品的自然属性决定的，也称自然质量，是商品在一定的使用条件下，满足一定要求的各种自然属性的总和。

2）广义的商品质量

广义的商品质量是指衡量商品使用价值的各种属性的总和，包括商品的自然属性、经济属性和社会属性等。

2.1.2 商品质量的演变

1）符合性质量

符合性质量认为质量只需符合标准的要求，是比较狭义的质量概念。不同的顾客有不同的期望和需求，按照标准不可能将所有的（特别是隐含的）需求与期望都作出规定，来满足顾客和相关方的要求。

2）适用性质量

它将适合顾客需要的程度作为衡量的依据，即从使用的角度来定义质量，认为产品质量是产品在使用时能成功满足顾客需要的程度。

3）顾客满意质量

顾客（和相关方）满意的"要求"是广义的，它除了商品的适用性外，还包含顾客隐含的消费要求，以及法律、法规等方面的要求。

互动课堂 2-1

如何理解顾客满意质量

一条街上有三家水果店。一天，有位老太太要买李子，她到了第一家水果店，问："有李子卖吗？"店主马上迎上前说："我这里的李子又大又甜，刚进的货，新鲜得很呢！"没想到老太太一听，竟扭头就走了。店主很纳闷：奇怪啊，我哪里得罪老太太了？

老太太来到了第二家水果店，店主马上迎上前说："老太太买李子啊？我这里的李子有酸的也有甜的，您想买哪一种呢？""酸的。"老太太说。于是，老太太买了1斤酸李子回去了。

第二天，老太太又来买李子，第三家水果店的店主看见了，主动迎了过去："老太太，又要买酸李子吗？我这里有又酸又大的，您要多少？"老太太说："我要1斤酸李子。"一切仿佛和前一天的情景一样，但是第三位店主一边称酸李子，一边搭讪道："一般人都喜欢甜的李子，可您老人家为什么要买酸的呢？"老太太回答道："儿媳妇怀孕了，特别喜欢吃酸的。""恭喜您老人家了！您儿媳妇有您这样的好婆婆真是有福气，不过孕期的营养很关键，经常吃些猕猴桃等维生素含量丰富的水果，对宝宝会更好！"

这样，老太太不仅买了李子，还买了进口的猕猴桃等水果，满意而归。

资料来源 鲁怀坤，宋结合. 水果市场营销［M］. 郑州：中原出版传媒集团，2010.

请同学们结合案例思考：（1）符合性质量的特点有哪些？（2）适用性质量的特点有哪些？（3）顾客满意质量的特点有哪些？

2.1.3 商品质量的内涵

1）商品质量的核心是满足消费者需求

（1）内在特性的满足：包括商品的可靠性、适用性、安全性、寿命长短等。

（2）外观特性的满足：包括商品的外观造型、色泽、图案等。

（3）经济特性的满足：包括在流通和使用过程中由消费者和社会所承担的费用。

（4）服务质量的满足：包括售前、售中、售后的服务。

2）商品质量是与商品用途有关的属性、参数、指标等的综合

商品使用价值主要取决于与商品用途有关的属性、参数、指标等，如商品的适用性、可靠性、安全性、使用寿命等。

3）商品质量具有针对性、相对性、可变性

（1）商品质量的针对性是指针对一定的使用时间、使用地点、使用条件、使用对象和一定用途而言的。

（2）商品质量的相对性是相对于同类商品（使用目的相同）的不同个体而言的，因而它是一个比较的范畴。

（3）商品质量的可变性是指商品质量是动态的、发展的、变化的，它会受到社会经济环境及市场竞争等因素的影响。

2.1.4 商品质量的构成

1）商品质量在表现形式上由外观质量、内在质量和附加质量构成

商品外观质量一般是指商品的外部形态以及通过人体感觉器官能够直接感知的特性，如商品的造型、颜色、气味、轻重、大小等。商品内在质量一般是指需要通过物理、化学、生物学等实验手段才能检验出来的性质或特性，如商品的密度、成分等物理、化学、生物学性质。商品附加质量一般是商品的市场信誉、售后服务等。总之，商品内在质量通常需要通过商品外观质量表现出来，通过商品附加质量得到充分全面的展示。

2）商品质量在形成环节上由研发设计、生产制造和销售使用质量构成

研发设计质量一般是指在产品投入生产制造之前，商品的品种规格、成分构成、花色造型、包装装潢等方面所形成的质量因素。生产制造质量一般是指在产品生产加工过程中，所形成的符合设计要求的质量因素。销售使用质量一般是指在市场销售、消费使用等流通过程中所形成的质量因素。总之，商品研发设计质量是商品质量形成的起点和前提，生产制造质量是商品质量形成的重要节点，销售使用质量是商品质量实现的末端和保障。

3）商品质量在有机组成上由自然质量、社会质量和经济质量构成

商品自然质量一般是指商品自然属性所形成的质量因素。商品社会质量一般是指商品社会属性所形成的质量因素。商品经济质量一般是指在进行商品使用消费时所形成的质量因素。总之，商品自然质量是商品质量的基础要求，商品社会质量和经济质量是商品质量的提升及变化的要求。

课 内 阅 读 2-1

感受高质量发展的脉动

进博会是中国扩大高水平开放、同世界分享发展机遇的平台，也是折射中国经济高质量发展的一面镜子。在"十四五"开局之年举办的进博会上，处处能感受到中国立足新发展阶段、贯彻新发展理念、构建新发展格局、推动高质量发展的坚实步伐。

新发展阶段带来更大机遇

进博会已成为许多全球产品进入中国市场的首发平台。进博会上，420多项新产品、新技术、新服务亮相，越来越多优质商品和服务、尖端技术、创新资源汇聚中国，共享中国大市场机遇。"十四五"开局起步，中国迈上全面建设社会主义现代化

国家新征程，14亿多人口、4亿以上中等收入群体带来的超大规模市场优势和内需潜力，将为世界创造更多需求、带来更多机遇。

新发展理念更加深入人心

进博会开展首日，日本爱普生公司展台的一个小实验吸引了众多参观者驻足——骑行一辆自行车，就可以驱动打印机工作。进博会上，处处呈现着对新发展理念的生动诠释；创新、协调、绿色、开放、共享的新发展理念已深入人心。贯彻新发展理念，第四届进博会首次在技术装备、汽车和医疗展区设立创新孵化专区，将为全球优质的创新型小微企业提供试验场和孵化器，助力国内需求和境外优质创新资源对接，促进国内产业创新发展与转型升级。

新发展格局共同助力构建

联通内外市场、共享要素资源。助力构建新发展格局，进博会成为重要的纽带和平台。助力母乳喂养的益生菌、支持健康老龄化的营养产品……作为进博会的"老朋友"，达能带来20余款全新营养产品。与以往不同的是，如今这些产品大部分已实现"中国研发、中国制造"。2020年以来，达能陆续在上海设立达能开放科研中心，在青岛投资建设专业特殊营养工厂，实现了从"出口中国"到"投资中国"的转变。从参展商变投资商，达能成为众多外资企业通过进博会"窗口"参与构建新发展格局的一个缩影。新发展格局是更加开放的国内国际双循环。举办进博会是中国构建新发展格局、彰显全面扩大开放决心的重要举措。连续4年参加进博会的家乐福快速将"展品"变"商品"，服务中国消费者日益增长的美好生活需要。进博会上，电商平台拼多多进一步加强与进口品牌的交流合作。来伊份连续4年参加进博会，深刻感受到中国经济实现高质量发展必须在更加开放的条件下进行；面向未来，来伊份将加快布局全球供应链及跨境电商业务，助力构建新发展格局。

习近平主席在进博会开幕式上的主旨演讲中宣布"中国将坚定不移推动高水平开放"，这对于加快构建新发展格局意义重大。

资料来源　吴秋余，葛孟超，常钦，等. 感受高质量发展的脉动（进博会观察）——从进博会看立足新发展阶段、贯彻新发展理念、构建新发展格局［N］. 人民日报，2021-11-09（1）.

2.2　商品质量的基本要求

2.2.1　有形商品质量的基本要求

1）食品质量的基本要求

（1）营养成分：主要是指食品中所含的蛋白质、脂肪、碳水化合物、维生素、矿物质及水分等。

（2）可消化率：主要是指食品在食用后，可能消化吸收的百分率。

（3）色、香、味、形：主要是指食品的色泽、香气、滋味和外观形状。

（4）安全卫生性：主要是指无毒害性，即食品中不应含有或超过允许限量的有害的物质或微生物。

（5）发热量：主要是指食品的营养成分经人体消化吸收后在人体内产生的热量。

2）纺织品质量的基本要求

（1）材料选择适宜性：不同种类纤维，其织品的性能各不相同，即使同种纤维，织品也各有特色。

（2）组织结构合理性：主要包括织物组织、重量、厚度、紧度、密度、幅宽和匹长等。

（3）良好机械性：主要是指各种强度指标。

（4）良好服用性：要求织品在穿着过程中舒适、美观、大方；要求其缩水率、刚挺性、悬垂性符合规定标准。

（5）工艺使用性：主要是指纺织品面料应方便染整、裁剪、缝制等工艺要求。

另外，日用商品、家电商品等质量都有相应的基本要求。

3）有形商品总体质量的基本要求

有形商品总体质量基本要求主要有：功能保证性；性能稳定性；质量指标可信性（可用性、适应性、可靠性、维修性、耐用性、时间性等）；商品安全性和环保性；经济性和市场性；质量信息服务性（认证标识、警示性标识、生产许可证标识、使用说明、厂名厂址及生产时间、有效期等）。

2.2.2 服务性商品质量的基本要求

服务性商品质量是指服务能够满足规定和潜在需求的特征和特性的总和，是指服务工作能够满足被服务者需求的程度，是企业为使目标顾客满意而提供的最低服务水平，也是企业保持这一预定服务水平的连贯性程度。服务性商品质量的要求与有形商品质量的要求不同。

1）功能性

功能性是企业提供的服务所具备的作用和效能的特性，是服务质量特性中最基本的特征之一。

2）经济性

经济性是指消费者为得到一定的服务所要支付的费用是否合理。所要支付的费用主要是指在接受服务的全过程中所需的费用，即服务周期费用。经济性是相对于所得到的服务质量而言的，与功能性、安全性、及时性、舒适性等密切相关。

3）安全性

安全性是指企业保证服务过程中顾客、员工的生命不受到危害，健康和精神不受到伤害，货物不受到损失。安全性包括物质和精神两个方面，提高安全性的重点在于物质条件方面，如对电梯、货架、购物车等设施的定期维护。

4）时间性

时间性用来说明服务工作在时间上能否满足消费者的需求。时间性包含了及时、准时和省时三个方面的要求。

5）舒适性

在满足了功能性、经济性、安全性和时间性等方面需求的情况下，消费者期望服务过程更舒适，如购物环境舒适等。

6）文明性

文明性属于服务过程中为满足消费者精神需求的质量特性。消费者期望得到一种自由、亲切、受尊重、友好、自然的气氛，有一个和谐的人际关系。在这样的条件下来满足消费者的物质需求，就是文明性。

课·内·阅·读 2-2 ————————

购百行业领先！天虹推出自研AI拍小票积分

以顾客为中心，绝对不是在大脑里画了个圆，把顾客放到圆心就结束了。顾客的信赖，一定离不开时间上的持续陪伴。就像春风十里之前，总是要经过一个季节的积淀。

2024年9月底，天虹AI拍小票积分陆续在试点门店上线，11月将推广至全国门店。天虹此前就有拍小票积分能力，此次在AI加持下再次升级，突破行业小票积分的功能壁垒，将积分到账时间从原来的几小时缩减到5秒钟，顾客体验大幅提升；门店审核效率提升600多倍，年人工成本节约近百万元，释放更多时间来服务顾客。天虹也是行业首个自研AI拍小票积分、千柜千票的购百企业。

顾客视角下AI拍小票积分的体验是轻松的、愉快的，但在天虹视角下就是对顾客需求的持续关注、深耕、陪伴以及坚持不懈的服务进化。拍小票积分场景，就是服务持续进化的缩影。传统购物中心积分是需要顾客拿着小票到服务台，通过人工核对完成积分累计，不仅流程烦琐，在高峰期甚至要花很多时间排队等候。

随着移动互联网的发展，快速积分和手机拍小票积分降低了信息传递成本，顾客获取积分更便捷。但受各种客观因素影响，只支持拍小票的柜台还是以人工审核为主，在门店工作高峰期时积分到账时间仍然要等很久，这是购物中心行业众所周知的痛点，但又难以攻克。

天虹自研的AI拍小票积分，借助AI能力对近万种不同类别的小票信息"智能化识别+审核"，用系统替代人工审核，极大缩减积分到账时间；同时支持识别不同类型的小票，将复杂信息快速归类，提升处理准确度和审核效率。

从传统到AI进化，这一过程的起点和终点都是顾客。天虹AI拍小票积分其实离不开对顾客需求场景的持续关注，同时兼顾了这个能力与顾客愉快购物旅程的完美融合。这也从侧面解释了为什么购百行业首家自研AI拍小票是天虹。

资料来源　天虹数科. 购百行业领先！天虹推出自研AI拍小票积分［EB/OL］.［2024-11-20］. http：//www.ccfa.org.cn/portal/cn/xiangxi.jsp？id=446256&type=2&sharetype=1.

2.3　商品质量的影响因素 ///////////◦◦◦◦◦◦◦◦◦◦

2.3.1　生产过程中影响商品质量的因素

1）产品设计质量

产品设计质量是表示产品在各种使用条件与其他同类商品相比较时相对优劣的程度。生产部门提高设计质量是保证商品质量的前提条件。

2）原材料与商品质量

（1）原材料的化学成分。物质的化学成分是指组成物质的最基本单元（包括单体或化合物）。根据组成基本单元的元素不同，组成物质的化学成分可分为无机成分和有机成分两种。

（2）原材料的结构。原材料的结构通常是指原材料的成分结构。它是原材料组成成分的组织与分子结构。

（3）为保证商品质量，必须加强原材料质量管理工作。

3）生产工艺和设备

制造过程离不开生产工艺和设备，如果其中某一环节达不到设计质量要求，那么此产品即为不合格品。

生产工艺是产品质量形成过程的重要环节。生产过程是指从原材料进厂到加工成产品的整个制造过程。生产过程中应着重控制以下几个环节：物资控制及其可追溯性；设备的控制和维修保养；特殊工序、文件、工艺更改的控制；验证状况的控制；不合格品的控制等。为确保产品质量符合设计规范要求，应对生产部门的实际加工能力及技术装备情况是否符合产品规范进行验证。

4）质量控制

产品验证是企业进行生产过程控制的一种手段，是保证产品质量符合要求的有力措施。产品验证的基本工作包括：外购材料和外购件管理；工序间检验；成品检验（即出厂检验）等。

2.3.2　流通过程中影响商品质量的因素

流通过程中商品的包装与装饰、运输、储存、销售与售后服务等环节都会影响商品质量。

1）商品包装与装饰

商品的包装与装饰不仅可以保护商品，还能美化商品，是构成商品质量的重要因素，直接影响商品使用价值的实现。

2）商品运输

商品在运输期间的质量变化，通常与运输距离、运输时长、运输方式、运输工具、装卸方法等因素有关。

3）商品储存

商品在储存期间的质量变化，与储存场所条件、储存时间的长短、储存保管措施的完善程度、养护技术的优劣以及商品存放的种类与数量等有密切联系。

4）商品销售与售后服务

商品的销售、售后服务也都会影响商品质量。

（1）商品销售：①生产企业通过销售环节将商品让渡给消费者；②商品销售工作本身存在的质量问题。

（2）售后服务：主要包括提供必要的专用工具、使用说明书、备品配件、技术咨询和维修服务等。

流通过程中的商品检验主要包括商业部门的验收检验、储运部门的入库与出库检验、市场的监督与检查等。

2.3.3　使用过程中影响商品质量的因素

1）使用范围和条件

由于商品具有不同的自然属性和社会属性，使用范围和条件要求也不一样，应按照商品的使用范围和条件进行使用和消费。

2）使用方法和维修保养

在商品的使用过程中，不当的使用和维修也会对商品质量产生不良的影响。

3）废弃处理及环境因素

环境条件对产品质量的影响主要体现在生产制造环境和使用环境两个方面。商品对环境的污染包括它对自然环境及生态环境的污染。

课内阅读 2-3

手机电池使用寿命揭秘：如何延长你的电池效能

在现代社会，手机已经成为我们生活中不可或缺的一部分。随着科技的进步，手机的功能越来越强大，但我们也不得不面对一个重要的问题：手机电池的保质期究竟有多长？手机电池的保质期、影响因素以及如何延长电池的使用寿命？

1.手机电池的种类

手机电池主要分为两种类型：镍氢电池（NiMH）和锂离子电池（Li-ion）。在过去，镍氢电池是手机的主要电源，但随着锂离子电池的出现，后者因其更高的能量密度和更长的使用寿命而逐渐取代了前者。

镍氢电池的优点在于其较高的放电能力和较低的自放电率，但其能量密度较低，导致体积和重量较大。镍氢电池的保质期一般为2~3年，使用时需要定期充放电，以避免记忆效应。

锂离子电池是目前市场上最常见的手机电池类型。它们具有较高的能量密度、较低的自放电率和较长的使用寿命。锂离子电池的保质期通常为2~3年，但在良好的使用条件下，可能会更长。

手机电池的保质期不仅与电池类型有关，还受到多种因素的影响。

2.影响保质期的因素

（1）充电频率。频繁的充电和放电会加速电池的老化过程。锂离子电池在充电时会产生热量，过高的温度会损害电池的内部结构，从而缩短其使用寿命。

（2）温度。电池的工作温度对其保质期有着直接影响。高温环境会导致电池老化加速，而低温环境则可能导致电池容量下降。因此，保持电池在适宜的温度范围内是延长其使用寿命的关键。

（3）存储条件。如果长时间不使用手机，应将电池存放在干燥、阴凉的地方。过高或过低的湿度都会对电池产生负面影响。

（4）使用习惯。充电时是否使用原装充电器、是否在电池电量耗尽时再充电等使用习惯都会影响电池的使用寿命。

为了延长手机电池的使用寿命，我们可以采取以下一些简单的措施：

（1）定期充电。尽量避免让电池完全放电再充电，最佳的充电状态是电量在20%~80%之间。这样可以减少电池的循环次数，从而延长其使用寿命。

（2）避免高温。尽量避免将手机放在高温环境中，比如阳光直射的地方或车内。高温会加速电池的老化过程。

（3）使用原装配件。使用原装的充电器和数据线，可以确保充电的安全性和效率，避免因不合适的充电器导致电池损坏。

23

（4）定期校正。定期对电池进行校正，即完全充电和放电一次，可以帮助电池保持准确的电量显示。

手机电池的保质期通常为2~3年，但具体的使用寿命受多种因素的影响。通过合理的使用习惯和良好的存储条件，我们可以有效延长手机电池的使用寿命。了解手机电池的特性和保养方法，有助于我们更好地使用手机，享受科技带来的便利。

资料来源　网络科技快报. 手机电池使用寿命揭秘：如何延长你的电池效能［EB/OL］.［2024-11-21］. https://www.163.com/dy/article/JHGFEBSK0556A727.html.

2.4　商品质量管理

2.4.1　质量管理概述

1）质量管理的概念

质量管理是指确定质量方针、质量目标和质量职责，并在质量体系中通过诸如质量策划、质量控制、质量保证和质量改进使其实施全部管理职能的所有活动。

2）商品质量管理的发展阶段

按照质量管理所依据的手段和方式，通常将质量管理发展史大致划分为传统质量管理、质量检验管理、统计质量控制、现代质量管理四个阶段。

（1）传统质量管理阶段。20世纪以前，质量管理源于商品生产，以家庭手工作坊为代表来组织生产。传统质量管理主要依靠工匠的实际操作技术，一般是靠手摸、眼看、口尝、耳听等方式进行判断以及利用简单的度量工具进行测量，质量标准的实施依靠师傅带徒弟模式（即口授手教方式）进行。

（2）质量检验管理阶段。20世纪初期至40年代，工业革命的成果是机器化生产取代了家庭手工作坊式生产，其典型特点是生产的批量化和劳动者协作生产，于是产生了质量检验管理。美国以泰勒"科学管理"为代表，强调工长的作用，即"工长的质量管理"。随着企业生产规模和批量的扩大，出现了专职检验部门和人员，质量检验管理成为"检验员的质量管理"。通过严格的检验来控制和保证出厂或转入下一道工序的产品质量，利用各种各样的检测设备进行百分之百检验，检验工作是该阶段执行质量职能的主要内容。这种管理方式的不足之处是：检验手段简单，过程烦琐，工作效率低；事后把关，不能降低废品率；对需要进行破坏性检验的产品质量无法掌握；是事后检验，属于消极防守型质量管理。

（3）统计质量控制阶段。20世纪40年代至60年代，这一阶段的特征是数理统计方法与质量管理的结合。1924年美国的休哈特提出了控制和预防缺陷的概念，并成功地创造出了"控制图"，把数理统计方法引入质量管理中，将质量管理推进到新阶段——预防性的质量管理阶段。控制图的出现是质量管理从单纯事后检验转入检验加预防的标志，美国、加拿大、法国、德国、意大利、墨西哥、日本都陆续推行了统计质量管理，并取得了显著成效。20世纪80年代初期，我国制定贯彻计数抽样检查标准后，才逐步跨入质量管理阶段——统计质量管理阶段。这种管理方式的不足之处是：过分强调质量控制的统计方法，使人们误认为"质量管理就是统计方法"，而数理统计方法的理论和实际运用都比较复杂，一般工人不容易掌握，因此这种方法仍然是少数人的管理，难以充分调动全体职工的生产积极性。

（4）现代质量管理阶段。20世纪60年代以后，社会生产力迅速发展，科学技术日新月异，质量管理方面出现了很多新情况、新理念，尤其随着国际市场竞争的加剧，各国企业都很重视"产品责任"和"质量保证"问题，纷纷加强内部质量管理，确保生产的产品安全、可靠。

现代质量管理以1961年美国费根鲍姆和朱兰《全面质量管理》的出版为标志，该书强调执行质量职能是公司全体人员的责任。书中提出：①质量管理仅仅靠数理统计方法是不够的，还需要一整套的组织管理工作；②质量管理必须综合考虑质量、价格、交货期和服务，而不能只考虑狭义的产品质量；③产品质量有一个产生、形成和实现的过程，因此质量管理必须对质量形成的全过程进行综合管理，而不是只对制造过程进行管理；④质量管理涉及企业的各个部门和全体员工，因此企业的全体员工都应具有质量意识和承担质量责任；⑤强调全面质量管理是为了能够在最经济的水平上考虑到在充分满足用户要求的条件下进行市场研究、设计、生产和服务，把企业各部门研制质量、维持质量和提高质量的活动打造成一个有效体系。

20世纪80年代，随着全面质量管理的发展，国际标准化组织发布了第一个质量管理的世界标准（ISO 9000标准）。20世纪90年代，国际上又兴起了六西格玛管理风潮。前者将质量管理形成标准，后者追求卓越的质量管理。1992年，欧洲质量基金会首次颁发了欧洲质量奖；质量管理大师朱兰提出"21世纪是质量的世纪"的论点更是将现代质量管理推向更高水平。

互动课堂 2-2

海尔砸冰箱事件

海尔1984年创立于中国青岛，张瑞敏是海尔的主要创始人。经过40多年发展创新，海尔从一家资不抵债、濒临倒闭的集体小厂发展成为全球家电第一品牌。1985年，一位用户向海尔反映冰箱有质量问题。于是，张瑞敏突击检查了仓库，发现仓库中有76台有缺陷的冰箱。在研究处理办法时，有干部提出：将冰箱作为福利处理给本厂的员工。就在很多员工犹豫不决时，张瑞敏作出有悖"常理"的决定：开一个全体员工参加的现场会，把76台冰箱当众全部砸掉！而且，由生产这些冰箱的员工亲自来砸！从此，在家电行业，海尔人砸毁76台有缺陷冰箱的故事就传开了！至于那把砸冰箱的大锤，已经被收入国家历史博物馆。

目前，海尔是全球大型家电第一品牌，已从传统家电产品制造企业转型为开放的创业平台。在互联网时代，海尔致力于转型为真正的互联网企业，打造以社群经济为中心、以用户价值交互为基础、以诚信为核心竞争力的后电商时代共创共赢生态圈，成为物联网时代的引领者。海尔积极由中国制造向中国创造迈进。

资料来源　编者根据海尔资料整理。

请同学们结合资料思考：（1）如何理解质量管理？（2）海尔质量管理经历了哪些发展阶段？（3）中国制造如何向中国创造迈进？

2.4.2 商品质量管理及质量评价内容

1）商品质量管理的基本内容

（1）商品生产质量管理。其主要包括：①原材料质量管理；②设计质量管理；③工艺、制造质量管理；④生产过程质量管理。

课内阅读 2-4

中国制造向中国创造迈进

央视网消息：2024年9月13日，国新办举行"推进制造强国网络强国建设 助力全面建成小康社会"发布会。

党的十八大以来，工业和信息化发展取得历史性成就、发生历史性变革，显著增强了国家的经济实力、科技实力和综合国力，为提升人民生活质量和水平，为全面建成小康社会都作出了重要贡献。

一是制造业大国地位进一步巩固。自2010年以来，我国制造业已连续11年位居世界第一，主要体现在：①体量大。2012年到2020年，我国工业增加值由20.9万亿元增长到31.3万亿元，其中制造业增加值由16.98万亿元增长到26.6万亿元，占全球比重由22.5%提高到近30%。②体系完备。我国工业拥有41个大类、207个中类、666个小类，是世界上工业体系最为健全的国家。在500种主要工业产品中，有40%以上产品的产量世界第一。③竞争力增强。光伏、新能源汽车、家电、智能手机、消费级无人机等重点产业跻身世界前列，通信设备、工程机械、高铁等一大批高端品牌走向世界。

二是重点领域创新取得重大突破。重大工程捷报频传，"嫦娥五号"地外天体采样返回、"天问一号"开启火星探测、"奋斗者"号万米海沟成功探底，刷新我国深空深海探测新纪录。"北斗三号"全球卫星导航系统全面建成，开创了我国自主独立全球卫星导航的新纪元。世界首台百万千瓦级水轮发电机组正式投产，标志着我国重大装备制造实现新跨越。大国重器亮点纷呈，首艘国产航母列装，C919大型客机试飞，世界上规模最大、技术难度最高的三峡垂直升船机投运，全球最先进的超深水钻井平台建成运行，世界首套8.8m超大采高智能化矿山装备研制成功，特高压输变电、大型掘进装备、煤化工大型成套装备、金属纳米结构材料等都跻身世界前列，标志着中国制造水平不断提升，我国制造业正从中国制造向中国创造迈进。

三是产业结构加快升级。高技术制造业和装备制造业引领带动作用显著增强，高技术制造业占规模以上工业增加值的比重从2012年的9.4%提高到2019年的15.1%；装备制造业占规模以上工业增加值的比重从28%提高到33.7%，2020年对规模以上工业增长的贡献率超过70%。传统产业焕发新活力，化解过剩产能取得重大成果，提前两年完成"十三五"钢铁行业去产能1.5亿吨目标。技术改造投资占工业投资的比重提高到47.1%，新技术、新材料、新装备、新工艺广泛应用，规模以上工业企业新产品销售收入占主营业务收入的比重提高到20%左右。

与此同时，规模以上工业单位增加值能耗在"十二五"大幅下降的基础上，"十三五"进一步下降16%。制造业数字化转型全面提速，重点领域关键工序数控化率由2012年的24.6%提高到2020年的52.1%，数字化研发设计工具普及率由48.8%提高到73%。

产业区域布局不断优化，京津冀、长三角、粤港澳大湾区等重点区域的龙头带动作用进一步提升，电子信息、轨道交通、工程机械、汽车等领域形成一大批先进制造业集群。

四是制造业企业实力显著增强。骨干龙头企业加快发展壮大，中国制造业企业500强资产总额、营业收入分别从2012年的19.7万亿元、21.7万亿元，增长到2020年的39.19万亿元和37.4万亿元；最新发布的世界500强企业榜单中，我国工业领域企业有73家入围，比2012年增加28家，增幅非常大。中小企业创业创新十分活跃，专业化水平持续提升，已培育4万多家"专精特新"企业、4 700多家"小巨人"企业、近600家制造业单项冠军企业。企业创新主体作用显著增强，2020年规模以上工业企业研究与试验发展机构总数、研发经费支出均比2012年翻了一番，有效发明专利申请数增长了两倍多。

五是信息通信业实现新的跨越。建成全球最大规模光纤和移动通信网络，固定宽带从百兆提升到千兆，光网城市全面建成；移动通信从4G演进到5G，实现网络、产业、应用全球领先。5G基站、终端连接数全球占比分别超过70%和80%。全国行政村、脱贫村通光纤和4G的比例均超过99%，农村通信难的问题得到了历史性解决。网络应用从消费向生产拓展。移动支付广泛普及，网络购物、在线学习、远程医疗等成为工作生活新方式。5G、工业互联网等新技术与制造业加速融合，协同研发设计、无人智能巡检、数字工厂、智慧矿山等新场景、新模式、新业态蓬勃兴起，数字产业化、产业数字化步伐加快，数字经济为经济社会持续健康发展提供了强劲动力。

资料来源　央视网. 工信部：我国制造业正从中国制造向中国创造迈进［EB/OL］.［2024-09-13］. https://news.cctv.com/2021/09/13/ARTIwWh9fJzDH8WCDkxSFTSR210913.shtml.

（2）商品流通质量管理。其主要包括：①商品检验管理；②商品运输质量管理；③商品储存质量管理；④商品销售质量管理。

（3）商品使用质量管理。

2）商品质量评价内容

商品质量评价内容主要包括：（1）考察商品的售后服务情况，评价商品附加质量；（2）考察商品的品牌知名度，评价商品质量的美誉度和认可度；（3）考察商品满足消费群体的特殊性，评价商品质量满足具体消费对象需求程度；（4）考察商品与人、社会和环境的关系，全面评价商品质量。

2.4.3　全面质量管理

1）全面质量管理的含义

全面质量管理是指一个组织以质量为中心，以全员参与为基础，目的在于通过让顾客满意和本组织所有成员及社会受益而达到长期成功的管理途径。它是一种由顾客的需求和期望驱动的管理方法。

2）全面质量管理的特点

（1）全员参与。这意味着质量控制由少数质量管理人员扩展到企业的所有人员。（2）全过程。将质量控制从质量检验和统计质量控制扩展到整个产品生命周期。（3）全面性。不仅包括产品质量，也包括工作质量等方面。（4）多方法。组织质量管理采用PDCA循环方法等。

3）全面质量管理的八项原则

（1）以顾客为中心；（2）突出领导的作用；（3）全员参与；（4）重视过程；（5）系统管理；（6）持续改进；（7）基于事实决策；（8）与供方的互利关系。

课内阅读 2-5

老乡鸡坚守企业责任：以合理价格提供高品质快餐

在繁忙的都市生活中，餐饮业作为日常生活的重要组成部分，不仅促进了消费、惠及民生、稳定就业，更是城市活力与"烟火气"的生动体现。在竞争激烈的市场环境中，老乡鸡凭借其独特的经营模式和坚定的企业责任感，赢得了广大消费者的信任与支持。这家知名的中式快餐连锁品牌，不仅保持了价格优势，更始终坚守为消费者提供高品质快餐的承诺，成为餐饮行业中的佼佼者。老乡鸡的成功并非偶然，而是源于其对品质的执着追求和对消费者需求的深刻理解。

老乡鸡深知，优质的产品是赢得消费者信任的关键。因此，他们始终坚持选用优质食材，通过严格的采购流程和质量控制体系，确保每一份快餐都能达到高标准。如今，老乡鸡已通过 ISO22000 及 HACCP 食品安全管理体系认证，建立了较为完善的质量管理体系，并不断加强与温氏股份、益海嘉里、农夫山泉、中粮集团等知名品牌供应商的合作，严格把关食品安全与产品品质。同时，老乡鸡不断探索新的烹饪技术和食材组合，凭借在快餐行业多年的经验积累以及对行业数据、消费数据的分析，坚持"月月上新"，秉承"顾客至上、产品第一新"，为消费者提供好吃、健康的中式快餐菜品。

除了产品质量，老乡鸡还注重服务体验的提升。他们培训员工提供热情周到的服务，确保每位顾客都能感受到家的温暖。此外，老乡鸡还积极利用数字化技术，如手机点餐、自助取餐等，提高服务效率，减少顾客等待时间。

作为一家有社会责任感的企业，老乡鸡始终关注员工的成长与发展。他们为员工提供良好的工作环境和福利待遇，定期开展培训和晋升机会，帮助员工提升个人能力和职业素养。老乡鸡创始人束从轩在与员工的互动中洋溢着幽默和热情，让网友深切地感受到了亲和力，不少网友自发成为他的粉丝，更有网友感叹：老乡鸡的工作氛围也太好了，简直是打工人的"梦中情企"。在他的影响下，老乡鸡一直秉持着"顾客至上、产品第一，实干创新"的企业文化，注重品质、服务和创新，为消费者带来独特的中式快餐体验。许多老乡鸡的忠实粉丝都有共鸣，认为老乡鸡就是家的味道。

除了关注员工成长和企业发展外，老乡鸡还积极参与社会公益活动，回馈社会。他们组织员工参与志愿服务、环保活动等，关注弱势群体，通过捐款捐物、提供就业机会等方式，帮助他们改善生活条件。老乡鸡始终坚持以实际行动践行企业社会责任，为构建和谐社会贡献自己的力量。

资料来源　佚名. 老乡鸡坚守企业责任：以合理价格提供高品质快餐［EB/OL］.［2024-10-30］. https://www.shxwcb.com/1252054.html.

4）全面质量管理的基本方法

（1）PDCA 循环，又称"戴明循环"，包括四个阶段："计划（Plan）—执行（Do）—检查（Check）—处理（Act）"。

（2）PDCA 循环的内容：①在计划阶段分析现状，找出存在的质量问题；分析产生质量问题的各种原因或影响因素；找出影响质量的主要因素；针对影响质量的主要因素，提出计划，制定措施。②在执行阶段执行计划，落实措施。③在检查阶段检查计划的实施情况。④在处理阶段总结经验，巩固成绩，工作结果标准化；提出尚未解决的问题，转入下一个循环。

（3）PDCA循环的特点：①就横向而言，管理的对象是全面的；②就纵向而言，管理的范围是全面的；③参加管理的人员是全面的；④大环扣小环，小环保大环，促进大循环。

课 外 阅 读 2-1

中国质量奖

中国质量奖是目前中国质量领域的最高荣誉，旨在推广科学的质量管理制度、模式和方法，促进质量管理创新，传播先进质量理念，加强全面质量管理，推动质量变革、效率变革、动力变革，激励引导全社会不断提升质量水平，建设质量强国，促进高质量发展。2021年9月17日《人民日报》第16版公告了第四届中国质量奖及提名奖获奖名单。

要进一步了解第四届中国质量奖及提名奖获奖名单的详情，可以扫描二维码查看。

单元小结

商品学研究的中心内容是商品质量，商品质量可以从广义和狭义上理解。广义的商品质量是指衡量商品使用价值的各种属性的综合，包括商品的自然属性、经济属性和社会属性等的综合。狭义的商品质量称为自然质量，是商品在一定使用条件下，满足一定要求的各种自然属性的综合。商品质量在表面形式上、在形成环节上和在有机组成上不同。商品质量的基本要求是根据其用途、使用方法、消费者期望和社会需求等方面进行确定。有形商品和无形商品的质量要求不同。影响商品质量的因素有生产过程、流通过程、使用过程中影响商品质量的因素等。

商品质量管理是随着现代化工业生产的发展而逐步形成和完善的，经历了传统质量管理、质量检验管理、统计质量控制和现代质量管理等发展阶段。商品质量管理的基本方法主要有PDCA循环等方法。PDCA循环包括计划（Plan）—执行（Do）—检查（Check）—处理（Act）四个阶段。

主要概念

商品质量　质量管理　PDCA循环

基础训练

一、选择题

1.符合性的质量概念指的是符合（　　　）。

A.现行标准的程度　　　　　　　　B.顾客要求的程度
C.技术文件的程度　　　　　　　　D.工艺参数的程度

2.质量的概念从"符合性的质量"发展到"适用性的质量"的过程，体现出企业对质量的认识逐步把（　　）的需求放在首位。

A.生产者　　　　B.供应商　　　　C.零售商　　　　D.消费者

3.流通过程中，对商品质量的影响因素包括（　　）。

A.商品运输　　　　B.商品储存　　　　C.商品养护　　　　D.销售服务

4.PDCA循环主要包括质量管理（　　）阶段。

A.计划　　　　B.检查　　　　C.执行　　　　D.处理

二、判断题

1.符合性质量就是以"符合"为衡量的标准，符合程度反映产品质量一致性。
（　　）

2.商品质量具有针对性、相对性、可变性。（　　）

3.商品质量是指商品满足规定或潜在需要的特征和特性的总和。（　　）

4.商品的自然属性相对变化，社会经济属性相对稳定。（　　）

5.商品质量的核心就是满足消费者对商品的外观质量需求。（　　）

6.商品质量是一个动态的、发展的、变化的概念，会受到社会经济环境及市场竞争等因素影响。（　　）

三、简答题

1.什么是商品质量？如何理解商品质量的内涵？

2.商品质量是如何构成的？提高商品质量有何意义？

3.商品质量基本要求包括哪些方面？

4.影响商品质量的因素有哪些？

5.全面质量管理的含义及基本方法有哪些？

实践训练

案例：科大讯飞质量创新之路

用人工智能建设美好世界，这是引领科大讯飞的目标，也是其质量宣言。科大讯飞不仅在全球语音技术领域一路高歌，而且在追求质量变革的征途上捷报频传。

人工智能产业的发展，面临"技术门槛高、应用转化低、安全要求高"三大难题。为了破解难题，科大讯飞开创性地构建了具有"资源可得、服务可靠、安全可信"三大质量特征的AI开放创新平台赋能的质量管理模式。

什么是"AI开放创新平台赋能的质量管理模式"？

该模式基于三大质量特性和评价标准，构建了三大保障体系——依托"顶天立地"的技术保障体系，实现技术、数据和人才资源的高质量获得；依托"成就客户"的运营保障体系，实现平台服务可靠（稳定）、服务有效（精准）、全链资源覆盖（充分）；依托"纵深防御"的安全保障体系，实现客户信息安全与隐私保护需求的高质量保障。在体系持续改进和提升的过程中，总结形成了一套可落地实施、持续改进的工具方法体系。

有什么看得见、摸得着的实践成效?

2021年年初,科大讯飞官宣从"单点技术创新"走向"系统性创新",这正是在该模式助力下的成果。该模式的推广与应用显著提升了科大讯飞以及平台生态的核心竞争力,推动产业价值爆发式增长,实现从一个龙头企业到一个新兴产业集群,再到一个良好产业生态产业链协同式高质量发展。

在科大讯飞持续构建产业生态的不懈努力下,创新质量模式的先进性也获得业界认可。科大讯飞的质量管理模式解决了人工智能行业发展的难题,对于提升我国创新产业链竞争力,实现行业高质量发展有重大意义。该模式总结的"3311质量管理方法"特色鲜明,针对AI产业建立了可落地、可实施的一套工具方法体系,促进管理模式有效运行、持续改进,促进AI领域多个从0到1的突破,实现AI技术在教育、医疗、城市管理等各个行业应用的深度赋能,助力各行业加速数字化转型升级,具有较强的推广示范应用价值。

此外,作为首批"国家新一代人工智能开放创新平台",科大讯飞开放平台目前已开放440项AI产品及能力,聚集超过237万开发者团队,总应用数超过123万,累计覆盖终端设备数超33亿,链接超过365万生态伙伴,以科大讯飞为中心的人工智能产业生态持续构建。

如果该模式的建立按下了企业发展的"加速键",那么在发展这条"快车道"上,对质量的不断追求则为企业的前进提供了多维度的"护航"。

创业22年的科大讯飞,正是怀揣着对质量的坚守和对人工智能的热爱,才能在科技创新的大潮下披荆斩棘,蓬勃发展。

资料来源　佚名. 用系统性创新开启人工智能大未来——科大讯飞质量创新之路〔N〕. 中国质量报,2021-09-15(10).

结合案例分析:

1.如何理解商品质量的内涵和演变?

2.科大讯飞质量管理模式有何特点和作用?

3.质量创新模式下如何发挥工匠精神?

商品分类与编码

【学习目标】

通过本单元的学习，达到以下学习目标：

知识目标：了解商品分类的概念和标志；熟悉商品目录及商品分类体系；掌握商品分类和商品编码的方法。

能力目标：结合引例、基础训练、实践训练等，使学生学会进行简单的商品分类分析和商品编码的识别。

素养目标：结合教学内容、案例资料等，通过互动课堂、案例分析等形式，引导学生正确把握商品分类方法，同时培养学生精益求精的工匠精神、创新意识和职业判断能力。

【单元框架】

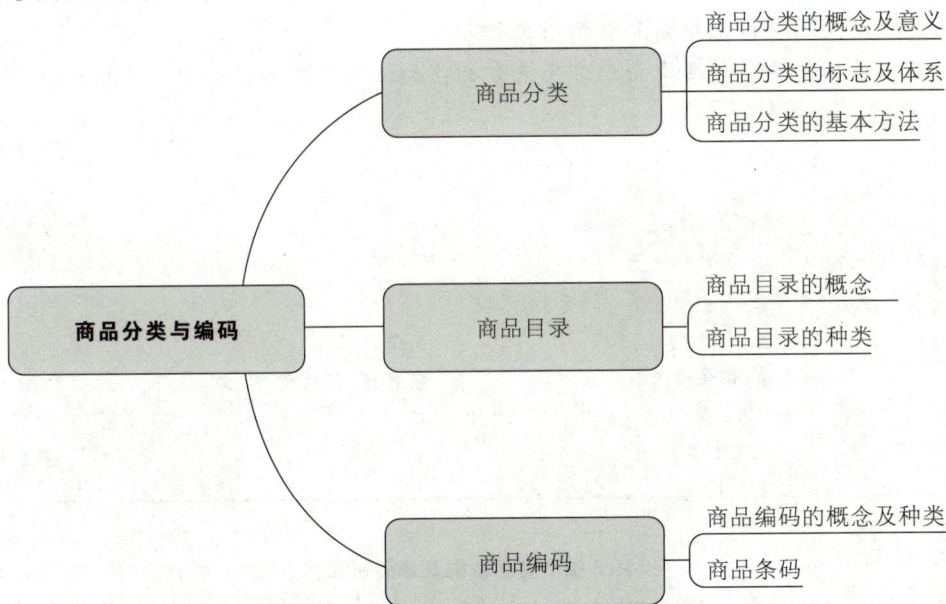

引 例

如何做好商品结构合理性分析

　　某大型连锁超市拥有经营范围涵盖食品、生鲜、大卖场的区域购物中心等数十间门店，单店营业面积2 000～20 000m²不等，年营业额合计近10亿元。由于超市行业竞争越来越激烈，公司出现了整体竞争力下降，新开业门店营业额、毛利额都达不到预期目标的状况。商品部经理小宋希望通过对公司商品结构合理性的分析，找出问题的症结所在。他先按类型来划分，然后在此基础上按品牌进行具体罗列，并形成了一张图，如图3-1所示。

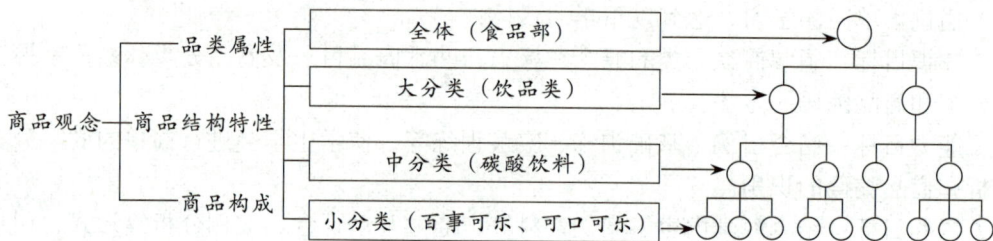

图3-1　商品结构图

　　小宋在分析的过程中犯了两个错误：（1）细化商品结构图时出现了错误。（2）分析商品结构图时，采用的分析方法不当：没有外向针对消费者需求进行分析；没有内向从整体上对商品结构图进行分析。

　　商品结构双峰分析法是企业常用来分析商品结构的工具，如图3-2所示。

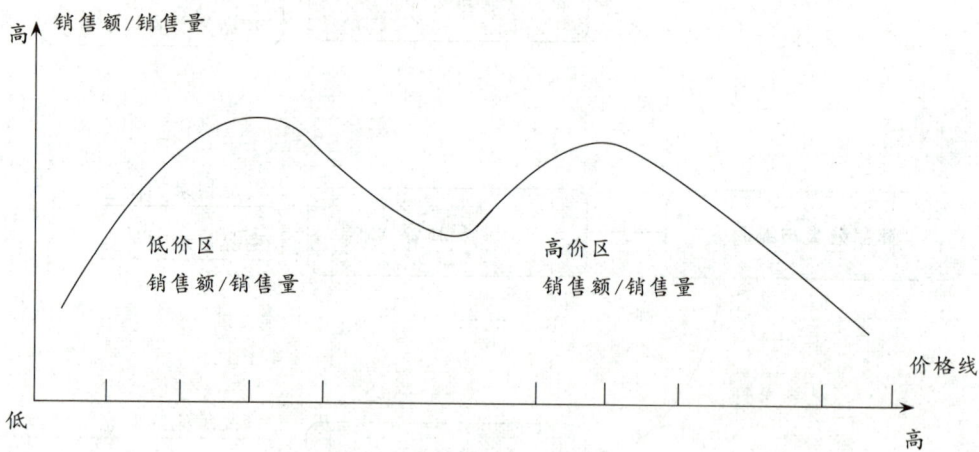

图3-2　商品结构双峰分析法

　　该图中以价格线为横坐标，以销售额/销售量为纵坐标，健康的商品结构要求曲线必须是双峰状的，而且前面低价位波峰要略高于后面高价位波峰。

　　资料来源　编者根据相关资料整理。

3.1　商品分类

3.1.1　商品分类的概念及意义

1）商品分类的概念

商品分类是指根据一定的管理目的，为满足商品生产、流通、消费活动的全部或部分需要，将管理范围内的商品集合，选择适当的商品基本特征作为分类标志，逐次归纳为若干个范围更小、特质更趋一致的子集合体（类目），如大类、中类、小类、细类，直至品种、细目等，从而使该范围内所有商品得以明确区分与体系化过程。

2）商品分类的意义

商品分类既是商品学的重要研究内容，也是商品经营管理的一种手段。商品分类为国民经济各部门、各企业实施各项管理活动奠定了科学基础。

（1）商品科学分类有助于国民经济各部门的各项管理举措的实施。

（2）商品分类有助于商业经营管理。

（3）商品分类是实行现代化管理的前提。

（4）商品分类有利于了解商品特性。

（5）商品分类有助于提高商品学的教学和科研工作水平。

互动课堂 3-1

商品分类与商品体系

在零售业态下，商品分类是打造商品体系的基础，商品体系则是商品结构的系统性汇集，商品特性决定商品分类，商品分类决定商品体系。商品体系是由零售业态性质决定的商品结构的汇集，形成自上而下逐级划分的形态。不同业态的商品体系各不相同，尽管自上而下逐级划分模式相同，但是划分的层级并不相同。发达国家大型商超甚至有划分为九级的，但较常见的为七级：

1. 生活与购物范围（门店性质）。
2. 生活领域结构（商品大类）。
3. 每一生活领域主品类构成（中分类）。
4. 生活领域中的副品类构成（小分类）。
5. 副品类构成中的品种构成（细分类）。
6. 用途或功能中的商品包装规格（品规）。
7. 单品（SKU）。

资料来源　柳伟雄，椎名敏也. 新型药品零售业态与商品分类 [J]. 中国药店，2021（6）.

请同学们结合资料思考：（1）什么是商品分类？（2）你是如何理解发达国家大型商超商品体系七级划分的层级？（3）如果让你为一个100m²的校园便利店进行商品分类，你有哪些创新的分类方式？

35

3.1.2　商品分类的标志及体系

1）商品分类的标志

商品分类的标志是标明商品特征，用以识别商品不同类别的记号。商品分类标志主要有商品的用途、原材料、生产加工方法、主要成分等基础的属性和特征。

（1）以商品的用途为分类标志。

商品的不同用途，直接反映了商品使用价值的差别。这种划分方法在实际工作中应用最广泛，不仅适用于商品大类的划分，也适用于对商品种类、品种等的进一步详细分类。例如，日用商品品类，可按用途分为玩具类、洗涤用品、化妆品等。在化妆品中，按用途可以再分为皮肤用品和毛发用品，如图3-3所示。在此基础上还可以细分，如毛发用品还可以分为清洁类、护发养发类、染发剂类等。以商品的用途为分类标志的特点是：便于对相同用途的商品质量进行分析比较；有利于消费者按用途选购商品；有利于商品生产者提高商品质量，开发商品新品种；有利于商业部门搞好商品的经营管理。但对于多用途的商品则不宜采用这种分类标志。

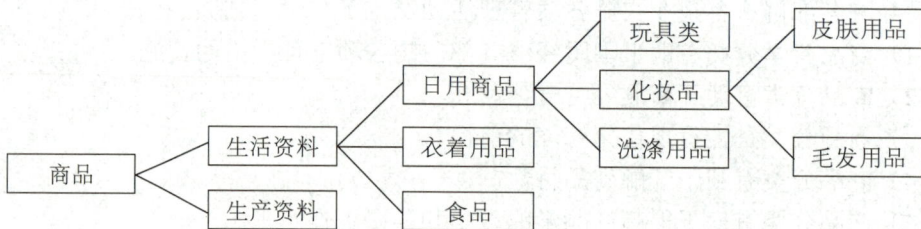

图3-3　商品按用途分类

（2）以商品的原材料为分类标志。

原材料的种类和质量，往往对商品的性能和质量起着决定性的作用。选择以原材料为分类标志是商品的重要分类方法之一。例如，鞋类商品，可按所用原材料划分为皮鞋、塑料鞋、胶鞋、布鞋等类别，皮鞋按所采用皮革的不同，可分为牛皮鞋、猪皮鞋、羊皮鞋、其他皮鞋等，如图3-4所示。商品分类从本质上反映了各类商品的性能、特点、使用、保管等要求。但对于多种原材料构成的商品，不宜采用这种标志进行分类，如自行车、电视机、钟表等。

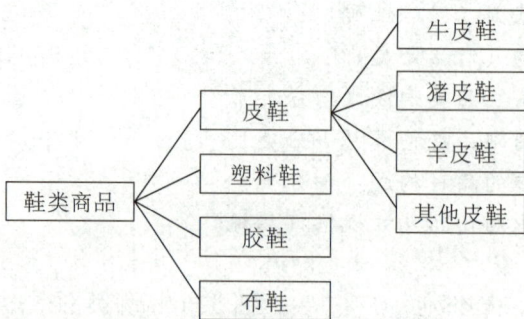

图3-4　商品按原材料分类

（3）以商品的生产加工方法为分类标志。

很多商品即使采用相同的原材料制造，由于生产方法和加工工艺不同，所形成商品的质量水平、性能、特征等都有明显差异，因此对相同原材料可选用多种加工方法生产的商品，适宜以生产加工方法作为分类标志。例如，茶叶按加工方法可划分为不发酵茶（绿茶）、半发酵茶（乌龙茶）、全发酵茶（红茶）和后发酵茶（黑茶），如图3-5所示。但是对那些生产方法不同，产品质量、特征不会产生实质性区别的商品，不宜使用此种分类方法。

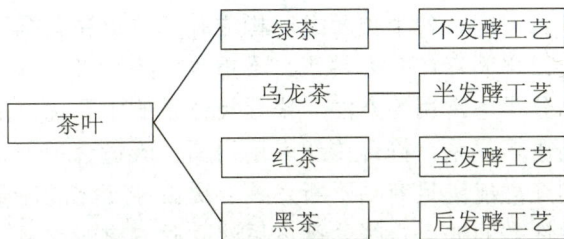

图3-5 商品按生产加工方法分类

（4）以商品的主要（或特殊）成分为分类标志。

商品的许多性能、质量、用途往往由其成分决定，其中最重要的是组成商品的主要成分或特殊成分，因此这种分类标志可以通过商品的主要成分或特殊成分说明其主要性能或用途。例如，主要成分相同的营养护肤品，因分别含有少量的特殊成分，可划分为丝素营养霜、珍珠营养霜、貂油营养霜、SOD营养霜、人参营养霜、蜂乳营养霜、维生素E营养霜、芦荟营养霜等，如图3-6所示。对于化学成分复杂的商品或化学成分区别不明显的商品，则不宜采用主要成分或特殊成分作为分类标志。

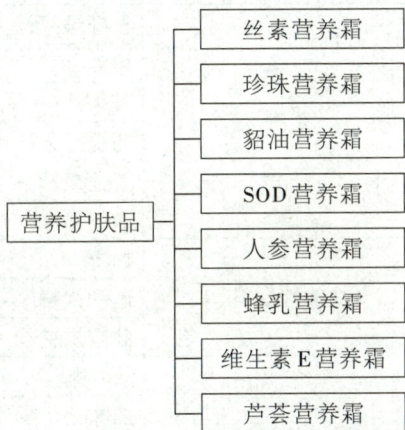

图3-6 商品按主要（或特殊）成分分类

（5）其他分类标志。

此外，还有很多其他分类标志，如商品的外观形状、结构、颜色、特性、重量、产地等均可作为商品分类标志。这些分类标志的特点是概念清楚、形象直观、特征具体、通俗易记、便于区别，更容易为消费者所接受。

2）商品分类的体系

在商品分类中，可将任一商品集合总体逐次划分为包括大类、中类、小类、单品在内的完整的、具有内在联系的类目系统。这个类目系统就是商品分类体系。

3.1.3 商品分类的基本方法

建立商品分类体系的基本方法有两种：一种是线分类法；另一种是面分类法。

37

1）线分类法

线分类法，又称层级分类法，是将已分类的商品集合总体，按选定的属性或特征逐次地分成相应的若干个层级类目，并编制成一个有层级的、逐级展开的分类体系。线分类体系的一般表现形式是按大类、中类、小类等级别不同的类目逐级展开，体系中各层级所选用的标志不同，各个类目之间构成并列或隶属关系。由一个类目直接划分出来的下一级各类目之间存在并列关系，不重复、不交叉。

线分类法是商品分类中常用的方法。线分类体系的主要优点是：层次性好，能较好地反映类目之间的逻辑关系，符合传统应用习惯，既适合手工处理又便于计算机处理；商品分类体系的建立能满足商品不断发展、更新和变化的需要。但是，线分类体系也存在分类结构弹性差的缺点。线分类体系建立后，它的类目、层级是固定的，因此对商品的容纳量也是有限的，这样就给未来的工作（即新商品的引入）带来了不便。

在实际应用中，通常在建立线分类体系时预留一定的容量，以克服其不足。线分类体系应用示例见表3-1。

表3-1 **线分类体系应用示例**

大类名称	中类名称	小类名称
饮料	碳酸饮料	可乐
		汽水
		加味汽水
	果汁	含纤维果汁
		橙汁
		苹果汁
		葡萄味果汁
		其他果汁
		浓缩果汁
	功能性饮料	咖啡
		运动饮料
		健康饮料
	茶饮料	原叶茶
		加味茶
		奶茶
		凉茶
	水	纯净水
		矿泉水
		含碳酸水

2）面分类法

面分类法，又称平行分类法，是将已分类的商品集合总体，根据其本身的属性或特征分为相互之间没有隶属关系的面，由一个类目直接划分出来的下一级各类目之间存在并列关系，不重复、不交叉，每个面都包含一组类目。将每个面中的一种类目与另一个面中的一种类目组合在一起，即组成一个复合类目。

例如，服装的分类就是按面分类法组配的：把服装用的面料、款式、穿着用途分为三个互相之间没有隶属关系的"面"，每个"面"又分成若干个类目，使用时，将有关类目组配起来。面分类法的优点是：所建立的分类体系结构弹性好，可以大量地扩充新类目，不必预先确定好最后的分组。它的缺点是：组配结构太复杂，其容量也得不到充分利用。面分类体系应用示例见表3-2。

表3-2　　　　　　　　　　面分类体系应用示例

面料	式样	款式
纯棉	男式	中山装
纯毛	女式	西装
涤棉		猎装
毛涤		夹克
中长纤维		连衣裙

互动课堂3-2

邱赛珍：精益求精弘扬劳模精神、工匠精神

把花纸贴到光滑的瓷器白胎上，看似简单，却有不少讲究，邱赛珍把这道工序看作是给自己的孩子穿上衣服。

47岁的邱赛珍做这道工序已经31年。她是党的十九大代表、景德镇红叶陶瓷股份有限公司彩绘车间贴花工段工段长。为防止彩瓷烧烤过程中产生"气泡"，多年来工友们养成了良好的作业习惯，贴花前必须把瓷器洗得干干净净，一尘不染，花纸贴上以后要反复刮抹抚平，不留一丁点儿胶水渍。贴好花纸的瓷器入窑烧制，厂里允许有3%的残次品，但贴花工人们坚持，在贴花这个环节，一定要100%合格。

邱赛珍经常对工友们说："我们虽然只是普普通通的贴花工，但是必须精益求精，因为手底下的每一件瓷器都关乎企业的形象与声誉，无论如何都必须完美无瑕。"

"十九大报告还提出，推动中华优秀传统文化创造性转化、创新性发展。"邱赛珍在车间里，总尝试着让工友们懂得并坚持，"每个人都可以用自己的双手，把老祖宗传下来的传统技艺创造性转化、创新性发展。"

虽然邱赛珍的语言朴实，工作也很普通，但是她在自己平凡的工作岗位上作出了不平凡的工作。

资料来源　高皓亮. 邱赛珍：精益求精弘扬劳模精神、工匠精神［EB/OL］.［2017-11-29］. http://www.gov.cn/zhuanti/2017-11-29/content_5243147.htm.

请同学们结合资料思考：你身边有哪些人像邱赛珍一样在平凡岗位上作出不平凡业绩的事例？

3.2　商品目录

3.2.1　商品目录的概念

商品目录又称商品分类目录，是指在商品分类和编码的基础上，用表格、文字、数码和/或字母等全面记录商品分类体系和编排顺序的文件形式。具体来说，商品目

录就是由国际组织或国家或行业或企业依据商品编码的要求，对所管理的商品种类用一定的书面形式，并经过一定程序固定下来的商品总明细表。

商品目录一般包括商品名称及计量单位、商品代码（或编号）和商品分类体系三部分，编制商品目录的工作也属于商品分类，编制商品目录是商品分类工作的重要组成部分，商品目录是商品科学分类的最后成果。

3.2.2　商品目录的种类

由于编制目的和作用不同，商品目录的种类很多。按商品用途不同，编制的目录有食品商品目录、纺织品商品目录、化工原料商品目录等；按编制对象不同，编制的目录有工业产品目录、贸易商品目录和进出口商品目录；按适用范围不同，编制的目录有国际商品目录、国家商品目录、部门商品目录、企业商品目录等。此处我们只对按适用范围编制的目录进行详细分析。

1）国际商品目录

国际商品目录是指由国际组织或区域性集团通过商品分类所编制的商品目录。例如，联合国编制的《国际贸易标准分类》、海关合作理事会编制的《海关合作理事会税则商品分类目录》和《商品分类及编码协调制度》等。

2）国家商品目录

国家商品目录是指由国家指定专门机构通过商品分类编制的商品目录。例如，《全国主要产品分类与代码　第1部分：可运输产品》（GB/T 7635.1—2002）是我国国民经济各部门各地区从事经济管理工作时必须遵守的全国性统一商品目录。

3）部门商品目录

部门商品目录是指由行业主管部门编制的商品目录。例如，商务部、海关总署公布的《加工贸易禁止类商品目录》，财政部、国家发展改革委、海关总署、国家税务总局联合发布的《国内投资项目不予免税的进口商品目录（2021年调整）》，海关总署发布的《中华人民共和国海关统计商品目录》等。这些商品目录都是部门从中央到基层共同遵守的准则。

4）企业商品目录

企业商品目录是指企业在兼顾国家和部门商品目录分类原则的基础上，为充分满足本企业工作需要，而对本企业生产或经营的商品所编制的商品目录。企业商品目录的编制，必须符合国家和部门商品目录的分类原则，并在此基础上结合本企业的业务需要，进行适当的归并、细分和补充。例如，《营业柜组经营商品目录》《仓库保管商品经营目录》等都具有分类少、对品种划分更详细的特点。

3.3　商品编码

3.3.1　商品编码的概念及种类

1）商品编码的概念

商品编码又称商品代码，是指在商品分类的基础上，赋予某种（或某类）商品的代表符号。该符号由数字、字母和特殊标记组成。

商品编码可使多种多样、品目繁多的商品便于记忆；可以简化手续，提高工作的效率和可靠性；利于管理，促进销售；利于建立统一的商品分类代码系统。

2）商品编码的种类

（1）数字型编码。

①数字型编码的概念：用一个或若干个阿拉伯数字表示分类对象的编码；②数字型编码的特点：数字型编码结构简单，使用方便，易于推广，便于计算机处理；③数字型编码的编制方法见表3-3。

表3-3　　　　　　　　　　　　数字型编码的编制方法

编制方法	定义	优点	缺点
层次编码法	使代码的层次与分类层级相一致的编制方法	代码较简单、信息容量大、逻辑性较强；能明确地反映出分类编码对象的属性或特征及其相互关系；便于机器汇总数据	结构弹性较差，需要预留出相当数量的备用号而使代码延长
平行编码法	对每一个分类面确定一定数量的码位，使数字代码的各组数列之间形成并列平行关系的代码编制方法	代码结构有较好的弹性，可以比较简单地增加分类面的数目，必要时还可更换个别的类面	代码过长，不便于计算机管理

（2）英文字母型编码。

①英文字母型编码的概念：以英文字母作为代码的商品编码法；②英文字母型编码的特点：英文字母I、O、Q、Z与阿拉伯数字1、0、9、2容易混淆，所以废弃不用，除此之外，尚有22个字母可用。

（3）混合型编码。

①混合型编码的概念：联合使用英文字母与阿拉伯数字来作商品代码的商品编码法，多以英文字母代表商品类别或名称，其后再用十进制或其他方式编制阿拉伯数字号码；②混合型编码的特点：这种商品编码方法吸取了前两种方法的优点，效果较理想，目前应用较普遍。

3.3.2　商品条码

商品条码是一种用于标识商品并便于光电扫描阅读设备识读及数据计算机处理的特殊代码。它的普及和应用极大地加速了商品流通的效率。

1）商品条码的概念及作用

（1）商品条码的概念。

商品条码是由一组按照特定规则排列组合的宽窄不同、黑白（或彩色）相间的平行线条及其对应的字符组成的数字图形。在国家标准中，它被定义为用于表示国际通用的商品代码的一种模块组合型条码。

（2）商品条码的作用。

①信息采集速度快。条码扫描录入信息的速度是键盘输入的数十倍，能实现即时数据输入。

② 信息采集速度快：条码扫描录入信息的速度是键盘输入的数十倍，能实现即时数据输入。

③ 提高管理效率：可实现销售、仓储、运输、订货、结账等环节的自动化管理，提升商品生产和经营效率。

④ 促进商品流通：降低物流成本，加快商品周转速度。

⑤ 减少人为错误：条码技术的误码率极低，远低于键盘输入的数据出错率。

⑥ 制作简便、成本低：条码标签易于制作，对设备和材料无特殊要求，设备操作简便且相对便宜。

2）商品条码的种类及应用

商品条码最早产生于美国，并在20世纪70年代初在北美地区得到推广应用。目前，国际物品编码协会（GS1）已成为全球范围内推广和应用商品条码的主要机构。

（1）EAN条码。

EAN条码是国际物品条码的简称，由国际物品编码协会制定，是一种国际通用的商品代码。凡进入国际市场的商品其包装上必须印有EAN条码。我国规定从1997年1月1日起，凡在超级市场销售的商品必须使用商品条码。EAN条码有标准版和缩短版两种形式。

①EAN标准版，又称EAN-13条码或EAN-13代码，在中国称为标准码，其标准尺寸为37.29mm×26.26mm，由条、空及其下面对应的13位阿拉伯数字组成。这13位数字码可分为4个码段，即由前缀码、厂商识别代码、商品项目代码和校验码组成，如图3-7所示。

图3-7　EAN-13条码

第一码段是前缀码（又称国别代码），为前2位或前3位，用于识别商品来源或地区，由国际物品编码协会分配和管理。我国的条码事业发展迅速，目前商品使用的前缀码为690~699。第二码段是制造厂商代码，为5位或4位数字，用于标识生产企业或批发公司，由国际物品编码协会在各国的分支机构分配和管理。第三码段是商品项目代码，为5位数字，用于识别商品的特征或属性，由制造商依据EAN的规则自行编制。第四码段是校验码，为最后1位数字，用于校验以上三部分代码输入的正确性，由这三部分数字按照规定的方法计算得出。

②EAN缩短版，又称EAN-8条码或EAN-8代码，中国称为缩短码，由条、空及其下面对应的8位阿拉伯数字组成，如图3-8所示。

图3-8　EAN-8条码

这8位数字码可分为三个码段：第一码段前缀码（国别代码）与第三码段校验码的表示方法均与EAN-13条码相同；第二码段是商品项目代码，由4位或5位数字构成，是按一定规则由EAN-13条码中的制造厂商代码和商品代码经删"0"后得出，由国际物品编码协会在各国的分支机构统一分配和管理。

根据国际物品编码协会的统一规定，只有当EAN-13条码所占面积超过总印刷面积的25%时，使用EAN-8条码才是合理的。中国物品编码中心对使用EAN-8条码的条件还做了进一步的具体规定，即当包装面积表面或标签可印刷面积小于40cm²时，方可申请使用缩短码。因此，EAN-8条码主要用于印刷空间较小的小包装商品，如化妆品、香烟、胶卷等。

（2）UPC条码。

UPC条码是通用产品条码的简称，有标准版和缩短版两种形式。

①UPC标准版，又称UPC-A条码，是由条、空及其下面对应的12位阿拉伯数字组成。这12位数字码中，第1位数字是前缀号，最后1位数字是校验码，中间10位数字是编码数字，其中前5位数字是制造厂商代码，后5位数字是商品标识代码，如图3-9所示。

图3-9　UPC-A条码

这12位数字码中，第1位数字为编码系统字符，称为前缀码，其中"0"代表规则包装的商品；"2"代表不规则重量的商品；"3"代表医药卫生商品；"4"代表零售商专用；"5"代表用信用卡销售的商品；"7"代表中国申报的UCC会员专用；"1，6，8，9"为备用码。第2位数字至第6位数字是制造商代码，由美国统一代码委员会分配给每个会员。第7位数字至第11位数字是商品代码，用于识别商品的特征或属性，由制造厂商根据美国统一代码委员会的规则自行编制和管理。最后1位数字为校验码，按一定规则计算确定，用于校验代码符号的正确性。

②UPC缩短版，又称UPC-E条码，是由条、空及其下面对应的8位数字组成。这8位数字码中，第1位数字是前缀号，最末位数字是校验码，中间6位数字是商品信息代码。UPC-E条码可以视为是删除UPC-A的4个或5个"0"得到的。当商品无法印刷UPC-A条码，且美国统一代码委员会分配给企业的编码系统是"0"时，才可使用UPC-E条码。

课外阅读3-1

商品条码与内部编码在服装企业的成功应用

J集团有限公司（以下简称"J公司"）拥有两大知名服装品牌，均为国内十大畅销服装品牌，年产量300万件左右，产品远销美国、加拿大、欧洲、中东及中国的香港和澳门等国家和地区。J公司拥有多家子公司，在全国50多个城市设立了分公司或办事处，并在400余家商厦设立专柜，其品牌在全国各大城市高档商场中深受消费者的青睐。

J公司很早就开始尝试信息化管理，形成了相对成熟的产品内部编码方案。第一代产品内部编码由10位数字组成，包含品牌、版型、面料、规格等有效信息。由于业务发展迅速，第一代产品内部编码的扩展性能较差，渐渐不能满足发展需求，因此就出现了第二代产品内部编码，由12位数字组成，留有预留位。但是，随着公司信息化管理的加强以及管理要求的提升，第二代产品内部编码又出现了缺陷，主要是在生产过程中不够直观和不能明细到服装产品的裤（袖）长等三维结构。于是，第三代产品内部编码应运而生，其位数不受限制，由数字和字母共同组成。

J公司于1999年注册了厂商识别代码。当时主要考虑到商品条码的容量不能满足要求，因此采用了同一品牌、版型、面料的产品内部编码对应一个商品条码，商品条码与产品内部编码同时使用了几年，工作中遇到了一些不便。在获准增加厂商识别代码后，使用商品条码不再需要考虑容量问题，真正实现了"两码统一"，把不同规格、裤（袖）长的服装产品明晰地区分开来。

资料来源 佚名. 商品条码与内部编码在服装企业的成功应用［EB/OL］.［2018-12-25］. http：//ancc.org.cn/News/article.aspx？id=1473.

单元小结

商品分类是指根据一定的管理目的，为满足商品生产、流通、消费活动的全部或部分需要，将管理范围内的商品集合总体进行合理划分的过程。商品分类体系有两种基本方法，即线分类法和面分类法，这两种分类方法各有利弊。分类标志是编制商品分类体系和商品目录的重要依据和基准。常用的商品分类标志有商品的用途、生产加工方法、原材料、化学成分、生产过程等。商品分类标志的选择必须遵循相应的原则。商品编码是赋予分类体系中不同类目的商品统一的代表符号的过程。编码中所用的标识性商品的代表符号称为商品代码。商品条码也是一种商品代表符号，但不能将其简单地归类于商品代码，它是由一组规则排列的条、空及其对应的数字代码组成的商品标识。目前，世界范围内广泛使用的条码分为EAN和UPC两大系统，我国是国际物品编码协会成员，使用EAN条码。

主要概念

商品分类 商品分类体系 线分类法 面分类法 商品编码 商品目录

基础训练

一、选择题

1.下列商品适合按商品用途作为分类标志的是（ ）。

A.化妆品 B.鞋类 C.茶叶 D.营养护肤品

2.商品目录不包括（ ）。

A.商品名称 B.商品代码 C.计量单位 D.商品属性

3.由国家指定专门机构通过商品分类编制的商品目录是（ ）。

A.国际商品目录　　　B.国家商品目录　　　C.部门商品目录　　　D.企业商品目录

4.下列不是数字型编码特点的是（　　）。

A.结构简单　　　　　B.使用方便　　　　　C.易于推广　　　　　D.代码较短

5.商品条码最早产生于（　　）。

A.中国　　　　　　　B.日本　　　　　　　C.加拿大　　　　　　D.美国

6.中国物品编码中心成立于（　　）。

A.1978年　　　　　　B.1985年　　　　　　C.1988年　　　　　　D.1990年

二、判断题

1.商品分类既是商品学的重要研究内容，也是商品经营管理的一种手段。（　　）

2.商品按原料来划分便于对相同用途的商品质量进行分析比较。（　　）

3.面分类法是商品分类中常用的方法。（　　）

4.通常服装的分类就是按线分类法组配的。（　　）

5.EAN标准版，又称EAN-13条码或EAN-13代码，在中国称为标准码，其标准尺寸为37.29mm×26.26mm，由条、空及其对应的13位阿拉伯数字组成。（　　）

6.只有当商品无法印刷EAN-13条码时，才可使用EAN-8条码。（　　）

三、简答题

1.请简述商品分类的概念及意义。

2.请简述商品分类的标志及体系。

3.商品分类的基本方法有哪些？

4.请简述商品编码的概念及种类。

实践训练

案例：新型药品零售业态与商品分类

由于国内连锁药店专业性较强，商品体系更专注，分级更简洁，其商品体系通常划分为五级。举例来讲，处方部门逐级划分，就构成了如图3-10所示的商品体系。

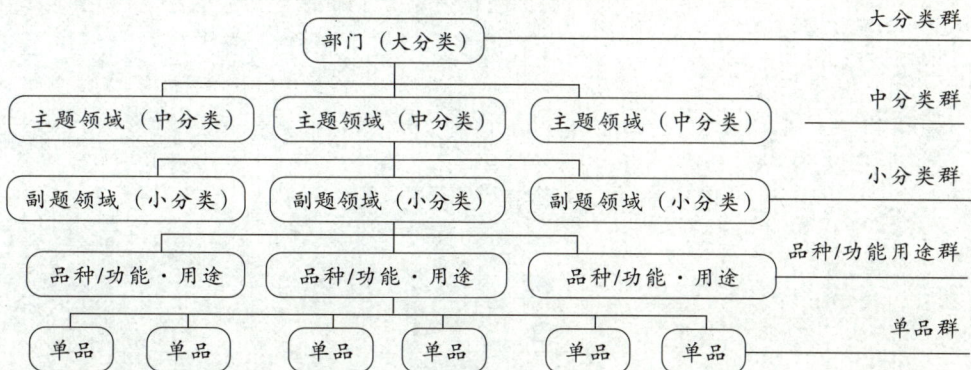

图3-10　中国连锁药店商品体系五级划分法示例

资料来源　柳伟雄，椎名敏也.新型药品零售业态与商品分类［J］.中国药店，2021（6）.

结合案例分析：

1.中国连锁药店商品体系有什么特点？

2.请举例说明连锁专卖店是如何进行商品分类的？

商品品种与商品品类

【学习目标】

通过本单元的学习，达到以下学习目标：

知识目标：了解商品品种和商品品类的概念；理解商品品种和品类的意义以及商品品种研究存在的问题；熟悉商品品种的类别和商品品种结构优化的原因及方式；掌握商品品种发展规律和商品品类包含的内容。

能力目标：结合引例、基础训练、实践训练等，使学生学会对企业进行简单的商品品类划分，并学会对商品品种进行正确的判断和选择。

素养目标：结合教学内容、案例资料等，通过互动课堂、案例分析等形式，培养学生的爱岗敬业精神，提高学生独立分析问题、解决问题的能力。

【单元框架】

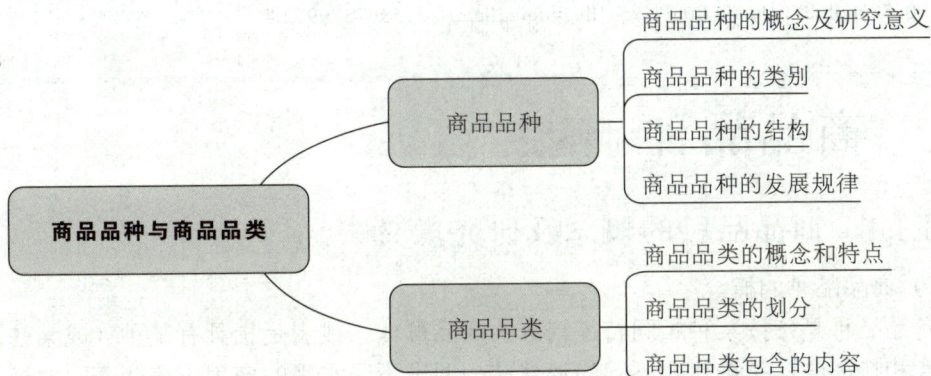

如何挑选洗发水

洗发水是我们生活中不可缺少的洗护用品。那么，平时我们在购买洗发水的时候，如何挑选呢？希望下面的方法能给大家一些参考。

（1）看包装：一般好的洗发水包装都很精致，做工细致，用的材质（如塑料）都很硬，且色彩明丽柔和，接口处严密，无裂痕，字迹清晰。

（2）闻香味：越好的洗发水味道越淡，而且接近自然的味道，如水果味、花香味，清淡不冲鼻，使用之后持久幽香。

（3）看泡沫：好的洗发水很容易出泡沫，用一点点加一些水就能起很多泡沫，而且泡沫越细越好。

（4）看膏体是否细腻：越好的洗发水膏体越细腻，且黏性大，流动不快。

（5）易冲洗：好的洗发水在冲洗时很容易冲洗干净，没有黏腻的感觉。

（6）用完后的感觉：用完后感觉头发轻盈，自然顺滑，不会有头发梳不开的现象。

（7）针对性：现在的洗发水针对性都比较强。比如，适合干性、中性、油性发质的洗发水，或适合粗发、细发、受损发质的洗发水。

资料来源 佚名. 如何挑选洗发水［EB/OL］.［2024-01-21］. https://wenku.baidu.com/view/2e8e360c581b6bd97f19ea6f.html? rec_flag=default&sxts=1539737997285.

4.1 商品品种

4.1.1 商品品种的概念及研究意义

1）商品品种的概念

商品品种是指按某种相同特征划分的商品群体，或者是指具有某种（或某些）共同属性和特征的商品群体。不同的消费结构要求不同水平的使用价值及不同的品种规格。大类商品的品种及其结构应与全社会的消费需求和消费结构相符合，其他各类商品中的品种应与社会不同阶层、不同社会集团的消费水平相吻合。

2）商品品种的研究意义

所有商品品种是一个庞大、复杂、动态及可控制的系统。商品品种问题是多种多样的和复杂的，既有工程技术问题，又有经济学、法学和商品学问题。许多商品品种问题都具有综合性特点，需要多门学科共同研究来解决。在商品品种的研究上还存在以下问题：没有从根本上把握或认清商品品种及其规律；商品品种与人们不断增长的物质文化需要或与人民对美好生活的向往不相符；商品品种不完善、品种构成不合理可能影响经济活动的正常运行和人民生活质量的改善；商品品种的完善以及商品品种与消费需求相符程度的提高还没有完全建立在科学的基础之上。因此，研究商品品种问题，不断提高商品品种及其结构与消费需求及其结构的相符程度，具有重要的社会、经济和政治意义。

4.1.2　商品品种的类别

1）按照商品品种形成的领域划分

按照商品品种形成的领域不同，商品品种可分为生产品种和经营品种两种类型。

（1）生产品种是指由工业或农业提供给批发商业企业的商品品种。

（2）经营品种是指中间商（批发、零售）销售的商品品种。

生产品种和经营品种取决于特定经济环境下的资源状况和生产能力，以及消费需求的结构和变化。为获得良好的经济效益，生产部门必须有合理的产品结构、适销的商品品种和高水平的商品质量，还要根据市场需要和消费需求不断调整生产品种和开发新品种；商业部门必须按照市场需求、供求状况和竞争需要，确定和调整企业发展战略中的品种计划，重视商品品种的构成、完善和策略等问题。

2）按照商品品种的横向广度或结构划分

按照商品品种的横向广度或商品品种的结构不同，商品品种可分为复杂商品品种和简单商品品种两种类型。例如，灯泡、肥皂、锤子等只有很少的品种，属于简单商品品种；服装、鞋类、食品等有相当多的品种，则属于复杂商品品种。

3）按照商品的纵向深度划分

按照商品的纵向深度划分，商品品种可分为粗的商品品种和细的商品品种两种类型。在制订商品计划或规划时，一般只涉及粗的商品品种。在订立供货合同时，要详细规定商品的所有特性值（参数），包括规格、颜色、式样、包装等，这时就涉及细的商品品种。

4）按照商品品种的重要程度划分

按照商品品种的重要程度划分，商品品种可分为日常（必备）商品品种和美化、丰富生活用商品品种；主要商品品种和次要商品品种。

5）按照行业（商业部门）、消费者的某方面需求划分

按照消费需求的不同，商品品种可分为老年用品、儿童用品、妇女用品等。

课内阅读 4-1

优化超市商品管理

做好商品管理的第一步是查清商品品种，以确保经营商品品种总数相对丰富。在商品品种总量控制（不含生鲜、散装商品）上大体遵循以下原则：

商场经营面积在400~500m²，总品种数不低于4 300种；商场经营面积在300~400m²，总品种数不低于3 500种；商场经营面积在200~300m²，总品种数不低于2 800种；商场经营面积在100~200m²，总品种数不低于2 500种；商场经营面积小于100m²，总品种数不低于2 000种；商场经营面积大于500m²，按每平方米10~12种品类，增加商品品种数。

日常营业时段中，每天12:30前超市门店必须拥有以下商品品种：蔬菜24种、活水鱼4种、河鲜4种、小水产8种、海鲜10种、豆制品12种、分割肉10种、水果10种；每天16:30前超市门店必须拥有以下商品品种：蔬菜12种、活水鱼2种、河鲜2种、小水产4种、海鲜5种、豆制品6种、分割肉6种、水果10种。其他熟食、主副食品等均可根据超市门店的经营面积、所配置的设备设施来确定12:30前与16:30前

49

必须达到的品种数。

资料来源　编者根据相关资料整理。

4.1.3　商品品种的结构

1）商品品种结构的概念

商品品种结构指的是各大类商品及其内部不同品种的组合比例，即在整体商品总量中，按经济用途或满足不同需求层次，各类商品及其内部不同品种规格的数量占比。

2）商品品种结构优化

随着市场竞争的加剧，价格大战也已经由生产领域扩展到了零售领域。我国大型零售企业正在低利润水平下运行。在这种市场环境下，各零售企业都在寻找提高经济效益的有效办法。其中，增加新的经营品种、开拓新的经营领域就是很多企业采用的一项措施。但是，在不断增加商品品种的同时，企业更要重视对所经营商品结构的优化。

（1）商品品种结构优化的原因。

由于历史原因，我国的零售企业受物资短缺、计划经济的影响很深，追求数量上保证供应，忽视现实的经济效益和消费需求。在市场经济快速发展的今天，以顾客的消费需求和企业效益为中心，对商品品种结构进行优化是当今零售企业必须解决的问题。

（2）商品品种结构优化的注意事项。

商品品种结构的优化应建立在企业经营商品的品类、品牌及货架优化的基础之上，这些要素之间需相互协调，共同促进销售增长。在进行商品品种结构优化时，企业需摒弃大型零售企业经营品种必须"多而全"的传统观念，并纠正品种越多就能吸引更多顾客、销售量就越大、效益就越好的误解。零售企业，特别是大型零售企业，应根据自身特点、目标消费者群体，以及科学的市场细分和市场定位，持续优化经营品种。

① 运用现代化技术手段科学评定商品销售业绩。企业应充分利用 POS（销售终端）、MIS（管理信息系统）等现代化技术手段，对商品进行细致分类，并从销售量、利润率、供应保证等多个维度对各个品种、类别、品牌、规格进行综合评定。同时，企业还可以通过不同规模型号的组合、不同地点、不同陈列方式等评估某一商品的销售业绩，为商品品种结构的进一步优化提供强有力的科学依据。这种综合评定还应涵盖价格、质量、服务、企业整体定位等多方面因素。例如，某大型超市利用 POS 系统，对每个商品的销售数据进行跟踪和分析，发现某款进口牛奶虽然单价较高，但销售量稳定，利润率可观，因此决定增加其库存量和陈列面积，进一步提升其销售业绩。

② 结合商场布局与现代商品陈列技术。商品品种结构的优化应与商场的布局同步进行。企业可将经营的商品分为目标性商品（代表企业经营特色和形象、销售业绩好的商品）、常规性商品（满足大部分消费者需求的次要商品）、季节性商品以及便利性商品。这四类商品应结合商场的实际情况进行合理布局，如目标性商品应突出、重点陈列，便利性商品应放置在消费者易于拿取的位置，季节性商品应突出其特点并结合相应的促销手段。例如，某购物中心在布局调整时，将时尚女装作为目标性商品，放置在商场的显眼位置，并打造专属的陈列区域，以吸引年轻女性消费者；同时，在商场入口处设置便利性商品区，方便消费者快速购买日常所需。

③ 优化货架资源。企业应视货架为有限资源，进行合理安排，以发挥最大效用。

通过对各商品大类、品牌、规格、型号、款式的科学评价，企业可以在对商品进行合理布局的同时，对货架进行优化，包括商品品种、规格、型号、款式的合理选择和搭配。例如，某超市通过对货架的优化，将热销商品放置在黄金位置（如货架的第二、三层），而将低销量商品放置在底层或顶层，从而提高了整体销售额。

④ 结合价格与促销策略。商品品种结构的优化应与企业的价格策略及促销策略相结合。企业应根据目标消费者群体的需求和偏好，灵活调整商品结构和价格策略。同时，通过有效的促销活动，提升商品的吸引力和销售量。例如，沃尔玛在深圳开设的分店，根据顾客群体的不同，商品结构和价格策略也有所差异。位于居民区的分店增加了生鲜、冷冻类商品的种类和数量，并在价格上略低于其他分店，以满足居民的日常需求。

⑤ 与企业规模扩大及连锁经营相结合。随着企业规模的扩大和连锁经营的发展，商品品种的增加与商品结构的优化应同时进行。企业应根据连锁门店的实际情况和市场需求，科学规划商品结构和品种数量，以提升整体运营效率和市场竞争力。例如，某连锁超市在扩大规模时，对每一家新门店的商品结构进行了细致的规划和调整。在保持品牌一致性的基础上，根据门店所在地区的消费者需求和偏好，灵活调整商品种类和数量，从而实现了销售增长和市场份额的提升。

（3）商品品种结构优化的考核指标。

优化商品结构是在完全有效利用了卖场的管理后采取的方法。以前一些公司就曾发生过这样的事情：公司对于门店的单位产出要求极高，觉得辅助商品所占面积过大，于是撤下了很多辅助商品，以为不会影响门店的整体销售，还会提高单位面积的产出比和主力商品的销售份额。然而，结果是门店的货架陈列不丰满，品种单一，门店的整体销售下滑了很多。所以，对于商品结构的调整是在门店商品品种极大丰富的前提下进行的筛选。优化商品结构应从以下指标进行考核：

① 商品销售排行榜分析。当前，多数门店的销售与库存系统已实现无缝对接，后台电脑系统能够轻松汇总每日、每周乃至每月的商品销售排行榜，清晰展现各商品的销售态势。通过这一途径探究商品滞销的根源，若调整后仍无法改善其销售状况，则应果断采取撤柜措施。例如，某门店的某款冬季外套连续数月销售不佳，尽管进行了促销和陈列调整，但销售依然没有起色，最终决定撤柜处理。在此过程中需注意：新上架商品通常会经历一段熟悉与成长期，不宜过早撤柜；而对于针线、保险丝、蜡烛等生活必需品，尽管其销售额不高，但其存在价值在于促进主力商品的销售，而非直接盈利。

② 损耗排行榜监控。这一指标的重要性不容忽视，它直接关系到商品的贡献毛利。例如，某超市的生鲜区由于保鲜措施不当，导致蔬菜、水果损耗严重，虽然毛利较高，但损耗成本已超过了销售收入，最终通过加强保鲜技术和调整订货量来控制损耗。对于高损耗商品，应采取少量订货策略，并由供货商承担合理损耗。此外，部分商品损耗源于包装问题，如某品牌饮料因包装易破损导致损耗增加，及时与供应商沟通后更换了更结实的包装。

③ 商品周转率优化。商品周转率是衡量商品结构是否合理的重要指标之一。避免商品积压占用流动资金，确保周转率低的商品不积压过多库存，是优化商品结构的关键。例如，某书店发现某类专业书籍周转率低，经过分析发现是因为该类书籍受众

较小，于是减少了进货量，并增加了畅销书的库存，从而提高了整体周转率。

④ 新品更新率管理。门店应定期引入新品，为商品结构注入新鲜活力，以吸引更多顾客。新品更新率宜控制在 10% 以下，最佳为 5% 左右。同时，新品引进需符合门店定位，不超出价格带范围，对于高价无销量及无利润商品应适时淘汰。例如，某化妆品店每季度引入几款新品牌化妆品，同时淘汰了销量不佳的旧品牌，保持了商品结构的新鲜度和竞争力。

⑤ 商品陈列优化。在优化商品结构的同时，也需关注商品陈列的合理性。应增加主力商品与高毛利商品的展示，减少无效商品的陈列空间。对于同类商品价格带的陈列布局，也应进行适时调整。例如，某超市将高毛利商品如进口食品放置在显眼位置，并减少了低毛利商品的陈列面积，从而提高了整体销售额和利润率。

⑥ 商品贡献率评估。仅凭销售排行榜挑选商品略显片面，还需综合考虑商品贡献率。销售额高、周转快的商品，其毛利未必高；而周转慢的商品，其利润未必低。无毛利商品即便销售额再高，也无助于门店的长期生存。因此，无利润商品可短期存在，但不宜长期占据货架。例如，某门店发现某款畅销饮料虽然销售额高，但由于价格竞争激烈，毛利极低，最终决定减少进货量，转而推广毛利更高的同类商品。

⑦ 节日商品调整。在特定节日期间，应根据节日需求对商品进行补充与调整。如正月十五与冬至时，应增加汤圆与饺子等节日特色商品的品种与陈列，以促进销售增长。例如，某超市在春节期间增加了各种礼盒、年货等商品的库存和陈列面积，同时推出了针对春节的促销活动，从而大幅提升了销售额。

4.1.4 商品品种的发展规律

1）商品品种的多样性与统一性规律

商品品种的多样性是由人们和社会需求的差异性和多样性造成的，但是商品品种的多样性不是随意的，它必须以消费需求为基础，保证商品品种规格系列和使用特性的统一。这是使商品的规格和质量满足社会需求的一种技术保证，是供需之间利益协调一致的方式。

2）商品品种合理增长的规律

经济发展水平越高，商品品种就越多，人们选择商品的范围和自由度就越大。因此，保持和开发相当数量的商品品种，是使社会主义市场经济持续发展和人民生活质量持续改善的客观要求。但是，商品品种也不能盲目发展和无限增加。

3）商品品种新陈代谢的规律

消费需求的结构会因经济的发展而变化，特别是随着购买力的提高和消费者兴趣的变化而变化，一部分原本适应市场需求的品种变得不适应而被淘汰；同时，为了适应市场的需求，会有一些新的品种不断地涌现出来，因而形成了商品品种的新陈代谢规律。新陈代谢规律并不意味着一切新商品都能替代老商品；有的老商品在特定条件下可能再生，但并非完全重复，往往伴有对原有品种的新改进。

4）流行性商品的形成

商品品种更新换代是一般经济规律，但不能认为商品品种更新的速度越快、比例越大就越好。行业或企业的特点、商品的种类、品种更新的类别不同，商品品种更新的速度和比例是有差别的。不断更新和完善商品品种对发展市场经济的作用和意义重大，这是由以下因素决定的：①商品品种已构成经济效益的基础；②商品品种的有效更新是改进和提高商品质量的重要前提；③人们的生活水平不仅由商品的数量所决定，而且由整体商品供给、商品品种组合和品种结构的质量所决定；④在国际范围内，科学技术把全面完善商品品种、提高商品的技术经济水平问题置于显著地位；⑤商品品种完善和合理化程度、商品品种特征、商品品种更新换代的速度和比例，越来越成为一个国家生产力发展水平的重要标志，也是运用自然科学规律和社会科学规律，特别是运用技术和经济规律的指标。

互动课堂 4-1

商品品种——纸尿裤的典型问题

"宝宝爽"纸尿裤刚开始销售时，广告宣传突出其便利的功能，但效果不佳。企业调查员对此进行了市场调研，请一些使用过纸尿裤和未使用过纸尿裤的妈妈，8～10人组成一组，讨论关于纸尿裤的问题。"您觉得纸尿裤怎么样？"使用过它的妈妈答道："它很方便。"调查员追问："您觉得怎么方便？"有人答："不用再洗尿裤了，宝宝也不会尿湿衣服被褥。"调查员又追问："您在什么情况下想用它呢？"得到这样的回答："外出时用它最方便。"这些答案得到在场众多妈妈的认可。此时，调查员继续追问："还有什么情况下您会使用纸尿裤？"在场的妈妈中有人想了一会儿说："婆婆不在时会用它。"调查员问："为什么要等婆婆不在时才用呢？"有人答："因为婆婆看不惯。"调查员追问："她看不惯什么呢？"有人答："她可能觉得这样做，是只图自己省事。"经过观察，发现说话的年轻妈妈在谈婆婆的看法时，神情有一种不安感，其他人也有同感。

资料来源　卫海英，杨德锋.营销管理教学案例集[M].广州：暨南大学出版社，2017.

请同学们结合资料思考：（1）纸尿裤不畅销的原因是什么？（2）针对此原因，企业应采取什么措施？

4.2　商品品类

4.2.1　商品品类的概念和特点

1）商品品类的概念

商品品类是指目标顾客购买某种商品的单一利益点，每个单一利益点都由物质利益（功能利益）和情感利益双面构成。按照国际知名的 AC 尼尔森调查公司的定义，商品品类即"确定什么商品组成小组和类别，与消费者的感知有关，是基于对消费者需求驱动和购买行为的理解"。不同的品类角色意味着不同的品类策略和品类目标。一般情况下，目标性品类是一个门店或品牌的标志性品类，起到创造形象、吸引和增加客流、创造销售的作用。因此，企业应给予目标性品类最优厚的条件，如最大频率的促销、最充裕的陈列位置、最优惠的价格、最优质的进货补货、最优先结款等。

2）商品品类的特点

一般情况下，同一品类内部的商品具有以下两个主要特点：

（1）替代性。替代性属于相同商品的范畴，商品在满足消费者使用功能上往往相同，一般情况下（按商品属性分类时）相当于同一种商品。最明显的特征是此消彼长，即在销售额一定的情形下，替代性商品之间具有排他性，即相互负向影响，如不同品牌的洗衣粉的销量此消彼长。不论消费者个人对产品的偏好如何，一般都认同这些产品有着相似的用途。

（2）互补性。互补性属于不同商品的范畴，如具有不同的用途、不同的功能，但它们之间在满足消费者使用功能上具有互补性，在特定情况下（以顾客为向导，按消费特性分类时）往往又属于同类商品。在顾客数一定的情形下，互补性商品之间具有包容性，即相互正向影响。

遵循物以类聚的原理，一个品类的商品之间的关系或者是可替代的，或者是可互补的，这样才会被归在一起。如果既不能替代，也不能互补，就不会被归为同一个品类。但要注意，替代性是商品分组的充分非必要条件，而互补性是商品分组的非充分非必要条件。

4.2.2　商品品类的划分

商品品类的划分包括商品类目和商品类目层次创建及分配。

1）商品类目

商品类目是具有相同属性的所有商品的集合，用来帮助企业根据其商业用途划分和组合所有商品。商品所属的商品类目一旦确立，原则上不允许进行修改。商品类目创建后，可根据业务需要为每个商品类目建立一个参考商品。参考商品的优点是方便后期对该商品类目下的商品的业务操作。创建参考商品时，通常仅录入该类商品的基本数据、物流信息和POS信息。商品类目是根据零售商业商品的品类划分原则建立的。商品品类的划分如图4-1所示。

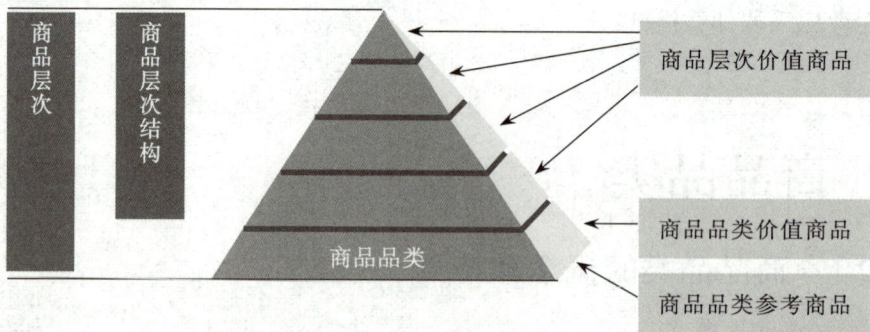

图4-1　商品品类的划分

2）商品类目层次

商品类目层次是一组商品类目或商品类目的集合。以零售超市为例，一般而言，其商品通常可划分为大、中、小、单品四个分类层次。整个超市的商品由几个大分类构成，大分类则由数个中分类组成，中分类则由数个小分类组成，小分类则由几十个甚至几百个单品组成，其中单品是商品分类中不能进一步细分的、完整独立的商品品项。利用商品类目层次可方便地进行数据统计及分析。

3）商品品类划分原则

（1）一个商品必须分配给一个商品类目，且一个商品不能同时属于多个商品类目，一个商品类目也不能同时属于多个高阶的商品类目层次，即由上向下可以是一对多，但由下向上只能是一对一。

（2）商品品类一旦划分，原则上不允许对其中的任何一个商品类目或商品类目层次进行拆分或合并，但可以平行增加新的商品类目或商品类目层次。

（3）建议使用相同层级数量。如果同一层级上划分方法不一致，则会在横向数据统计分析时出现混乱情况。因此，同一层级上商品品类层次的划分应尽量保持一致，即同一商品品类层次下连接的可以统一为商品品类层次或统一为商品品类，不可以既有商品品类层次又有商品品类。

4.2.3 商品品类包含的内容

一般情况下，商品品类分为目标性品类、常规性品类、季节性品类和便利性品类四种。不同的商品品类意味着不同的品类策略和品类目标。

1）目标性品类

目标性品类是商店的标志性商品，一想到该品类时，顾客首先会与本商店联系到一起，购买此类商品时会将这家商店作为首选，甚至愿意花费更多的时间与精力前来购买。目标性品类的特点是：（1）零售店在该品类上具有优势；（2）对目标顾客群而言，零售店是该品类的主要提供者；（3）该品类代表零售店的形象；（4）零售店在该品类上拥有比其他品类更多的资源。

目标性品类的特点决定了其不可能涵盖很多品类，基本上占门店品类的10%～15%。例如，说到图书，第一时间会想到当当；说到家电，第一时间会想到苏宁；说到个人护理品，第一时间会想到屈臣氏；说到鸡蛋，第一时间会想到农工商、大润发。有些人认为可以通过低价和低利润的方式来完成目标性品类的建立，但实际上像当当、苏宁和屈臣氏等都是通过个性化的服务和差异化的竞争方式来建立其目标性品类的地位的。

2）常规性品类

常规性品类也称优先品类，是指能使消费者想起店铺并能满足消费者大部分需要的商品品类，如成为目标顾客购买时优先选择的品类，帮助确立零售商在目标顾客心目中印象的品类，保证经营目标总体平衡的品类，在创造利润、现金流向和投资回报方面扮演重要角色的品类等。例如，大卖场中经营日化产品、家居用品等，以满足消费者不同的购物需求，从而为其奠定利润基础。常规性品类具有以下特点：（1）零售店是该品类的变通提供者；（2）该品类是消费者每日需要的重要品类，该品类提高了零售店的整体形象；（3）该品类能平衡销售量与毛利等指标；（4）该类的销售及利润占比与其所获得的相关资源比较接近。

常规性品类在零售店内占有的比例较高，如果该品类不全，可能会降低零售店的整体形象。常规性品类基本可以看作是相同业态零售商共有的、向顾客提供与其他竞争对手相同的商品服务，满足消费者多方面需求的品类，品类差异化不大，基本上占到门店所有商品的60%～70%，如鲜食、日用百货、干货等。常规性品类的运营好坏决定了商店是否能够可持续地稳步发展。

55

3）季节性品类

季节性品类是指那些不经常销售，由于季节性的需求而出现在店内的品类，但其是某个时期零售店的重点经营商品，也是该时期门店利润的增长点。门店可选择主要位置，投入较多人力、物力配合季节性品类的经营。例如，大卖场在中秋节前后引进月饼品类，并提供货架空间和各种促销支持，而在其他时段从货架上彻底取消月饼品类。虽然洗发水、婴儿纸尿裤、沐浴露等商品也随季节变化有所变化，但是其变化并不会对零售管理造成重大影响，所以不是季节性品类。

季节性品类具有以下特点：（1）该品类在某个时期处于领导地位；（2）该品类能提升零售店在目标顾客群心目中的形象；（3）该品类给目标顾客群提供频繁的、有竞争力的价值；（4）该品类在利润、现金流和投资回报率方面处于次要地位。

由于季节性品类的临时性，它们通常没有固定的位置，多在主通道、端架、堆头等进行陈列销售。季节性品类基本上在门店占全部品类的10%。

4）便利性品类

便利性品类是为了满足消费者一次性购足商品的需求而增加的品类，在满足消费者需求方面起到锦上添花的作用。对零售企业来讲，便利性品类的数量不多、销售量不高，其主要作用是产生利润。便利性品类具有以下特点：（1）满足一站式购物的需求；（2）满足补充性购物的需求；（3）提高利润和毛利。

便利性品类的销售量一般不会太高，占到门店10%的品项，满足了顾客"一站式"购物的需求，也是门店利润的主要贡献者，如超市中的杂志、鲜花等。

互动课堂4-2

把敬业当成一种习惯

某公司要裁员，裁员名单中，有后勤部的小忠和小昊，公司规定1个月后离岗。那天，同事们看他们都小心翼翼地，更不敢多说一句话。因为这事摊到谁头上都难以接受。第二天上班，小忠心里憋气，情绪仍然很激动，什么也干不下去，一会找同事哭诉，一会找领导伸冤。什么清扫、搬运这些他应该干的活，全扔在一边，别人只好替他干。而小昊呢，他也难过了一个晚上，可是难过归难过，离下岗还有1个月呢，工作总不能不做，于是他默默地开始日常工作。同事们知道他要下岗，不好意思再找他帮忙了。他特地和大家打招呼，主动揽活。他说："是福不是祸，是祸躲不过，反正也就这样了，不如好好干完这个月，以后想给你们干都没机会了。"于是，同事们又像从前一样："小昊，把这个搬出来，快点儿。小昊，快把这个清扫一下。"小昊总是连声答应，飞快地跑动着，辛勤地工作着，随叫随到，坚守着他的岗位，坚守着他的职责。1个月后，小忠如期下岗，而小昊却从裁员的名单中删除了，留了下来。经理当众宣布了老总的话："小昊的岗位谁都无法代替，像小昊这样的员工公司永远也不会嫌多。"

资料来源 孙朦.30岁上下决定男人的80件事[M].北京：中国文史出版社，2013.

请同学们结合资料思考：（1）你是如何理解敬业精神的？（2）你认为如何才能让敬业成为一种习惯？

单元小结

　　商品品种是指按某种相同特征划分的商品群体，或者是指具有某种（或某些）共同属性和特征的商品群体。按照商品品种形成的领域不同，可分为生产品种和经营品种两种类型；按照商品品种的横向广度或结构的不同，可分为复杂商品品种和简单商品品种两种类型；按照商品品种的纵向深度，可分为粗的商品品种和细的商品品种两种类型；按照商品品种的重要程度，可分为日常（必备）商品品种和美化、丰富生活用商品品种，主要商品品种和次要商品品种；按照消费需要的不同，商品品种可分为老年用品、儿童用品、妇女用品等类型。商品品种结构是指各大类商品及每类商品中不同品种的组合比例。商品品种结构优化的五个注意事项：运用现代化技术手段对各类商品的综合销售业绩进行科学评定；要与商场合理布局、现代商品陈列技术结合起来，结合商场的布局同步进行；应包括对货架的优化；应与企业的价格策略及促销策略结合起来；应与企业规模的扩大，特别是开展连锁经营结合起来。商品品种发展有四个规律：多样性与统一性规律；合理增长的规律；新陈代谢的规律；流行性商品的形成。商品品类是指目标顾客购买某种商品的单一利益点。每个单一利益点都由物质利益（功能利益）和情感利益两个部分构成。一般情况下，同一品类内部的商品具有两个主要特点：替代性和互补性。一般情况下，商品品类分为目标性品类、常规性品类、季节性品类和便利性品类四种。不同的商品品类意味着不同的品类策略和品类目标。

主要概念

　　商品品种　结构优化　发展规律　商品品类

基础训练

一、选择题

1.下列属于简单商品品种的是（　　　　）。

A.服装　　　　　　　　　　　　　　　B.鞋类

C.食品　　　　　　　　　　　　　　　D.灯泡

2.按照商品品种的重要程度，商品品种可划分为（　　　　）。

A.日常商品　　　　　　　　　　　　　B.儿童用品

C.老年用品　　　　　　　　　　　　　D妇女用品

3.商品品种优化的考核指标不包括（　　　　）。

A.商品销售排行榜　　　　　　　　　　B.损耗排行榜

C.门店进货率　　　　　　　　　　　　D.商品贡献率

4.商品品种的发展规律不包括（　　　　）。

A.多样性与统一性规律　　　　　　　　B.互补性与替代性规律

C.新陈代谢规律 D.合理增长的规律

5.一般情况下，商品品类不包括（　　　）。

A.目标性品类 B.常规性品类

C.便利性品类 D.差异性品类

6.目标性品类一般占到门店的（　　　）。

A.10%～15% B.20%～30%

C.40%～50% D.60%～70%

二、判断题

1.商品品种是指按某种不同特征划分的商品群体。 （　　）

2.所有商品品种是一个庞大的、复杂的、敞开的、动态的、不可控制的系统，其运动和发展受一定的客观规律所限制。 （　　）

3.现在我国多数大型零售企业都已建立了销售信息管理（POS）系统，实现了单品即时管理。 （　　）

4.商品的更新率一般应控制在15%以下，最好在10%左右。 （　　）

5.销售额高，周转快的商品，不一定毛利高，而周转率低的商品未必利润低。 （　　）

6.社会经济发展水平越高，商品品种就越多，人们选择商品的范围和自由度就越大。 （　　）

三、简答题

1.简述商品品种的概念及意义。

2.简述商品品种结构优化的注意事项。

3.简述商品品种的发展规律。

4.简述商品品类的概念及特点。

5.简述商品品类包含的内容。

实践训练

案例：商品结构——中国超市的典型问题

广东A超市连锁集团（以下简称A超集团）拥有独立干货及生鲜配送中心，经营业态涵盖食品加强型超市、生鲜超市、大卖场及以大卖场为内核的区域型购物中心等数十家门店，营业面积2 000～20 000m²，年营业额逾10亿元。A超集团的门店主要覆盖地区以珠江三角洲为核心，辐射华南各省市。目前，A超集团正在加速圈地扩张，但由于超市行业竞争越来越激烈，其整体竞争力下降，开业一年以上的门店营业额、毛利额都达不到预期指标。经过诊断分析，A超集团当前营业绩效不理想的根本原因是超市的内核——商品结构出了问题。

浙江某百强企业的老总表示，他很喜欢去巡查卖场，几乎每天都能在各卖场看见他的身影。他遇到的困惑是，卖场里面商品琳琅满目，怎么能看出哪些商品结构有问题呢？比如，服饰和家庭用品类，这几年看着它越卖越低档、越卖越滥，这肯定是商品结构有问题，但怎么找出问题？找出问题后又怎么办呢？

近年来，多元化、个性化的消费需求促使多元化的零售模式不断兴起。首先，零售业态不断向智能化、多样化的商业综合体转型，从购物中心到多业态商业，从新零售的出现，再到强调主题性、场景化运营，提升消费体验感的开放式主题街区商业，零售业态不断演变。其次，线上的新型消费、升级消费不断拓展，无人零售、无接触配送、智慧商店、网上超市、直播零售等新业态快速发展，具备社交属性的微博、短视频平台等新电商渠道快速发展并实现互联互通。在新业态、新模式下，企业又如何来分析、解决商品结构问题呢？

资料来源　［1］范栋. 如何诊断商超商品结构问题［EB/OL］.［2018-12-22］. http：//blog. sina.com.cn/s/blog_5f0866530100cffe.html.［2］蒋慧芳. 我国零售业未来发展呈现六大特点［N］. 中国商报，2020-11-19（4）.

结合案例分析：

1.请就以上企业出现的几个问题从商品结构方面进行分析诊断。

2.针对以上案例中提出的问题进行分析，并找出解决办法。

3.在新业态、新模式下，企业如何选品才能更好地满足人民群众对美好生活的需要？

商品标准与标准化

【学习目标】

通过本单元的学习，达到以下学习目标：

知识目标：了解标准及商品标准的概念及作用，理解标准化和商品标准化的概念及作用，熟悉商品标准的分类和分级，明确商品标准和标准化的主要内容。

能力目标：结合引例、基础训练、实践训练等，培养学生以标准为尺度衡量商品，掌握商品标准的具体分类和分级；结合商品标准和标准化的主要内容，区分国家标准、行业标准、地方标准和企业标准等。

素养目标：结合教学内容、案例资料等，通过互动课堂、案例分析等形式，引导学生树立标准规范意识，积极参与商品标准化活动，严格遵守有关的法律、法规和标准，帮助学生形成正确的职业行为和道德规范。

【单元框架】

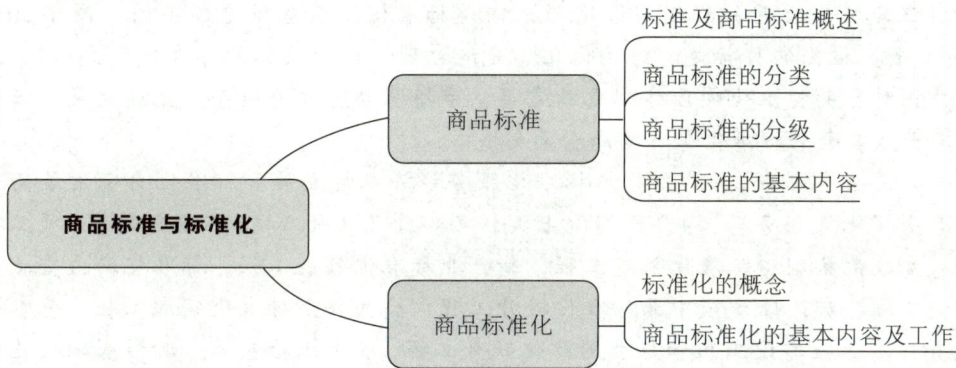

引例

《国家标准化发展纲要》助力质量强国

2021年是中国共产党成立100周年，也是国家"十四五"规划的开局之年，党中央、国务院印发《国家标准化发展纲要》（以下简称《纲要》），作为指导中国标准化中长期发展的纲领性文件，其对我国标准化事业发展具有重要的里程碑意义。党和国家高度重视标准化工作，习近平总书记指出，中国将积极实施标准化战略，以标准助力创新发展、协调发展、绿色发展、开放发展、共享发展。总书记强调，以高标准助力高技术创新、促进高水平开放、引领高质量发展。落实习近平总书记重要指示精神，国务院标准化协调推进部际联席会议多次研究部署《纲要》编制工作，市场监督管理总局（标准委）会同联席会议成员单位和中国工程院等研究机构，深入开展调查研究，广泛听取社会各界的意见和建议，充分借鉴国外标准化发展经验，共同完成了《纲要》编制工作。《纲要》全文共九个部分三十五条，划分为总体要求、主要任务和组织实施三个板块。

在总体要求部分，《纲要》明确了指导思想，提出了2025年和2035年的发展目标：到2025年，我国标准化发展将实现"四个转变"，即标准供给由政府主导向政府与市场并重转变、标准运用由以产业与贸易为主向经济社会全域转变、标准化工作由国内驱动向国内国际相互促进转变、标准化发展由数量规模型向质量效益型转变。同时还要达到"四个目标"，一是全域标准化深度发展，二是标准化水平大幅提升，三是标准化开放程度显著增强，四是标准化发展基础更加牢固。展望2035年，《纲要》设定的目标是，结构优化、先进合理、国际兼容的标准体系更加健全；具有中国特色的标准化管理体制更加完善；市场驱动、政府引导、企业为主、社会参与、开放融合的标准化工作格局全面形成。

在主要任务部分，《纲要》从标准化服务经济社会发展和标准化自身发展两个方面部署了七大任务。《纲要》围绕七大任务部署了7项工程和5项行动。7项工程包括：高端装备制造标准化强基工程，新产业标准化领航工程，标准化助力重点产业稳链工程，碳达峰、碳中和标准化提升工程，公共安全标准化筑底工程，基本公共服务标准体系建设工程和标准国际化跃升工程。5项行动包括：新型基础设施标准化专项行动，乡村振兴标准化行动，城市标准化行动，社会治理标准化行动，养老和家政服务标准化专项行动。除此之外，《纲要》还提出了标准融资增信、法规引用标准、团体标准良好行为评价、中外标准互认等一系列制度措施。

在组织实施部分，《纲要》从坚持党对标准化工作的全面领导，完善金融、信用、人才等政策支持，建立《纲要》实施评估机制等方面提出了保障措施。

资料来源　国家标准化管理委员会. 聚焦《国家标准化发展纲要》! 看看这场国新办新闻发布会讲了啥？［EB/OL］.［2024-10-20］. https://www.sac.gov.cn/zt/gjbzhfzgyzt/zxdt/art/2021/art_5de7ab70e03a4d9584050f5e7c60cb55.html.

5.1　商品标准

5.1.1　标准及商品标准概述

1）标准的概念

标准是指为了在一定范围内获得最佳秩序，经协商一致制定并由公认机构批准，共同使用和重复使用的一种规范性文件。标准是对重复性事物和概念所作的统一的规定，它是以科学、技术和实践经验的综合成果为基础，经有关方面协商一致，由主管机构批准，以促进最佳的共同效益为目的，以特定形式发布，作为各方共同遵守的准则和依据。

2）如何理解标准

（1）从对象上看，标准必须具备共同使用和重复使用的特点；

（2）从目的上看，制定标准是为了获得最佳秩序，以便促进共同的效益；

（3）从原则上看，制定标准必须协商一致；

（4）从程序上看，制定标准需要有一定的规范化程序，并且最终要由公认机构批准发布；

（5）从内容上看，标准的产生是科学、技术和经验的综合成果。

根据WTO的有关规定和国际惯例，标准是自愿性的，而法规或合同是强制性的，标准的内容只有通过法规或合同的引用才能强制执行。我国的强制性标准属于技术法规的范畴，其范围与WTO规定的技术法规的合法目标，即"安全、卫生、健康、环保、反欺诈"五个方面基本一致。推荐性标准并不要求有关各方遵守，但在下列情况下应执行推荐性标准：

①被法规、规章所引用；

②被合同、协议所引用；

③被使用者声明其产品符合某项标准。

3）商品标准的概念

商品标准是对商品质量和与质量有关的各个方面所做的规定，是商品生产者、经营者和消费者评定商品质量的共同依据。对具体的商品来说，商品标准是对商品的质量、品种、规格、技术性能、检验规则、试验方法、包装、运输、储存等方面所作的技术规定，是设计、生产、检验商品质量的技术依据，是生产和流通领域中鉴定商品质量、评定商品等级的技术准则和客观依据。

4）商品标准的作用

（1）商品标准可保证和提高商品质量，促进科技进步；

（2）商品标准有利于贸易的顺利进行，保障贸易效率；

（3）商品标准有利于资源利用和环境保护；

（4）商品标准有助于拉开商品差价；

（5）商品标准可更好地满足人民对美好生活的需要。

法律、法规与标准的关系

法律、法规是一种社会规范，而标准是一种技术规范。社会规范是人们处理社会生活中的相互关系应遵循的具有普遍约束力的行为规则，而技术规范是人们同客观事物打交道时必须遵循的行为规则。在科学技术和社会生产力高度发展的现代社会，越来越多的立法把遵守技术规范确定为法律义务，从而把社会规范和技术规范紧密结合在一起。

1.法律、法规和标准的相同之处

（1）一般性。法律、法规和标准都是现代社会和经济活动必不可少的统一规定，对任何人都适用，同样情况下应同样对待。

（2）公开性。在制定和实施过程中都公开透明。

（3）明确性和严肃性。法律、法规和标准都由权威机构按照法定的职权和程序制定、修改或废止，都用严谨的文字进行表述。

（4）权威性。法律、法规和标准都在调控社会生活方面发挥主导作用，享有威望，得到广泛的认同和普遍的遵守。

（5）约束性和强制性。社会组织和个人要服从法律、法规和标准的规定，将其作为行为的准则。

（6）稳定性。法律、法规和标准都具有稳定性和连续性，不允许擅自改变和轻易修改。

2.法律、法规和标准的不同之处

（1）法律、法规在相关领域处于至高无上的地位，具有基础性和本源性的特点。标准必须有法律依据，必须严格遵守有关的法律、法规，在内容上不能与法律、法规相抵触和冲突。

（2）法律、法规涉及国家和社会生活的方方面面，调整一切政治、经济、社会、民事、刑事等法律关系，而标准主要涉及技术层面。

（3）法律、法规一般较为宏观和概括，标准则较为微观和具体。

（4）法律、法规较为稳定，标准则经常随着科学技术和生产力的发展而补充修改。

（5）标准比较注意民主性，强调多方参与、协商一致，尽可能地照顾多方利益。

（6）标准的强制力也源自法律、法规的赋予，标准分为强制性和推荐性两种，对于推荐性标准，企业有选择执行或不执行的权利。

（7）法律、法规和标准都是规范性的文件，但标准在形式上有文字的，也有实物的。

资料来源　编者根据相关资料整理。

5.1.2　商品标准的分类

根据研究的角度不同，标准的分类方法主要有以下几种：

1）按标准的外在形态进行分类

（1）文字图表标准，即用文字或图表对标准化对象作出统一规定，这是标准的基本形式。

（2）实物标准（亦称样标），即标准化对象的某些特性难以用文字准确地描述出来时，可制成实物标准，如颜色的深浅程度不同的标准样品。

2）按贯彻标准的体制进行分类

（1）强制性标准是指国家运用行政和法律的手段强制实施的标准。《标准化法》将强制性国家标准严格限定在保障人身健康和生命财产安全、国家安全、生态环境安全以及满足经济社会管理基本需要的技术要求。因此，只要强制性国家标准技术内容符合新《标准化法》所限定的范围，便应当全部强制。违反强制性标准要受到经济、行政乃至法律的制裁。

（2）推荐性标准是指国家、行业或地方制定的标准，并不强制厂商和用户采用，而是通过经济手段或市场调节促使有关各方自愿采用。对于推荐性标准，有关各方有选择的自由，但一经选定，则该标准对采用者来说，便成为必须执行的标准，"推荐性"便转化为"强制性"。对同一产品而言，如果同时存在着强制性标准和推荐性标准，那么其技术水平肯定是后者高于前者。

3）按标准所规定的内容特征进行分类

按标准所规定的内容特征，标准可分为基础标准、产品标准、方法标准、安全标准、卫生标准、环境保护标准和管理标准七类。

（1）基础标准是指按标准化对象的某些共性所制定的标准。这类标准的适用范围广，使用频率高，而且常常是制定其他具体标准的基础，具有普遍的指导意义。常用的基础标准包括：

① 通用科学技术语言标准，如名词、术语、符号、代号、标志、图样、信息编码和程序语言等。

② 计量单位、计量方法方面的标准。

③ 保证精度与互换性方面的标准，如公差与配合、形位公差、表面粗糙度、螺纹与齿轮精度、零件的结构要素等。

④ 实现产品系列化和保证配套关系方面的标准，如优先数与优先数系、标准长度、标准直径、标准锥度、额定电压、公称压力和模数制等。

⑤ 文件格式、分类与编号，标准的编写方法、分类与编号制度。

（2）产品标准是为保证产品的适用性，对产品必须达到的某些或全部要求所制定的标准。产品标准是设计、生产、制造、质量检验、使用维护和贸易洽谈的技术依据。它包括产品的品种规格，产品的技术要求（即质量标准），产品的试验方法、检验规则，产品的包装、运输、储存等方面的标准。

（3）方法标准是以通用的试验、检查、分析、抽样、统计、计算、测定、作业等各种方法为对象所制定的标准。方法标准是为了提高工作效率，保证工作结果必要的准确一致性，对生产技术和组织管理活动中最佳的方法所作的统一规定。

（4）安全标准是以保护人和物的安全为目的而制定的标准，主要包括安全技术操作标准、劳保用品的使用标准等。对于某些产品，为了保证使用安全，也在产品标准中规定了安全方面的要求。

（5）卫生标准是指为保护人的健康，针对食品、医药以及生产环境卫生、劳动保护等方面的卫生要求而制定的标准，主要包括通用卫生标准和工艺卫生标准等。

65

（6）环境保护标准是指为了保护人身健康、社会物质财富、环境和维护生态平衡，对环境质量、污染源、监测方法以及满足其他环境保护方面的要求所制定的标准，主要有"三废"排放标准、噪声控制标准、粉尘排放标准等。

（7）管理标准是指对标准化领域中需要协调统一的管理事项所制定的标准。管理标准的特点是以人和事为主要对象。这里的"事"就是管理业务、人的活动和工作，也包括对物的管理，如对原材料、设备的管理。

4）按标准的性质不同进行分类

（1）技术标准是对标准化领域中，需要协调统一的技术事项所制定的标准，是对生产技术活动经验的总结，作为技术上共同遵守的法规而制定的各项标准，如为科研、设计、工艺、检验等技术工作，为产品或工程的技术质量，为各种技术设备和工装、工具等所制定的标准。技术标准是一个大类，可以进一步分为：基础技术标准，产品标准，工艺标准，检测试验标准，设备标准，原材料、半成品、外购件标准，安全卫生环境保护标准等。

（2）管理标准是对标准化领域中，需要协调统一的管理事项所制定的标准，是为正确处理生产、交换、分配和消费中的相互关系，使管理机构更好地行使计划、组织、指挥、协调、控制等管理职能，有效地组织和发展生产而制定和贯彻的标准。应用于基础管理的标准化原理，是组织和管理生产经营活动的依据和手段。管理标准主要是对管理目标、管理项目、管理程序、管理方法和管理组织所作的规定。按照管理的不同层次和标准的适用范围，管理标准又可分为管理基础标准、技术管理标准、经济管理标准、行政管理标准和生产经营管理标准五大类。

（3）工作标准是对标准化领域中，需要协调统一的工作事项所制定的标准。它是对工作范围、构成、程序、要求、效果和检验方法等所作的规定，通常包括工作的范围和目的、工作的组织和构成、工作的程序和措施、工作的监督和质量要求、工作的效果与评价、相关工作的协作关系等。工作标准的对象主要是人。

5.1.3　商品标准的分级

1）标准的分级

现行《中华人民共和国标准化法》将我国的标准按其适用范围，分为国家标准、行业标准、地方标准、团体标准、企业标准。国家标准分为强制性国家标准和推荐性国家标准，行业标准和地方标准是推荐性标准。

2）各级标准的制定程序

（1）国家标准。

对保障人身健康和生命财产安全、国家安全、生态环境安全以及满足经济社会管理基本需要的技术要求，应当制定强制性国家标准。国务院有关行政主管部门依据职责负责强制性国家标准的项目提出、组织起草、征求意见和技术审查。国务院标准化行政主管部门负责强制性国家标准的立项、编号和对外通报。强制性国家标准由国务院批准发布或者授权批准发布。法律、行政法规和国务院决定对强制性国家标准的制定另有规定的，从其规定。

推荐性国家标准由国务院标准化行政主管部门制定。

《国家标准采用国际标准工作指南（2020年版）》节选

为深入贯彻落实习近平总书记"以高标准助力高技术创新，促进高水平开放，引领高质量发展"的重要指示精神，瞄准国际标准提高水平，加快推进中国标准与国际标准之间的转化运用，做好国家标准采用国际标准（以下简称采标）工作，特制定本指南。

1.抓好重点领域采标

围绕服务国家重大战略、推动"一带一路"建设、应对重大公共事件、满足进出口贸易需求，促进构建以国内大循环为主体、国内国际双循环相互促进的新发展格局，助力做好"六稳"工作，落实"六保"任务，重点支持以下领域的采标项目列入国家标准制修订计划。

（1）农业和食品。

肥料、土壤质量、饲料、农药、动物卫生、植物检疫、农作物种子、水产、竹藤、木材、人造板、粮油、肉禽蛋制品等领域。

（2）消费品。

纺织品、家用电器、照明电器、家具、服装鞋帽、化妆品和日用化学品、儿童用品等领域。

（3）装备制造业。

通用共性技术、基础零部件、高档数控机床、机器人、增材制造、智能制造、宇航技术及其应用、航空器、船舶、牵引电气设备与系统、汽车、智能运输系统、农业机械、工程机械、高性能医疗器械等领域。

（4）信息技术与电工电力。

区块链、物联网、信息安全、半导体器件、超导、平板显示器件、电工电子产品及可靠性、电线电缆等领域。

（5）新材料。

先进钢铁材料、先进有色金属材料、先进化工材料、先进建筑材料等领域。

（6）服务业。

金融、残疾人康复和专用设备、质量管理和质量保证、风险管理、项目管理、印刷等领域。

（7）社会管理和公共服务。

公共安全、公共卫生、医疗防疫、法庭科学、个体防护、消防、地理信息、城市可持续发展等领域。

（8）能源资源。

煤炭、石油、天然气、能源管理、节能减排、环境管理等领域。

2.推进采标验证

国务院有关行政主管部门、地方人民政府标准化行政主管部门以及全国专业标准化技术委员会等要组织开展国际标准的研究和采标适用性分析，紧密跟踪国际标准动态，及时提出采标项目建议，积极开展采标验证，确保采标的科学性和有效性。国际标准化组织国内技术对口单位应在跟踪研究国际标准的同时，及时主动将有关信息反馈给全国专业标准化技术委员会和有关单位。

　　3.做好采标标准制修订

　　为确保急需的采标项目优先立项、快速发布，全国专业标准化技术委员会和有关单位要抓紧落实相关采标标准制修订计划，按时完成采标标准制修订任务。国务院有关行政主管部门积极配合国务院标准化行政主管部门，推进我国提交的国际标准提案与国家标准同步立项。

　　资料来源　国家标准化管理委员会．国家标准化管理委员会关于印发《国家标准采用国际标准工作指南（2020年版）》的通知［EB/OL］．［2021-01-13］．https：//www.sac.gov.cn/xw/tzgg/art/2021/art_617082d4eb7840b5a56f941aa471c008.html.

　　（2）行业标准。

　　对没有推荐性国家标准、需要在全国某个行业范围内统一的技术要求，可以制定行业标准。行业标准由国务院有关行政主管部门制定，报国务院标准化行政主管部门备案。

　　（3）地方标准。

　　为满足地方自然条件、风俗习惯等特殊技术要求，可以制定地方标准。地方标准由省、自治区、直辖市人民政府标准化行政主管部门制定；设区的市级人民政府标准化行政主管部门根据本行政区域的特殊需要，经所在地省、自治区、直辖市人民政府标准化行政主管部门批准，可以制定本行政区域的地方标准。地方标准由省、自治区、直辖市人民政府标准化行政主管部门报国务院标准化行政主管部门备案，由国务院标准化行政主管部门通报国务院有关行政主管部门。

课内阅读 5-3

湖北出台《即时零售经营管理规范》

　　近日，湖北省市场监管局批准《即时零售经营管理规范》，其中规定，消费者在线上交易平台下单，线下实体零售商接单，并通过第三方或自有物流配送运力提供更加便利、更具时效性的到家业务，履约时效一般控制在60分钟之内。

　　即时零售，是指消费者在线上下单，一小时甚至半小时内就能送达的业态，比如京东秒送、盒马、叮咚买菜等。这些即时零售就像外卖的延伸，整合线上线下资源，更高效便捷，也亟须标准规范。

　　湖北省出台的《即时零售经营管理规范》，从商品质量、售后服务、消费者权益保护等方面加以规范，促进平台企业公平竞争。

　　关于物流配送方面，规范要求配送员宜在配送服务信息技术平台派单后5分钟内接单；配送员所用配送箱（包）应采用具有防霉效果的材料，并定期进行消毒清洗，配制洗涤剂溶液和消毒液所使用的水应符合国家标准的规定。

　　针对消费者权益保护，规范要求平台经营者应当依法建立、完善其平台7日无理由退货规则以及配套的消费者权益保护制度，在其首页显著位置持续公示，并保证消费者能够便利、完整地阅览和下载。规范提出平台经营者宜建立和完善先行赔付制度，为消费者提供便捷、安心的消费体验。

　　资料来源　左洋．湖北出台《即时零售经营管理规范》［N］．湖北日报，2024-12-06.

（4）团体标准。

国家鼓励学会、协会、商会、联合会、产业技术联盟等社会团体协调相关市场主体共同制定满足市场和创新需要的团体标准，由本团体成员约定采用或者按照本团体的规定供社会自愿采用。制定团体标准，应当遵循开放、透明、公平的原则，保证各参与主体获取相关信息，反映各参与主体的共同需求，并应当对标准相关事项进行调查分析、实验、论证。国务院标准化行政主管部门会同国务院有关行政主管部门对团体标准的制定进行规范、引导和监督。

（5）企业标准。

企业可以根据需要自行制定企业标准，或者与其他企业联合制定企业标准。国家支持在重要行业、战略性新兴产业、关键共性技术等领域利用自主创新技术制定企业标准。国家鼓励社会团体、企业制定高于推荐性标准相关技术要求的团体标准、企业标准。

在标准的效力上，凡是涉及人身健康、生命财产安全、国家安全、生态环境安全以及经济社会管理基本需要的技术要求，要制定强制性国家标准，强制性标准必须执行。

3）各级标准的代号与编号

各级标准的编号通常由标准代号、标准发布顺序和标准发布年号构成。

（1）国家标准代号由大写汉语拼音字母组成，强制性国家标准的代号为GB，推荐性国家标准的代号为GB/T。如《限制商品过度包装要求　食品和化妆品》（GB 23350—2021）指的是2021年颁布实施的第23350号强制性国家标准。

（2）行业标准代号由大写汉语拼音字母组成，再加上斜线和T组成推荐性行业标准，如XX/T。由国务院各有关行政主管部门提出其所管理的行业标准范围的行业标准代号申请报告，国务院标准化行政主管部门审查确定并正式公布该行业的标准代号。已经正式发布的行业代号有QJ（航天）、SJ（电子）、JR（金融系统）等。

（3）地方标准代号由大写汉语拼音字母DB加上省、自治区、直辖市行政区划代码的前两位数字（北京市11、天津市12等）组成，再加上斜线和T组成推荐性地方标准（DBXX/T），不加斜线和T为强制性地方标准（DBXX）。

（4）团体标准编号依次由团体标准代号、社会团体代号、团体标准顺序号和年代号组成。社会团体代号由社会团体自主拟定，可使用大写拉丁字母或大写拉丁字母与阿拉伯数字的组合。社会团体代号应当合法，不得与现有标准代号重复。

（5）企业标准代号由大写汉语拼音字母Q加斜线再加企业代号组成（Q/XXX），企业代号可由大写拼音字母或阿拉伯数字或者两者兼有所组成。

互动课堂 5-1

69

国际标准知识

1.全球性国际标准

全球性国际标准是由全球性的国际组织所制定的标准，主要是指由国际标准化组织（ISO）和国际电工委员会（IEC）所制定的标准。此外，像食品法典委员会（CAC）、国际铁路联盟（UIC）、国际计量局（BIPM）、世界卫生组织（WHO）等专业组织制定的、经国际标准化组织认可的标准，也可视为国际标准。全球性国际标准为世界各国所承认并在各国间通用。

国际标准化组织（ISO）是一个全球性的非政府组织，是世界上最大、最具权威性的标准化机构，是国际标准化领域中一个十分重要的组织。ISO成立于1947年2月23日，其宗旨是促进全球范围内的标准化及其有关活动，以利于国际产品与服务的交流，以及在知识、科学、技术和经济活动中发展国际相互合作。根据该组织章程，每一个国家只能有一个最有代表性的国家标准化机构作为其成员。1978年9月1日，我国以中国标准化协会（CAS）的名义参加ISO的工作，1988年起改为以国家技术监督局的名义参加ISO的工作，现以中国国家标准化管理委员会（SAC）的名义参加ISO的工作，中国是ISO正式成员和常任理事国。ISO的工作语言是英语、法语和俄语，总部设在瑞士日内瓦。ISO的组织机构分为非常设机构和常设机构。ISO的最高权力机构是ISO全体大会，是ISO的非常设机构。ISO全体大会每年9月召开一次。国际标准的制定工作由ISO技术委员会（TC）、分技术委员会（SC）和工作组（WG）完成。技术委员会通过的国际标准草案提交给各成员团体表决，国际标准需取得至少75%参加表决成员团体的同意才能正式通过。

2.区域性国际标准

区域性国际标准是指由区域性的国家集团的标准化组织制定和发布的标准，在该集团各成员国之间通用。这些国家集团的标准化组织的形成，有的是由于地理上毗邻，如泛美技术标准委员会（COPANT）；有的是因为政治上和经济上有共同的利益，如欧洲标准化委员会（CEN）。

资料来源　编者根据相关资料整理。

请同学们结合资料思考：

（1）商品标准是如何分类的？

（2）国际标准主要有哪些种类？

（3）我国经济已由高速增长阶段转向高质量发展阶段，如何提升我国在国际标准领域的话语权和认可度？

5.1.4　商品标准的基本内容

商品标准包含的内容很多，一般是由概述、正文和补充三个部分组成。这三部分的内容不是任何一项标准都要包含，某一项标准究竟应包括其中哪些内容，应根据标准化对象的特征和制定标准的目的而定。其内容和编写顺序如图5-1所示。

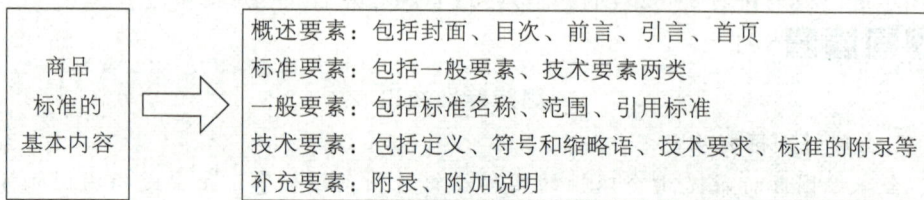

商品标准的基本内容	概述要素：包括封面、目次、前言、引言、首页
	标准要素：包括一般要素、技术要素两类
	一般要素：包括标准名称、范围、引用标准
	技术要素：包括定义、符号和缩略语、技术要求、标准的附录等
	补充要素：附录、附加说明

图5-1　商品标准的基本内容

1）标准的概述部分

该部分内容是让读者概括地了解标准批准、发布、实施时间等信息。标准章条内容标题，标准制定原因、过程及其与相关标准的关系等，现简介如下：

（1）封面。

我国标准的封面上应写明标准代号、编号、标准名称（如果是国家标准，还应有对应的英文名称，如 GB/T 41005—2021 消费品安全 化学危害风险评估通则（GB/T 41005—2021 Consumer products safety—General rules on chemical hazards risk assessment）、标准的发布和实施日期，标准的发布部门等。国家标准封面上还应有国际标准分类号（ICS）。当采用国际标准时，标准封面上应在我国标准号下方并列说明采用的国际标准号及采用程度。

（2）目次。

当标准内容较长、结构较复杂、条文较多（一般在 15 页以上）时，应编写目次。目次的内容包括条文主要划分单元（一般为章）和附录的编号、标题和所在页码。目次在 2 页以上时应另编页码，但与标准条文的页码不连续，目次页码应加圆括号，以示区别。

（3）前言。

每个标准应有前言，以使标准的使用者正确了解该标准的有关情况。前言由专用部分和基本部分组成，专用部分一般应写明采用国际标准或国外先进标准的版本和程度；与采用的标准文件在技术内容上的差异及原因；对前版标准中重要技术内容上更改情况的说明；与其他标准文件的关系；实施过渡期要求；如有附录，还应说明哪些是标准的附录，哪些是提示的附录等。基本部分主要是写明标准的提出部门、归口单位、起草单位、主要起草人（一般不超过 5 人，最多 7 人），标准首次发布、历次修订或复审确认的年、月以及委托的解释单位。如采用国际标准、国外先进标准等标准文件，则应保留原标准文件的前言并写明标题，如"ISO 前言""DIN 前言"等。

（4）引言。

引言写在首页第一章"范围"的前面，一般不写标题，也不编号，主要写明关于标准技术内容以及关于制定标准的原因等特殊信息说明。

（5）首页。

考虑到标准合订本只有一个封面，为此，首页上的"天头""地脚"上也应分别写明标准名称、标准号及替代标准号、发布与实施时间、"采标"程度等内容。

2）标准的正文部分

这部分内容是标准的主体，它规定了标准的要求和必须实施的条文。它由一般要素和技术要素两部分构成，现简介如下：

（1）一般要素。

①标准名称。

标准名称是标准的总标题，应能简明、准确地说明标准的主题，直接反映标准化对象的特征和范围，并使其与其他标准相区别，我国标准名称一般由标准化对象的名称和技术特征两部分组成。标准名称中表示技术特征的术语，应采用标准化的统一术语。如果一项标准的若干部分用一个标准顺序号发布，标准应有一个总名称，各独立部分再分别冠以名称，两个名称中间应隔开。必要时，可由三个独立部分构成，排名顺序一般应从总体到具体：

a.导引部分：指出标准所属的总领域；

b.主体部分：指出标准所规定的问题；

c.补充部分：指出标准所针对的主要问题中的某一方面。

②范围。

范围，即标准规定的主题内容及其适用范围。作为标准正文的第一章，它是标准区别于其他技术文件的重要标志，但不应包含要求。适用范围应说明标准的适用范围或应用领域，必要时还应明确写出不适用的范围或领域。

③引用标准。

引用标准是在标准或法规中引用一个或多个标准，以代替详细的规定等。

（2）技术要素。

技术要素包括术语、符号、代号、商品分类、技术要求、试验方法、检验规则、标志、包装、运输和储存等方面。技术要求是商品标准的中心内容，包括物理性能，化学性能，感官性能，稳定性，可靠性，耗能指标，材料要求，工艺要求，环境条件，有关质量保证、卫生、安全和环境保护方面的要求以及质量等级等。

3）补充部分

补充部分包括附录和附加说明两项内容。标准的附录是标准不可分割的部分，它主要是指对标准技术内容所作的补充，实质上相当于技术内容的一个组成部分，只有在技术内容过多、编写或阅读不方便时才编写在标准条文的后面。

互动课堂 5-2

全国标准信息公共服务平台

国家市场监督管理总局、国家标准化管理委员会主管，国家市场监督管理总局国家标准技术审评中心主办的全国标准信息公共服务平台（http://std.samr.gov.cn/），主要包括国家标准、行业标准、地方标准、团体标准、国际标准以及国外标准等板块。其中国家标准板块包含标准公告、信息查询、意见征集等。截至2021年11月12日，国家标准起草、实施以及废止情况如图5-2所示。

在行业标准板块，该系统当前共收录71个行业，共计75 753个标准；在地方标准板块，该系统当前共收录53 950个标准；在团体标准板块，该系统当前共收录7 906个标准；在国际标准板块，该系统可以进行ISO标准、IEC标准的查询等。

资料来源　编者根据全国标准信息公共服务平台的相关资料整理。

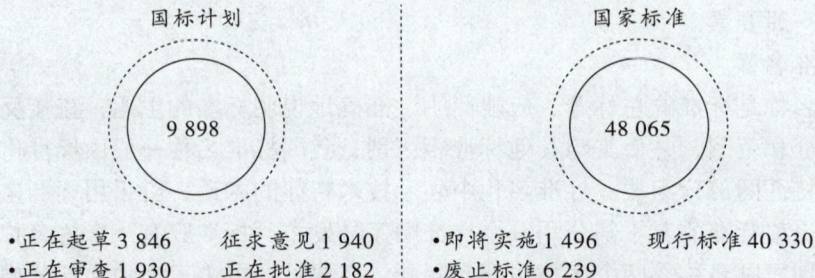

国标计划	国家标准
9 898	48 065
•正在起草3 846　征求意见1 940	•即将实施1 496　现行标准40 330
•正在审查1 930　正在批准2 182	•废止标准6 239

图5-2　国家标准起草、实施以及废止情况

请同学们登录全国标准信息公共服务平台（http://std.samr.gov.cn/）查找一项标准。

5.2　商品标准化

5.2.1　标准化的概念

标准化是人类社会实践的结晶，是人类社会发展的必然产物，它随着社会生产的发展而发展，受生产力的制约，又为生产力的发展服务。经济的发展、科技的进步是标准化发展的根本动力。

1）标准化概念

标准化从产生到现在，已经伴随人类社会发展了几千年，但被当作一门学科来研究，也不过近几十年的事，标准化概念也一直处在不断完善和发展的过程中。桑德斯对标准化的定义为：标准化是为了所有有关方面的利益，特别是为了促进最佳的全面经济，并通过考虑产品的使用条件与安全要求，在所有有关方面的协作下，进行有秩序的特定活动所制定并实施各项规定的过程。

我国国家标准《标准化工作指南 第1部分：标准化和相关活动的通用术语》（GB/T 20000.1—2014）对标准化的定义为："为了在既定范围内获得最佳秩序，促进共同效益，对现实问题或潜在问题确立共同使用和重复使用的条款以及编制、发布和应用文件的活动。"

2）对标准化概念的理解

（1）标准化是一项活动，也是一个过程。这项活动过程包括标准的制定、发布和实施，也包括制定前的研究和实施后的修订。因此，这个过程不是一次就能完成的，而是不断循环、螺旋式上升的运动过程。每完成一次循环，标准的水平就提高一层。标准化工作就是通过对事物的研究分析，不断促进这种循环过程的进行和发展。

（2）标准化的效果不仅仅是通过制定一个或若干个标准就能体现出来的，只有当标准在社会实践中实施后才能表现出来，反过来再促进标准化的发展。标准化活动过程的一个核心是标准的实施。

（3）标准化活动是有目的的。其目的就是要在一定范围内获得最佳秩序，通过建立最佳秩序来实现效益的最大化。标准化的范围不断扩大，才能实现效益的增加。

（4）标准化活动涉及人类社会各领域，包括自然科学领域，也包括社会科学领域。

（5）标准化的本质就是统一，就是用一个确定的标准将对象统一起来。

3）标准化的基本特征

（1）经济性。

标准化的目的就是获得最佳的、全面的经济效益和社会效益，并且经济效益应该是"全面"的，而不是"局部"或"片面"的。不能只考虑某一方面的经济效益，或某一个部门、某一企业的经济效益，但可有主次之分。

（2）科学性。

标准化是以生产实践的经验总结和科学技术研究的成果为基础。生产实践经验需要科学实验的验证与分析，科学技术的水平奠定了当前实验的验证与分析的基础。科学研究的深入与发展会不断提高认识事物的层次，促进标准化活动的进一步发展。标

73

准化活动对科学研究具有强烈的依赖性。

（3）协调性。

标准化活动是为了所有有关方面的利益。所有有关方面的利益是客观存在的，但认识上的分歧也是普遍存在的，为了更好地协调各方面的利益，就必须进行协商与相互协作。国务院建立标准化协调机制，统筹推进标准化重大改革，研究标准化重大政策，对跨部门跨领域、存在重大争议标准的制定和实施进行协调。

4）加强标准化工作的意义

（1）提升产品和服务质量。

标准决定质量，有什么样的标准就有什么样的质量。一方面，标准是企业组织生产和提供服务的依据。企业严格按照标准的要求生产，产品品质才会有保证，生产效率才能提高，行业整体质量水平才能得以提升。企业严格按照标准规范服务，才能提高服务质量、保障服务安全、提升用户满意度。另一方面，标准是执法监管和消费者维权的依据。监管部门、检测机构能够依标准执法，依标准检验，依标准维护消费者合法权益。消费者能够依标准选择产品，明明白白消费，依标准维权。《标准化法》可以进一步规范标准的制定程序和要求，提升标准的质量和水平，促进产品和服务质量的提升。

（2）促进科学技术进步。

科学性是标准的本质属性，标准与科技创新具有内在的联系。标准来源于创新，是对科技创新成果的总结，同时又是科技成果转化应用的桥梁和纽带。标准的实施过程就是科技成果普及推广的过程，在这个过程中往往会对科技创新提出新的需求，激发科技的再创新，科技再创新的成果又能够再次标准化。科技创新不断提升标准水平，标准又不断促进科技成果转化，两者互为基础、互为支撑。随着科技革命和产业变革步伐的加快，标准的研发和科技创新的联系越来越紧密，越来越趋向同步，标准研制逐步嵌入科技活动的各个环节，为科技成果快速形成产业、进入市场提供重要的支撑和保障。

（3）保障人身健康和生命财产安全，维护国家安全、生态环境安全。

人身健康和生命财产安全、国家安全、生态环境安全离不开制度保障。标准作为基础性制度，是国家保障各类安全的技术基础和基本准则。通过《标准化法》，明确强制性标准的制定范围、程序和要求，规范政府部门依法制定实施与适时修订和保障、维护与安全相关的产品标准、食品安全标准、污染物排放标准、安全生产标准等，为各类与安全相关的行为、产品、服务等设置底线和门槛，为保障和维护各类安全筑牢屏障。

（4）提高经济社会发展水平。

标准是经济社会活动的技术依据，也是国际公认的国家质量基础设施之一，在推动供给质量提升、促进转型升级、引领创新驱动、促进经济社会高质量发展方面都发挥着十分重要的支撑和引领作用。通过《标准化法》，引导和鼓励全社会运用标准化方式组织生产、经营、管理和服务，能够切实提升经济效益、社会效益和生态效益，全面提高经济社会发展水平。

5.2.2　商品标准化的基本内容及工作

1）商品标准化的含义及基本内容

（1）商品标准化是指在商品生产和流通的各个环节中制定、发布以及实施商品标准的活动。推行商品标准化的最终目的是达到统一，从而获得最佳市场秩序和社会效益。

（2）具体内容包括名词术语统一化，商品质量标准化，商品零部件通用化，商品品种规格系列化，商品质量管理与保证标准化，商品检验与评价标准化，商品分类编码标准化，商品包装、储运、养护标准化等方面的要求。

　2）商品标准化的工作

（1）标准化工作的范围包括制定标准、组织实施标准以及对标准的制定、实施进行监督，这涵盖了标准化活动的全过程。制定标准是由标准制定主体按照其既定的制定程序编制和发布标准；组织实施标准是指标准化机构宣传、推广标准，社会各方面应用、实施标准；对标准的制定、实施进行监督是指法定监管部门依法对标准的制定程序、标准内容及实施标准的行为等进行监督，并对相关违法行为追究法律责任。

（2）我国实施统一管理、分工负责的标准化工作管理体制。党的十九届三中全会通过的《深化党和国家机构改革方案》（2018年2月28日）提出组建国家市场监督管理总局。改革市场监管体系，实行统一的市场监管，是建立统一开放、竞争有序的现代市场体系的关键环节。为完善市场监管体制，推动实施质量强国战略，营造诚实守信、公平竞争的市场环境，进一步推进市场监管综合执法、加强产品质量安全监管，让人民群众买得放心、用得放心、吃得放心，提出以下措施：

① 将国家工商行政管理总局的职责、国家质量监督检验检疫总局的职责、国家食品药品监督管理总局的职责、国家发展和改革委员会的价格监督检查与反垄断执法职责、商务部的经营者集中反垄断执法以及国务院反垄断委员会办公室等的职责整合，组建国家市场监督管理总局，作为国务院直属机构。

② 组建国家药品监督管理局，由国家市场监督管理总局管理，主要职责是负责药品、化妆品、医疗器械的注册并实施监督管理。

③ 将国家质量监督检验检疫总局的出入境检验检疫管理职责和队伍划入海关总署。

④ 保留国务院食品安全委员会、国务院反垄断委员会，具体工作由国家市场监督管理总局承担。

⑤ 国家认证认可监督管理委员会、国家标准化管理委员会职责划入国家市场监督管理总局，对外保留牌子。

⑥ 不再保留国家工商行政管理总局、国家质量监督检验检疫总局、国家食品药品监督管理总局。

（3）国家市场监督管理总局对外保留国家标准化管理委员会牌子。以国家标准化管理委员会名义，下达国家标准计划，批准发布国家标准，审议并发布标准化政策、管理制度、规划、公告等重要文件；开展强制性国家标准对外通报；协调、指导和监督行业、地方、团体、企业的标准工作；代表国家参加国际标准化组织、国际电工委员会和其他国际或区域性标准化组织；承担有关国际合作协议签署工作；承担国务院标准化协调机制的日常工作。

课外阅读5-1

《中国标准化发展年度报告（2023年）》发布
我国国家标准有效实施率达93.7%

"强实施"和"中实施"才算有效实施。2023年，我国首次开展国家标准实施数据统计调查，对国家标准的实施情况进行了一次全面"体检"。

3月27日，市场监督管理总局（国家标准委）召开新闻发布会，发布《中国标准化发展年度报告（2023年）》（以下简称《报告》）。其中，国家标准实施情况的"体检"结果同步揭晓：通过对6项指标的综合分析，我国国家标准的有效实施率达93.7%。

据市场监督管理总局标准创新管理司司长肖寒介绍，为摸清国家标准实施状况，市场监管总局（国家标准委）历时半年，共调查采集国家标准实施数据83万多条，统计标准实施频次近8150万次，涉及现行有效国家标准4.4万多项。通过对标准查阅量、下载量、销售量、引用量、企业实施量以及检测应用量6项指标进行综合分析，得出我国"强实施"国家标准共有5784项，占总量的13.1%；"中实施"国家标准共有35583项，占总量的80.6%；"弱实施"国家标准共有2772项，占总量的6.3%。其中，"强实施"标准和"中实施"标准属于有效实施标准。

资料来源　编者根据市场监督管理总局新闻发布会资料整理。

要进一步了解《中国标准化发展年度报告（2023年）》的内容，可以扫描二维码查看。

单元小结

本单元主要介绍了标准及商品标准的概念及作用、标准化和商品标准化的概念及作用。重点分析了商品标准的分类和分级，国家标准、行业标准、地方标准和企业标准的适用范围，强制性标准和推荐性标准的区别，商品标准和标准化的主要内容。

主要概念

标准　商品标准　标准化　商品标准化　强制性国家标准

基础训练

一、选择题

1.标准代号GB代表（　　　）。

A.强制性国家标准　B.推荐性国家标准　C.推荐性行业标准　D.推荐性地方标准

2.商品标准化的主要内容包括（　　　）。

A.名词术语统一化　B.商品质量标准化　C.零部件通用化　　D.品种规格系列化

3.标准按性质的不同可分为（　　　）。

A.技术标准　　　　　B.管理标准　　　　C.工作标准　　　　D.国家标准

二、判断题

1.标准是由一个非公认的机构制定和批准的文件，不能反复使用。　　　　　（　　　）

2.我国商品标准按制定部门、适用范围等的不同，划分为国家标准、行业标准、

地方标准、团体标准、企业标准。　　　　　　　　　　　　　　　　　（　　）

　　3.商品标准按成熟程度的不同可分为公开标准和内部标准。　　　　　（　　）

　　4.推荐性国家标准、行业标准、地方标准、团体标准、企业标准的技术要求不得低于强制性国家标准的相关技术要求。　　　　　　　　　　　　　　（　　）

　　5.社会团体标准代号不是指社会团体法人登记证书上的代码。　　　（　　）

　　三、简答题

　　1.商品标准的概念及作用是什么？

　　2.商品标准的分类包括哪些方面？

　　3.商品标准是如何分级的？

　　4.商品标准化的含义及内容是什么？

实践训练

案例：《强制性国家标准管理办法》知多少？

　　国家市场监督管理总局制定了《强制性国家标准管理办法》（以下简称《办法》）并已于 2019 年 12 月 13 日经国家市场监督管理总局 2019 年第 16 次局务会议审议通过，自 2020 年 6 月 1 日起施行。

　　为什么要制定《办法》？

　　一是贯彻落实《中华人民共和国标准化法》的需要。新修订的《中华人民共和国标准化法》（以下简称"新《标准化法》"）于 2018 年 1 月 1 日起施行，对强制性国家标准的制定、实施和监督管理等方面都提出了新的要求，对国务院标准化行政主管部门、国务院有关行政主管部门等单位的工作职责进行了规定，并对强制性国家标准的范围、实施、复审等要求予以进一步明确。为了贯彻落实新《标准化法》的要求，有必要制定《办法》。

　　二是完善标准化管理制度体系的需要。强制性国家标准是我国标准体系中的一个重要层级，但是现行标准化管理制度体系中，并没有专门针对强制性国家标准的全面系统性的管理文件。原国家技术监督局 1990 年发布的《国家标准管理办法》对强制性国家标准和推荐性国家标准的管理作了统一规定，但二者在标准属性、功能定位上都有所不同，特别是新《标准化法》发布后，其已不再适应新的工作要求。为了完善标准化管理制度体系，构建强制性国家标准管理的体制机制，有必要制定《办法》。

　　三是实现与国际接轨的需要。成为世界贸易组织（WTO）成员后，《技术性贸易壁垒协定》（WTO/TBT）关于技术法规制定、通报等都有非常明确和具体的要求。为了体现 WTO/TBT 的相关要求，与国际协议更好地接轨，有必要制定《办法》。

　　资料来源　标准技术管理司.《强制性国家标准管理办法》解读［EB/OL］.［2021-11-05］.https://www.samr.gov.cn/zw/zfxxgk/fdzdgknr/xwxcs/art/2023/art_41f9e74ec1184f799186a77bfb768031.html.

　　结合案例分析：

　　1.查找并熟悉《中华人民共和国标准化法》有关标准的法律规定。

　　2.查找并熟悉《强制性国家标准管理办法》有关标准的法律规定。

商品检验

【学习目标】

通过本单元的学习，达到以下学习目标：

知识目标：了解商品检验的含义和目的，理解商品抽样的意义，熟悉商品抽样的原则和方法，明确商品检验的主要方法。

能力目标：结合引例、基础训练、实践训练等，培养学生掌握商品抽样和检验的基本方法，正确把握商品抽样和检验的法规、标准及合同依据，掌握和应用感官检验方法的操作技能。

素养目标：结合教学内容、案例资料等，通过互动课堂、案例分析等形式，引导学生树立科学严谨的工作态度和工匠精神，帮助学生形成正确的职业行为和道德规范。

【单元框架】

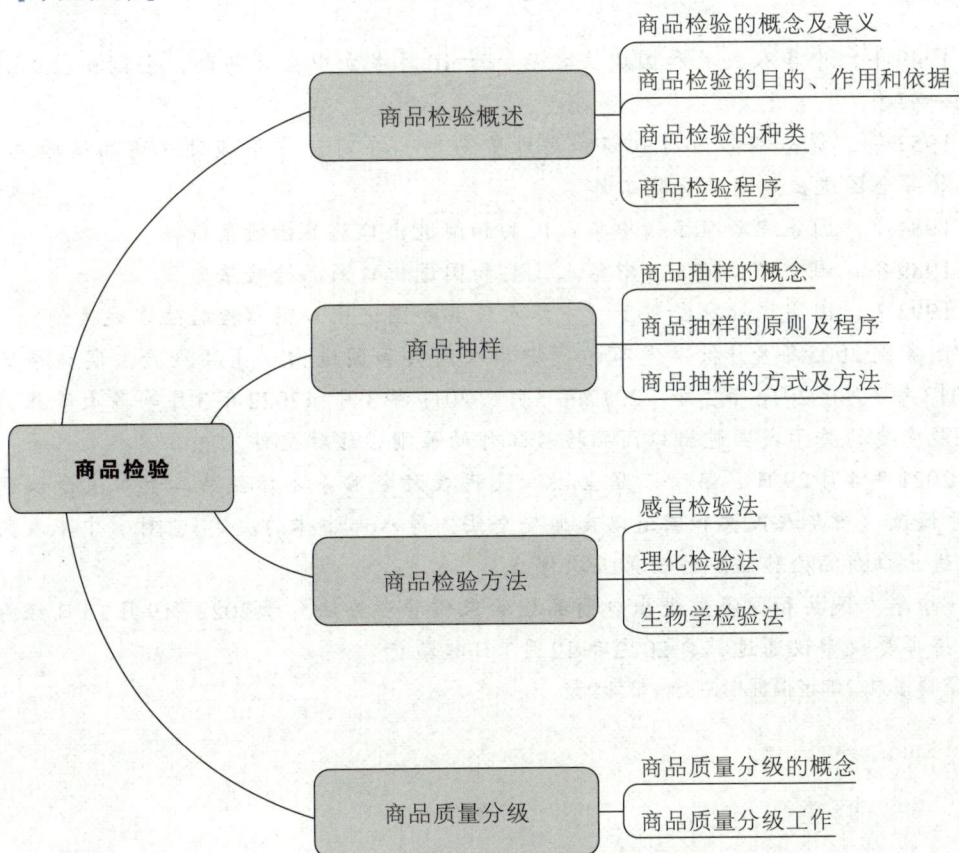

- 商品检验
  - 商品检验概述
    - 商品检验的概念及意义
    - 商品检验的目的、作用和依据
    - 商品检验的种类
    - 商品检验程序
  - 商品抽样
    - 商品抽样的概念
    - 商品抽样的原则及程序
    - 商品抽样的方式及方法
  - 商品检验方法
    - 感官检验法
    - 理化检验法
    - 生物学检验法
  - 商品质量分级
    - 商品质量分级的概念
    - 商品质量分级工作

引例

商品检验的产生与发展

商品检验是伴随着商品经济的产生和发展而逐渐形成的一门应用技术学科。但商品检验正式成为一门科学，正式成立商品检验机构，则是在商品经济高度发达的现代社会。我国对外贸易活动历史悠久，但是现代化贸易方式直至19世纪才逐渐发展起来。首先在我国沿海开放口岸和城市出现了从事国际贸易活动的洋行、轮船公司、银行等专门机构，一些专门检验机构也陆续产生。

1901年，上海成立了棉花检验所，专门检验我国出口的棉花，之后天津、宁波相继成立棉花检验机构。上海还成立了出口肉类检查所、万国生丝检验所等。

1928年，当时的中华民国工商部颁布了《商品出口检验暂行规则》。1929年，工商部公布《商品出口检验局暂行章程》，规定设立商品出口检验局的地方有：上海商品检验局、汉口商品检验局、青岛商品检验局、天津商品检验局和广州商品检验局。各检验局下设分处，检验的产品也有明确分工：上海商品检验局下设宁波分处，检验棉花；南京分处，检验牲畜产品。汉口商品检验局下设沙市分处，检验棉花；万县分处，检验桐油；武穴分处，检验麻类；重庆分处，检验桐油及畜牧产品。青岛检验局下设济南分处，检验棉花。广州商品检验局下设梧州分处，检验桐油及畜牧品。自此，我国开始有了国家设置的检验机构。

1932年，国民政府颁布了《商品检验法》，进出口商品检验工作有了一定的发展。

1949年，中华人民共和国成立之后，于10月成立中央贸易部，全国商检工作归其统一领导。

1952年，贸易部分为商业部和对外贸易部，在对外贸易部设立商品检验总局，统一领导全国进出口商品检验工作。

1984年，国务院颁布了《中华人民共和国进出口商品检验条例》。

1989年，国务院公布了《中华人民共和国进出口商品检验法》。

1992年，国务院批准发布了《中华人民共和国进出口商品检验法实施条例》。

国务院2005年8月批准发布的《中华人民共和国进出口商品检验法实施条例》，经2013年7月、2016年2月、2017年3月、2019年3月、2022年3月等多次修正，是现今最重要的关于我国进出口商品检验工作的原则性法律文件。

2021年4月29日，第十三届全国人民代表大会常务委员会第二十八次会议通过《关于修改〈中华人民共和国道路交通安全法〉等八部法律的决定》，对《中华人民共和国进出口商品检验法》作出第五次修正。

《中华人民共和国海关进出口商品检验采信管理办法》于2022年9月13日经海关总署署务会议审议通过，自2022年12月1日起施行。

资料来源　编者根据相关资料整理。

6.1　商品检验概述

6.1.1　商品检验的概念及意义

1）商品检验的概念

商品检验是指商品的供货方、购货方或者第三方在一定条件下，借助某种手段和方法，按照合同、标准或国际、国家有关法律、法规、惯例，对商品的质量、规格、重量以及包装等方面进行检查，并作出合格与否或通过检验与否的判定；或为了维护买卖双方的合法权益，避免或解决各种风险损失和责任划分的争议，便利商品的交接结算而出具各种有关证书的业务活动。商品质量检验是商品检验的中心内容，因此，狭义的商品检验指的就是商品质量的检验。

2）商品检验的意义

通过商品检验可以维护生产者、经营者、消费者三方面的经济利益，保障各方权益，保证和提高商品质量，维护国家利益和信誉，为科学物流提供可靠的数据，打击假冒伪劣商品等。其重要意义表现在：

（1）商品检验是制定商品标准、实行商品标准化的科学依据；

（2）商品检验是监督商品生产的必要条件，同时为企业质量评比竞赛提供依据；

（3）商品检验是改善商品流通环境不可缺少的环节；

（4）商品检验是维护消费者利益的可靠保证；

（5）商品检验是探索开发新产品、提高商品质量的有效途径。

6.1.2　商品检验的目的、作用和依据

1）商品检验的目的

商品检验是运用科学的检验技术和方法，正确地评定商品质量。它是从商品的用途和使用条件出发，分析和研究商品的成分、结构、性质及其对商品质量的影响，确定商品的使用价值；拟定商品质量指标和检验方法，运用各种科学的检测手段评定商品质量，并确定是否符合规定标准的要求；研究商品检验的科学方法和条件，不断提高商品检验的科学性、精确性、可靠性，使商品检验工作更科学化、现代化；探讨提高商品质量的途径和方向，并为选择适宜的包装、保管和运输方法提供依据。

2）商品检验的作用

在进出口贸易中，商品检验尤为重要，所以国家设立专门的商检机构依法对进出口商品实施检验与管理。商检机构依法对进出口商品实施检验与管理的主要目的与任务是把关和服务。

（1）把关作用。

国家设立商检部门的主要目的就是加强进出口商品检验工作，保证进出口商品的质量，维护对外贸易有关各方的合法权益，促进对外贸易的顺利发展。因此，把关是

商检工作的首要作用。

（2）服务作用。

商检机构的服务作用十分明显，主要体现在以下几个方面：

① 促进进出口商品质量的提高。

商检机构通过检验和监督管理，把好进出口商品质量关，防止不合格的商品进出口，有力地促进了中国境内的出口、生产企业和境外的卖方、厂家注意提高产品的质量。

② 为进出口商品提供居间证明。

在国际经济贸易活动中，有关各方经常需要一个第三者，作为出证鉴定人对进出口商品进行检验或鉴定，提供居间证明，供有关各方交接、计费、索赔、理赔、免责之用。这是一种技术和劳务相结合的服务工作。商检机构由于自身的性质、技术条件和信誉，长期以来在这一重要领域发挥自己的特长和优势，起着积极的作用。

③ 收集和提供与进出口商品质量、检验有关的各种信息。

商检机构经常接触国内外大量商品的质量、性能、价格、分布等各方面的情况，可以及时收集整理这些情况，提供给各有关部门参考，这也是国家对商检工作的要求。

3）商品检验的依据

为使检验结果更具有公正性和权威性，必须根据具有法律效力的质量法规、标准及买卖合同等开展商品检验工作。

（1）商品质量法规。

商品质量法规是国家组织、管理、监督和指导商品生产和商品流通，调整经济关系的准绳，具有足够的权威性、法制性和科学性，是各部门共同行动的准则，也是商品检验活动的重要依据。质量法规包括商品检验管理法规、产品质量责任制法规、计量管理法规、生产许可证及产品质量认证管理法规等。

（2）商品标准。

技术标准对产品的结构、规格、质量要求、实验检验方法、验收规则、计算方法等均做了统一规定，是生产、检验、验收、使用、洽谈贸易的技术规范，也是商品检验的主要依据，它对保证检验结果的科学性和准确性具有重要意义。

（3）商品买卖合同。

供需双方约定的质量要求必须共同遵守。一旦发生质量纠纷，买卖合同的质量要求即为仲裁、检验的法律依据。

课 内 阅 读 6-1

检验检测赋能新质生产力

由国家市场监督管理总局、湖北省人民政府主办的 2024 年全国检验检测机构开放日活动启动仪式在华中科技大学举行，活动主题为"检验检测赋能新质生产力"。

检验检测是国家质量基础设施，本质属性是"传递信任 服务发展"，要深化检验检测制度改革，营造一流营商环境，持续深化对外开放合作，为建设高标准市场体系和全国统一大市场提供制度性保障；要聚焦新质生产力发展的重点领域、重点行业，持续提升检验检测供给服务水平，推动建圈强链，在推动高质量发展上体现担当作为。

市场监管总局深入实施"检验检测促进产业优化升级"行动，聚焦低空经济、人工智能、机器人等新质生产力发展重点领域，组织开展20项检验检测关键共性技术和仪器设备协同攻关，破解"卡脖子"难题，推动科技创新和产业创新深度融合，加快创新成果转化落地。

启动仪式上，市场监管总局专业人才中心上线了"检验检测云课堂"，中国消费者协会发布了室内空气治理检测消费警示信息，湖北省市场监管局介绍了检验检测协同创新与资源共享平台运行机制。根据活动安排，市场监管部门集中组织检验检测机构向社会开放活动，邀请企业、高校、科研机构代表和社区群众走进检验检测机构，组织开展检验检测供需对接、关键技术协同攻关、专家问诊、便民检测、发布消费提示等活动，近距离感受检验检测在推动新质生产力加快发展方面的积极作用。

资料来源　市场监督管理总局. 2024年全国检验检测机构开放日活动在武汉启动［EB/OL］.［2024-09-19］. https://www.samr.gov.cn/xw/zj/art/2024/art_ef6336ff860e4dc2bc97744a1de483d8.html.

6.1.3　商品检验的种类

1）按商品检验方所处的位置分为第一方检验、第二方检验和第三方检验

（1）第一方检验：又称卖方检验或生产检验，是由生产企业或其主管部门自行设立的检验机构，对所属企业进行原材料、半成品和产成品的自检活动。目的是及时发现不合格产品，保证质量，维护企业信誉。经检验合格的商品应有"检验合格证"标志。

（2）第二方检验：又称买方检验或验收检验，是商品买方为了维护自身及其顾客利益，保证所购商品符合标准或合同要求所进行的检验活动。目的是及时发现问题，反馈质量信息，促使卖方纠正或改进商品质量。在实践中商业或外贸企业还常设"驻厂员"，对商品质量形成的全过程进行监控，对发现的问题及时要求生产方解决。

（3）第三方检验：又称公正检验或法定检验，是由处于买卖利益之外的第三方（如专职监督检验机构），以公正、权威的非当事人身份，根据有关法律、标准或合同所进行的商品检验活动，如公证鉴定、仲裁检验、国家质量监督检验等。目的是维护各方面的合法权益和国家权益，协调矛盾，促使商品交换活动的正常进行。

2）按检验对象的流向分为内贸商品检验和进出口商品检验

（1）我国内贸商品的检验。

我国国内市场上的商品质量，由四支力量从三个方面进行检验。生产企业为第一方检验；商业企业及用户、消费者是第二方检验；技术监督部门是第三方检验。商品检验工作起始于生产领域，终止于消费领域，以流通领域为重点。

①工业品的检验。

对于产品质量稳定、检测条件与检测手段完备、在社会上享有盛誉的企业生产的产品，尤其是通过产品质量认证的产品，商业部门可凭工厂的检验签证予以免检。对

于产品质量比较稳定、检测条件和检测手段比较完全的企业，为了保证商品的质量和对消费者负责，可由工厂签证，商业部门进行定期或不定期抽检。对于产品质量不稳定、生产工艺落后、检测技术和手段不完备的生产企业，商业部门应对其生产的每个批次的商品，按照有关标准进行严格检验，把好进货质量关。另外，国家执法机构，如国家质量监督管理部门及其设置的检验机构或授权其他单位的检验机构，对产品是否符合标准要进行定期或不定期的检验。

② 农产品的检验。

对于大宗农产品的集中产区，商业部门或其他有关部门可将标准传授给农民，组织农民自收自检，将相同级别的农产品集中在一个批次发货，由商业部门进行抽检。对于零星产区或者新发展起来的产区，由于农民还不能熟练地掌握标准，商业部门在收购时应按标准对每一件商品实施严格的检验，同时要向农民宣传如何贯彻有关标准。

（2）进出口商品的检验。

① 进出口商品检验简称商检，商检机构和经国家商检部门许可的检验机构，依法对进出口商品实施检验。

② 我国的进出口检验机构是中华人民共和国海关总署。海关总署主管全国进出口商品检验工作，海关总署设在省、自治区、直辖市以及进出口商品的口岸、集散地的出入境检验检疫机构及其分支机构管理所负责地区的进出口商品检验工作。中国商检的英文代号为 CCIB。

③ 进出口商品检验和鉴定工作程序大致包括接受报检、抽样制样、检验拟稿、签证放行等环节。

④ 进出口商品检验范围有出入境卫生检疫、出入境动植物及其产品检验检疫、进出口商品法定检验等。

3）按商品检验有无破坏性分为破坏性检验和非破坏性检验

破坏性检验是指为了取得必要的质量信息，经测定、实验后的商品遭受破坏的检验；非破坏性检验是指经测定、实验后的商品仍能够正常使用的检验，也称无损检验。

4）按检验商品的相对数量分为全数检验和抽样检验

（1）全数检验是对待检商品逐个（件）进行检验，也称百分之百检验。其特点是能够提供较多的质量信息，给人一种心理上的放心感。缺点是由于检验量大，其费用高，易造成检验人员疲劳而导致漏检或错检。这种检验可以提供较多而准确的信息。这种方法只适用于商品批量小、商品特性少、非破坏性的商品检验。实际工作中的全数检验只用于贵重、质量不够稳定商品的质量检验。

（2）抽样检验是商品检验中的常见方式，它是按照事先确定的抽样方案，从待检商品中随机抽取少量样品，组成样本，再对样本中的样品逐一测试，并将检验结果与标准或合同技术要求进行比较，最后由样本质量状况统计推断受检商品的整体质量是否合格的检验。它具有占用的人力、物力和时间少的优点，具有一定的科学性和准确性，是比较经济的检验方式；缺点是提供的质量信息少。它适用于批量大、价值低、质量特性多且质量较为稳定、具有破坏性的商品检验。

5）按商品检验的内容分为商品质量、规格、数量、重量、包装、安全、卫生检验

（1）质量检验。

质量检验，是根据合同和有关检验标准的规定或申请人的要求对商品的使用价值所表现出来的各种特性，运用人的感官或化学、物理等各种手段进行测试、鉴别。其目的就是判别、确定该商品的质量是否符合合同中规定的商品质量条件。其包括外观和内在质量的检验：

① 外观质量检验：指对商品外观尺寸、造型、结构、款式、表面色彩、表面精度、软硬度、光泽度、新鲜度、成熟度、气味等的检验；

② 内在质量检验：指对商品的化学组成、性质和等级等技术指标的检验。

（2）规格检验。

规格表示同类商品在量（如体积、容积、面积、粗细、长度、宽度、厚度等）方面的差别，与商品品质优次无关。如鞋类的大小、纤维的长度和粗细、玻璃的厚度和面积等规格，只表明商品之间在量上的差别，而商品品质取决于品质条件。商品规格是确定规格差价的依据。由于商品的质量与规格是密切相关的两个质量特征，因此，贸易合同中的品质条款中一般都包括了规格要求。

（3）数量和重量检验。

它们是买卖双方成交商品的基本计量和计价单位，直接关系着双方的经济利益，也是对外贸易中最敏感而且容易引起争议的因素之一。它们包括商品个数、件数、双数、打数、令数、长度、面积、体积、容积和重量等。

（4）包装检验。

商品包装本身的质量和完好程度，不仅直接关系着商品的质量，还关系着商品数量和重量。一旦出现问题，其是商业部门分清责任归属、确定索赔对象的重要依据之一。如检验中发现有商品数（重）量不足的情况，包装破损者，责任在运输部门；包装完好者，责任在生产部门。包装检验的内容主要是内外包装的质量，如包装材料、容器结构、造型和装潢等对商品储存、运输、销售的适宜性，包装体的完好程度，包装标志的正确性和清晰度，包装防护措施的牢固度等。

（5）安全、卫生检验。

商品安全检验是指对电子电器类商品的漏电检验、绝缘性能检验和 X 光辐射检验等。商品的卫生检验是指对商品中的有毒有害物质及微生物的检验，如食品添加剂中砷、铅、镉的检验，茶叶中的农药残留量检验等。

对进出口商品的检验除上述内容外，还包括海损鉴定、集装箱检验、进出口商品的残损检验、出口商品的装运技术条件检验、货载衡量、产地证明、价值证明以及其他业务的检验。

6.1.4　商品检验程序

商品质量检验工作的程序通常是：定标—抽样—检查—比较—判定—处理。

（1）定标是指在检验前根据合同或标准的要求，确定检验手段和方法以及商品合格的判断原则，制订商品检验计划的工作。

（2）抽样是按上述计划，随机抽取样品以备检验的过程。

（3）检查是在规定的条件下，用规定的实验设备和检验方法检测样品的质量特性。

（4）比较是将检查的结果同要求进行比较，衡量其结果是否合乎质量要求。

（5）判定是指依据比较的结果，判定样品的合格数量或质量状况。

（6）处理是根据样本的质量进而判断商品总体是否合格，并作出是否接受的结论。

6.2　商品抽样

6.2.1　商品抽样的概念

1）商品抽样的定义

抽样又称取样或拣样，是根据合同或标准所确定的方案，从受检商品中抽取一定数量有代表性的、用于检验的单位商品的过程。抽样检验又称抽样检查，是从一批产品中随机抽取少量产品（样本）进行检验，据以判断该批产品是否合格的统计方法和理论。它与全面检验的不同之处在于，后者需对整批产品逐个进行检验，把其中的不合格品拣出来，抽样检验则根据样本中产品的检验结果来推断整批产品的质量。如果推断结果认为该批产品符合预先规定的合格标准，就予以接收；否则就拒收。所以，经过抽样检验认为合格的一批产品中，还可能含有一些不合格品。

2）商品抽样相关术语

（1）批：相同条件下制造出来的一定数量的产品，称为"批"。在5M1E（即人、机、料、法、测、环）基本相同的生产过程中连续生产的一系列批称为连续批，不能定为连续批的批称为孤立批。

（2）单位产品：为实施抽样检查的需要而划分的基本单位称为单位产品。

（3）批量和样本大小：批量是指批中包含的单位产品个数，以N表示；样本大小是指随机抽取的样本中单位产品的个数，以n表示。

（4）样本和样本单位：从检查批中抽取用于检查的单位产品称为样本单位。样本单位的全体则称为样本。

（5）合格质量水平（AQL）和不合格质量水平（RQL）：在抽样检查中，认为可以接受的连续提交的检查批的过程平均的上限值，称为合格质量水平。过程平均是指一系列初次提交检查批的平均质量，它用每百单位产品不合格品数或每百单位产品不合格数表示；具体数值由产需双方协商确定，一般用AQL表示；在抽样检查中，认为不可接受的批质量下限值，称为不合格质量水平，用RQL表示。

（6）检查和检查水平（IL）：用测量、试验或其他方法，把单位产品与技术要求对比的过程称为检查。检查水平是指在进行检查时所采用的严格程度和精确度标准。

6.2.2　商品抽样的原则及程序

1）商品抽样的原则

商品抽样在进行过程中要遵循四项原则，分别是目的性原则、可测性原则、可行性原则和经济性原则。

2）商品抽样的一般程序

（1）界定总体。

界定总体就是在具体抽样前，对抽取样本的总体范围与界限做明确的界定。

（2）制定抽样框。

这一步骤的任务就是依据已经明确界定的总体范围，收集总体中全部抽样单位的名单，并通过对名单进行统一编号来建立供抽样使用的抽样框。

（3）决定抽样方案。

必须事先确定好五个要素，即批量（N）、合格质量水平（AQL）、检查水平（IL）、检查次数和严格度。抽样方案的严格度是指抽样方案采用的宽严程度。GB/T 2828.1—2012规定了三种宽严程度，即正常检验、加严检验和放宽检验。

（4）实际抽取样本。

实际抽取样本就是在上述几个步骤的基础上，严格按照所选定的抽样方案，从抽样框中选取一个个抽样单位，构成样本。

（5）评估样本质量。

评估样本质量，就是对样本的质量、代表性、偏差等进行初步的检验和衡量，其目的是防止由于样本的偏差过大而导致的失误。

3）抽样检验的适用性

抽样检验与免检、全数检验相比较，各自有不同的适用条件。

（1）适合免检的场合。

所谓免检，即对产品不做任何检查，也有对部分项目实施免检的做法。免检通常用于通用标准件及以往产品品质有良好记录的供应商，但供应商内部仍然需要对产品进行检查。对于实施免检的产品，经过一个时期如半年后，有必要采用抽样检查核实免检品的品质，一旦发现有缺陷，就回到正常的检查方法，同样在使用中一旦发现免检品有任何品质问题，应即刻回到正常的检查方法。

（2）适合全数检验的场合。

对全部产品的全部或部分项目进行检查来判断产品的品质，经常用在产品某个特性缺陷可能威胁到人身安全的情况，如彩电、冰箱等家电的耐压特性；若产品很昂贵，如飞机产品，必须保证全数是良品。优先考虑全数检验的情况是：检查很容易完成，且费用低廉，以及当批的不良率比要求高出很多。

（3）适合抽样检验的场合。

抽样检验主要用于破坏性检查；产量大而不能进行全数检查；连续生产的产品等。优先考虑抽样检验的情况是：核实不是很好的全数检验结果、许多特性必须检查、检查费用高、进行收货检查（核实供应商完成的检查）。

6.2.3　商品抽样的方式及方法

1）抽样的方式

抽样的基本方式分为两大类：随机抽样和非随机抽样。

（1）若总体中每个个体被抽取的机会是均等的，则称为随机抽样，随机抽样必须遵循两个原则：一是总体中的每个个体都有同等的被抽中的机会；二是抽取应当是完全客观的，不能依据某个人的主观意志加以选择。抽样的人或单位彼此之间没有牵连，每个人或单位的选择都是独立的。

（2）非随机抽样是根据主客观条件主观选择样本的方式，又称判断抽样。这种方式虽然有省人、省时、省物、易实施等优点，但科学性较差，不能保证样本的代表性。

采用随机抽样还是非随机抽样，应当根据各种条件来决定，例如研究的性质、对误差容忍的程度、抽样误差与非抽样误差的相对大小、总体中的偏差以及统计上的可操作性等。尽管非随机抽样不能推断总体特征，不能计算抽样误差，但在实际检验中仍常被应用。一方面是操作的考虑，另一方面是因为所检验的内容不需投射总体。如概念测试、包装测试、名称测试以及广告测试等，这类研究中，主要的兴趣集中在样本给出各种不同应答的比例。随机抽样用于需要对总体特征给出很准确的估计的情况，例如估计市场占有率或整个市场的销售量等。

2）抽样的方法

（1）随机抽样。

随机抽样包括简单随机抽样、等距抽样、分层抽样、整群抽样等。在实地检验中，经常把这几种抽样方法相互结合运用。

① 简单随机抽样也叫单纯随机抽样，就是从总体中不加任何分组、划类、排队等，完全随机地抽取检验单位。其特点是：每个样本单位被抽中的概率相等，样本的每个单位完全独立，彼此间无一定的关联性和排斥性。简单随机抽样是其他各种抽样形式的基础，它要求处于总体的个体之间差异程度较小。

② 等距抽样（又称机械抽样或系统抽样）指把总体中的所有个体按照一定的标志排列编号，然后以固定的顺序和间隔取样的方法。将评估对象总体单位 N 按照一定的标志进行排队编号，并将 N 划分成相等的几个单位，使 K=N/n，然后随机抽取 i，i+K，i+2K，…，i+（n-1）K 共 n 个个体组成样本。等距抽样比单纯随机抽样能够保证抽到的个体在总体中的分布均匀性，抽样的独立性较强。单纯随机抽样比机械抽样更能够保证总体中个体被抽到的机会的均等性，即抽样的随机性较强。

③ 分层抽样是按与评估内容有关的因素指针等标志先将评估总体加以分组（分层），然后根据样本容量与总体的比率，从各层中进行单纯随机抽样或机械抽样的抽样方法。其特点是：通过划类分层，增强了各类型中单位间的共同性，容易抽出具有代表性的检验样本。该方法适用于总体情况复杂、各单位之间差异较大、单位较多的情况。

④ 整群抽样就是从总体中成群成组地抽取检验单位，而不是一个一个地抽取检验样本。分层抽样划组层为类，其作用是尽量缩小总体，使总体的变异减少，而抽取的基本单位仍然是总体中的个体。整群抽样是将评估对象总体中的个体划分成若干个群，然后以群为单位从中随机抽取一些群而组成样本的方法，从中抽取若干个群，对抽中的群内的所有单元都进行检验。整群抽样划组层为群，群的作用是扩大单位，抽取的单位不再是总体单位而是群。整群抽样的主要缺点是样本分布的均匀性较差，误差也较其他抽样方法大。为了弥补这种缺陷，增强样本对总体的代表性，可以与分层

抽样相结合。例如，先按一定的标准把全地区所有学校分成几部分，然后根据样本容量与总体中个体的比率，从各部分中抽取若干学校，组成整群样本。其特点是：检验单位比较集中，检验工作的组织和进行比较方便。但检验单位在总体中的分布不均匀，准确性要差些。因此，在群间差异性不大或者不适宜单个地抽选检验样本的情况下，可采用这种方式。

（2）非随机抽样。

非随机抽样是不能计算抽样误差的，因为它是靠调研者个人的判断来进行的抽样。它包括偶遇抽样（又称方便抽样）、判断抽样、配额抽样、雪球抽样等。

① 偶遇抽样。

常见的未经许可的街头随访或拦截式访问、邮寄式检验、杂志内问卷检验等都属于偶遇抽样。偶遇抽样是所有抽样技术中花费（包括经费和时间）最小的。抽样单元是可以接近的、容易测量的并且是合作的。这种形式的抽样有严重的局限性，如被检验者的自我选择、抽样的主观性偏差等。这种抽样不能代表总体和推断总体。

② 判断抽样。

判断抽样是基于调研者对总体的了解和经验，从总体中抽选有代表性的或典型的单位作为样本，例如从全体企业中抽选若干先进的、居中的、落后的企业作为样本，来考察全体企业的经营状况。如果判断准确，这种方法有可能取得具有较好代表性的样本，但这种方法受主观因素影响较大。

③ 配额抽样。

配额抽样是根据总体的结构特征来给检验员分派定额，以取得一个与总体结构特征大体相似的样本，例如根据人口的性别、年龄构成来给检验员规定不同性别、年龄的检验人数。配额保证了在这些特征上样本的组成与总体的组成是一致的。一旦配额分配好了，选择样本元素的自由度就很大。唯一的要求就是所选的元素要适合所控制的特性。这种抽样方法的目的是使样本对总体具有更好的代表性，但仍不一定能保证样本就是有代表性的。

④ 雪球抽样。

雪球抽样是先选择一组检验对象，通常是随机选取的，访问这些检验对象之后，再请他们推荐另外一些符合所研究的目标总体的检验对象，根据所提供的线索，选择此后的检验对象。这一过程会继续下去，形成一种滚雪球的效果。此抽样的主要目的是估计在总体中十分稀有的人物特征。由于后来被推荐的人可能类似于推荐他们的那些人，因此这种检验也是非概率的。

课 内 阅 读 6-2

食品抽样工作的风险

食品抽样检验是食品监管部门对流通、生产、餐饮环节食品质量进行监管的重要手段。食品抽样是食品抽样检验的起点，规范合理的抽样过程对接下来的样品检验以及核查处置起到了关键作用。

1. 抽样规范风险

食品抽样工作现场程序要合法、规范，严格执行已经确定的抽样方案，按照抽样规范和实施细则抽样，保证所抽样品的真实性和代表性，这样才能保证检验结果的准

確性，避免争议。但在实际食品抽样程序中，会有一些容易出现问题的环节。

2.抽样的不均匀性

抽样的不均匀性主要是指在抽样的过程中会出现的一种现象，即有的生产企业抽取的样品较多，有的生产企业抽取的样品较少。产生这种现象的原因主要有如下几点：

①在实际抽样过程中，抽样人员经常会遇到一些小型企业地址不详细、所处位置偏远、企业没有明显厂牌等现象，造成寻找困难等情况。其生产的产品大部分只能通过流通环节抽取，而流通环节产品的批次和数量的不确定因素太多，因此抽取的批次较少。

②部分抽样企业法律和规范意识淡薄，不太理解抽样检验的目的和意义，对抽样工作有惧怕和抵触情绪，经常会用企业负责人不在或联系不上、企业停产、成品库的库管员不在等借口推脱，给抽样工作带来很多困难，也影响了抽样效率。而规模较大的企业法律和规范意识较强，对自己的产品很放心，也很配合抽样工作，抽样人员为了工作任务的顺利完成，往往会抽取较多批次。

③样本数量造成的抽检不均匀。抽检任务量是根据本省该类产品的获证企业数确定的，但实际情况是，部分小企业因效益、生产销售模式等原因，成品库中只有少量批次成品，甚至没有成品，而规模较大的企业成品库存充足。同样，在流通环节中，大型企业的货物一般比较充足，但小型企业的货物常常很少，且存在同一产品有几个生产日期的情况，无法满足抽检需求，造成了各企业样品批次数之间的不均匀。

④地方保护主义。在去往地市的某些企业抽检时，当地监管部门出于地方政府需求的考虑，要求对这些企业少抽或不抽。

3.抽样样品不具代表性

抽样人员在抽样过程中，有时会遇到所抽样品不具代表性的情况，还会导致争议性事件的发生，这些都可以算作失败的抽样。例如农产品抽样时没有将所抽取的畜肉样品分割混匀再分成检样备样，而是直接挑选两块整体作为检样备样。一方面，抽样人员对所抽样品的特性不够了解，对抽样细则和抽样规范学习不够深入，导致抽样过程不规范，所抽样品不具代表性。另一方面，由于流通市场的复杂性，抽样人员常常没有时间和条件对所有的样品按照要求进行分割，顾及效率而疏忽了代表性。

4.备检样品封存不当

样品检验完毕后，不合格的样品会由稽查部门进行下一步的核查处置，在处置过程中往往会有对自己产品充满信心的厂家要求复检。但如果备样没有按照规范进行封存，造成未封口或者破损的情况，则无法进行复议，不能给生产企业一个信服的理由，这就会使双方对检验结果产生争议，也会对抽样检验机构的名誉造成影响。

《食品安全抽样检验管理办法》自2019年10月1日起施行，根据2022年9月29日国家市场监督管理总局令第61号修正。该办法的实施规范了食品安全抽样检验工作，加强了食品安全监督管理，保障了公众身体健康和生命安全。

资料来源　[1]吴遥，李越凡.试论食品抽样工作的风险与防控[J].现代食品，2018（4）.[2]市场监督管理总局.食品安全抽样检验管理办法[EB/OL].[2024-08-19].http://www.samr.gov.cn/spcjs/cjjc/qtwj/201908/t20190819_306097.html.

6.3 商品检验方法

6.3.1 感官检验法

1）感官检验法的含义

感官检验法是借助人的感觉器官的功能和实践经验来检测评价商品质量的一种方法，也就是利用人的眼、鼻、舌、耳、手等感觉器官作为检验器具，结合平时积累的实践经验，对商品的外形结构、外观疵点、色泽、声音、气味、滋味、弹性、硬度、光滑度、包装和装潢等的质量情况，以及商品的种类品种、规格、性能等进行识别。具体方法有：视觉检验、听觉检验、味觉检验、嗅觉检验和触觉检验。感官检验法在商品检验中有着广泛的应用，因为任何商品对消费者来说总是先用感觉器官来进行评价的，所以感官检验法十分重要。

2）感官检验法的特点

（1）感官检验法的优点：

① 方法简单，快速易行；

② 不需复杂、特殊的仪器设备和试剂或特定场所，不受条件限制；

③ 一般不易损坏商品；

④ 成本较低等。

（2）感官检验法的局限性：

① 不能检验商品的内在质量，如成分、结构、性质等；

② 检验的结果不精确，不能用准确的数字来表示，是一种定性的方法，只能用专业术语或记分法表示商品质量的情况；

③ 检验结果易带有主观片面性，常受检验人员知识、技术水平、工作经验、感官的敏锐程度等因素的影响。再加上检验人员审美不同以及检验时的心理状态不同，也会影响结果的准确性，故检验的结果有时带有一定的主观性。

互动课堂 6-1

感官检验的基本方法及应用

感官检验的基本方法有：

（1）视觉检验是用视觉来检查商品的外形、结构、颜色、光泽以及表面状态、疵点等质量特性的检验方法。外界条件如光线的强弱、照射方向、背景对比以及检验人员的生理、心理和专业能力等，会影响视觉检验的效果。因此，视觉检验必须在标准照明条件下和适宜的环境中进行，并且应对检验人员进行必要的挑选和专门的训练。

（2）嗅觉检验是通过嗅觉检查商品的气味，进而评价商品质量的检验方法。在检验中应避免检验人员的嗅觉器官长时间与强烈的挥发物质接触，检验也应按照气味由淡到浓的顺序进行，并注意采取措施防止出现串味等现象。

91

（3）味觉检验是利用人的味觉来检查有一定口味要求的商品质量好坏的检验方法。为了顺利地进行味觉检验，一方面要求检验人员必须具备辨别基本味觉特征的能力，并且被检样品的温度要与对照样品温度一致；另一方面要采取正确的检验方法，遵循一定的规程。

（4）触觉检验是指利用人的触觉感受器官对被检验商品轻轻作用的反应——触觉来评价商品质量的检验方法。触觉是皮肤感受到机械刺激而引起的感觉，包括触压觉和触摸觉，是皮肤感觉的一种。除皮肤感觉外，还有通过痛觉、热觉、冷觉反映的表面特性和强度、厚度、弹性、紧密程度等质量特性。

（5）听觉检验是利用听觉器官，通过商品发出的声音是否优美或正常来评判商品质量的检验方法。

感官检验应用：如何分辨芝麻油的优劣？芝麻油的好坏一般通过看（色泽和透明度）、闻（气味）和尝（滋味）的方式辨别区分，具体等级见表6-1。

表6-1　　　　　　　芝麻油感官检验具体等级描述

感官特性	良	次	劣
色泽	橙红色至棕红色	色泽偏深	呈褐色或黑褐色
透明度	清澈透明	少量悬浮物，略浑浊	浑浊
气味	具有芝麻油特有的浓郁香味，无任何异味	具有芝麻油特有的香味，平淡，稍有异味	除芝麻油微弱的香气外，还有霉味、焦味、油酸败味等异味
滋味	具有芝麻固有的滋味，口感浓爽，无任何异味	具有芝麻固有的滋味，但是显得淡薄，微有异味	有较浓重的苦味、焦味、酸味、刺激性辛辣味等不良滋味

资料来源　江苏省食品安全委员会，江苏省市场监管局. 如何分辨芝麻油优劣，如何正确保存？这些知识点你都知道么？[EB/OL].［2020-09-24］. https://www.njqi.org.cn/news/show-164412.html.

请同学们结合资料思考：视觉检验、嗅觉检验、味觉检验、触觉检验和听觉检验分别适合检验哪些商品？

6.3.2　理化检验法

1）理化检验法的含义

理化检验法是在实验室的一定环境条件下，借助各种仪器、设备和试剂，运用物理、化学的方法来检测评价商品质量的一种方法。它主要检验商品的成分、结构、物理性质、化学性质、安全性、卫生性以及对环境的污染和破坏性等。

2）理化检验法的特点

（1）理化检验法的优点：

①检验结果精确，可用数字定量表示，如成分的种类和含量，某些物理、化学、机械性能等；

② 检验的结果客观，它不受检验人员主观意志的影响，对商品质量的评价具有客观而科学的依据；

③ 能深入地分析商品成分内部结构和性质，能反映商品的内在质量。

（2）理化检验法的局限性：

① 需要一定的仪器设备和场所，成本较高，要求的条件严格；

② 往往需要破坏一定数量的商品，消耗一定数量的试剂，费用较高；

③ 检验需要的时间较长；

④ 要求检验人员具备扎实的基础理论知识和熟练的操作技术。

因此，理化检验法在商业企业较少直接采用，多作为感官检验之后的补充检验方法，或委托商检机构做理化检验。

互动课堂 6-2

理化检验的种类

物理检验法因其检验商品的性质和要求不同、采用的仪器设备不同，可以分为一般物理检验法、力学检验法、光学检验法、电学检验法、热学检验法等。

① 一般物理检验法主要是通过量具、量仪、天平、秤或专业仪器来测定商品的一些基本物理量，如长度、细度、面积、体积等。这些基本的物理量指标往往是商品贸易中的重要交易条件。

② 力学检验法是通过各种力学仪器测定商品的力学性能的检验方法。这些性能主要包括商品的抗拉、抗压、抗弯曲、抗冲击、抗疲劳强度等各方面的力学性能。

③ 光学检验法是通过各种力学仪器，如显微镜、折光仪等检验商品光学性能方面质量指标的方法。

④ 电学检验法是利用电学仪器测定商品电学方面质量特性的检验方法。

⑤ 热学检验法是利用热学仪器测定商品的热学质量特性、检验商品质量的方法。商品的热学特性主要包括熔点、沸点、耐热性、导热性、热稳定性等。

化学检验法是用化学试剂或化学仪器对商品的化学成分及其含量进行测定，进而判定商品是否符合规定质量要求的方法。依据操作方法的不同，化学检验法可分为化学分析法和仪器分析法。

① 化学分析法是根据检验过程中商品在加入某种化学试样和试剂后所发生的化学反应来测定商品的化学组成成分及其含量的一种检验方法；

② 仪器分析法是采用光、电等方面比较特殊或复杂的仪器，通过测量商品的物理性质或化学性质来确定商品化学成分的种类、含量和化学结构以判断商品质量的检验方法。

近年来，随着新技术的应用，还出现了许多其他新型的光学仪器分析法，如核磁共振波谱法、红外线检验法、紫外线检验法、X射线检验法、质谱仪检验法、荧光光谱法等。它们大都用于测定商品的成分和构成，特点是快速简便、准确、自动、灵敏。但由于样品处理费时，仪器价格昂贵，对操作人员要求高，故其应用有一定的局限性。

资料来源　编者根据相关资料整理。

请同学们结合资料思考：物理检验法和化学检验法分别适合检验哪些商品？

6.3.3　生物学检验法

生物学检验法是食品类、药类和日用工业品类商品质量检验常用的方法之一，一般用于测定食品的可消化率、发热量和维生素含量、细胞的结构与形状、细胞的特性、有毒物品的毒性大小等。生物学检验法包括微生物学检验法和生理学检验法两种。

1）微生物学检验法

微生物学检验法是采用微生物技术手段，检测商品中有害生物存在与否及数量多少的方法。需要进行微生物学检验的商品有食品及其包装物、化妆品、卫生用品等。

2）生理学检验法

生理学检验法是以特定的动物或人群为受检对象，测定食品的消化率、发热量以及某一成分对集体的作用、毒性等。

6.4　商品质量分级

6.4.1　商品质量分级的概念

商品质量分级又称商品质量等级或商品品级，是商品质量检验活动中的一个重要环节，是对商品内在质量和外在质量综合评判的结果，也是指对同一品种的商品，按其达到商品质量标准的程度所确定的等级。它是表示商品质量高低的标志，也是表示商品在某种条件下适合其用途大小的标志，是商品鉴定的重要内容之一。商品品级是相对的、有条件的，有时会因不同时期、不同地区、不同使用条件及不同个性而产生不同的质量等级和市场需求。质量分级评价则是利用现有技术标准和技术方法，对产品质量以及质量形成全过程的因素进行识别和判定的活动。

6.4.2　商品质量分级工作

1）农产品质量分级

积极推进农产品质量等级规格评定，引导农产品分级包装上市，对提高农产品质量等级化、包装规格化程度，树立农产品的整体形象，引导优势产业做大做强，加快我国农业生产方式转变，推进农业标准化进程，满足消费多样化需求，提高农产品国际竞争力具有重要意义。

我国先后制定了《农产品等级规格标准编写通则》（NY/T2113—2012）、《农产品

质量分级导则》（GB/T 30763—2014）、《农产品等级规格评定技术规范通则》（NY/T
2714—2015）等，规定了农产品等级规格评定的术语和定义、有关技术要求、评定原
则、评定方法、结果判定、标识标注等基本要求。在具体产品分级标准方面，我国农
产品质量等级规格评定标准最初的应用对象主要集中于果蔬产品，改革开放后为适应
果蔬产业化和果蔬商品经济的大发展，在政府相关主管部门主导下开始较为规范地陆
续制定了一批果蔬等级规格评定标准，逐步形成了我国现有的果蔬等级规格评定标准
体系。

2021年颁布的国家标准《果品质量分级导则》（GB/T 40446—2021），填补了我国
在果品领域分级制定导则的空白，进一步完善了我国农产品质量分级标准体系，为提
高新鲜果品质量、实现优质优价、促进果品高效流通和贸易奠定了良好的技术标准基
础。《果品质量分级导则》国家标准中规定了果品质量分级的术语和定义、一般规定、
分级一般原则、分级要素及指标的选择和确定、分级指标值和级差的确定、容许度规
定、大小规格规定、检验和判定规则规定等内容。其中分级一般原则是：科学性原
则、实用性原则、先进性原则三条相互配合的原则。该标准适用于以新鲜或原有状态
供消费者直接食用的果品分级标准等规范性文件的编制，不包括加工果品。

2）工业产品质量分级

20世纪90年代工业产品质量分级就有国家标准《工业产品质量分等导则》（GB/T
12707—1991，2004年10月14日已废止）。近年来，党中央、国务院对质量分级工作
高度重视。2017年9月，中共中央、国务院发布的《中共中央 国务院关于开展质量
提升行动的指导意见》指出，建立质量分级制度，倡导优质优价，引导、保护企业质
量创新和质量提升的积极性；2018年10月，工业和信息化部、科技部、商务部、市
场监督管理总局四部委在《原材料工业质量提升三年行动方案（2018—2020年）》
中也明确提出"建立分级体系、构建分级方法、加强分级应用"的目标要求；2021
年3月，工信部发布《工业和信息化部办公厅关于做好2021年工业质量品牌建设工作
的通知》，再次强调推动重点行业开展重点产品和生产线的质量分级评价，研究制定
产品质量分级标准，建立质量分级发布机制和采信机制，激发企业质量提升的动力。
目前，《玻璃量器 质量分级技术要求》《再制造 机械产品质量评价通则》等相关产品
质量分级标准规范已正式颁布实施。

单元小结

本单元主要介绍了商品检验的概念、目的与意义。商品检验按商品检验方所处的
位置分为第一方检验、第二方检验和第三方检验；按检验对象的流向分为内贸商品检
验和进出口商品检验；按检验商品的相对数量分为全数检验和抽样检验等。抽样的基
本方式分为随机抽样和非随机抽样。商品检验的方法主要有感官检验法、理化检验法
和生物学检验法等。

主要概念

商品检验　商品抽样　感官检验法　理化检验法　商品质量分级

基础训练

一、选择题

1.商品检验按商品检验的内容分为（　　）检验。

A.商品质量　　　　　　　　　　　　B.重量和数量

C.商品包装　　　　　　　　　　　　D.安全和卫生

2.非随机抽样分为（　　）。

A.偶遇抽样　　　　　　　　　　　　B.判断抽样

C.配额抽样　　　　　　　　　　　　D.雪球抽样

3.感官检验法比较适合对（　　）进行检验。

A.味道　　　　　　　　　　　　　　B.颜色

C.滋味　　　　　　　　　　　　　　D.弹性

二、判断题

1.理化检验法的优点是需要一定的仪器设备和场所，成本较高等。　　（　　）

2.随机抽样不能计算抽样误差，因为它是靠调研者个人判断进行抽样的。

（　　）

3.检验商品的成分、结构、物理和化学性质时主要采用理化检验法。　（　　）

4.国家标准《果品质量分级导则》适用于加工果品。　　　　　　　　（　　）

三、简答题

1.商品检验的概念与意义有哪些？

2.商品检验的种类主要有哪些？

3.随机抽样和非随机抽样各有何特点？

4.商品检验方法主要有哪几种？

实践训练

案例：食品质量感官检验的方法、原则及注意事项

1.食品质量感官检验的基本方法

食品质量感官检验就是依靠视觉、嗅觉、味觉、触觉和听觉等来鉴定食品的外观形态、色泽、气味、滋味和硬度（稠度）。不论对何种食品进行感官质量评价，食品质量感官检验总是不可缺少的，而且常在理化和微生物检验方法之前进行。

2.食品质量感官检验方法的注意事项

（1）视觉检验方法的注意事项。

这是判断食品质量的一个重要感官手段。视觉检验应在白昼散射光线下进行，以免灯光隐色产生错觉。检验时应注意整体外观、大小、形态、块形的完整程度、清洁程度，表面有无光泽，颜色的深浅色调等。在检验液态食品时，要将它注入无色的玻璃器皿中，透过光线来观察。

（2）嗅觉检验方法的注意事项。

人的嗅觉器官相当敏感，甚至用仪器分析的方法也不一定能检查出来极轻微的变化，用嗅觉检验却能够发现。当食品发生轻微的腐败变质时，就会有不同的异味产生。食品的气味是一些具有挥发性的物质形成的，所以在进行嗅觉检验时常需稍稍加热，但最好是在15℃～25℃的常温下进行，因为食品中的气味挥发性物质常随温度的高低而增减。食品气味检验的顺序应当是先识别气味淡的，后检验气味浓的，以免影响嗅觉的灵敏度。在检验前禁止吸烟。

（3）味觉检验方法的注意事项。

味觉器官不但能品尝到食品的滋味如何，而且对于食品中极轻微的变化也能敏感地察觉到。味觉器官的敏感性与食品的温度有关，在进行食品的味觉检验时，最好使食品处在20℃～45℃，以免温度的变化增强或减弱对味觉器官的刺激。几种不同味道的食品在进行感官评价时，应当按照刺激性由弱到强的顺序，最后检验味道强烈的食品。

（4）触觉检验方法的注意事项。

触觉检验方法是凭借触觉来检验食品的膨、松、软、硬、弹性、硬度（稠度），以评价食品品质的优劣。在测定食品硬度（稠度）时，要求温度应在15℃～20℃，因为温度的升降会影响食品状态。

资料来源　食品检验员培训网. 食品感官检验的方法、原则及注意事项汇总［EB/OL］.
［2018-05-26］. https://foodmate.net/jianyan/1805/165723.html.

结合案例分析：

1.感官检验法的适用范围有哪些？其优缺点各是什么？

2.对食品进行感官检验时应注意哪些问题？

【学习目标】

通过本单元的学习，达到以下学习目标：

知识目标：了解商品质量监督的概念及作用，理解认证和产品质量认证的概念及作用，熟悉商品质量监督的主要种类及监督形式，明确产品质量认证的依据及范围。

能力目标：结合引例、基础训练、实践训练等，培养学生准确掌握商品质量监督的不同种类及形式；结合产品质量认证形式，区分产品质量认证标识。

素养目标：结合教学内容、案例资料等，通过互动课堂、案例分析等形式，引导学生树立公平竞争、主动接受各种商品质量监督的意识，帮助学生形成正确的职业行为和道德规范。

【单元框架】

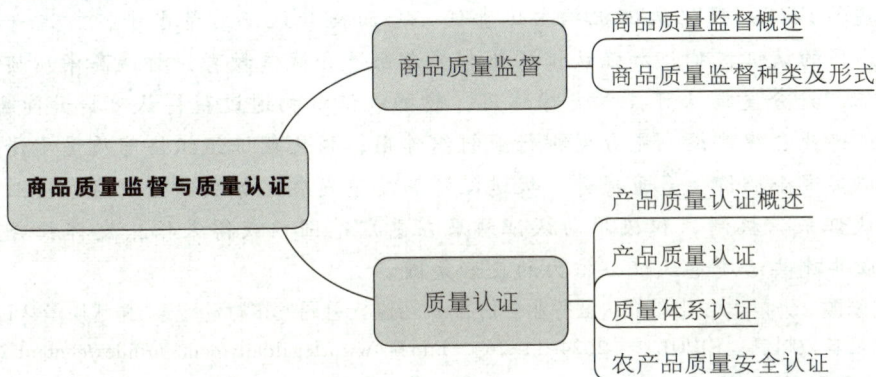

构建质量认证行业多元共建共治长效机制

国家市场监督管理总局召开《质量认证行业公信力建设行动方案（2024—2026年）》政策解读专题新闻发布会。记者从会上获悉，《质量认证行业公信力建设行动方案（2024—2026年）》（以下简称《行动方案》）已于2024年11月8日正式公布实施。根据《行动方案》，市场监督管理总局将进一步加强认证监管，重点打击虚假认证。

市场监督管理总局副局长、国家认监委主任蒲淳介绍了《行动方案》的具体目标：到2026年年底，质量认证有效性全面提高，认证行业突出问题得到有效治理，认证监管精准有力，认证活动依法合规，认证人员专业敬业，认证结果真实有效并得到广泛采信，质量认证行业公信力评价体系逐步完善，质量认证行业公信力大幅提升。

《行动方案》提出要围绕质量认证行业全链条和全要素，以压实认证机构主体责任、提升认证质量水平为着力点，构建质量认证行业多元共建共治长效机制，全面提高质量认证行业公信力，为建设质量强国、实现高质量发展提供有力支撑。

《行动方案》共设置了九大重点任务，包括以《认证认可条例》修订和深化改革为契机，修订完善认证规则制度体系和行业准入政策；加强认证监管，央地结合，重点打击虚假认证；强化认证机构主体责任，全面提升认证质量水平，打造一批品牌优、专业强的认证机构；加强认证从业人员专业性和诚信教育，打造高素质质量认证人才队伍；充分发挥认可技术支撑作用，鼓励认证机构通过获得认可提升能力水平；加强认证行业自律建设，充分发挥行业组织作用；强化获证组织恪守质量承诺，依托质量认证实现企业价值多重提升，促进经济高质量发展；加快健全政府、行业及社会各层面认证采信机制，积极推动认证结果在更广范围内获得采信；发挥社会监督作用，形成共建共治质量认证公信力的良好氛围。

资料来源　万静. 强化质量认证行业公信力 市场监管总局发布行动方案 构建质量认证行业多元共建共治长效机制［EB/OL］.［2024-11-26］. http://www.legaldaily.com.cn/index/content/2024-11/26/content_9091628.html.

7.1　商品质量监督

7.1.1　商品质量监督概述

1）商品质量监督的概念

商品质量监督是根据国家的质量法律、法规和商品质量标准，由国家指定的商品质量监督机构对生产和流通领域的商品和质量保证体系进行的监督活动。其目的是防止不合格产品流入市场，维护国家和消费者的利益。

商品质量监督与商品质量管理不同。商品质量监督所要解决的问题，是企业生产经营是否达到既定法规和标准的要求，并在此基础上对企业的质量保证工作实行监督；商品质量监督的职能部门，是由国家授权的法定机构，而不是普通的群众团体和民间组织；履行商品质量监督的依据，主要是国家的质量法规和批准发布的正式标准，其属于强制性标准；商品质量监督是一个过程，它包括要求商品在符合标准的前提下所作出的连续性评价和促进改善的一系列工作。

2）商品质量监督的作用

（1）对国家经济运行进行调节、监控，保证国民经济健康发展和实现国民经济目标。

（2）通过对质量违法行为的制裁，规范市场行为。

（3）企业的产品质量和管理体系处于经常性的监控之下，促使企业采取必要的措施和手段保证、提高产品质量，使企业步入健康发展的良性轨道。

（4）促使商品的生产方、销售方重视商品质量，特别是关系人身安全健康和关系国计民生的重要产品，加强监督，可以起到维护国家利益、保护消费者权益的作用。

（5）促使企业强化内部管理，健全质量体系，保障技术法规和质量标准的贯彻实施。

（6）促进我国进出口贸易健康发展，提高我国商品的竞争能力，保障国家的经济利益。

7.1.2　商品质量监督种类及形式

1）质量监督种类

我国的商品质量监督可分为国家的质量监督、社会的质量监督和行业内部的质量监督。

（1）国家的质量监督。

国家的质量监督，是指国家授权、指定第三方专门机构，以公正的立场对商品进行的质量监督检查，包括国家监督抽查产品质量、全国统一监督检验、定期监督检查三种方式。这种法定的质量监督，是以政府行政的形式，对可能危及人体健康和人身、财产安全的商品，影响国计民生的重要工业产品及用户、消费者组织反映有质量问题的商品，实行定期或经常的监督、抽查和检验，公开公布商品质量抽查检验结果，并根据国家有关法规及时处理质量问题，以维护社会经济生活正常秩序和保护消费者的合法权益。

（2）社会的质量监督。

社会的质量监督，是指社会团体、组织和新闻机构根据消费者和用户对商品质量的反映，对流通领域的某些商品质量进行的监督检查。这种质量监督，是指从市场一次抽样，委托第三方检验机构进行质量检验和评价，将检验结果特别是不合格商品的质量状况和生产企业名单予以公布，以造成强大的社会舆论压力，迫使企业改进质量，停止销售不合格商品，对消费者和用户承担质量责任、包修、包换、包退，赔偿经济损失。中国质量协会用户委员会、中国消费者协会、中国质量万里行促进会、中国消费品质量安全促进会等组织是社会质量监督的组织者和职权的行使者。

（3）行业内部的质量监督。

行业内部的质量监督，是指内外贸部门和使用单位为确保所购商品的质量而进行的质量监督。这种质量监督是指用户在购买大型成套设备和装置，以及采购生产企业生产的商品时，进驻承制单位和商品生产厂家进行质量监督，发现问题时有权通知企业改正或停止生产，及时把住质量关，以保证商品质量符合所规定的要求。这种质量监督包括用户自己派人或委托技术服务部门进驻承制单位实行质量监督，内外贸部门派驻厂人员进行质量监督以及进货时进行验收检验。

课 内 阅 读 7-1

柠檬法

柠檬法是美国的一种消费者保护法，主要是为了保障汽车买主的权益。柠檬法的名称，起源于美国经济学家乔治·阿克罗夫在1970年发表的论文《柠檬市场：质化的不确定性和市场机制》，这是一篇推理不对称信息论对二手车市场的影响机制的论文。在文中，阿克罗夫用不同的水果代替不同特性的二手车，以香甜的樱桃与水蜜桃来比喻车况优良的二手车，而用酸涩的柠檬来比喻状况不佳的二手车。虽然当初阿克罗夫的论文主要是讨论二手车市场的问题，但后来柠檬被引申为出厂后问题百出的瑕疵车，"柠檬法"被用来为新车瑕疵方面的消费者保护法命名。

刚开始时，柠檬法主要是保障汽车消费者买到瑕疵车时的相关权益，但后来柠檬法的适用范围渐渐地扩展到其他不同种类商品的消费者保护事项，例如电器与电脑产品等。在美国，制定消费者保护法是联邦各州可以自行管理的事务。因此，以联邦等级的《马格奴森-莫斯保修法案》与统一商业法作为蓝本，自1982年起，美国各州陆续地制定了细节各有不同的柠檬法，只有阿肯色州与南达科他州尚未制定。而除了柠檬法之外，各州也制定了针对二手车买主权益的消费者保护法规。

虽然美国各州规定的细节各有不同，但大致来说柠檬法主要规定：在新车购买之后的特定期限内（以加州柠檬法为例，期限为180日或18 000英里，视何者先到为优先），如果发生有关规定的情况，汽车买主可以要求厂商无条件退款或更换新品，不得拒绝。

资料来源　编者根据相关资料整理。

2）质量监督形式

商品质量监督的形式很多，可以归纳为抽查型质量监督、评价型质量监督和仲裁型质量监督三种。

（1）抽查型质量监督。

抽查型质量监督是指国家质量监督机构通过对从市场或企业抽取的商品样品进行监督检验判定其质量，从而采取强制措施责成企业改进质量，直至达到商品标准要求的一种监督活动。抽查的主要对象是涉及人体健康和人身、财产安全的商品，影响国计民生的重要工业产品、生产资料商品和消费者反映有质量问题的商品。

（2）评价型质量监督。

评价型质量监督是指国家质量监督机构通过对企业的产品质量和质量保证体系进行检验和检查，考核合格后颁发产品质量证书、标志等方法确认和证明产品已经达到某一质量水平，并向社会提供质量评价信息，实行必要的事后监督，以检查产品质量和质量保证体系是否保持或提高的一种质量监督活动。评价型质量监督是国家干预产品质量、进行宏观管理的一种重要形式。产品质量认证、企业质量体系认证、环境标志产品认证、评选优质产品、产品统一检验制度和生产许可证发放等都属于这种形式。

互动课堂7-1

条码印制：创新"标准+认证"模式

2021年9月"服务认证体验周"期间，江苏省苏州市市场监管局向苏州首批6家企业颁发条码印制服务认证证书，引发印刷行业、商品条码监管部门及认证监管部门的关注。通过实施条码印制服务认证，苏州不断强化"标准+认证"的服务模式，引导条码印制企业贯彻条码印制标准，提升服务质量和水平。

创新培育认证项目

回顾条码印制的发展进程，截至2019年年初，全国范围内取得商品条码印刷资格证书的印刷包装企业数量突破2 000家，对提高商品条码质量、推动印刷包装企业发展起到促进作用。2019年4月，中国物品编码中心贯彻落实国家"放管服"改革和供给侧结构性改革要求，决定暂停受理商品条码印刷资格认定工作。为保障商品条码印刷企业持续满足商品条码印制质量的需求，以及解决资格证书到期无法获证的困扰，苏州市质量和标准化院在上级主管部门的支持下，联合认证机构深入行业协会、行业龙头及重点企业、监管部门开展商品条码印制服务认证调研，围绕《认证认可检验检测发展"十三五"规划》和《印刷业"十三五"时期发展规划》的要求和目标，制定并发布了《条码印制服务认证技术要求》及服务认证审核规则，经国家认证认可监督管理委员会批准，在全国范围内率先开展条码印制服务认证活动。

宣贯标准提升质量

随着条码印制服务认证的持续开展，服务认证证书的权威性逐渐凸显。条码印制服务认证从服务流程、条码设计、条码印制、人员培训、设备配备等各方面对印刷包装企业进行评价，对其服务保障能力、管理成熟度进行现场审核，结合第三方客户满意度调查评分结果，给出企业条码印制服务等级，引导条码印制企业贯彻条码印制标准、提升服务质量和水平。

资料来源 刘宗久.条码印制：创新"标准+认证"模式［N］.中国新闻出版广电报，2021-10-20（7）.

请同学们结合资料讨论：

（1）什么是评价型质量监督？

（2）开展评价型质量监督发挥了哪些作用？

（3）仲裁型质量监督。

仲裁型质量监督是指质量监督检验机构通过对有质量争议的商品进行检验和质量调查，分清质量责任，作出公正的处理，维护经济活动正常秩序的一种质量监督活动。仲裁型质量监督具有较强的法制性，这项任务由质量监督管理部门承担，应选择

103

经省级以上人民政府产品质量监督管理部门或其授权的部门审查认可的质量监督检验机构作为仲裁检验机构。

近年来，我国市场监管体制实现重大改革，实现了分段、分领域监管向统一、综合监管的转变；贯彻新发展理念，着力维护市场公平竞争秩序，着力强化事中事后监管长效机制；全面落实"双随机、一公开"监管，强化风险监管预警和追溯，推进信用监管、创新智慧监管等；不断加强系统监管，积极构建线上线下一体化监管机制，建设现代化市场监管体系；进一步促进营商环境市场化、法治化、国际化，进一步增强人民群众的获得感、幸福感、安全感。

课 内 阅 读 7-2

"免检产品"的前世今生

国家免检产品即符合《产品免于质量监督检查管理办法》规定的产品。2000年3月14日，国家质量技术监督局制定了《产品免于质量监督检查管理办法》（以下简称《免检办法》）。2001年12月，国家质检总局（2018年改为国家市场监督管理总局）成立后对原《免检办法》进行了修订，并以国家质检总局令第9号的形式重新发布。

免检是指对符合规定条件的产品免于政府部门实施的质量监督检查。免检产品在一定时期内免于各地区、各部门、各种形式的质量监督检查。但是，免检产品也并不是处于失控状态。《免检办法》规定，用户、消费者有权对免检产品进行社会监督。当免检产品出现质量问题时，用户、消费者可以向生产企业所在地的质量技术监督部门申诉和举报。质监部门按照法律、法规及有关规定进行处理。被批准质量免检的产品在免于被政府部门实施监督检查的同时，必须同时具备以下条件：企业必须具备独立的法人资格，产品质量长期稳定，企业有完善的质量管理体系，产品市场占有率和企业经济效益综合排名位于本行业的前列，产品标准达到或严于国家标准或行业标准的要求，产品应当符合有关法律、法规的要求和国家产业政策。免检工作每年进行一次。国家质检总局每年一季度公布本年度实施免检产品的类别目录、申请的基本条件和受理免检申请的开始、截止日期以及工作日程安排。获得中国名牌、原产地域保护的产品优先列入年度免检产品类别目录。

2008年中国乳制品污染是一起中国产品质量事件。事件起因是很多食用三鹿集团生产的奶粉的婴儿被发现患有肾结石，随后检验人员在其奶粉中发现化工原料三聚氰胺。国家质检总局公布对国内乳制品厂家生产的婴幼儿奶粉的三聚氰胺检验报告后，事件迅速恶化，22家企业、69个批次产品中都检出了三聚氰胺。该事件重创了中国制造的商品信誉，多个国家禁止了对中国乳制品的进口。这次重大事件直接导致我国免检产品制度的消失。国家质检总局2008年9月17日发布公告，决定即日起，停止所有食品类生产企业获得的国家免检产品资格，相关企业要立即停止其国家免检资格的相关宣传活动，其印制在包装上已使用的国家免检标志不再有效。2009年公布的《食品安全法》及2015年修订的《食品安全法》均对"不得免检"作出了明确规定。

资料来源　编者根据相关资料整理。

7.2 质量认证

7.2.1 产品质量认证概述

1）产品质量认证的含义

产品质量认证是指法定认证机构依据具有国际先进水平的产品标准和技术要求，经过独立的评审，对于符合条件的产品，颁发认证证书和认证标志，从而证明某一产品达到相应标准的制度。

2）产品质量认证的依据

产品质量认证的依据是指认证检验机构对产品质量进行检验、评定所依据的标准和相应的技术要求。由于在我国的标准体系中有国家标准、行业标准、地方标准、团体标准和企业标准，不同产品有不同的特征及特性要求，所以认证机构在开展产品质量认证工作时，主要有以下几类依据：

（1）一般产品开展质量认证，应以具有国际水平的国家标准或行业标准为依据。对现行国家标准或行业标准内容不能满足认证需要的，应由认证机构组织制定补充技术要求。

（2）我国名、特、优产品开展产品质量认证，应当以经国家质量技术监督局确认的标准和技术要求作为认证依据。

（3）经过国家质量技术监督局批准加入了相应国际认证组织的认证机构，在进行产品质量认证时，应以国际认证组织已经公布的并已转化为我国标准的国家标准或行业标准为依据。

（4）我国已与国外有关认证机构签订双边或多边合作协议的产品，应按照合作协议规定采用的标准开展产品质量认证工作。

3）产品质量认证的种类

（1）按认证的范围分类。

产品质量认证可分为国家认证、区域性认证和国际认证。

（2）按照认证的性质分类。

产品质量认证分为安全认证和合格认证。

① 安全认证。

凡根据安全标准进行认证或只对商品标准中有关安全的项目进行认证的，称为安全认证。它是对商品在生产、储运、使用过程中是否具备保证人身安全与避免环境遭受危害等基本性能的认证，属于强制性认证。实行安全认证的产品，必须符合《中华人民共和国标准化法》中有关强制性标准的要求。

② 合格认证。

合格认证是依据商品标准的要求，对商品的全部性能进行的综合性质量认证，一般属于自愿性认证。实行合格认证的产品，必须符合《中华人民共和国标准化法》规定的国家标准或者行业标准的要求。

4）产品质量认证的标志

产品质量认证证书是证明产品质量符合认证要求和许可产品使用认证标志的法定证明文件。认证委员会负责对符合认证要求的申请人颁发认证证书，并准许其使用认证标志。认证证书由国务院标准化行政主管部门组织印刷并统一规定编号。证书持有者可将标志标示在产品、产品铭牌、包装物、产品使用说明书、合格证上。使用标志时，须在标志上方或下方标出认证委员会代码、证书编号、认证依据的标准编号。产品质量认证标志分为 3C 标志、方圆标志、长城标志、PRC 标志等。

7.2.2　产品质量认证

1）质量认证的主要类型

（1）型式试验。

（2）型式试验加认证后监督——市场抽样检验。

（3）型式试验加认证后监督——工厂抽样检验。

（4）型式试验加认证后监督——市场和工厂抽样检验。

（5）型式试验加工厂质量体系评定加认证后监督——"质量体系复查"加"市场和工厂抽样检验"。

（6）工厂质量体系评定。

（7）批检。

（8）百分之百检验。

2）强制性产品认证

（1）强制性产品认证简介。

强制性产品认证，是通过制定强制性产品认证的产品目录和实施强制性产品认证程序，对产品实施强制性的检测和审核。凡列入强制性产品认证目录内的产品，没有获得指定认证机构的认证证书，没有按规定加施认证标志，一律不得进口、不得出厂销售和在经营服务场所使用。强制性产品认证制度在推动国家各种技术法规和标准的贯彻、规范市场经济秩序、打击假冒伪劣行为、促进产品的质量管理水平和保护消费者权益等方面，具有其他工作不可替代的作用和优势。认证制度由于具有科学性和公正性，已被世界大多数国家和地区广泛采用。在实行市场经济体制的国家，政府将强制性产品认证制度作为产品市场准入的手段，正在成为国际通行的做法。

（2）强制性产品认证制度的文件体系。

强制性产品认证制度的文件体系由以下几部分构成：

① 法律与法规。我国的强制性产品认证制度是以《中华人民共和国产品质量法》《中华人民共和国进出口商品检验法》《中华人民共和国标准化法》为基础建立的。强制性产品认证制度的基本框架分为三部分：一是认证制度的建立；二是认证的实施；三是认证实施有效性的行政执法监督。

② 规章。《强制性产品认证管理规定》是实施强制性产品认证制度的基础文件。

③ 规范性文件。例如，《强制性产品认证标志管理办法》详细规定了强制性产品认证标志的性质、认证标志的基本式样（认证标志简称 3C 标志，规定了标准与非标准认证标志的要求）和认证标志的印制、使用要求以及申领程序。

　　市场监督管理总局（认监委）根据历次强制性产品认证目录调整情况，对目录内部分产品种类进行归并和优化。优化后的强制性产品认证目录共17大类103种产品。

　　《关于实施强制性产品认证制度有关问题的通知》对强制性产品认证制度的生效日期以及新老制度的过渡期和过渡期内的安排作出了具体规定。

　　《强制性产品认证机构、检查机构和实验室管理办法》规定了承担强制性产品认证任务的认证机构与为其提供产品检测和工厂检查任务的检查机构的指定条件、程序以及监督管理要求。

　　《国家发展改革委关于重新制定强制性产品认证收费标准的通知》规定了强制性产品认证收费项目以及收费标准和相关收费管理要求。

　　（3）强制性产品认证制度的基本技术要求。

　　强制性产品认证的模式可由以下一种或多种模式组合而成：设计鉴定、型式试验、制造现场抽取样品检测或者检查、市场抽样检测或者检查、企业质量保证体系审核、获得认证后的监督检查。认证模式依据产品的性能，对人体健康、环境和公共安全、国家安全等方面可能产生的危害程度，产品的生命周期特性等综合因素，按照科学、便利等原则予以确定。

　　（4）认证程序。

　　强制性产品认证程序由以下全部或部分环节组成：认证申请和受理、型式试验、工厂审查、抽样检测、认证结果评价与批准、获证后的监督。为保证认证证书的持续有效性，对获得认证的产品根据产品特点安排获证后监督，认证实施规则对此作出了详细规定。

　　（5）认证证书与认证标志。

　　认证证书是证明强制性产品认证目录内产品符合认证实施规则的要求并准许其使用认证标志的证明文件。为便于监管，认证证书的格式由国家认监委统一规定。其具体内容包括：申请人、制造商、产品名称、型号或者系列名称、产品的生产者、生产或者加工场所、认证模式、认证依据的标准和技术规则、发证日期和有效期、发证机构。强制性产品认证标志名称为"中国强制认证"，英文名称为China Compulsory Certification，缩写为CCC。"3C"认证从2002年8月1日起全面实施，原有的产品安全认证和进口安全质量许可制度同期废止。3C标志并不是质量标志，而只是一种最基础的安全认证。3C标志一般贴在产品表面，或通过模压压在产品上，仔细看会发现多个椭圆形的"CCC"暗记。每个3C标志后面都有一个随机码，每个随机码都有对应的厂家及产品。认证标志发放管理中心在发放强制性产品认证标志时，已将该编码对应的产品输入计算机数据库中，消费者可通过国家质量认证中心进行编码查询。以前的"CCC"认证标志分为四类，分别为：CCC+S安全认证标志，CCC+S&E安全与电磁兼容认证标志，CCC+EMC电磁兼容类认证标志，CCC+F消防认证标志，具体如图7-1所示。

图7-1　3C认证老标志

自2018年3月20日起，"CCC"标志不再标注S（安全产品）、EMC（电磁兼容）、S&E（安全与电磁兼容）、F（消防）、I（信息安全）等细分类别。中国强制性产品认证标志统一使用CCC标志，具体如图7-2所示。

图7-2　3C认证统一标志

（6）认证的注销、暂停和撤销。

在认证证书有效期内发生下列情况，认证机构应当注销认证证书：

① 认证实施规则或有关标准、技术规则变更，认证证书持有人认为产品不能满足上述变更要求的；

② 获得认证的产品不再生产的；

③ 证书超过有效期，证书持有者未申请延续的；

④ 证书持有人申请注销的。

在认证证书有效期内发生下列情况，认证机构应暂停认证证书：

① 未按规定使用认证证书和认证标志的；

② 违反认证实施规则和指定认证机构要求的；

③ 监督检查结果证明不符合认证实施规则要求的。

在证书有效期内发生下列情况，应撤销认证证书：

① 暂停认证证书期间内未采取纠正措施的；

② 监督结果证明产品出现严重缺陷；

③ 因缺陷而导致重大质量事故的。

7.2.3　质量体系认证

1）质量体系认证的含义

质量体系认证是指由第三方认证机构依据质量体系标准，对供方的质量体系实施评定，合格者由公证机构颁发质量体系认证证书，并给予注册公布，证明供方在特定的产品范围内具有质量保证能力的活动。

2）实施质量体系认证的作用

（1）企业实施质量体系认证后可以强化质量管理，提高企业效益。

（2）获得了国际贸易"通行证"，消除了国际贸易壁垒。

（3）节省了审核的精力和费用。

（4）在产品质量竞争中争得先机。

（5）避免产品责任。

（6）有利于国际经济合作和技术交流。

3）质量体系认证与商品质量认证的区别

① 质量体系认证的对象是质量管理体系；

② 质量体系认证的依据是质量体系标准；

③ 质量体系认证的目的是证明供方的质量体系有能力确保其产品满足规定的要求；

④ 质量体系认证的证实方式是对质量体系进行审核而不是对产品实物实施检验；

⑤ 质量体系认证的证明方式是颁发证书、注册公布，供方可以使用注册标志做宣传，但不得直接用于产品或以其他方式误导消费者产品已经合格；

⑥ 质量体系认证后定期监督供方质量体系但不对产品实物实施监督检验。

互动课堂 7-2

HACCP认证知识简介

HACCP 是 Hazard Analysis Critical Control Point 的英文缩写，表示危害分析的临界控制点。HACCP体系主要是对食品中的微生物、化学和物理危害进行安全控制。近30年来，HACCP体系已经成为国际上共同认可和接受的食品安全保证体系。我国通过对HACCP体系近10年的认证和摸索，2011年为规范食品行业危害分析与关键控制点（HACCP）体系认证工作，依据《中华人民共和国食品安全法》《中华人民共和国认证认可条例》等有关法律和规定，制定了国家推荐标准《危害分析与关键控制点（HACCP）体系食品生产企业通用要求》（GB/T 27341—2009）。

HACCP包括7项原理：

①进行危害分析；

②确定关键控制点；

③确定各关键控制点的关键限值；

④建立各关键控制点的监控程序；

⑤确定在监视结果表明某特定关键控制点失控时的纠正预案；

⑥建立证明HACCP系统有效运行的验证程序；

⑦建立关于所有适用程序和以上原理及其应用的记录系统。

HACCP一般由下列各部分组成：

①对原料采购→产品加工→消费各个环节可能出现的危害进行分析和评估；

②根据这些分析和评估来设立某一食品从原料直至最终消费这一全过程的关键控制点（CCPS）；

③建立起能有效监测关键控制点的程序。

资料来源　编者根据相关资料整理。

请同学们结合资料思考：

（1）HACCP认证属于质量体系认证还是商品质量认证？

（2）HACCP认证适用的范围是什么？

（3）质量体系认证还有哪些？

7.2.4　农产品质量安全认证

农产品质量安全认证包括有机食品认证、无公害农产品产地认证、无公害农产品认证、绿色食品认证。

有机食品是有机产品的一类，有机产品还包括棉、麻、竹、服装、化妆品、饲料（有机标准包括动物饲料）等"非食品"。目前，我国有机产品主要包括粮食、蔬菜、水果、奶制品、畜禽产品、水产品及调料等。无公害农产品是指产地环境、生产过程和产品质量符合国家有关标准和规范的要求，经认证合格获得认证证书并允许使用无公害农产品标志的未经加工或者初加工的食用农产品。无公害农产品生产过程中允许使用农药和化肥，但不能使用国家禁止使用的高毒、高残留农药。绿色食品是指产自优良生态环境、按照绿色食品标准生产、实行全程质量控制并获得绿色食品标志使用权的安全、优质食用农产品及相关产品。绿色食品认证依据的是农业农村部绿色食品行业标准。绿色食品在生产过程中允许使用农药和化肥，但对用量和残留量的规定通常比无公害标准要严格。

（1）有机食品认证。

有机食品是指生产、加工、销售过程符合国家标准的供人类消费、动物食用的产品。我国有机食品国家标准规定，有机食品生产过程中不得使用化学合成的农药、化肥、生长调节剂、饲料添加剂，以及基因工程生物及其产物。有机食品认证是指认证机构按照有机食品国家标准和《有机产品认证管理办法》以及《有机产品认证实施规则》的规定对有机食品生产和加工过程进行评价的活动。有机食品在生产和加工过程中必须严格遵循有机食品生产、采集、加工、包装、贮藏、运输的标准，禁止使用化学合成的农药、化肥、激素、抗生素、食品添加剂等，禁止使用基因工程技术及该技术的产物及其衍生物。有机食品生产和加工过程中必须建立严格的质量管理体系、生产过程控制体系和追踪体系，因此一般需要转换期；有机食品必须通过合法的有机食品认证机构的认证。为保证有机食品的可追溯性，国家认监委要求认证机构在向获得有机食品认证的企业发放认证标志或允许有机食品生产企业在产品标签上印制有机食品认证标志之前，必须按照统一的编码要求赋予每枚认证标志唯一的编码；该编码由17位数字组成，其中认证机构代码3位、认证标志发放年份代码2位、认证标志发放随机码12位，并要求在17位数字前加"有机码"三个字。每一枚有机标志的有机码都需要报送到"中国食品农产品认证信息系统"（网址 https://food.cnca.cn），任何人都可以在该网站上查到该枚有机标志对应的有机产品名称、认证证书编号、获证企业等信息，具体如图7-3所示。

110

图7-3　有机食品认证标志、无公害农产品认证标志、绿色食品认证标志

（2）绿色食品认证。

绿色食品源于20世纪80年代末期，当时，世界各国实施产业结构调整，推行绿色产品理念。目前来看，国际上有关绿色产品的内涵，主要体现在四个方面：

一是满足用户使用要求和消费升级需求；

二是节约资源和能源；

三是保护生态环境，对环境无影响或影响极小；

四是保护消费者人体健康，要求产品无毒无害或低毒低害。

通过绿色食品认证的产品可以使用统一格式的绿色食品标志，有效期为3年，时间自通过认证获得证书当日算起；期满后，生产企业必须重新提出认证申请，获得通过才可以继续使用该标志，同时更改标志上的编号。从重新申请到获得认证的时间为半年，这半年中，允许生产企业继续使用绿色食品标志。如果重新申请没能通过认证，企业必须立即停止使用该标志。另外，在3年有效期内，中国绿色食品发展中心每年还要对产品按照绿色食品的环境、生产及质量标准进行检查，如不符合规定，中心会撤销其标志使用权。中国绿色食品发展中心对许可使用绿色食品标志的产品进行统一编号，并颁发绿色食品标志使用证书。编号形式为：LB－XX－XX XX XX XXXX　A（AA），"LB"是绿色食品标志代码，后面的两位数代表产品分类，最后10位数字的含义如下：第1、2位是批准年度，第3、4位是批准月份，第5、6位是省区，第7、8、9、10位是产品序号，最后1位（2位）表示产品级别（A级或AA级）。

单元小结

本单元主要介绍了商品质量监督的概念及作用，商品质量监督的主要种类及质量监督形式，产品质量认证的依据、范围及主要形式，产品质量认证标识；重点介绍了国家的质量监督、社会的质量监督和用户的质量监督的特点以及强制性产品认证的作用和标志。

主要概念

商品质量监督　产品质量认证　强制性产品认证　绿色食品认证

基础训练

一、选择题

1.商品质量监督包括（　　）等形式。

A.抽查型质量监督　　　　　　　　B.评价型质量监督

C.仲裁型质量监督　　　　　　　　D.社会监督

2.质量体系认证是（　　）公证机构依据质量体系标准对供方的质量体系实施评定。

A.第一方　　　　　　B.第二方　　　　　　C.第三方　　　　　　D.第四方

3.农产品质量安全认证包括（　　　）认证。

A.无公害农产品　　　　　　　　　　　　B.绿色食品

C.有机食品　　　　　　　　　　　　　　D.无公害农产品产地

二、判断题

1.我国商品质量监督分为国家质量监督、社会质量监督和行业内部的质量监督。

（　　　）

2.我国强制性产品认证标志统一使用"CCC"标志。　　　　　　　　（　　　）

3.产品质量认证属于评价型的质量监督形式。　　　　　　　　　　（　　　）

三、简答题

1.商品质量监督的种类有哪些？

2.商品质量监督的形式有哪些？

3.强制性产品认证的作用和标志是什么？

实践训练

案例：总台"3·15"晚会 共筑诚信 共享安全 让生活更美好

今年"3·15"晚会聚焦"共筑诚信 共享安全"的主题，关注食品药品安全、金融安全、消防安全、数据安全等安全领域。

一、主题构建，立足于高质量发展这个首要任务，共筑诚信，共享安全，让生活更美好

今年"3·15"晚会聚焦"共筑诚信 共享安全"的主题，就是要立足于高质量发展这个首要任务，倡导诚信经营、遵纪守法、公平竞争、有序发展的价值信念。

二、拓展专题节目的选题视野，坚守规则底线，筑牢安全防线，跟踪消费热点，营造良好消费环境

"3·15"晚会是以深度调查报道为核心的专题晚会，专题内容不仅代表着当下消费领域的社会关切，更具有守望当下消费环境、引领未来消费趋势的积极意义。积极拓展选题视野，拓展调查手段，梳理当下消费领域的痛点、热点、制度缺失等问题，从消费的痛点、热点、制度缺失上挖掘典型案例，提升了舆论监督的预见性和深度介入性。

三、优化升级"3·15"安全实验室，用最新的AI技术进行场景式测试，善意提示安全隐患，及时发出消费风险预警

今年"3·15"晚会深入贯彻总台"思想+艺术+技术"的融媒体传播理念，运用最新的裸眼3D、AI、虚拟技术，在舞台上设置了虚实结合的"安全实验室"，针对消费者日常生活中那些容易忽视的安全隐患，邀请技术专家，进行场景式测试，及时发出消费风险提示和预警。

四、彰显政府监管力度，"3·15"在行动跟进执法情况

2023年，市场监管部门开展民生领域"铁拳"行动，查办违法案件56.5万件，涉案货值28.1亿元，曝光典型案例1 034起。在"3·15"晚会播出同时，中央电视台财经频道多路记者分赴各地，报道晚会曝光案例的最新执法情况。各地监管执法部门

积极响应，对被曝光的涉案企业和产品立即采取了行动。

资料来源   王永利. 总台"3·15"晚会 共筑诚信 共享安全 让生活更美好［EB/OL］.［2024-03-16］. https：//news.cctv.com/2024/03/16/ARTIfykk4uIPQDVEBPMGNl5x240316.shtml.

结合案例分析：

1.社会层面的质量监督发挥了哪些主要作用？

2."3·15"晚会如何促进经济高质量发展？

商品包装

【学习目标】

通过本单元的学习，达到以下学习目标：

知识目标：了解商品包装的含义及作用，理解商品包装的设计原则及要求，熟悉商品包装材料的特点及应用，明确商品包装的分类和商品包装标志。

能力目标：结合引例、基础训练、实践训练等，培养学生区分并应用销售包装和运输包装，能够识别各种商品包装标志，掌握商品合理化包装等技能。

素养目标：结合教学内容、案例资料等，通过互动课堂、案例分析等形式，引导学生树立节约、环保意识，自觉践行绿色低碳消费理念，积极参与商品包装的合理化活动，帮助学生形成正确的职业行为和道德规范。

【单元框架】

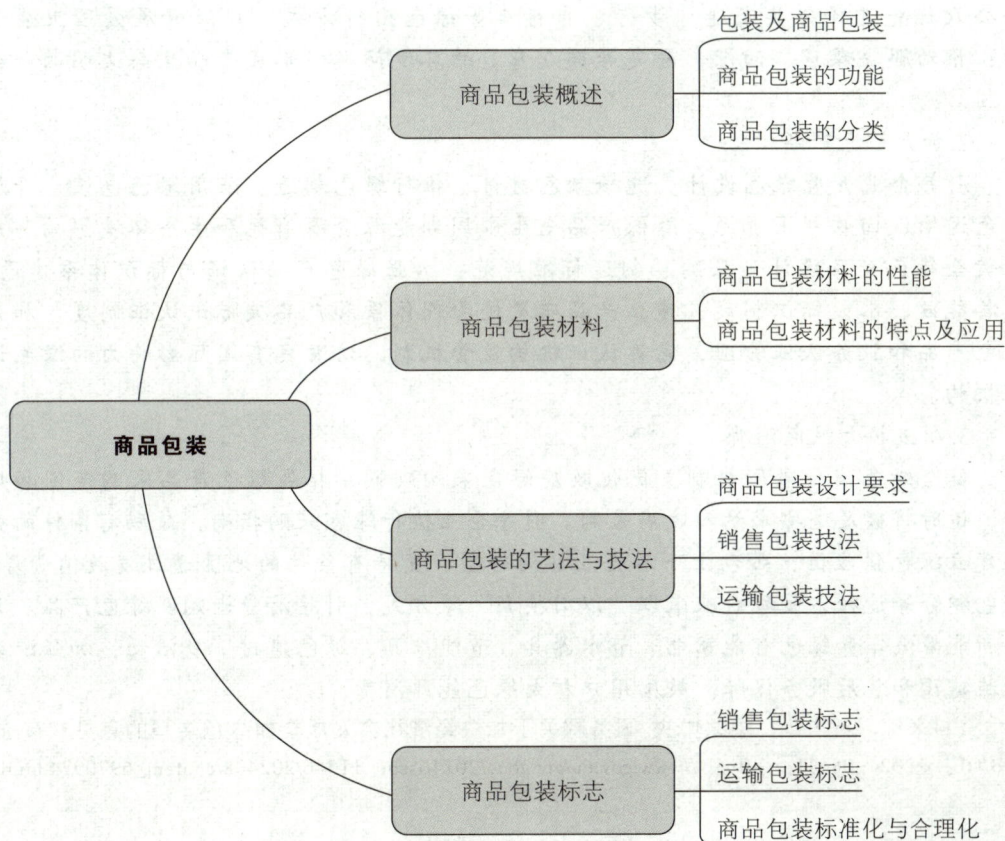

商品包装

- 商品包装概述
  - 包装及商品包装
  - 商品包装的功能
  - 商品包装的分类

- 商品包装材料
  - 商品包装材料的性能
  - 商品包装材料的特点及应用

- 商品包装的艺法与技法
  - 商品包装设计要求
  - 销售包装技法
  - 运输包装技法

- 商品包装标志
  - 销售包装标志
  - 运输包装标志
  - 商品包装标准化与合理化

引例

中共中央 国务院关于加快经济社会发展全面绿色转型的意见

推动经济社会发展绿色化、低碳化，是新时代党治国理政新理念新实践的重要标志，是实现高质量发展的关键环节，是解决我国资源环境生态问题的基础之策，是建设人与自然和谐共生现代化的内在要求。

主要目标是：到2030年，重点领域绿色转型取得积极进展，绿色生产方式和生活方式基本形成，减污降碳协同能力显著增强，主要资源利用效率进一步提升，支持绿色发展的政策和标准体系更加完善，经济社会发展全面绿色转型取得显著成效。到2035年，绿色低碳循环发展经济体系基本建立，绿色生产方式和生活方式广泛形成，减污降碳协同增效取得显著进展，主要资源利用效率达到国际先进水平，经济社会发展全面进入绿色低碳轨道，碳排放达峰后稳中有降，美丽中国目标基本实现。

1.推广绿色生活方式

大力倡导简约适度、绿色低碳、文明健康的生活理念和消费方式，将绿色理念和节约要求融入市民公约、村规民约、学生守则、团体章程等社会规范，增强全民节约意识、环保意识、生态意识。开展绿色低碳全民行动，引导公众节约用水用电、反对铺张浪费、推广"光盘行动"、抵制过度包装、减少一次性用品使用，引导公众优先选择公共交通、步行、自行车等绿色出行方式，广泛开展爱国卫生运动，推动解决噪声、油烟、恶臭等群众身边的环境问题，形成崇尚生态文明的社会氛围。

2.加大绿色产品供给

引导企业开展绿色设计、选择绿色材料、推行绿色制造、采用绿色包装、开展绿色运输、回收利用资源，降低产品全生命周期能源资源消耗和生态环境影响。建立健全绿色产品设计、采购、制造标准规范，加强绿色产品认证与标识体系建设，完善能效、水效标识制度，建立产品碳足迹管理体系和产品碳标识认证制度。加强绿色产品和服务认证管理，完善认证机构监管机制，培育具有国际影响力的绿色认证机构。

3.积极扩大绿色消费

健全绿色消费激励机制。优化政府绿色采购政策，拓展绿色产品采购范围和规模，适时将碳足迹要求纳入政府采购。引导企业执行绿色采购指南，鼓励有条件的企业建立绿色供应链，带动上下游企业协同转型。支持有条件的地区通过发放消费券、绿色积分等途径，鼓励企业采取"以旧换新"等方式，引导消费者购买绿色产品。开展新能源汽车和绿色智能家电、节水器具、节能灶具、绿色建材下乡活动，加强配套设施建设和售后服务保障。鼓励用户扩大绿色能源消费。

资料来源 新华社. 中共中央 国务院关于加快经济社会发展全面绿色转型的意见（节选）[EB/OL]. [2024-08-11]. https://www.gov.cn/gongbao/2024/issue_11546/202408/content_6970974.html.

8.1　商品包装概述 //////..........

8.1.1　包装及商品包装

1）包装及商品包装的概念

在我国，国家推荐性标准《包装术语　第1部分：基础》（GB/T 4122.1—2008）对包装的定义是：为在流通过程中保护产品、方便储运、促进销售，按一定的技术方法而采用的容器、材料及辅助物等的总称；也指为了达到上述目的而采用容器、材料及辅助物的过程中施加一定技术方法等的操作活动。

商品包装包括两层含义：

一是指为了方便运输储存、促进销售、便于使用，对商品进行包裹、存放的容器和辅助材料，通常称为包装材料或包装用品，如箱、纸、桶、盒、绳、钉等；

二是指对商品进行包裹、存装、打包、装潢的整体操作过程，是包装商品的具体业务，如装箱、扎件、灌瓶等。

2）商品包装四大要素

商品包装在现代企业生产经营中所占的地位越来越突出，包装材料、包装技术、包装结构造型和外观装潢是构成包装实体的四大要素。包装材料是包装的物质基础，是包装功能的承载者；包装技术是实现包装容纳和保护功能、保证商品质量的关键；包装结构造型是包装材料和包装技术的具体形式；外观装潢是通过包装上的文字、图案等美化、宣传和介绍、展示商品的主要手段。

8.1.2　商品包装的功能

在现代市场经济中，商品包装是社会经济发展的一个重要环节。商品包装和商品的生产、流通、销售、消费一起形成了社会生产的良性循环。在商品生产中采用好的包装，可以提高生产效率，降低生产成本；在商品流通中采用好的包装，可以提高运输、装卸效率，减少破损，降低劳动强度和费用；在商品销售中，好的包装能美化商品、促进销售，增加商品的附加值，带来良好的经济效益；在商品消费中，好的包装可以给消费者提供方便，节约时间或增加美感等。

1）容纳和保护功能

在所有的商品中，绝大多数的商品对其包装的要求是有容纳功能。像液态、气态、粉状等物品，如没有包装的容器，就无法储存、运输、销售。即使是固体的商品也必须用相应的包装材料包裹起来；保护功能是商品包装最基本的功能，为了使商品在流通过程中不受损、不变质，以保证商品能完整无损地运到目的地，到达消费者手中，包装就必须起到很好的保护作用。

2）方便储运物流功能

每件包装容器的重量和体积应适合其运输特点，如货车车厢、集装箱尺寸等，要符合运输、储存过程中堆码、搬运的要求及有关规定，以减少损失，避免浪费，提高运输、储存、配送等物流能力和提升经济效益。

3）激发购买、促进销售和方便消费者功能

包装是商品的脸面，它是商品带给消费者的第一印象。商品通过包装刺激了消费者的视觉，引起了消费者的兴趣。人们研究如何通过色彩、文字、图形、规格、造型以及陈列位置等吸引消费者的注意，并在短时间内影响消费者作出购买决定。好的商品包装能起到"无声推销"的作用，方便陈列与销售，方便消费者选购，增加商品的附加值，从而扩大销售，创造良好的经济效益。

8.1.3 商品包装的分类

现代包装的种类很多，因分类角度不同，形成多种分类方法。商品包装主要有以下分类：

1）按包装在流通中的作用分类

（1）运输包装又称大包装或外包装，指用于运输、储存等过程中保护商品的较大单元的包装形式。其主要功能是保护商品，方便运输、装卸和储存。运输包装有箱型包装、桶型包装、袋型包装、集合包装等。

（2）销售包装又称小包装或商业包装，其不仅具有对商品的保护作用，而且更注重包装的促销和增值功能，还通过包装装潢设计手段来树立商品品牌和企业形象，吸引消费者、提高商品竞争力。销售包装有悬挂式包装、透明式包装、开窗式包装、配套包装、组合包装、分散包装、礼品包装等。瓶、罐、盒、袋及其组合包装一般都属于销售包装。

2）按包装内容物分类

以包装的内容物作为分类标志，商品包装可分为食品包装、土特产包装、纺织品包装、医药品包装、化工商品包装、化学危险品包装、机电商品包装等。

3）按包装材料分类

按包装材料可分为纸制包装、木制包装、金属包装、塑料包装、玻璃与陶瓷包装、纤维织品包装、复合材料包装和其他材料包装等。

互动课堂 8-1

"以纸代塑"成首选方案

要说2021年包装行业最火的关键词，莫过于"以纸代塑"了。随着今年"史上最严"禁塑令落地，品牌商和消费者的环保意识不断增强，饮料、日化、食品、啤酒等头部企业纷纷试水纸瓶、纸盒、纸袋等纸基包装，一场围绕"以纸代塑"的变革正在行业内上演。无论是食品包装，还是外卖包装，无论是品牌商家，还是包装巨头，都在尝试解决塑料污染问题。包装相关行业协会制定《绿色纸质外卖包装制品通用要求》团体标准，推动"以纸代塑"规范化；中国快递协会组织18家品牌快递企业共同签署了《中国快递业绿色包装减塑自律公约》，其成为加强快递领域塑料污染治理的有效举措。同时，包装材料可降解成为热点，裕同科技重点依托现有纸包装产品及工业环保纸塑的生产和运营管理方面的优势，专注绿色环保包装材料领域前沿技术和未来发展趋势，推出100%生物全降解材料制成的产品。仙鹤股份积极输出可降解环保方案，研究开发"以纸代塑"

的纸基功能材料。目前，该公司以纸代塑产品在电商快递、食品包装、外卖服务以及医疗健康等领域均可实现对塑料包装的替代。

资料来源　祝小霖. "以纸代塑" 成首选方案［N］. 中国新闻出版广电报，2021-11-03（23）.

请同学们结合资料思考：

（1）纸基和塑料包装材料各有何特点？

（2）为什么 "以纸代塑" 会成为首选方案？

8.2　商品包装材料

商品包装材料是指用于制造包装容器和包装运输、包装装潢、包装印刷等满足商品包装要求所使用的材料的总称。一般可以分为主要包装材料和辅助包装材料。主要包装材料有：纸和纸板、金属、塑料、玻璃、陶瓷、竹木、天然与化学纤维、复合材料、新型材料等。辅助包装材料有：黏合剂、衬垫材料、填充材料、捆扎材料等。

8.2.1　商品包装材料的性能

1）保护性能

商品包装材料的保护性能主要是指保护其内装物，防止其变质和受损，保证其质量和性能。其保护性能主要取决于包装材料的机械强度、耐腐蚀性、耐热耐寒性、防潮防水性、透光及遮光性、透气性、抗老化性、防紫外线穿透性、卫生安全性等。包装的保护功能体现在三个方面：

① 形态保护，即内装物不被损坏、不丧失等功能；

② 物理保护，即防机械损伤、防潮防水、防挥发等功能；

③ 化学保护，即防霉、防氧化等功能。

2）加工操作性能

商品包装材料加工操作性能主要是指易加工、易包装、易填充、易开口、易封合、易机械化操作、生产效率高等性能。包装材料的加工操作性能主要取决于其可塑性、可焊性、刚性、光滑度、热合性等。

3）外观装饰与增值性能

商品包装材料外观装饰性能主要是指材料的外形、颜色、纹理等美观性能，能产生装饰和陈列效果，发挥 "无声促销" 促进销售的增值性能。包装材料外观装饰与增值性能主要取决于其光泽度、透明度、展示度、适应性等。

4）方便使用性能

商品包装材料方便使用性能主要是指便于商品的开启和取出内装物、便于再封闭的性能等。包装材料方便使用性能主要取决于其密封性、包装容器结构造型等。

5）节省费用与易处理性能

（1）商品包装材料节省费用性能是指经济、合理地选择包装材料，体现在节省包装材料、包装机械设备费、劳动费，降低自身重量和提高包装效率等方面。

（2）商品包装材料易处理性能主要是指其易回收、可复用、可再生、可降解、易处置等，有利于满足节省资源和生态环境保护以及可持续发展等要求。

8.2.2 商品包装材料的特点及应用

1）塑料及塑料制品

用于包装的塑料材料主要有聚乙烯、聚丙烯、聚苯乙烯、聚氯乙烯、钙塑材料等。塑料包装材料是近年来发展较快的包装材料之一。

（1）优点：塑料包装具有弹性好、强度高、绝缘性、抗腐蚀能力强、易于加工等优良的物理机械性能和化学稳定性；其密度小、质量轻、资源丰富、耗能少、成本低，适应包装轻量化的发展需要和适合采用各种包装新技术；具有优良的透明性、可塑性、表面光泽性、可印刷性和装饰性，为包装装潢提供了很好的条件。

（2）缺点：塑料包装强度不如钢铁，耐热性不如玻璃，在外界因素长时间作用下易发生老化；有些塑料在高温下会软化，在低温下会变脆，强度下降；有些塑料带有异味，某些有害成分可能渗入内装物；易产生静电；塑料包装废弃物处理不当会造成环境污染等。

塑料类食品包装材料在国内外应用广泛，在环保、可持续发展的要求下，塑料类食品包装材料发展方向为可降解、可食用型塑料。

2）纸及纸制品

在包装材料中，纸的用途最为广泛，其品种也非常多，如牛皮纸、玻璃纸、植物羊皮纸、沥青纸、板纸、瓦楞纸板、夹心瓦楞纸板、蜂窝纸板等。

（1）优点：纸质类包装材料与塑料等其他材料相比较，在资源方面更具优势，纸质类包装材料价格低廉、经济节约，防护性好、生产灵活，透气性好、贮运方便，柔软度好、易于造型，不污染内装物，易回收利用。

（2）缺点：纸的防潮、防湿性能较差。

3）木制包装

常用的木制包装容器有木箱（包括胶合板箱和纤维板箱）、木桶（包括木板桶、胶合板桶和纤维板桶）以及木制托盘等。

（1）优点：木材是制造托盘和包装的最经济的原材料，木材是最环保的、可重复使用的、可修复和可回收的原材料，是循环经济的重要组成部分。

（2）缺点：森林资源匮乏、环境保护要求高、有害生物和有害物质的存在，都让木材包装的使用受到一定的限制。例如，我国出口到美、英、加及欧盟等国家和地区货物的木制包装被要求实施植物包装检疫标准，也就是说，我国所有木制包装必须做熏蒸、杀虫或热处理，还有不得带有树皮、虫孔等规定。

我国积极推进木材节约和代用工作，主要措施为：

① 发展高效木材加工业，提高木材资源利用效率；

② 推行木材保护技术，延长木制品使用期限；

③ 建立废旧木材回收利用机制，实现木材资源循环利用；

④ 发展木材代用材料。

4）金属包装

金属包装是指用金属薄板制造的薄壁包装容器。金属材料主要是指钢材、铝材及其合金材料。包装用钢材包括薄钢板、镀锌薄钢板、镀锡薄钢板，包装用铝材有纯铝板、合金铝板和铝箔。软性金属材料主要用于制造软管和金属箔。

（1）优点：金属包装具有良好的阻隔性，能阻隔空气；遮光性能好，尤其可以避免紫外线造成的有害影响；防潮、保香性能好，不会引起所包装商品，尤其是食品的潮解、变质、腐败、褪色以及香味的变化。

（2）缺点：金属包装成本高，耐腐蚀性差，占用空间大。

未来金属包装的发展趋势为金属桶、罐的轻量化、薄壁化，发展优质、高档次精品罐、异形罐。

5）玻璃制品

（1）优点：玻璃具有无毒无味、光亮透明、高阻隔、易成型、化学性能稳定、抗腐蚀、耐热、耐压、耐清洗等特点，既可以高温杀菌，又可以低温贮藏，回收利用方便，对环境污染小。与塑料、纸类、金属等包装材料相比，玻璃的化学性质最稳定，对包装内商品，尤其是食品几乎没有污染，是目前最安全的包装材料之一。

（2）缺点：玻璃类制品能源消耗大，难以制造，脆性大、易破损等。

6）陶瓷制品

我国是陶瓷的原产地，从远古时期就有用陶瓷器皿盛装物品的习惯。陶瓷制品用于包装材料随着时代的发展也在发生变化，由简单包装向高级包装、由粗糙包装向精细包装发展。

（1）优点：

① 陶瓷材料拥有玻璃材料所不具备的强大的可塑性，易于造型。丰富的陶瓷造型更能体现包装的个性与艺术性，具有特殊的宣传和美化商品的效果。

② 陶瓷材料的热稳定性和热冲击性比玻璃材料强，陶瓷材料同样具备玻璃材料所拥有的许多优良特性，如耐酸碱性、耐药性、不透气性、不吸水性。

③ 陶瓷还具有良好的避光性，适于长期保存产品，有利于环境保护等。

（2）缺点：耐冲击强度低、碰撞时易破碎、自身重量大、运输成本高、能耗大等。

8.3　商品包装的艺法与技法

商品包装是依据一定的商品属性、形态、储运条件、陈列和销售要求等采用适宜的包装材料和包装技术方法，按照相应的设计要求创造出来的结构造型与表面装饰相结合的实体。其具有容纳和保护功能，方便储运物流、激发购买、促进销售和方便消费者携带使用等功能，具有很强的科学性和艺术性（双重特性）。商品包装艺法主要通过销售包装来体现，商品包装技法则在销售和运输包装中都有体现，运输包装对技法要求更多些。

8.3.1　商品包装设计要求

1）商品包装设计的基本原则

商品包装设计的基本原则：科学合理规范、艺术美化装潢、安全环保节约。

（1）包装设计的科学合理规范原则：

① 包装结构造型科学、合理，能起到容纳、保护产品的作用；

② 设计要素合理、准确，能正确反映产品的属性和本质，有利于消费者准确、全面地了解产品信息，这是介绍产品功能的具体体现；

③ 能够按照相应的法规、标准等规范进行设计。

（2）包装设计的艺术美化装潢原则。

该原则运用包装造型、色彩、图案、设计风格创意等将商品包装艺术化，将美的形式法则、色彩搭配、比例尺度、造型结构等综合运用，使商品包装带给消费者美的感受。

（3）包装设计的安全环保节约原则。

该原则建立在安全、环保、节约的观念和意识上，目的是资源和能源的节约以及最大程度地减轻包装所造成的生态破坏，从根本上实现包装生产、销售、使用以及废弃和回收的节约化和绿色化。

2）商品包装设计的基本要求

（1）商品包装结构造型和功能设计的基本要求：

① 方便和保护性能；

② 包装的稳定性、比例与尺度的均衡、造型形态的韵律与流畅等要求。

（2）商品包装色彩设计的基本要求：

① 包装色彩设计要有可识别性；

② 包装色彩设计要能很好地象征并凸显商品的内容；

③ 包装色彩设计要与其他设计因素和谐统一；

④ 包装色彩设计要凸显商品的品牌，要被受众群体所接受；

⑤ 包装色彩设计要有较高的明视度，并能对文字有很好的衬托作用；

⑥ 包装色彩设计要简约明快，符合色彩管理与印刷要求等。

（3）商品包装文字设计的基本要求：

① 商品包装文字设计要具有规范性、易识别性、易记忆性，字体设计要具有审美性和文化性；

② 商品包装文字分为主体文字和说明文字，文字与商品包装整体和谐，并给人以美的视觉感受。

（4）商品包装图案设计的基本要求。

商品包装图案设计要求直观性、可知性、生动性和美化性等。商品包装上经常将文字与图形结合起来对商品进行展示与说明。

总之，商品包装设计应是包装结构造型、色彩设计、文字和图案设计等有机的结合与统一。

互动课堂 8-2

5G 时代虚实双轨销售模式下的包装设计

5G 时代背景下，虚拟数字世界的呈现，将从理想变为现实。新技术的发展，结合新零售模式的出现，包装的内容及呈现形式都发生了质的变化。特别是 VR、AR 与 MR 等技术与 5G 技术的结合，使得包装的展示形式呈现多维形态。在包装中融入人工智能、大数据、物联网、虚拟现实技术（VR）、增强现实技术（AR）、混合现实技术（MR）等新兴数字技术，将包装的保护功能与展示功能分离，以虚拟现实与智能交互的方式，替代传统包装的静态图文展示，增强包装的信息传达、交互体验等功能，实现包装智能、绿色、安全、高效、多维展示等多个功能的集成。

商品销售模式的变革与升级，提升了消费者的购物体验，增加了网络购物的安全性与真实性，与此同时，也需要商品展示货架与配套包装形式的更新发展。这种配套包装形式与传统的销售包装或者网购包装在设计方法上有所不同。5G 时代，双轨销售模式下的包装设计形式主要分为纯虚拟包装和部分虚拟包装两种，纯虚拟包装主要与线上平台销售和虚拟数字货架进行配套设计，而部分虚拟包装主要与线下实体销售和智能实体货架进行配套设计。

销售包装 + 虚拟包装如图 8-1 所示。

图 8-1　销售包装 + 虚拟包装

资料来源　柯胜海，肖瑶. 5G 时代虚实双轨销售模式下的包装设计研究［J］. 装饰，2020（4）.

请同学们结合资料思考：什么是 VR、AR 与 MR 技术？如何将它们应用到商品包装上？

8.3.2　销售包装技法

商品销售包装的技法主要有贴体包装技法、真空包装技法、充气包装技法、泡罩包装技法、收缩包装技法、拉伸包装技法、无菌包装技法等。

1）贴体包装技法

（1）含义。

贴体包装技法是指将单件或多件商品置于带有微孔的纸板上，由经过加热的软质透明塑料薄膜覆盖，在纸板下面抽成真空，使薄膜与商品外表紧贴，同时以热熔或胶粘的方法使塑料薄膜与涂过黏结剂的纸板黏合，将商品紧紧固定其中。

（2）特点及应用。

贴体包装技法通常为透明包装，顾客几乎可看到全部商品，加上不同造型和精美印刷的彩底，大大提升了商品的陈列效果；能牢固地固定住商品，有效地防止商品因受到各种物理机械作用而损伤，也能在销售中起到防止顾客触摸以及防盗、防尘、防潮等保护作用；往往能将商品悬挂陈列，提高货架的利用率；贴体包装技法一般适用于形状复杂、怕压易碎的商品，比如日用器皿、灯具、文具、小五金和一些食品等。

2）真空包装技法

（1）含义。

真空包装技法是指将产品装入气密性的包装容器，密封前再排出包装内的气体，使密封后的容器内达到一定的真空度，此法也称减压包装技术。

（2）特点及应用。

真空包装技法用于食品包装，能防止油脂氧化、维生素分解、色素变色和香味消失；用于食品包装，能抑制某些霉菌、细菌的生长和防止虫害；用于食品软包装，进行冷冻后，表面无霜，可保持食品本色，但往往也会起褶皱；用于轻泡货物的包装，能使包装体明显缩小，同时还能防止虫蛀、霉变。

3）充气包装技法

（1）含义。

充气包装技法是指将产品装入气密性的包装容器内，在密封前，充入一定量的惰性气体，置换内部的空气，从而使密封后容器内仅有少量氧气（1%～2%）。

（2）特点及应用。

充气包装技法用于食品包装，能防止氧化，抑制微生物繁殖和害虫的发育，防止香气的散失、变色等，从而能较大幅度地延长保质期；粉状、液态以及质软或有硬尖、棱角的商品都能包装；用于软包装，外观不起褶皱而美观；用于日用工业品包装，能起到防锈、防霉的作用。

4）泡罩包装技法

（1）含义。

泡罩包装技法是指包装结构主要由两个构件组成的包装方法：一个是刚性或半刚性的塑料透明罩壳（不与商品接触）；另一个是用塑料、铝箔或纸板作为原材料的盖板。按照泡罩形式的不同，可分为泡眼式、罩壳式和浅盘式三类。

（2）特点及应用。

泡罩包装有较好的阻气性、防潮性、防尘性、立体性，用于食品包装时，清洁、卫生，可延长货架的使用寿命；用于大批量的药品、食品、小件物品包装时，易实现自动化流水作业；泡罩有一定的立体造型，在外观上更吸引人。

5）收缩包装技法

（1）含义。

收缩包装技法是指将经过预拉伸的塑料薄膜、薄膜套或袋，在考虑其收缩率的前提下，裹包在被包装商品的外表面，以适当的温度加热，薄膜即在其长度和宽度方向上产生急剧收缩，紧紧地包裹住商品。它广泛地被应用于销售包装，是一种很有前途的包装技术。

（2）特点及应用。

收缩包装技法所采用的塑料薄膜通常是透明的，这大大提升了陈列效果；所用的薄膜材料有一定的韧性，可以省去纸盒；对商品起到防潮、防污染的作用；可保证商品在到达消费者手中之前保持密封，防止被启封、偷盗等。

6）拉伸包装技法

（1）含义。

拉伸包装技法是指用具有弹性（可拉伸）的塑料薄膜，在常温和张力的作用下，裹包单件或多件商品，在各个方向上拉伸薄膜，使商品被紧裹并密封。

（2）特点及应用。

拉伸包装技法不用加热，适合于那些怕加热的产品，如鲜肉、冷冻食品、蔬菜等；可以准确地控制裹包力，防止产品被挤碎；由于不需加热收缩设备，能够节省设备投资和维修费用，并可节省能源。

7）无菌包装技法

（1）含义。

无菌包装技法是指将流质或半流质食品经超高温瞬时杀菌或高温短时杀菌后，迅速冷却至30℃~40℃，在无菌环境下将物料充入已灭菌的包装容器内密封的一种包装技术。无菌包装主要应用于对牛奶、果汁饮料等流质食品的包装。无菌包装技术应该包含无菌包装材料及容器、灭菌方法、无菌包装系统等几方面内容。无菌包装首先应该保证食品本身无菌，其次是包装材料和容器无菌，再次就是包装系统和环境无菌。

（2）特点及应用。

① 无菌包装可以使食品的色泽、风味、营养成分得以完好地保存。

② 复合包装材料和真空状态可以使产品免受光、气、异味和微生物的侵入，不必添加防腐剂，运输、仓储的时候也不需冷藏，并可延长其储存期，便于储运和销售。

③ 进行无菌包装的食品和用于无菌包装的容器是分别进行杀菌的，目的是避免与包装容器发生反应，减少容器所含成分向食品中渗透。

④ 无菌包装产品一般呈砖形，原材料为纸质，产品的空间利用率高、重量轻，因此成本也不算高。用于饮料的软包装成本只有金属罐的四分之一，装满后饮料占总重量的97%。

⑤ 无菌包装顺应环保包装的潮流，无菌包装材料使用纸，易于降解，有利于保护环境。

课内阅读 8-1

让包装成为农产品的"广告牌"

农产品包装是农产品流通中的重要组成部分，不仅是有效保存农产品、确保顺利运输的"防护罩"，更是用视觉语言传递品牌形象的"广告牌"，帮助提高产品销量、促进农民增收。

农产品包装的关键在于通过提升消费者的感知体验进而提升满意度。农产品包装

125

必须先满足其基本功能，在此基础上创新设计理念、赋予科技元素、注入文化灵魂，释放农产品包装助力挖掘农产品新价值、新观感、新生命的能量。

首先，要完善包装功能。包装的基本功能是对产品的保护、对空间的合理利用，以及人性化的使用方式。因此，在农产品包装选材和结构设计时，要以节约资源为出发点，推广使用绿色、环保、易回收的包装材料；包装结构要便于存储和运输；要注意适度包装，避免浪费和喧宾夺主；要考虑人性化的功能体验，注意满足方便拆卸与循环使用的需求。此外，当前农产品电商发展迅速，长距离运输对包装的安全、节约与实用性提出了更高的要求，要注重对新材料、新技术、新工艺的开发。

其次，要优化包装设计。包装具有营销推广的作用，对消费者购买决策的形成有着重要的影响。因此，在对农产品包装进行外观设计时要突出主题，将品牌名称设计在包装最突出的位置，吸引消费者的注意力，提高辨识度；要美化外观，通过图形设计、色彩设计提高包装的时尚感，以良好的视觉体验吸引消费者；要鼓励交互式包装设计，增加包装与人的互动和体验感。此外，对于不同类型的农产品，要充分考虑其品种特征、内在价值、消费特点，因类制宜地进行设计。

再次，要赋予包装科技。近年来，AR技术的发展迅速为农产品包装带来了新机遇，应探索运用AR技术手段为消费者提供海量信息和全新互动体验。要将AR技术融入包装设计中，使用户通过扫码获得农产品的产地、生产日期、营养价值等必要信息；要用AR技术链接监测食品即时信息的App，从而实现对农产品运输、储存信息的有效监测，包括温度、湿度、卫生条件等因素；要通过AR技术拓展服务场景，如提供农产品的菜谱，甚至烹饪方法等；要通过AR技术为用户提供消费满意度反馈渠道，实现双向识别和个性化定制服务。随着科技不断发展，还可以逐步探索虚拟包装设计，主要是网络平台上对虚拟产品的包装设计。

最后，要注入包装文化。空洞的包装设计无法提高品牌的知名度，提高农产品包装设计文化建设至关重要。农产品具有明显的地域特色，带有特定的区域文化，应充分发掘商机。要提高生产者的文化底蕴和品牌意识，由于农村居民文化匮乏、创意理念薄弱，应鼓励企业、政府牵头，充分挖掘乡土特色优势，形成产品的文化卖点；要充分发挥创造力，以"文化+创意"的方法赋予农产品新价值，打造创意农产品；要形成地方品牌文化符号，用文化符号满足消费者的情感需求，激发他们对乡土情怀的认同，以地域文化符号为向导，为农产品包装注入灵魂。特别是对于贫困地区、民族地区和革命老区而言，更应充分发挥其文化特质，加大农产品宣传力度，提高农产品销售量，增加农民收入，助力巩固脱贫攻坚成果。

资料来源　张哲晰. 让包装成为农产品的"广告牌"［N］. 中国城乡金融报，2020-09-16（B03）.

8.3.3　运输包装技法

1）一般包装技法

（1）概念。

一般包装技法是指针对产品不同形态特点而采用的技术和方法。多数产品都采用一般包装技法。

（2）一般包装技法的分类。

一般包装技法主要分为：

① 对内装物的合理置放、固定和加固技法。

② 对松泡产品压缩体积的技法。

③ 内、外包装形状、尺寸的合理选择技法。

④ 包装外的捆扎技法。

2）防潮包装技法

（1）概念。

防潮包装技法是指采用防潮材料对产品进行包封，以隔绝外部空气相对湿度的变化对产品的影响，使得包装内的相对湿度符合产品的要求，从而保护商品质量的方法。

（2）包装要求。

① 产品在包装前必须是清洁、干燥的，不清洁处应先进行适当的清洁处理，不干燥时应先进行干燥处理。

② 防潮阻隔性材料应具有平滑一致性，无针孔、气泡及破裂等现象。

③ 产品有尖突部，并可能损伤防潮阻隔层时，应预先采取包扎等保护措施。

④ 为防止在运输途中损伤防潮阻隔层，应使用缓冲衬垫材料予以卡紧、支撑和固定，并应尽量将其放在防潮阻隔层的外部。

⑤ 应尽量缩小内装物的体积和防潮包装的总表面积，尽可能使包装表面积与体积的比率达到最小。

⑥ 防潮包装应尽量做到连续操作，一次性完成包装，若有中间停顿作业的情况，则应采取有效的临时防潮保护措施。

⑦ 包装场所应清洁、干燥，温度应不高于35℃，相对湿度不大于75%，温度不应有大幅度的变化，以避免发生结露现象。

⑧ 防潮包装的封口，不论是黏合还是热封合，均须密闭性良好。

3）防锈包装技法

（1）概念。

防锈包装技法是指在运输、储存金属制品与零部件时，为了防止其生锈而降低价值或性能所采用的各种包装技术和方法。

（2）包装要求。

① 作业场所的环境应尽量对防锈有利。

② 进行防锈包装时，特别应使包装内部空气的体积达到最小。

③ 在包装金属时，不要沾上指纹、留下指汗。

④ 要特别注意防止包装对象的突出部分和锐角部分的损坏，或因移动、翻倒使隔离材料遭到破坏。

4）防霉包装技法

（1）概念。

防霉包装技法是为防止霉菌侵袭内装商品或因霉菌的生长污染商品，影响商品质量所采取的一种防护措施，对内装商品起到防霉保护的作用。

（2）包装要求。

① 选用抗菌性强的材料，如金属材料。

② 改进材料的配方和工艺提高其抗霉性。

③ 加工时在涂布过程中加入防霉剂。

5）防震包装技法

（1）概念。

防震包装技法又称缓冲包装技法，是为了防止内装物受到冲击和震动而损坏所采取的防护措施。

（2）包装技法。

① 妥善衬垫。典型的衬垫方式有全面衬垫、两端与四角和八角的衬垫、侧衬垫与底衬垫等。

② 现场发泡。现场发泡适用于对玻璃陶瓷制品、各种仪器、家用电器、工艺品和其他不规则商品的包装。

③ 浮吊包装。浮吊包装适用于防震要求较高的产品，如精密仪器、仪表、机电设备等。

④ 机械固定。机械固定可用橡胶件与物品的金属件连接，把橡胶件紧扣在包装箱内。

6）危险品包装技法

（1）类别。

危险品的类别有：爆炸性物品、氧化剂、压缩气体和液化气体、自燃物品、遇水燃烧物品、易燃液体、易燃固体、毒害品、腐蚀性物品、放射性物品等。

（2）包装技法。

① 对有毒商品的包装要明显地标明有毒的标志。

② 对有腐蚀性的商品，要避免商品和包装容器的材质发生化学变化。

③ 对黄磷等易自燃商品，宜将其装入壁厚不少于 1 毫米的铁桶中，桶内壁须涂耐酸保护层，桶内盛水，并使水面浸没商品，桶口严密封闭，每桶净重不超过 50 千克。

④ 对于易燃、易爆的商品采用塑料桶包装，然后将塑料桶装入铁桶或木箱中，每件净重不超过 50 千克，并应有自动放气的安全阀，当桶内达到一定气压时，能自动放气。

7）集合包装技法

（1）概念。

集合包装技法是将一定数量的商品或包装件，装入具有一定规格、强度和长期周转使用的更大的包装容器内，形成一个更大的搬运单元的包装形式。

（2）包装技法。

集合包装技法包括集装箱、集装托盘、集装袋和滑片集装、框架集装与无托盘集装等，其中，常见的是集装箱、集装托盘。

①集装箱分为保温式集装箱、通风集装箱、冷藏集装箱、敞顶式集装箱、平板式集装箱、罐式集装箱、散装货集装箱、牲畜集装箱、折叠式集装箱、柱式集装箱、挂式集装箱、多层合成集装箱和航空集装箱等。

②集装托盘又称集装盘，简称托盘，是为了便于运输、装卸和储存，在一件或一组货物下面附加一块垫板，垫板下有插口，方便铲车的铲叉插入，便于进行搬运、装卸、堆码作业。托盘分为平板式托盘、格式托盘、立柱式托盘、塑料垫块托盘、滑片托盘等。

8.4 商品包装标志

商品包装标志是指在商品包装上标明的图案、文字等标记，用于表示商品的特性、储运要求、质量水平等，为了便于货物交接、防止错发错运，便于识别，便于运输、仓储、海关等有关部门进行查验等工作，便于收货人提取货物，更为了便于商品销售、选购和使用。

8.4.1 销售包装标志

1）销售包装的一般标志

（1）商品销售包装一般标志的基本内容包括：商品名称、生产厂名和厂址、产地、商标、规格、数量或净含量、商品标准或代号、商品条形码等。

（2）食品类商品销售包装标志主要按照《食品安全国家标准 预包装食品标签通则》（GB 7718—2011）的规定，预包装食品标签标示应包括：食品名称、配料表、净含量和规格、生产者和（或）经销者的名称、地址和联系方式、生产日期和保质期、储存条件、食品生产许可证编号、产品标准代号等。

（3）日用工业品类商品销售包装标志除基本内容外，还须标注主要成分、净含量、性能特点、用途、使用方法、保养方法、生产日期、安全使用期或失效日期、品级、批号等。自 2017 年 7 月 1 日起生产的化妆品，必须使用标注《化妆品生产许可证》规定信息的新的包装标志。

课 内 阅 读 8-2

包装材料回收识别标志

随着可持续和循环经济的发展，消费品导致的社会环境问题越来越严重，全球都在关注包装材料回收和循环再利用这一发展趋势。在包装废弃物的回收和循环再利用的全过程中，收集、分类是首要环节，包装材料或容器的材料可识别是先决条件。因此，在包装上标示材料识别标志就显得十分重要。

（1）纸和纸板包装材料识别回收标志。

在我国，纸和纸板包装材料识别回收标志越来越受到重视。从我国的包装与环境标准化发展的进程来看，国家标准《包装回收标志》中规定了包装材料的回收标志。但并没有单独地针对纸和纸板包装材料做特殊的要求，只是规定了各类包装均可根据其回收利用的性能而分为可重复利用、可回收再生、含再生材料和绿点标志；国家标准《包装回收标志》中就详细地规定了纸和纸板的材料识别回收标志，以适用于纸盒、纸箱和纸浆模塑等制品。

（2）塑料包装材料识别回收标志。

塑料包装材料识别回收标志由三角图形、塑料成分和对应的缩写代号组成。三角图形代表材质类别为塑料；0和阿拉伯数字的组合，位于图形中央，代表不同的塑料成分；缩写代号位于图形的正下方，部分情况下缩写代号省略。塑料包装及塑料制品上的回收标志不断提醒人们，在使用完印有此标识的商品包装后，要尽可能地实现垃圾分类回收，且注意材料的类别或者送去专门的回收机构，而不是简单地当垃圾扔掉；塑料包装及塑料制品的回收有益于对环境的保护和能源的节约。

（3）金属包装材料识别回收标志。

对金属铝包装材料的识别回收标志，我国采用两个带箭头的弧线组成一个圆形的符号，在图形符号中间标注金属铝的代号Al；对于金属铁包装材料的识别回收标志，我国采用两个带箭头的折线组成一个方形的符号，在图形符号中间标注金属铁的代号Fe。

纸和纸板包装材料、塑料包装材料、金属铝包装材料、金属铁包装材料等识别（回收）标志，如图8-2所示。

| 纸和纸板包装材料 | 塑料包装材料 | 金属铝包装材料 | 金属铁包装材料 |

图8-2　识别（回收）标志

资料来源　周韬. 包装材料识别（回收）标志的研究［J］. 绿色包装研究，2016（4）.

2）销售包装的原材料和成分标志

销售包装的原材料和成分标志是指经国家专门机构检验认定后，颁发的证明产品的原材料或成分的标志。

3）销售包装的性能指示标志

销售包装的性能指示标志通过使用简单的图形、符号来表示产品的主要质量性能。

4）销售包装的使用说明标志

销售包装的使用说明是一种由文字、符号、图示、表格等分别或组合构成，向消费者传递商品信息和说明有关问题的工具。商品的种类、用途不同，反映使用注意事项和使用方法的标志也各有不同。

5）销售包装的特有标志

销售包装的特有标志是指商品在其特定部位或包装物内让消费者更加容易识别其品牌的标记。

6）销售包装的质量标志

销售包装的质量标志就是在商品的销售包装上反映商品质量的标记。它说明商品达到的质量水平。其主要包括优质产品标志、产品质量认证标志（例如，绿色食品认证标志、有机食品认证标志）、商品质量等级标志等。

8.4.2　运输包装标志

运输包装标志是一种在运输包装的容器上用文字或图形制作的特定记号和说明事项。运输包装标志是从发货、收货、装卸、搬运、运输、储存到交付的整个过程中不可缺少的一项辅助措施，是包装的一个重要组成部分。在商品的运输、装卸和储存过程中便于识别商品、科学作业、保证商品质量、及时准确运输商品以及加快商品周转等。运输包装标志主要分为运输包装收发货标志、包装储运图示标志和危险品货物包装标志等。

1）运输包装收发货标志

运输包装收发货标志又称识别标志，通常指印刷在商品外包装上的商品分类图示标志、文字说明、排列格式和其他标示的总称，主要是供收、发货人识别包装件的标志。收发货标志内所含的项目有：分类标志、供货号、货号、品名规格、数量、重量、生产日期、生产工厂、体积、有效期限、收货地点和单位、发货单位、运输号码、发运件数等。

2）包装储运图示标志

包装储运图示标志又称指示标志或注意标志，是根据内装物性质，一些易碎、易潮、怕雨等商品需要在运输、储存过程中给予特别注意，而在包装表面上作出如小心轻放、避免日晒等有关指示标志。包装的标志名称和图形符号、标志尺寸和颜色、标志的用法按照国家标准《包装储运图示标志》（GB/T 191—2008）执行，具体示例如图8-3所示。

3）危险货物包装标志

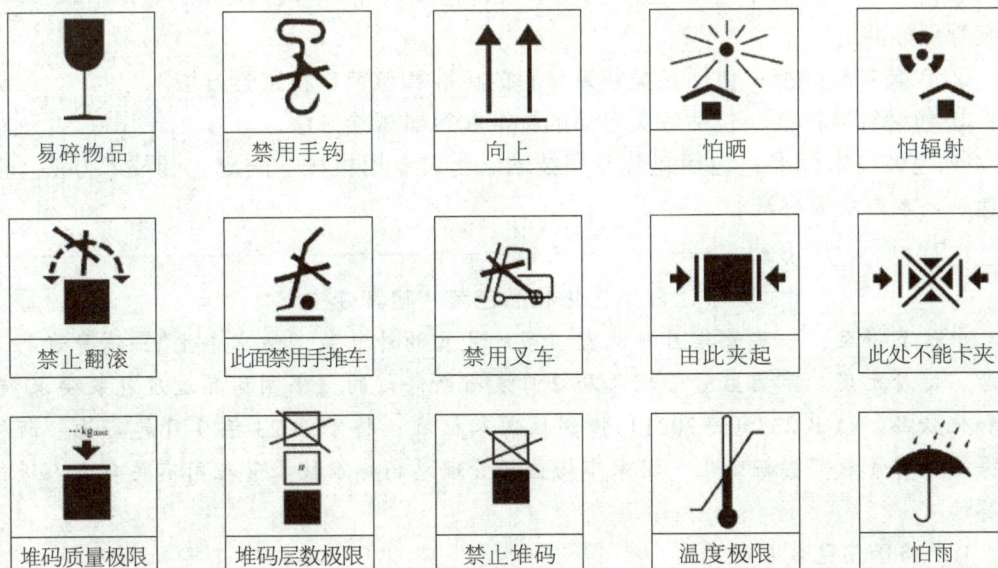

图8-3　包装储运图示标志

危险货物包装标志是用图形或文字表示货物的危险特性，在运输包装上加以特别说明的图示标志。其目的是在运输、储存过程中提醒作业人员注意，以便采取防护措施，保证作业者操作安全，严防发生事故。国家标准《危险货物包装标志》（GB 190—2009）主要包括爆炸品、易燃气体、不燃气体、有毒气体、易燃液体、易燃固体、自燃物品、遇湿易燃物品、氧化剂、有机过氧化物、剧毒品、有毒品、有害品、感染性物品、放射性物品、腐蚀品和杂类共9类17项，标记4个，标签26个。

4）烟花爆竹标志

国家标准《烟花爆竹 标志》（GB 24426—2015）规定了烟花爆竹产品销售包装标志和运输包装标志的要求，适用于国内销售的烟花爆竹产品的销售包装标志和运输包装标志的标注和检验。该标准内容主要包括：

① 安全警示语字体颜色要求、点火位置标注。

② 专业燃放类产品的安全警示语、燃放说明。

③ 个人燃放类烟花安全警示语内容、燃放说明及其他要求。

④ 个人燃放类各大类及小类的安全警示语和燃放说明示例等。

8.4.3　商品包装标准化与合理化

1）商品包装标准化

（1）含义。

标准化是指在一定的范围内获得最佳秩序，对实际的或潜在的问题制定共同的和重复使用的规则的活动。包装标准化工作就是制定、贯彻实施包装标准的全过程的活动。

（2）内容。

① 包装基础标准：主要包括包装术语、包装尺寸、包装标志、包装基本试验、包装管理标准。

② 包装材料标准：包括各类包装材料的标准和包装材料试验方法。

③ 包装容器标准：包括各类容器的标准和容器试验方法。

④ 包装技术标准：包括包装专用技术、包装专用机械、防毒包装技术方法、防锈包装技术方法等标准。

课 内 阅 读 8-3

不让食品、化妆品包装"喧宾夺主"

中秋节将至，一些豪华月饼礼盒、茶叶礼盒的外包装"喧宾夺主"，消费者扔了不忍，留着无用。市场监督管理总局2日发布新修订的《限制商品过度包装要求 食品和化妆品》（GB 23350—2021）强制性国家标准，将于2023年9月起实施。新标准将给市场带来哪些新变化？国家市场监督管理总局标准技术管理司有关负责人进行了解读。

1.严格限定包装层数要求

目前，市场上部分食品和化妆品企业为追求高额利润，设计和使用层数过多、空隙率过大、成本过高的包装。过度包装已经远远超出了包装本身的基本功能，将包装成本附加到消费者身上，既造成资源浪费和环境污染，又损害了消费者的合法权益。研究表明，我国包装废弃物约占城市生活垃圾的 30%～40%，在这些包装废弃物中，大部分是过度包装产生的。新标准涵盖 31 类食品、16 类化妆品，包括茶叶、酒类、糕点、保健食品等。新标准严格限定了包装层数要求，食品中的粮食及其加工品不应超过三层包装，其他食品和化妆品不应超过四层包装；修改了包装空隙率限量标准及计算方法，增加了外包装体积检测、判定规则和不同商品的必要空间系数。对于将初始包装体积做大、增加其他商品等情形，今后将无法逃避监管。

2."一看、二问、三算"判断是否为过度包装

在购买食品及化妆品类商品时，消费者如何快速判断是否存在过度包装？消费者可以通过"一看、二问、三算"，简单判断月饼等商品是否属于过度包装。一是看商品的外包装是否为豪华包装，包装材料是否属于昂贵的材质。二是新标准严格限定了包装层数，在不能拆开包装的情况下，要问包装有几层，层数是否符合要求。三是测量或估算外包装的体积，并与允许的最大外包装体积进行对比，看是否超标。市场监管部门将推动新标准的落地实施。食品和化妆品企业要按照有关法律、法规和新标准的要求，严格落实企业主体责任。同时，倡导消费者自觉践行绿色消费理念，不选购过度包装的商品。

资料来源　赵文君. 不让食品化妆品包装"喧宾夺主"［N］. 新华每日电讯，2021-09-03（A6）.

2）商品包装合理化

（1）含义。

商品包装合理化既包括总体的合理化（这种合理化往往用整体物流与微观包装的效益来统一衡量），也包括包装材料、包装技术、包装方式的合理组合及应用，还包括更大范围内的，诸如社会法规、废弃物治理、资源利用等有关方面的问题。

（2）内容。

① 商品包装应根据相应的标准，妥善保护好包装内的商品，使其数量不减少、质量不受影响。

② 包装材料及包装容器应当安全、无害。

③ 包装容量应当适中，便于物流作业。

④ 包装标志应当简单、醒目、清晰。

⑤ 包装费用应当与内装商品相适应。

⑥ 包装过程中应当节省资源。

⑦ 包装应当便于对废弃物的治理，有利于环境保护。

（3）包装绿色化。

绿色包装是指不仅降低商品包装成本，包装废弃物对生态环境和人类健康不构成危害，又可被回收利用，且符合可持续发展的适度包装，又称"环境友好包装"。主

要体现为：

①实行包装减量化。

②包装应易于重复利用，或易于回收再生。

③包装废弃物可以被降解、腐化。

④包装材料对人体和生物应无毒、无害。

⑤包装制品从原材料采集、材料加工、制造产品、产品使用、废弃物回收再生，直到其最终处理的生命全过程均不应对人体及环境造成公害。

单元小结

商品包装种类很多，主要分为销售包装和运输包装。包装材料、包装技术、包装结构造型和外观装潢是构成包装实体的四大要素。常用包装材料有纸和纸板、金属、塑料、玻璃、陶瓷、竹木、天然纤维与化学纤维、复合材料等。销售包装的技术主要有贴体包装技法、真空包装技法、充气包装技法、泡罩包装技法、收缩包装技法、拉伸包装技法等。运输包装技法除了一般包装技法外，还包括防潮、防锈、防震、危险品包装技法和集合包装等。商品包装设计基本原则有科学合理规范、艺术美化装潢、安全环保节约。商品包装标志是指在商品包装上标明的图案、文字等标记，用于表示商品的特性、储运要求、质量水平等，主要分为销售包装标志和运输包装标志。商品包装在标准化的基础上，要求合理化和绿色化，限制商品过度包装。

主要概念

商品包装　销售包装　运输包装　包装标志　绿色包装

基础训练

一、选择题

1.商品包装标志的作用是（　　　）。

A.便于识别　　　　　　　　　　B.防止错发、错运

C.便于运输　　　　　　　　　　D.便于仓储

2.充气包装技法是在包装中充入（　　　）。

A.氧气　　　　　　　　　　　　B.空气

C.惰性气体　　　　　　　　　　D.其他气体

3.具有无毒无味、光亮透明特点的包装材料是（　　　）。

A.塑料制品　　　　　　　　　　B.纸制品

C.玻璃制品　　　　　　　　　　D.金属制品

二、判断题

1.泡罩包装有较好的阻气性、防潮性、防尘性和立体性。（　　）

2.商品包装设计的基本原则是科学、合理、规范、艺术美化、装潢和安全环保、节约等。（　　）

3.商品包装具有艺术性和科学性的双重属性。（　　）

4.运输包装标志是发货、收货、装卸、搬运、运输、储存、交付的整个过程中不可缺少的一项辅助措施。（　　）

5.倡导消费者自觉践行绿色消费理念，不选购和使用过度包装的商品。（　　）

三、简答题

1.商品包装主要有哪些分类？

2.常用的包装材料有哪些？各有何特点？

3.销售包装艺法和运输包装技法有哪些？

4.销售包装和运输包装各有哪些标志？

5.商品包装标准化包括哪些内容？

实践训练

案例：《限制商品过度包装要求 生鲜食用农产品》强制性国家标准"十问"

1.什么是生鲜食用农产品过度包装？

《限制商品过度包装要求 生鲜食用农产品》强制性国家标准规定，过度包装指的是包装空隙率、包装层数或包装成本超过要求的包装。

2.《限制商品过度包装要求 生鲜食用农产品》的适用对象有哪些？

依据《限制商品过度包装要求 生鲜食用农产品》中适用范围的规定，本标准适用于蔬菜（包含食用菌）、水果、畜禽肉、水产品和蛋等生鲜食用农产品商品的销售包装。

3.进口生鲜食用农产品是否也需要参照《限制商品过度包装要求 生鲜食用农产品》强制性国家标准的要求，符合包装物减量的要求？

根据《中华人民共和国标准化法》第二十五条，不符合强制性标准的产品、服务，不得生产、销售、进口或提供。因此，进口生鲜食用农产品在国内销售需要符合该强制性国家标准的要求。

4.对于有些生鲜食用农产品，货架销售符合层数要求，但电商销售使用快递之后，快递包装是到消费者手上的。这个快递包装是否算销售包装？

鉴于生鲜食用农产品的生鲜、易腐等特性和产业需求，销售包装在生鲜食用农产品商品供应链中还有保鲜、保活等功能，《限制商品过度包装要求 生鲜食用农产品》强制性国家标准中3.2条款"销售包装"的定义中特别注明"不包括物流防护包装以及冷却、气体调节、防潮等保鲜保活功能性用品"。快递包装为物流包装，因此不算销售包装。

5.哪些包装材料计入包装层数？哪些包装材料不计入包装层数？

包装层数的计算过程中，装入整个生鲜食用农产品的网兜/网套计为一层；两种材料叠加、抽屉式组合包装计为一层；敞口手提袋不计为一层；简单捆扎绳、标签、标识、贴体包装、包装衬垫、隔离物、填充物、缓冲物不计为一层；紧贴销售包装外的热收缩薄膜不计为一层。计算时，直接接触生鲜食用农产品的包装为第一层，依此类推，最外层包装为第 N 层，N 即为包装的层数。

6.哪些包装材料计入包装成本？哪些包装不计入包装成本？

计入包装成本的销售包装包括：包装材料、拎袋、网袋/网兜、网套、捆扎物、衬垫、小型工器具、非生鲜食用农产品类赠品等，不包括冷却、气体调节、防潮等保鲜保活功能性用品。

7.农产品销售价格容易波动，以哪个销售价格作为判定包装成本是否超标的依据？

依据《限制商品过度包装要求 生鲜食用农产品》中"5.5包装成本"计算方法的说明"商品的销售价格是指合同价格，未签订合同的以实际交易价格为准，均为该商品所属批次的最高价格"，商品的销售价格为所属批次的最高合同价格。

8.标准发布日期至实施日期之间的过渡期怎么安排？

《限制商品过度包装要求 生鲜食用农产品》强制性国家标准自发布日期到实施日期之间的过渡期为6个月。考虑到实施之后，仍有部分实施之日前生产或进口的生鲜食用农产品继续销售，为避免浪费，在标准的第七章规定：本文件实施之日前生产或进口的生鲜食用农产品可销售至保质期结束。自实施之日起，市场上不允许再生产不符合新标准包装要求的生鲜食用农产品。因此，我们呼吁企业在过渡期内尽快完成整改达标。

9.消费者如何快速判断包装是否属于过度包装？

消费者一般可以通过"一看、二问、三算"，简单判断商品是否属于过度包装。"一看"，就是要看商品的外包装是否为豪华包装，包装材料是否属于昂贵的材质；"二问"，就是在不拆开包装的情况下，问清包装层数，判断蔬菜（包含食用菌）和蛋类包装是否超过3层，水果、畜禽肉、水产品类的包装是否超过4层；"三算"，就是要测量或估算外包装的体积，并与允许的最大外包装体积进行对比，看是否超标。以上三个方面，只要有一个不符合要求，就可以初步判定为不符合标准要求。我们呼吁消费者尽量不选购过度包装的商品，抵制过度包装行为，以自身行动践行绿色低碳消费理念。

10.包装空隙率如何快速判定？

（1）称量或者找出生鲜食用农产品的总质量。确定是否存在小包装以及最小包装总质量，根据生鲜食用农产品品类和最小包装总质量确定包装空隙率。

（2）计算出允许的最大外包装体积。允许的最大外包装体积=商品必要空间系数×总质量/（1-包装空隙率）。

（3）测量商品的外包装体积。

（4）将允许的最大外包装体积和实测的外包装体积进行比较，若实测外包装体积大于允许的最大外包装体积，则包装空隙率不符合标准要求，如果实测外包装体积小于等于允许的最大外包装体积，则包装空隙率合格。

资料来源　标准技术管理司.《限制商品过度包装要求 生鲜食用农产品》强制性国家标准"十问"［EB/OL］.［2024-09-22］. https：//www. samr. gov. cn/zw/zfxxgk/fdzdgknr/xwxcs/art/2023/art_9d645a4c95de461caa65c564ef54148a.html.

结合案例分析：

1.生鲜食用农产品哪些包装材料计入包装层数？

2.生鲜食用农产品哪些包装材料计入包装成本？

3.消费者如何快速判断包装是否属于过度包装？

【学习目标】

通过本单元的学习，达到以下学习目标：

知识目标：了解仓储管理的作用和仓储作业流程，熟悉商品质量变化类型以及影响商品质量变化的因素，明确仓库温湿度知识和温湿度调节控制。

能力目标：结合引例、基础训练、实践训练等，要求掌握调节控制温湿度的通风、密封和吸潮的技能，学会在实际工作和生活中对食品、日用商品进行简单的养护措施。

素养目标：结合教学内容、案例资料等，通过互动课堂、案例分析等形式，引导学生树立工匠精神和精细化管理意识，在仓储管理和商品养护中严格遵守常态化疫情防控措施，帮助学生形成正确的职业行为和道德规范。

【单元框架】

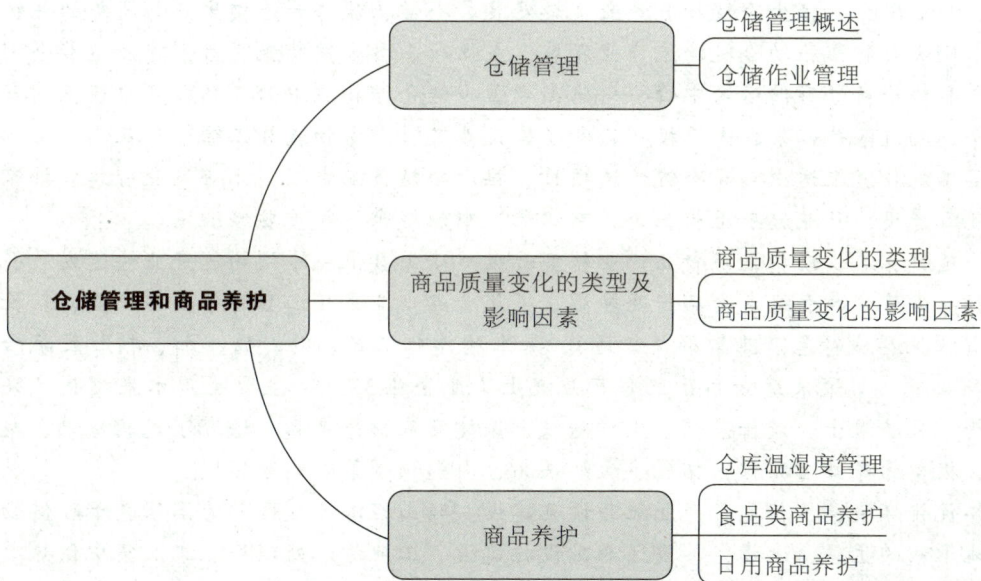

引例

冷链物流赋能果蔬食品产业转型升级

近日，在砀山县程庄镇龙泉寺村的民升新型农业发展有限公司速冻蔬果加工厂车间里，工人们将新鲜苹果和山药削皮，送入自动生产线，经过清洗、漂烫等多道程序，速冻苹果丁、山药条便制作完成。速冻技术能保证果蔬的新鲜度和口感，易于运输，回去解冻以后就可以做菜或加工。这样就可以把本地的大葱、山药、苹果、黄桃等蔬菜和水果卖到日本、韩国等国家，农产品附加值提升了1倍多。这是砀山冷链产业发展的一个缩影。近年来，砀山县依托资源禀赋，推动冷链物流业与果蔬食品特色产业融合发展，强化冷链赋能，加快实现从"初级果蔬加工"向"高端食品生产"转变，做大做强精深加工，助推果蔬食品特色产业转型升级。

抢抓机遇，成功创建国家骨干冷链物流基地。砀山县果蔬资源丰富，年产各类水果170万吨左右、蔬菜135万吨左右，砀山酥梨、砀山黄桃、砀山油桃获国家地理标志称号，砀山县成为国家农产品质量安全县、国家级出口果蔬质量安全示范区、国家外贸转型升级示范基地（水果及水果加工制品）。砀山县围绕果蔬主产区，积极推进农产品产地冷藏保鲜设施建设，形成绿色、高效、全链条的农产品产地冷链物流服务网络，冷链设施主要服务于产地农产品存储、生产加工，现有冷链设施库容约150万立方米。抢抓"四横四纵"国家冷链物流骨干通道网络布局机遇，2023年6月成功获批宿州砀山国家骨干冷链物流基地，基地总规划面积为2 316.33亩。

两业融合，催生冷链物流产业集聚发展。冷链物流作为连接生产与消费的关键环节，砀山县积极推动冷链物流产业发展，成立砀山县冷链物流联盟，建成运营全国第一个县级冷链暨存储运输中心——砀山申雪冷链仓储物流中心。砀山县自获批国家骨干冷链物流基地以来，先后投产运营了幕天冷链、爱泽物流加工综合产业园、微谷多温层智能物流配送中心等冷链物流项目，推动冷链集配中心、北海果业智慧农批市场等项目建设，产业辐射至长三角、京津冀、中原城市群等重要经济圈。

延链拓展，助推果蔬食品产业转型升级。砀山县依托冷链物流产业快速发展，积极引导果蔬食品向绿色食品产业转型。果蔬食品产业是砀山县首个主导产业，获批安徽省首批县域特色产业集群（基地），基本构建起"产、购、储、加、销"果蔬食品全产业链，集聚果蔬食品及配套产业规上工业企业37家，主要生产水果罐头、果汁饮料、果脯果干、果酱果糖、生鲜水果、保健品基材等产品，培育了龙润堂记、梨花猫、极梨膏等知名品牌，拓展了生鲜果品、肉类预制菜等细分领域。

优化环境，不断完善产业配套设施建设。砀山经济开发区作为国家骨干冷链物流基地承载的主体，逐步完善园区基础设施建设，工业污水处理厂、工业集中供热项目建成并投入使用，筹划建设食品加工产业园，将建设创新服务区、食品加工区、仓储物流区3大功能分区，进一步促进产业融合发展。

下一步，砀山县将继续围绕果蔬食品特色产业集群、国家骨干冷链物流基地建设两大发展任务，补足、补齐冷链物流设施短板，畅通冷链物流运行网络，助推果蔬食品产业转型升级。

资料来源　路杨. 冷链物流赋能果蔬食品产业转型升级［EB/OL］.［2024-09-14］. https：//www.dangshan.gov.cn/mtkds/161594401.html.

9.1 仓储管理

仓储管理能够协调生产与采购质检、生产与销售等环节之间的关系。通过高效率的仓储活动，可使商品仓储在最有效的时间段发挥作用，创造商品仓储的时间价值和空间价值，在企业运营中具有重要作用。

9.1.1 仓储管理概述

1）仓储管理的含义

仓储管理就是对仓库及仓库内的物资进行管理，是仓储机构为了充分利用所拥有的仓储资源提供高效的仓储服务所进行的计划、组织、控制和协调过程。具体来说，仓储管理包括仓储资源的获得、仓储商务管理、仓储流程管理、仓储作业管理、保管管理、安全管理等多种管理。

2）仓储管理的作用

（1）储存调节作用。

仓储在物流中充当的角色好比是"蓄水池"，不仅可以调节生产与销售间的关系，还可以起到调节运输的作用。

（2）验收养护作用。

仓储能对货物进入下一个环节前的质量起到保证作用，在货物仓储环节对商品质量进行检验能够有效地防止伪劣商品流入市场，这样既保护了消费者的权益，也在一定程度上维护了生产厂家的信誉。通过仓储来保证商品质量，主要有两个环节：①在货物入库时进行质量检验，看货物是否符合仓储要求，严禁不合格商品混入库场；②在货物的储存期间，要尽量使商品不发生物理以及化学变化，尽量减少库存货物的损失。

（3）集散保证作用。

仓储还是保证整个社会再生产过程顺利进行的必要条件。仓储过程不仅是商品流通过程顺利进行的必要保证，也是社会再生产和整个经济活动得以顺利进行的保证。集散功能是指将企业生产的商品集中起来，再根据各个客户所提要求运输至消费地点，可起到衔接产需、均衡运输的作用，甚至可以直接配送，及时满足用户需求。

9.1.2 仓储作业管理

仓储作业的三大基本模块是入库作业管理、在库作业管理、出库作业管理，这三大模块基本上概括了仓储作业的全部工作。

1）入库作业管理

入库作业管理主要包括：①接单处理与信息系统操作；②接运货物；③验收入库与信息系统操作；④货物上架理货操作；⑤登记与归档等。

2）在库作业管理

在库作业管理是研究商品性质以及商品在储存期间的质量变化规律，积极采取各种有效措施和科学的保管方法，创造一个适宜商品储存的条件，维护商品在储存期间的安全，保护商品的质量和使用价值，最大限度地降低商品损耗的一系列活动。在库作业管理主要包括：①货物堆码与苫盖；②商品编码与货位编号；③仓库管理；④商品养护；⑤盘点与账务处理等。

3）出库作业管理

出库作业管理主要包括出库凭证的制作、接收出库凭证、货物下架操作、货物分拣与包装、发货出库与交接、出库凭证归档与登记等。

互动课堂9-1

智能化仓储作业

近年来，商品的种类和数量快速增长，随着信息化时代的高速发展，仓储作业逐渐趋于智能化，智能高效地管理和优化入库、在库和出库作业。库房作为储存货物的场所，随着市场的需求逐渐摆脱单一的储存功能，更加注重储存、销售、管理等一体化的功能，通过信息系统平台实现仓储管理的信息化、自动化、智能化，提高效率，提升仓储管理水平。智能化仓储的入库和出库信息反馈系统，如图9-1所示。

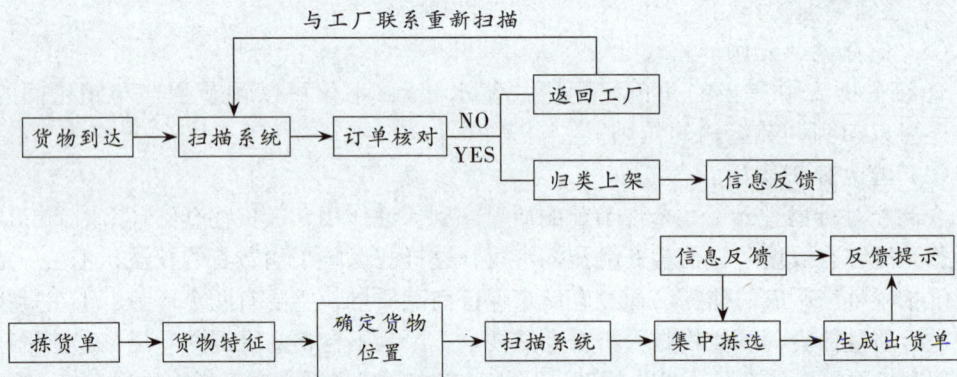

图9-1　智能化仓储的入库和出库信息反馈系统

据悉，智能仓储是河钢石钢新区80多项智能制造技术之一，旨在通过信息化、物联网、云计算和机电一体化的智能物流来降低仓库的仓储成本，提高运营效率，提高仓储管理能力。智能立体仓库共有10 032个货位，每个货位可存放1吨以下，且长度小于1.1m的物料。在智能系统的控制下，立体货架、自动分拣设备、穿梭机、自动运输设备、巷道堆垛机能够快速准确地进行"工作"。从"互联网+"到"智能+"，更聪明的机器和更智慧的网络让生产不断向自动化和智能化升级，为企业的高效稳定运行提供了强有力的保障。此外，智能立体仓库配备了智能仓储管理系统（WMS）和仓储控制系统（WCS），这两个系统实现了与企业资源计划系统（SAP）和设备综合管理系统（EAM）的互联互通，通过条形码技术和无线终端技术，实现辅料备件自动出入库、自动分配货位储存、自动盘点，并生成多口径库存物资统计分析等功能。库区还配有视频监视系统，可时刻监视堆垛机等设备的安全运行。

资料来源　郭旭梅. 智能化立体仓库让仓储管理更智慧［N］. 中国冶金报，2021-07-20（4）.

请同学们结合资料思考：（1）仓储作业包括哪些内容？（2）智能化仓储作业的特点有哪些？

9.2　商品质量变化的类型及影响因素

9.2.1　商品质量变化的类型

商品质量变化的主要类型有商品的物理机械变化、化学变化、生理生化变化和生物学变化。

1）商品的物理机械变化

商品的物理机械变化有挥发、溶化、熔化、渗漏、串味、沉淀、破碎与变形等。

（1）挥发。常见易挥发的物品如酒精、白酒、香精、花露水、香水等。挥发的速度与气温的高低、空气流动速度的快慢、液体表面接触空气面积的大小成正比关系。

（2）溶化。溶化是指某些固态物品在保管过程中，吸收空气或环境中的水分，当吸收数量达到一定程度时，就溶化成液态。易溶性物品必须具有吸湿性和水溶性两种性能。物品溶化与空气温度、湿度及物品的堆码高度有密切关系。

（3）熔化。熔化是指低熔点的物品受热后发生软化乃至化为液态的现象。物品的熔化，除受气温高低的影响外，还与物品本身的熔点、物品中杂质种类和含量密切相关。

（4）渗漏。渗漏主要是指液态物品，特别是易挥发的液态物品，由于包装容器不严密，包装质量不符合物品性能的要求，或在搬运装卸时碰撞震动破坏了包装，而发生跑、冒、滴、漏现象。

（5）串味。串味是指吸附性较强的物品吸附其他气体、异味，从而改变本来气味的变化现象。常见的引起其他物品串味的物品有卫生球、化妆品等；常见易被串味的物品有饼干、茶叶、卷烟等。

（6）沉淀。沉淀是指含有胶质和易挥发成分的物品，在低温或高温等因素的影响下，部分物质凝固，进而发生沉淀或膏体分离的现象。常见的物品有化妆品、某些饮料，酒在仓储中也会离析出纤细絮状的物质而出现混浊沉淀的现象。

（7）破碎与变形。破碎与变形是常见的机械变化，是指物品在外力作用下所发生的形态上的改变。物品的破碎主要发生于脆性较大物品的仓储中，如玻璃、陶瓷等因包装不良，在搬运过程中受到碰、撞、挤、压和抛掷而破碎、掉瓷、变形等；物品的变形则通常发生于塑性较大物品的仓储中，如皮革、塑料、橡胶等制品由于受到强烈的外力撞击或长期重压，物品丧失回弹性能，从而发生形态改变。

2）商品的化学变化

商品的化学变化，是指不仅改变物质的外表形态，还改变物质的本质，并生成新物质的变化现象。商品发生化学变化，严重时会使商品完全丧失使用价值。常见的有化合、分解、氧化、聚合、老化等。

3）商品的生理生化变化

商品的生理生化变化，是指有生命活动的有机体商品，在生长发育过程中，为

143

了维持它的生命，本身所进行的一系列变化。比如，果蔬的呼吸作用、后熟作用等。

（1）呼吸作用。

①呼吸作用是指有机体商品在生命活动过程中，不断地进行呼吸，分解体内有机物，产生热能，维持其本身的生命活动的现象。②呼吸作用分为有氧呼吸和缺氧呼吸：有氧呼吸是指细胞在氧气的参与下，通过酶的催化作用，把糖类等有机物彻底氧化分解，产生出二氧化碳和水，同时释放出大量的能量的过程。有氧呼吸是高等动植物进行呼吸作用的主要形式；缺氧呼吸是指生物细胞对有机物进行的不完全氧化。这个过程没有分子氧参与，其氧化后的不完全氧化产物主要是酒精。在缺氧条件下，只能进行无氧呼吸，暂时维持其生命活动。无氧呼吸最终会使植物受到危害，其原因，一方面是由于有机物进行不完全氧化，产生的能量较少，另一方面是加速了对商品中糖的消耗。③有氧呼吸和缺氧呼吸的区别主要是：作用场所不同、分解产物不同、分解条件不同，以及产生的能量大小不相同。④呼吸作用对果蔬贮藏的积极作用有：提高果蔬耐藏性和抗病性、提供果蔬生理活动所需的能量、产生代谢中间产物，以及呼吸的保卫反应。⑤对果蔬贮藏的消极作用有：分解消耗有机物质、加速衰老；产生呼吸热，使果蔬自身温度升高、呼吸强度增大，同时会升高贮藏环境的温度，缩短果蔬贮藏寿命。⑥影响果蔬呼吸强度的因素有品类、品种、成熟度、温度、含水量、机械损伤等。

（2）后熟作用。

后熟作用通常是指果实离开植株后的成熟现象，是由采收成熟度向食用成熟度过渡的过程。这段时期的变化实质上是成熟过程的延续，又是在收获后进行的，所以称为后熟。果实采收后呈现出特有的色、香、味、形的成熟过程。例如，香蕉是根据果实饱满度采收的，采后要经过后熟过程才能食用。在采后至后熟这段时间里，会出现一个呼吸高峰，同时果实本身乙烯释放量明显增加，果皮颜色变黄、果肉变软变甜、涩味消失并散发香味，达到最佳食用品质。在贮藏过程中，延迟香蕉呼吸高峰的出现，即推迟其衰败过程，达到延长贮藏期的目的。

4）商品的生物学变化

商品的生物学变化是指商品在外界有害生物作用下受到破坏的现象，如虫蛀、霉腐等。

9.2.2 商品质量变化的影响因素

影响商品质量变化的因素可以从内、外因素进行分析。内因主要有商品组织、结构、成分、性质等；外因主要有空气中的氧气、日光、微生物、仓库害虫、空气温度、空气湿度等。

1）影响商品质量变化的内因

商品在流通过程中发生的质量变化，起决定作用的是商品本身的内在因素，即内因。它不仅影响商品的质量变化类型，也影响质量的变化进程。这些内因包括商品成分、形态结构、物理化学性质、生物学性质等。

2）影响商品质量变化的外因

（1）空气中的氧气。

空气中约含有 21% 的氧气。氧气非常活泼，能和许多物质发生反应，并对商品质量变化影响很大。例如，氧气可以加速金属商品锈蚀；氧气是好气性微生物活动的必备条件，易使有机体商品发生霉腐；氧气是害虫赖以生存的基础，是仓库害虫发育的必要条件；氧气是助燃剂，不利于危险品的安全储存；在油脂的酸败，鲜活商品的分解、变质中，氧气都是积极参与者。因此，对于受氧气影响比较大的商品，企业应采取各种方法（如浸泡、密封、充氮等）隔绝氧气。

（2）日光。

日光中含有紫外线、红外线等，它对商品起着正反两个方面的作用：①日光能够加速受潮商品的水分蒸发，杀死、杀伤微生物和害虫，在一定程度上有利于对商品的保护。②某些商品在日光的直接照射下会发生质量上的变化，如日光能使酒类变得浑浊、油脂加速酸败、橡胶塑料制品迅速老化、纸张发黄变脆、色布掉色、药品变质等。因此，企业应根据各种不同商品的特性，注意避免或减少日光的照射。

（3）微生物。

①常见危害商品的微生物主要是一些腐败性细菌、酵母菌和霉菌。特别是霉菌，它是引起绝大部分日用工业品、纺织品和食品霉变的主要根源，对纤维素、淀粉、蛋白质、脂肪等物质，具有较强的分解能力。②微生物是商品霉腐的前提条件，微生物将商品中的蛋白质、糖类、脂肪、有机酸等物质分解为简单的物质，再加以吸收利用，从而使商品遭到破坏、变质，丧失其使用价值。③微生物的活动，需要一定的温度和湿度。没有水分，微生物是无法生活下去的；没有适宜的温度，微生物也不能生长繁殖。掌握这些规律，就可以根据商品的含水量情况，采取不同的温湿度调节措施，防止微生物生长，以利于商品储存。

（4）仓库害虫。

①害虫能适应恶劣环境，一般能耐热、耐寒、耐饥，并具有一定的抗药性；繁殖力强，繁殖期长，产卵量多，有的一年可繁殖几代；食性广杂，具有杂食性。②害虫在仓库里，不仅蛀食动植物性商品和包装，有些害虫还能危害塑料、化纤等化工合成商品。此外，白蚁还会蛀蚀仓库建筑物和纤维质商品。③害虫在危害商品过程中，不仅破坏商品的组织结构，使商品发生破碎和孔洞，外观形态受损，而且有的害虫会吐丝结茧，排泄各种代谢废物玷污商品，影响商品的质量和外观。商品受害虫危害，一般损失都会相当严重。

（5）空气温度。

气温是影响商品质量变化的重要因素。①一般商品在常温或常温以下，都比较稳定。②高温能够促进商品的挥发、渗漏、熔化等物理变化及各种化学变化。③低温又容易引起某些商品的冻结、沉淀等变化。④温度忽高忽低会影响商品质量的稳定性。⑤当温度适宜时会给微生物和害虫的生长繁殖创造有利条件，加速商品的腐败变质和虫蛀。因此，控制和调节仓储商品的温度是商品养护的重要工作之一。

145

（6）空气湿度。

空气的干湿程度称为空气湿度，也是影响商品质量变化的重要因素。①空气湿度的改变能引起商品的含水量、化学成分、外形或体态结构等的变化。②湿度下降，会使商品因释放水分而降低含水量，减轻重量。例如，水果、蔬菜、肥皂等失去水分，会发生萎蔫或干缩变形；纸张、皮革制品等失去水分过多，会发生干裂或脆损。③湿度增高，能引起商品含水量和重量相应增加。例如，湿度的增高会使食糖、食盐、化肥等易溶性商品结块、膨胀或进一步溶化，也会使金属制品生锈，纺织品、竹木制品、卷烟等发生霉变等。④湿度适宜可保持商品的正常含水量、重量、外形或体态结构。因此，在商品养护中，企业必须掌握各种商品适宜的湿度要求，尽量创造商品适宜的空气湿度。

9.3　商品养护

9.3.1　仓库温湿度管理

1）温湿度的基础知识

（1）空气温度。

空气温度是指空气的冷热程度。温度按其所表示的方法不同，可分为摄氏温度和华氏温度两种，都以水沸腾时的温度（沸点）与水结冰时的温度（冰点）作为基准点。

$$t\,^{\circ}C = (t\,^{\circ}F - 32) \times \frac{5}{9}$$

$$t\,^{\circ}F = t\,^{\circ}C \times \frac{9}{5} + 32$$

$$TK = 273 + t\,^{\circ}C$$

式中，K、$^{\circ}C$、$^{\circ}F$ 分别为绝对温度值、摄氏温度值、华氏温度值。

（2）空气湿度。

空气湿度是指空气中水汽含量的多少或空气干湿的程度。空气湿度常用绝对湿度、饱和湿度、相对湿度等物理量来表示。绝对湿度是指单位容积的空气里实际所含的水汽量，一般以克为单位，用克/立方米（g/m^3）来表示，温度对绝对湿度有着直接影响。一般温度越高，水汽蒸发得越多，绝对湿度就越大；反之，绝对湿度就越小。饱和湿度是表示在一定温度下，单位容积空气中所能容纳的水汽量的最大限度。空气中实际含有的水汽量（绝对湿度）距离饱和状态（饱和湿度）程度的百分比称为相对湿度，相对湿度用百分率来表示。

2）仓库温湿度控制管理

仓库温湿度变化受到大气温湿度变化、仓库位置、仓库类型、库房结构、储存物品、设备设施应用等因素影响，不同的储存物品需要不同的温湿度控制和管理。为了维护仓储商品的质量完好，创造适宜于商品储存的环境，当库内温湿度适宜商品储存时，就要设法防止库外气候对库内的不利影响；当库内温湿度不适宜商品储存时，就要及时采取有效措施调节库内的温湿度。实践证明，采用密封、通风与吸潮相结合的办法，是控制和调节库内温湿度行之有效的办法。

（1）密封。

①密封就是把商品尽可能严密地封闭起来，减少外界不良气候条件的影响，以达到安全保管的目的。②采用密封方法，要和通风、吸潮结合运用，如运用得法，可以起到防潮、防霉、防热、防溶化、防干裂、防冻、防锈蚀、防虫等效果。③密封保管应注意的事项有：在密封前要检查商品质量、温度和含水量是否正常，如发现霉变、生虫、发热、水淞等现象就不能进行密封；发现商品含水量超过安全范围或包装材料过潮，也不宜密封；要根据商品性能和气候情况来决定密封的时间；怕潮、怕溶化、怕霉的商品，应选择在相对湿度较低的时节进行密封。④常用的密封材料有塑料薄膜、防潮纸等，密封材料必须干燥清洁，无异味。⑤密封常用的方法有整库密封、小室密封、按垛密封以及按货架、按件密封等。

（2）通风。

①通风是根据大气自然流动的规律，有计划、有目的地组织库内外空气的对流与交换的重要手段，是调节库内温湿度、净化库内空气的有效措施；②正确地进行通风，不仅可以调节与改善库内的温湿度，还可以及时散发商品及包装物的多余水分；③按通风的目的不同，可分为利用通风降温（或升温）和利用通风散潮两种。

（3）吸潮。

①吸潮一般在梅雨季节或阴雨天，当库内湿度过高时，不适宜商品保管，而库外湿度也过大，不宜进行通风散潮时，可以在密封库内用吸潮的办法来降低库内的湿度。②在仓库内一般可以使用机械吸潮和吸潮剂等相结合的方法。机械吸潮较为常用，把库内的湿空气通过抽风机，吸入吸湿机冷却器内，使它凝结为水而排出。吸湿机一般用于对储存纺织、医药、仪器、电工器材和烟糖类商品的仓库进行吸湿、散潮。

互动课堂 9-2

梨果贮藏温湿度是关键

梨果贮藏主要看存放时间、保存温度、冷库空间和梨的包装，而且要注意有没有黑心病。贮藏梨果必须有良好的贮藏场所，即贮藏库。梨果产区城镇要建大中型冷库，产地要建小型节能库。

◎温度：温度是梨果贮藏保鲜最重要的环境条件，不同品种要求的贮藏温度不同。一般贮藏保鲜适宜温度为零下1℃~2℃。贮藏温度不能过低，过低果实会产生冷害。梨的冰点在零下1.8℃~3℃，如低于冰点温度梨果就要发生冷害。所以，一般贮藏保鲜温度不低于0℃，但也不能高于5℃，如果温度长期超过5℃，则会加速果实衰败和增加腐烂率。

◎湿度：湿度也是贮藏梨果的重要条件之一。梨果采收后，通过果皮气孔蒸发水分，如失水过多，果皮皱缩，不仅会影响外观，还会影响梨果的品质。因此，梨果在贮藏过程中要求适宜的空气湿度。一般应保持的相对湿度为90%~95%，冷库应保持的相对湿度为85%~95%。梨果贮藏中失水程度因梨果不同而不同。

鸭梨：冷库贮藏要求相对湿度保持在90%以上，降温要分段进行，即降温到10℃并稳定3天后，每隔3天再降温1℃，降到4℃后每2天降1℃，直至降到0.5℃。
茌梨：最佳贮藏温度为0℃~1℃，相对湿度为95%。雪花梨：最佳贮藏温度为

0℃~1℃，相对湿度为90%~95%。秋白梨：最佳贮藏温度为0℃，相对湿度在90%以上。酥梨：最佳贮藏温度为1℃~5℃，不得低于0℃，相对湿度为90%。巴梨：最佳贮藏温度为0℃，相对湿度为90%~95%。

资料来源　佚名. 梨果贮藏温湿度是关键［N］. 农业科技报，2019-09-03（4）.

请同学们结合资料思考：（1）影响梨果贮藏的因素有哪些？（2）不同品种梨果的贮藏要求有何不同？

9.3.2　食品类商品养护

1）食品储存中的质量变化

（1）腐败。腐败多发生在那些富含蛋白质的动物性食品中，如肉类、禽类、鱼类、蛋品等，在植物性食品中的豆制品也容易发生腐败。

（2）霉变。霉变是霉菌在食品中繁殖的结果。霉菌能分泌大量的糖酶，因此富含糖的食品容易发生霉变。

（3）发酵。发酵方式主要有酒精发酵、醋酸发酵、乳酸发酵和酪酸发酵等。

课内阅读 9-1

罐头食品为什么可以不用防腐剂？

罐头食品种类繁多、美味方便，不时出现在人们日常餐桌上或休闲饮食中。罐头食品的保质期往往较其他食品长，常常作为抗震救灾等应急情况下的食物保障。很多消费者认为，罐头食品是因为添加了大量的食品防腐剂，才能长时间保存且不变质。那么，罐头食品到底有没有添加食品防腐剂呢？

1. 罐头食品的起源

最初制造罐头食品是为了解决战争中军队的食品保存问题。为此，1804年，法国人尼古拉·阿佩尔（Nicolas Appert）发明了用玻璃瓶罐装食物加热并密封保存的方法。他将食物加工后，装在干净的瓶子中，然后置于沸腾的热锅中加热，趁热用软木塞塞紧，再用融化的蜡密封，这样就可以保证食物较长时间不腐败。这种罐装食品就是罐头食品的雏形。

2. 罐头食品为什么可以长期保存？

延长食品保质期有以下三种方法：一是改变食品本身的环境，使其不利于微生物生长。很多传统食品保存方法，如干制、盐渍、糖渍、烟熏等用的就是这个方法。二是改变食品外部环境，降低微生物污染风险，罐头食品用的就是这个方法。三是通过添加食品防腐剂，抑制食品中微生物增长或杀死微生物，从而达到延长食品保质期的目的。罐头食品之所以能在常温下长期保存不变质，主要依赖罐装工艺的杀菌和密封技术。容器装入食物后，经过抽成真空或排气密封，再经过热力杀菌杀死罐头中的致病性微生物，达到商品无菌。密封的容器阻隔了外界微生物的再次入侵，保证罐头食品可以较长时间不变质。因此，罐头食品无须添加食品防腐剂。如果为了延长保质期而添加食品防腐剂，是根本没有必要的，反而会增加生产成本。由于罐头食品没有添加食品防腐剂，一旦打开后，应尽快食用，避免变质。

资料来源　曹雁平，晁曦，王蓓. 罐头食品为什么可以不用防腐剂？［EB/OL］.［2021-06-09］. http://www.samr.gov.cn/spcjs/sjdt/202106/W020210609366992566471.pdf.

2）食品贮藏与保鲜原理

在自然条件下，许多食品的贮藏和保鲜期很短。为了保持食品的品质和新鲜，一般通过控制食品储存环境的温度、湿度、空气成分、食品含水量，或用直接杀灭的措施，抑制酶的活性和微生物的生长繁殖，维持食品最低的生命活动，延缓食品营养成分的生理生化变化的进程，达到防止食品腐败变质、保持食品新鲜度的目的。其具体做法有：维持食品最低生命活动；抑制食品生命活动；运用发酵产物抑制腐败微生物的活动；利用无菌等原理。

3）食品贮藏与保鲜方法

随着现代食品生产和加工的不断发展，人们对食品保鲜关注度空前高涨。现今，在食品贮藏保鲜方面，人们不仅要求在防止食品变质败坏、保证食品卫生的前提下延长食品的储存期限，还要求在食品保持原有的色泽、香气、风味的同时，保持食品的营养成分不流失，这些要求都在不断地驱动食品贮藏保鲜技术和设备的发展和更新。

（1）传统的食品贮藏与保鲜方法。

传统的食品贮藏与保鲜方法包括：①常用的食品贮藏方法有热处理、低温、干燥、糖渍、盐渍、烟熏等。虽然这些方法能够延长食品的保质期，但是都有不足之处。例如，冷冻法能量消耗高；加热、干燥和浸渍法易破坏食品原有风味；烟熏法会导致食品中的致癌物明显增加等。②气调保鲜和化学保鲜（如防腐剂、抗氧化剂和脱氧剂等），其应用非常广泛。

（2）新型食品贮藏与保鲜方法。

随着人们对食品加工和保鲜品质的要求越来越高，传统的食品保鲜技术逐渐无法满足上述要求。新形势下新食品贮藏保鲜技术应运而生。①物理保鲜。物理保鲜技术对食品原有口感、色泽、营养成分等的留存效果更好。物理保鲜主要包括辐射保鲜、电场处理保鲜、减压贮藏保鲜，以及其他新型物理贮藏技术，如微波、超高压、超声波技术等。辐射保鲜能在不影响食品的营养品质下最大限度地保持食品原有成分和风味，能耗少、无农药残留、无污染；减压贮藏又称低压或真空贮藏，是冷藏和气调贮藏相结合的一种特殊气调贮藏方式，该方法降低了环境中氧气浓度和果蔬乙烯释放量，减慢食品的呼吸作用，明显地延长贮藏时间；其他新型物理贮藏技术具有充分保留食品的营养成分和原有风味，且杀菌彻底、处理时间短、无污染、无残留等优点。②生物保鲜。生物保鲜主要包括生物防治、基因工程等。③可食性涂膜保鲜。可食性膜一般以天然可食性物质（如蛋白质、脂类、多糖、树脂等）为材料，在食品的表面紧密覆盖一层或多层薄膜，通过调整产品内外水分和气体的交换，以达到保鲜效果。由于可食性涂膜保鲜具有绿色环保、操作简便、成本低等优点，逐渐被应用到更多果蔬及其他食品的保鲜中。④复合保鲜。复合保鲜技术是一种综合多种保鲜方法，旨在延长食品保质期、保持食品营养和风味的技术。

149

课 内 阅 读 9-2

高压电场"过"一下30秒即可把菌杀

南京农业大学开发的一项新型冷杀菌保鲜包装技术，采用先保鲜包装后冷杀菌的方法，将食品放在低温等离子电场中"过"一下，在保证生鲜高品质的前提下，大大提高了杀菌率和货架保鲜期。这套全新的保鲜包装技术与目前广泛采用的热源等杀菌技术相比，杀菌过程中温度不升高或略有升高，能量消耗少，既能高效杀菌又保证了产品的色、香、味等品质。研发团队最新开发的低温等离子体冷杀菌核心技术装备与MAP气调保鲜包装（一种包装，将一定比例混合气体充入包装内，以减缓质量下降的速度）相结合，产生杀菌作用的等离子体来源于包装内部气体，食品通过生产线被输送到高压电场"过"一下，利用食品周围介质产生光电子、离子和自由基团，与微生物表面接触导致其细胞被破坏，从而达到杀菌效果，整个过程一改传统的先杀菌、再包装，变为先包装、后杀菌，大大降低了包装过程中的二次污染和化学残留。研发团队通过实验证明，该技术对大肠杆菌、沙门氏菌、李斯特菌等常见的食品致病菌杀菌效果理想。生菜等鲜切果蔬的生鲜保质期能从2~3天延长至8天以上，杀菌率超过90%，降解农药51%以上。整个杀菌过程能耗很低，30秒即可完成一次杀菌，非常适合大规模自动化生产。

资料来源　谈洁. 食品保鲜南农亮新招高压电场"过"一下30秒即可把菌杀［N］. 南京日报，2019-12-24（A07）.

9.3.3 日用商品养护

日用商品涉及范围很广，种类特点也各有不同，容易发生质量变化的类型也很多，下面主要介绍商品霉腐、金属锈蚀、塑料老化等质量变化的原因及防治措施。

1）商品霉腐产生的原因及防治

霉腐是影响商品价值的重要因素，有效地防止商品发生霉腐是仓储业的一项重要工作。对于易发生霉腐的货物的防护工作主要就是创造不利于微生物生长的条件或采取遏制其生长的方法，以达到不发生霉变的目的。

（1）商品霉腐产生的原因。

引起商品霉腐的原因主要有：①商品自身的化学成分起到决定因素。商品种类繁多，成分各异，有些商品的化学成分是微生物生长繁殖的培养基，在适宜的温湿度条件下，微生物就会旺盛繁殖。也就是说，只有含有可供微生物生长繁殖的成分，如蛋白质、碳水化合物、脂肪、纤维素等的商品，才可能发生霉变。②微生物是商品霉腐的重要因素。霉腐微生物种类很多，形体微小、分布广泛、传播迅速，喜欢生长在阴暗潮湿的酸性环境中，主要分解纤维素、蛋白质等有机物。原材料中带有霉菌孢子、生产未在无菌条件下进行的、未在生产中加入防霉剂、未经消毒灭菌的，包装未采取无菌密封的，在运输、储存中受到霉菌孢子污染的，都会使商品发生霉腐。在商品上寄生的霉腐微生物的生理活动过程，即新陈代谢过程，是从商品成分中吸收养料的过程。③空气温度。霉腐微生物只有在适宜的温度范围内才能正常繁殖，多数霉腐微生物生长的最佳温度为25℃~35℃，所以夏季是霉腐微生物生长繁殖最适宜的季节，微生物在10℃以下不易生长，在40℃以上，则停止活动。④空气湿度。它是微生物生命活动和生长繁殖的重要条件。商品的含水量，直接受商品储存环境湿度的影响。当空气的相对湿度达到75%以上时，多数商品的含水量增高，才可能引起霉腐微生物的生长繁殖，如果商品储存环境中空气的相对湿度低于75%，多数商品则能保持合理的含水量而不易生霉。因此，75%的相对湿度是商品霉腐的安全温度，即临界湿度。⑤氧气是微生物生长的重要条件之一。微生物对氧气的要求，随其种类的不同而各不相同。根据微生物对氧气的不同要求，可分为好氧性、厌氧性和兼性厌氧性微生物三种。好氧性微生物又称好气性微生物，其生长繁殖必须在有氧气的条件下才能进行，否则因无法呼吸而死亡。厌氧性微生物又称厌气性微生物，在有氧气的环境中则不能生长繁殖，此类微生物极少。无论在有氧或无氧条件下，兼性厌氧性微生物都能生长，如酵母菌、葡萄球菌、大肠杆菌等，但它们的腐败性不强。

（2）常见的易霉腐的商品种类。

易霉腐商品种类很多，除了食品商品外，还包括日用纺织品、纸张及其制品、橡胶和塑料制品、日用化学商品、皮革及其制品、工艺美术品、商品包装等。

（3）商品霉腐的防治。

商品霉腐的防治措施主要有加强库存商品管理、化学药剂防霉腐、气调防霉腐、辐射防霉腐等。

① 加强库存商品管理。要对商品进行入库和库存检查，要查看商品是否有受潮、发热、霉腐等现象，商品含水量是否符合安全储存要求，商品外包装、内包装是否完整无损等。要加强库房温湿度管理，各种微生物适宜生长的温度范围各不相同，如果把温度控制在某些微生物适宜生长的最高温度之下或最低温度之上，就可以基本抑制其生长。水是微生物生存的必要条件，空气的干湿程度直接影响微生物体内的水分含量。在潮湿的环境中，微生物极易从空气中吸收水分而生长，因此湿度大的环境中，微生物吸湿快，生长繁殖也快。有效的方法是及时掌握库内外温湿度变化，做好记录。把握库房密封时机，采取合适的密封方式。根据气候条件和库内温湿度状况，正确运用通风方法，调节库房温湿度。要选择合适的吸潮方法，注意倒垛排热、排潮，保持库内干燥、空气新鲜。

② 化学药剂防霉腐。将抑制微生物生长的化学药品放在商品或包装内防止其霉变，效果好、费用低。这种方法主要在生产过程中使用，进行一次性处理，就可以在生产、储存、运输、经营、销售各个环节中都起到防止霉变的作用。

③ 气调防霉腐。这是在密封条件下，通过改变空气组成成分，降低氧的浓度，形成低氧环境，抑制霉腐微生物的生理活动，从而达到防霉目的。目前，仓库防霉的主要措施有利用充氮或充二氧化碳封存和放除氧剂封存等。

④ 辐射防霉腐。辐射防霉腐是利用电离辐射、紫外线、红外线和高频电场等对商品进行照射，杀灭霉腐微生物。辐射防霉腐具有效果显著、不影响商品质量等优点，但对设备要求较高、技术比较复杂，一般只适用于大型综合仓库。

课外阅读9-1

《农业农村部关于加快农产品仓储保鲜冷链设施建设的实施意见》

为贯彻落实党中央关于实施城乡冷链物流设施建设等补短板工程的部署要求，根据《中共中央 国务院关于抓好"三农"领域重点工作确保如期实现全面小康的意见》（中发〔2020〕1号）和2019年中央经济工作会议、中央农村工作会议精神，农业农村部决定实施"农产品仓储保鲜冷链物流设施建设工程"，并就支持新型农业经营主体建设仓储保鲜冷链设施，从源头加快解决农产品出村进城"最初一公里"问题，提出从建设节能型通风贮藏库、节能型机械冷库、节能型气调贮藏库等方面开展仓储保鲜冷链设施建设。

资料来源　农业农村部. 农业农村部关于加快农产品仓储保鲜冷链设施建设的实施意见［J］. 新农业，2020（10）.

要进一步了解《农业农村部关于加快农产品仓储保鲜冷链设施建设的

实施意见》的详细内容，可以扫描二维码查看。

2）金属制品锈蚀产生的原因及防治

金属由于和周围介质发生化学作用或电化学作用而引起腐蚀破坏，锈蚀开始时表面发暗，出现轻微的锈蚀并呈暗灰色，接下来表面会变成褐色或棕黄色，严重时表面呈棕色或出现褐色疤痕，甚至产生锈坑，使金属制品遭到破坏而报废。

（1）金属制品锈蚀产生的原因。

金属制品锈蚀是指金属或合金与接触的某些介质发生化学反应而腐蚀损耗的现象。金属制品锈蚀的原因有金属材料本身的原因和环境因素。①金属材料本身的原因主要是金属材料的纯度不高和化学性质不稳定，容易造成金属制品锈蚀。②环境因素主要有：一是相对湿度的影响。金属在空气中的锈蚀速度受相对湿度的影响非常大。二是温度的影响。在高温、高湿度地区，金属最容易生锈。当常温且相对湿度不大时，钢铁是不容易生锈的。三是大气成分对腐蚀速度的影响也很大。当大气中有二氧化硫、硫化氢和灰尘时，金属与其接触在表面会生成相应的化合物，造成不同程度的腐蚀。

（2）金属制品锈蚀的防治。

金属制品的防锈主要是针对影响金属锈蚀的外界因素进行的。预防金属锈蚀的方法很多，主要有：①控制和改善仓储条件。保管金属材料的场所，不论库内、库外均应清洁干燥，并远离产生有害气体和粉尘的厂房建筑，不得与酸、碱、盐类及气体粉末等物质混存。不同种类的金属材料在同一地点存放时，必须有明显的间隔距离，防止发生接触性腐蚀。②涂油防锈。在金属表面涂刷一层防锈油脂，使金属材料及制品在一定程度上与大气隔离，达到防锈目的。③气相防锈。它是用一种新型的防锈材料和气相缓蚀剂（挥发性缓蚀剂），在密封的包装容器中对金属制品进行防锈的方法。

3）塑料橡胶制品老化产生的原因及防治

（1）塑料橡胶制品老化产生的原因。

塑料橡胶制品在加工、运输、储存、销售、使用的过程中，受环境中热、光、辐射、机械应力、声波、化学药品、微生物等的影响，导致其化学结构破坏、物理和化学性质变坏的现象称为"老化"。塑料橡胶制品是一种比较容易老化的高分子材料，一般来说，高分子材料主要包括塑料、橡胶、纤维、薄膜、胶黏剂和涂料等各类生活、生产中常见的材料。高分子材料在加工、储存和使用过程中，经常会在强光照射、热辐射、水浸泡、化学物质与生物侵蚀等多种因素的共同作用下，发生降解、性能逐渐下降等老化现象，从而部分丧失或全部丧失其使用价值。

塑料橡胶制品的质量和使用寿命与塑料和橡胶的老化有着密切的关系。塑料橡胶制品老化的原因主要分为内在因素和外界因素。内在因素包括塑料和橡胶的组成、配料、结构、性质和杂质含量等。外界因素有：一是日光。日光是影响商品老化的最主要因素之一，对高分子材料老化具有显著影响的是紫外线、红外线等。二是温度。温度也是促使高分子材料老化的重要因素。大气环境中的冷热交替作用对塑料橡胶制品的老化也会产生一定的影响。三是氧气和臭氧。氧气和臭氧促使塑料橡胶制品老化。四是相对温度。空气中相对湿度的增大也将加速商品的老化。五是生物因素。生物因素（如霉菌）对塑料橡胶制品的老化也会产生很大的影响。

（2）塑料橡胶制品老化的防治。

①高分子科学和生产工艺的发展，将不断地改进塑料和橡胶等高分子材料的性能，使它们延缓老化、延长使用寿命；②在合成材料加工过程中添加防老化剂，如添加防止引起氧气或臭氧老化的抗氧剂，添加紫外光稳定剂、热稳定剂等；③采用金属喷涂、电镀、喷漆、着色、包扎等物理方法，在一定程度上也能改善塑料橡胶制品的耐老化性能；④塑料和橡胶等高分子材料制品要经常进行在库检查，控制储存温度、湿度，防止日光照射和避免与氧气、臭氧的接触，应存放在阴凉、避光、干燥、通风的库房内。

单元小结

本单元主要介绍了商品仓储管理的含义和作用，商品仓储管理的基本作业流程；分析了商品的物理机械变化、商品的化学变化、商品的生理生化变化等商品质量变化的主要类型及影响因素；介绍了仓库温湿度的基础知识和仓库温湿度控制管理的方法；主要阐述了食品贮藏与保鲜的原理及方法、商品霉腐产生的原因及防治、金属制品锈蚀产生的原因及防治、塑料橡胶制品老化产生的原因及防治等内容。

主要概念

商品仓储管理 商品质量变化 食品贮藏与保鲜 商品霉腐 商品老化

基础训练

一、选择题

1.有生命活动的有机体商品，在生长发育过程中，为了维持其生命，本身所进行的一系列生理变化称为（   ）。

A.物理变化　　　　B.化学变化　　　　C.机械变化　　　　D.生化变化

2.瓜果、蔬菜等类食品在脱离母株后继续其成熟过程的现象称为（   ）。

A.呼吸作用　　　　B.发芽现象　　　　C.后熟作用　　　　D.胚胎发育

3.引起商品发生质量变化的内在因素是（   ）。

A.商品的理化性质　　　　　　　　B.保管人员的素质
C.环境的污染程度　　　　　　　　D.储存时间的长短

4.仓库中商品超过保质期应（   ）。

A.按程序处理　　　B.分给员工　　　　C.继续销售　　　　D.赠送客户

5.不属于仓储商品物理变化的现象有（   ）。

A.香水挥发　　　　B.食盐溶化　　　　C.蜡烛熔化　　　　D.塑料品老化

6.仓储商品的溶化属于（   ）。

A.物理变化　　　　B.化学变化　　　　C.机械变化　　　　D.生理生化

7.仓储商品的呼吸作用属于（   ）。

A.物理变化　　　　B.机械变化　　　　C.化学变化　　　　D.生理变化

8.商品养护的基本要求不包括（　　）。

A.了解商品的保管性能　　　　　　　　B.严格验收入库商品

C.选择合格的承运商　　　　　　　　　D.合理选择存储条件

9.怕热的商品应存放在（　　）的仓库中。

A.干燥通风　　　　B.低温　　　　C.温热潮湿　　　　D.地势较高

10.仓库温湿度管理工作的基础是（　　）。

A.密封　　　　B.通风　　　　C.吸湿　　　　D.降温

11.商品发生溶化应具有的性能是（　　）。

A.吸附性和水溶性　　　　　　　　　　B.吸湿性和水溶性

C.串味和水溶性　　　　　　　　　　　D.吸附性和吸湿性

二、判断题

1.商品储存中所有的质量变化都与温湿度有关。　　　　　　　　　　（　　）

2.从华氏温度换算成摄氏温度的公式为：$t°C=（t°F-32）×\dfrac{5}{9}$。　　（　　）

3.家庭中食品保鲜最常用的是盐渍储存法。　　　　　　　　　　　　（　　）

4.液体的挥发速度与温度和商品本身沸点无关。　　　　　　　　　　（　　）

5.饮料、果酒等容易发生沉淀现象。　　　　　　　　　　　　　　　（　　）

6.有机体的呼吸作用与氧气、温度、通风条件有关。　　　　　　　　（　　）

7.对于鲜活食品，应在其成熟之前采收，并采取控制贮藏条件的办法来调节其后熟过程，以达到延长储存期、均衡上市时间、先进先出的目的。　　　　（　　）

三、简答题

1.仓储管理能发挥哪些作用？

2.商品质量变化主要有哪些类型？

3.影响商品质量变化的因素是什么？

4.简述商品霉腐产生的原因以及如何防治。

5.简述金属制品锈蚀产生的原因以及如何防治。

6.简述塑料橡胶制品老化产生的原因以及如何防治。

7.新型食品贮藏与保鲜的方法有哪些？

实践训练

案例："冰箱不是"保险箱"，食物储存有讲究

冰箱是人们日常生活中的必需品，不少人习惯将买回来的食物一股脑地放入冰箱储存，认为这样就万无一失了。其实，冰箱并不是"保险箱"，如果储存不当，可能加速食物腐败变质，导致食物浪费，还可能引起食品安全问题。那么，食物储存都有哪些"讲究"，该怎样科学有效地使用冰箱呢？

1.正确使用冰箱

（1）食物冷却后再放冰箱。温热的食物直接放入冰箱冷藏室，会导致冰箱超负荷运转，食物中心温度无法快速下降，致病微生物可能会趁机大量繁殖达到足够引起中毒的数量。因此，要待食物冷却至室温再放入冰箱。需要注意的是，熟食放凉后要尽

快放入冰箱储存，不要在室温环境下存放超过 2 小时。

（2）分门别类，合理存放。需要冷藏或冷冻储存的食物，尽量装入保鲜袋或保鲜盒，密封好再放入冰箱，避免交叉污染或者串味。放入冰箱时要注意生熟分开，熟食和直接入口的食物（如面包、蛋糕、煮熟的饭菜等）最好放在冰箱上层，生的食物（如新鲜蔬菜、生肉、生的豆制品等）则放在下层，同时还应避免贴近冰箱内壁，以防止生食的汁液滴落到其他食物上，造成交叉污染。

此外，冷藏室靠门的地方温度波动较大，适合放置调味酱、芝麻酱、虾皮等相对不容易腐败但又需要冷藏的食物；贴近冰箱后壁的地方是温度最低的区域，适合放置豆制品、肉类等易腐败的食物，但不适合久存蔬菜，因为蔬菜可能会受到冻害；冰箱门上储物格的温度比冰箱冷藏室内的温度高，不要将容易腐败的食物存放在冰箱门上，建议放汽水等不易腐坏的食物。

（3）保持冰箱低温。不要经常打开冰箱门，如果确实需要打开，也要尽量缩短打开的时间，以防冰箱内的温度上升，达不到冷藏或冷冻的效果。

（4）不要把冰箱装得太满。冰箱如果储存过多的食物，可能使冰箱负荷过重，还可能阻碍冰箱内的冷气平均分布，导致部分食物腐败。

（5）不能存放太久。冰箱不是食物的"保险箱"，只是通过较低的温度来抑制微生物的生长和繁殖，并不能完全杀死微生物，而且有些微生物生命力顽强，即使在低至 0℃ 的温度下仍能生存及繁殖，如李斯特菌。因此，食物不能在冰箱中存放过久，最常见的剩饭、剩菜尽量别隔餐，早上的剩饭、剩菜最好中午吃完，中午的最好晚上吃完。

（6）定期清理冰箱。定期对冰箱中的食物进行清理，及时处理发霉腐烂、超过保质期的食物，避免污染扩大。最好每月清洁一次，注意将冰箱内壁、隔板等洗干净，同时也要定期对冰箱进行融雪及清洗。

2. 科学处理冰箱中的食物

（1）剩饭和剩菜。从冰箱里取出的生冷熟食，特别是剩饭和剩菜，不能直接食用，一定要彻底加热，同时避免重复加热剩菜和剩饭，最好不要超过一次。如果剩饭和剩菜出现色泽改变、发霉、发酸、发臭等情况，说明已经变质，就不要再食用了。老人、幼儿、孕妇、慢性病患者等最好不要食用剩饭、剩菜。一旦吃完剩饭、剩菜后出现恶心、呕吐、腹痛、腹泻等不适症状，应立即就医。

（2）冷冻肉类。冰箱里的冷冻肉要避免反复解冻。反复解冻可能导致肉类的营养成分大量流失，还易滋生细菌。建议将购买的生鲜肉按一次吃的量分成多份，用保鲜袋、保鲜盒等密封好，再放入冰箱冷冻室存放，现吃现取。解冻时，应避免热水浸泡直接解冻，建议将肉放入冰箱 0℃～4℃ 冷藏室缓慢解冻，也可将密封包装的冷冻肉放入冷水中缓慢解冻，这样可以更好地保持肉的营养、口感以及食用安全。如果想加速解冻，则可以使用有解冻功能的微波炉，解冻时注意肉块不宜过大，最好处理成扁平状，解冻可分两次完成，完成第一次解冻后，取出食物翻动，再完成第二次解冻，解冻效果更佳。

资料来源　于甜. 冰箱不是保险箱，食物储存有讲究 [J]. 中国食品安全，2024（1）.

结合案例分析：

1. 不同类别的食物在冰箱的储存方法有什么区别？

2. 如何使用冰箱才能进一步抑制微生物的生长？

食品类商品

【学习目标】

通过本单元的学习，达到以下学习目标：

知识目标：了解食品的基本分类及特点，熟悉食品的主要营养成分，掌握代表性食品类别的特点和质量基本要求，明确食品卫生安全要求。

能力目标：结合引例、基础训练、实践训练等，培养学生对日常经营的食品进行简单质量评价、销售及食品保管等技能。

素养目标：结合教学内容、案例资料等，通过互动课堂、案例分析等形式，引导学生树立食品卫生安全健康意识，自觉践行节约粮食、反对食品浪费的理念，合理开展食品的经营活动，帮助学生形成正确的职业行为和道德规范。

【单元框架】

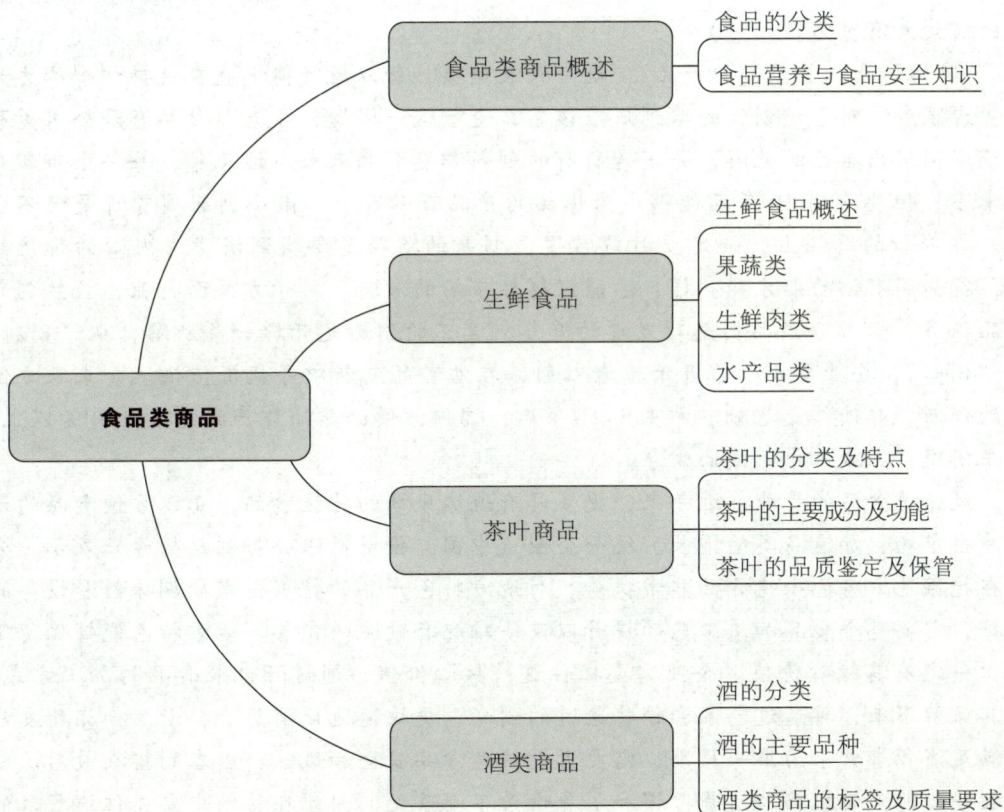

引 例

方便食品行业大咖在浩瀚创新中共寻价值锚地

2021年是中国方便食品行业在疫情中完成难度极大的应急、救灾功能后，市场回归常态的一年。后疫情时代，消费模式被延伸，产品形态被认可，方便食品价值整体得到提升。方便食品企业加大科研投入，从原料、配料、工艺、包装等多个方面进行全方位创新，使产品营养更加均衡、风味更加鲜美、颜值更加亮丽。在营养健康的大浪潮下，中国方便食品行业如何抓住机遇，在浩瀚创新中寻找价值锚地，引领产业创新发展？

市场——洞察需求打开消费者"心门"

后疫情时代，方便面产品端与消费端同步升级、创新、迭代。在差异化、分众化时代，面对更加细分的消费者群体，康师傅、统一、今麦郎等领军企业均快速洞察消费者需求与市场趋势，以消费者为中心，满足消费者地方风味需求，打开消费者"心门"，始终保持领先地位。康师傅控股有限公司行政总裁陈应让表示，2021年是国家"十四五"规划的开局之年，随着国民健康饮食观念的提升和年轻消费群体的兴起，消费者对创新和美味的需求更加多样化，对方便食品企业来说，既是一种考验，也是一个新的发展机遇。方便食品一定要好吃，因此企业应共同用最好的科技、最优的原料一起制作出好吃、美味的产品来服务消费者，同时产品更加符合健康潮流，方便食品的前景大有可为。

"师傅"意味着做好的产品，"康"代表健康，所以康师傅一直在秉持初心尽力为消费者服务。对于"创新的路到底应该怎么走"这一问题，今麦郎食品有限公司董事长范现国提出自己的见解，并不是所有的创新都能引领未来。近几年，每年上市新品非常多，但要看到10年后能够成为爆品的产品百不存一。微小创新消费者是记不住的。在创新的路径上，一定要打破常规，创新的路径是要找到消费者内心的价值锚地，就如同有锚的船才稳一样，才能经得住市场的考验。对于方便面行业，虽然创新产品很多，大部分产品仍是对老路的重复，真正的创新是开辟一条新路，从"创新"到"创心"，企业要用心推开消费者心门，在浩瀚的创新中寻找价值锚地。未来方便面的创新，非油炸是基础。希望5~10年后，国内方便面非油炸产品能达到80%以上，真正实现"三减"中的减油需求。

风味是食品的灵魂，近年来，更多具有地域风味的传统食品，正以方便食品的形态冲击市场，加速品类的增长。统一企业（中国）投资有限公司副总杨寿正表示，公司在挖掘地方特色小吃方面非常执着。对地方特色产品的挖掘，需要调味料和设备的支撑，需要整个食品加工工艺的提升以及基础配套设施的完善。地方特色能够保留下来，一定有其核心价值。企业需要抓住这一核心价值，通过预包装食品的加工方式，将其保留下来，再通过包装和销售渠道的创新，更快速地让消费者接受。产品研发应以满足消费者需求为第一原则，需要考量的是食品安全和风味，成本则排在最后。随着数字化时代的来临，消费习惯和消费情景不断改变，因此在营销中要抓住消费者的兴趣和习惯。

行业——传统与新奇为创新提供无限可能

近年来，速冻食品、挂面、调味品等方便食品行业，以传统饮食文化为根，以科学为基础，迎合消费者"新、奇、特"的风味需求，为行业的发展提供了更多可能性。

担当——环境与健康成关注重点

食品产业是一个与农业、工业等领域有着密切联系的永恒产业，是反映人民生活质量及国家文明程度的重要标志。我国食品企业应在履行安全与质量责任、环境责任、公益责任、健康责任和市场责任上争当楷模。

资料来源　连荷，王薇. 从"创新"到"创心"，方便食品行业大咖在浩瀚创新中共寻价值锚地［N］. 中国食品报，2021-10-13（1）.

10.1　食品类商品概述

食品是指供人食用、具有人体所需的营养成分或能满足人们某种嗜好的天然产物及其加工制成品。食品是将自然的食物，经过特定的加工处理，制成营养丰富、食用安全方便、易于消化吸收、具有一定色、香、味、形，便于贮藏运输、花色繁多的加工品。

随着城市居民生活水平的不断提高，以及农村居民消费由自给型向商品型的城市化转变进程的不断加快，人们对肉、鱼、蛋、水果、蔬菜的需求量日益增加，质量要求也越来越高。人们需要那些既有营养，口感又好，又具有一定的保健功能，符合我国人民传统饮食习惯，省时、省力的方便食品、功能食品、工程化食品，中国的食品工业正朝着方便化、工程化、功能化、专业化和国际化方向发展。

10.1.1　食品的分类

1）根据食品来源分类

根据来源的不同，食品分为植物性、动物性、矿物性三类。①植物性食品是以植物体本身及其附加产物为基本原料，经生产加工而成的食品，如谷类、杂粮、薯类、豆类、果蔬类及调味料等；②动物性食品是以动物为来源的食物，如畜禽肉类、水产品类、蛋类和乳类等；③矿物性食品含有丰富的矿物质元素，包括食盐、矿泉水等。

2）根据食品在膳食中所占比重分类

根据食品在膳食结构中所占比重，食品分为主食和辅（副）食。在我国，主食主要是指谷物类、豆类、薯类；辅食是指果蔬类、畜禽肉类、蛋奶类、水产品类以及加工品类（如糖、烟、酒、茶等）。

3）根据食品原料来源及经营习惯分类

根据食品原料来源及经营习惯不同，食品分为以下十二大类：粮食类、油脂类、蔬菜水果类、肉食禽蛋类、糖业糕点类、烟酒饮料类、豆制品类、水产品类、乳及乳制品类、菌产品类、调味品类和其他。

4）根据食品摄入体内后代谢状况分类

根据食品摄入体内后的代谢状况，食品分为酸性食品和碱性食品。酸性食品与碱

159

性食品，取决于食物进入人体后，经消化吸收及新陈代谢作用后所形成的最终产物是酸性物质还是碱性物质。我们可以将食物进行燃烧，分析燃烧后剩余元素的氧化物的酸碱性，来判断食品的酸碱性。①酸性食品是指食物经过燃烧后产生的灰分中主要含有磷、硫、氯等阴离子，这些元素溶于水后生成酸性溶液，主要包括畜禽肉类、鱼虾类、蛋类、谷类以及坚果中的花生、核桃、榛子等；②碱性食品是指食物经过燃烧后产生的灰分中主要含有钾、钠、钙、镁等阳离子，这些元素溶于水后生成碱性溶液，主要包括各种蔬菜、水果、豆类、奶类以及坚果中的杏仁、栗子等。

5）根据食品功能分类

功能性食品中含有对机体组织有益的活性营养成分，能有效减少人体患病的风险；与原有食品相比，功能性食品中具有特殊的营养功能，对人的心理与生理健康有益。食品按照其功能分为保健食品、其他功能性食品等。保健食品需要满足以下条件：具有特定功能的食品，适合于特定人群食用，可调节机体的功能，又不以治疗为目的。近年来，功能性蛋白、功能性膳食纤维、功能性糖原、功能性油脂、益生菌类、生物活性肽等保健和健康食品发展很快。

6）根据食品生产方法及其与人和环境的关系分类

根据食品生产方法及其与人和环境的关系，食品分为有机食品、绿色食品和无公害农产品。①有机食品是指在生产和加工中不使用任何人工合成的化学物质，如化肥、化学农药、化学生长调节剂和添加剂及转基因技术，依靠纯天然物质生产的食品。有机食品包括粮食、蔬菜、水果、奶制品、禽畜制品、蜂蜜、水产品和调料等。②绿色食品是指产自优良生态环境、按照绿色食品标准生产、实行全程质量控制并获得绿色食品标志使用权的安全、优质食用农产品及相关产品。绿色食品的产品涵盖范围包括食用农产品及加工食品，涉及类别繁多。绿色食品按质量标准分为A级绿色食品和AA级绿色食品等。③无公害农产品是指在无污染的生态环境条件下，按照无公害生产技术操作规程生产，产品中有害物质含量不超标的一类安全农产品。其产品经主管部门认定，使用无公害农产品标志，面向大众消费。无公害农产品是保障食品安全的基准线，绿色食品是有中国特色的安全环保食品，有机食品是国际上公认的安全、环保、健康食品，三者在我国都有广阔的发展空间和发展条件，能够满足不同层次消费者的需要。

7）根据食品是否使用特殊加工方法分类

根据是否使用特殊加工方法，食品分为强化食品、膨化食品和一般食品。①强化食品是为增强营养成分而向食品中添加维生素和矿物质等，我国从推行加碘盐开始，先后进行了铁酱油、强化面粉、强化大米、维A油、强化牛奶等强化食品和营养健康产品的生产和推广。②膨化食品主要是指以谷物、豆类、薯类等为主要原料，采用膨化工艺制成的体积明显增大，具有一定膨化度的酥脆食品。从营养角度来看，膨化食品可分为传统型和营养型；从加工工艺角度来看，膨化食品可分为焙烤型、油炸型、直接挤压型和花色型。

8）根据食品加工程度分类

根据食品加工程度不同，食品分为初加工食品、再加工食品和深加工食品。①初加工食品有米、面、油、食糖等；②再加工食品有面包、糕点、酒类等，这类食品是由初加工食品加工制成的；③深加工食品主要是指一些功能性食品，如婴幼儿食品等。

9）根据《食品安全国家标准 食品中农药最大残留限量》（GB2763—2021）分类

根据食品生物属性、农作特点及农药残留特性，食品分成二十七大类，并侧重初级农产品，如谷物、油料和油脂、蔬菜等。

近年来，随着人们生活节奏加快和对生活品质的追求，快捷方便的自热食品逐渐得到普及，适合于"一人食"、外出旅游等多种消费需求。自热食品是一种方便食品，不依赖常见的明火等加热方式，仅需用凉水与包装中自热包反应产生热量，即可实现对食品进行复热。

互动课堂10-1

自热食品知多少

为帮助消费者安全食用自热食品，特作如下消费提示：

1. 选择正规产品，保障食用安全

自热食品通常为预包装食品，按照《食品安全国家标准 预包装食品标签通则》（GB 7718—2011），预包装食品标签标示应包括：食品名称、配料表、净含量和规格；生产者或经销者的名称、地址和联系方式；生产日期和保质期、贮存条件、食品生产许可证编号、产品标准代号等。常见的自热食品有火锅、米饭、粥类、米线（米粉）、汤类等。消费者在选购自热食品时，要选择正规厂家生产的产品；观察包装盒体、袋体是否完整无破损；不要购买标签信息不全的产品。

2. 细看产品说明，严格操作流程

在食用自热食品前，如发现自热包有漏粉等现象，就不要使用。在加热时，应严格按照自热食品说明书的步骤操作：一是应使用凉水与自热包反应，如添加热水或者开水，就容易因反应过快，导致自热包剧烈膨胀，甚至破裂；二是在加热时，确保外包装上的透气孔或排气孔通畅，以免因蒸汽压力过大导致外包装突然开裂，发生烫伤等危险；三是使用自热食品时，将其放置在隔热垫上进行加热，不要放在玻璃、塑料等台面上，以免发生危险；四是消费者要看护好儿童，在加热过程中尽量避免触摸外包装，待自热包不再反应，食品降至适宜温度后再食用，以免烫伤；五是在自热包使用后，避免与水二次接触，导致再次发生反应。

3. 注意使用场所，携带遵守规定

自热包原料多以镁粉、铁粉、铝粉、生石灰等为主，与水反应放热时会产生少量氢气。如果多人同时大量使用自热食品，应选择空气流通好的食用场所。有的消费者会在旅途中选用自热食品，但应遵守相关规定，确保旅途安全。镁粉、铝粉属于航空危险品，中国民用航空局明令禁止随身携带和托运；自热食品在加热过程中产生的气体，可能会诱发烟雾报警，多地明确禁止在列车上使用自热食品。

资料来源　吴晓蒙，廖小军. 自热食品的消费提示［EB/OL］.［2021-08-24］. http://www.samr.gov.cn/spcjs/yjjl/spyj/202108/t20210824_333987.html.

请同学们结合资料思考：（1）什么是自热食品？（2）如何食用自热食品？

10.1.2　食品营养与食品安全知识

1）食品营养的含义

食品营养是指食物在体内经过消化、吸收、代谢，促进机体生长发育、益智健体、抗衰防病、延年益寿的综合过程。食品的营养不仅关系到人们当前的身体健康，还影响今后的生活质量。人们对食品的需求随着历史的发展也发生着变化。民以食为天，食以安为先，随着经济发展、社会进步，人们已进入"吃饱、吃好且安全"的时代。人们对食品有三大功能需求：一是"吃饱"，即满足人们对食品的基本营养需求；二是"吃好"，即满足人们对食品的嗜好性需求；三是"吃健康"，即满足人们对食品的健康性、功能性需求。

2）食品营养素的基本功能

食物中含有的对人体维持生命活动有用的物质称为营养素。营养素是食品中人们赖以生存的物质，也是组成食品的主要化学成分，人体生长发育和维持健康都需要营养素。食品营养素的基本功能包括：①提供人体活动所需的能量；②参与组织细胞的构成、更新、修复；③维持人体正常的生理功能；④调节人体生理功能的物质基础等。

3）食品营养成分

食品营养成分包括蛋白质、糖类、脂类、维生素、矿物质、水、膳食纤维七大营养素。

（1）蛋白质。

①蛋白质和核酸是生命活动中最重要的物质基础，是塑造一切细胞和组织的重要组成成分。蛋白质在人体内构成一些重要物质，如激素、酶、抗体、血红蛋白、肌肉蛋白、血浆蛋白和遗传物质等，对人体具有特殊的调节作用。②蛋白质的食物来源主要是动物性食品和植物性食品。动物性食品有蛋、奶、鱼、肉等；植物性食品有豆制品、粮食、薯类等。

（2）糖类。

①糖类是食品的重要组成成分，能够维持人体正常生长和活动能量的需要，对食品的营养、感官品质等具有重要的影响；②糖类是供给热能的营养素中最主要和最经济的一种，糖类能构成机体组织；③糖类可分为单糖、双糖和多糖；④糖类的来源有玉米、小麦、大米等。

（3）脂类。

①脂类包括脂肪和类脂两类。脂肪是一种热能较高的营养素。类脂是构成体内多种细胞的重要成分，主要分布于皮下和内脏周围，能减缓机械冲击的作用，从而保护机体的各种组织和器官。②脂类多来自乳制品和动植物油脂。食物中重要的脂类有脂肪、卵磷脂和胆固醇。

（4）维生素。

①维生素能够有效调节机体的新陈代谢，实现对疾病的预防，维持人体健康。②维生素通常分为脂溶性和水溶性两类。脂溶性维生素主要有维生素 A、维生素 D、维生素 E、维生素 K 等。例如，维生素 A 能参与调节视网膜感光物质——视紫质的合成，维持正常视觉，缺乏时易患夜盲症；能维护上皮组织的健康，增强抗病力，缺乏时使皮肤黏膜等上皮组织细胞萎缩、角化，甚至坏死；能促进机体蛋白的合成，加速

生长发育，缺乏时会导致肌肉及内脏器官萎缩、体脂减少，发育缓慢，容易感染疾病。维生素 A 的食物来源主要有动物肝脏、鱼肝油、乳类、禽类、绿色或黄色的蔬菜、水果等。水溶性维生素有维生素 B、维生素 C 等。例如，维生素 C 是人体内最重要的水溶性维生素之一，它具有多种生理功能，如抗氧化，增加人体免疫力，改善对铁、钙和叶酸的吸收等。缺乏维生素 C 会出现乏力、倦怠、牙龈出血等症状。富含维生素 C 的蔬菜有豌豆苗、菜花、苦瓜、西兰花等。③部分维生素（如维生素 A）需要从外界摄取，部分维生素（如维生素 D）则需要在体内合成。

（5）矿物质。

①矿物质是人体必需的营养素，只能从食物、水和食盐中获取。矿物质是构成肌体的重要成分，有着调节代谢、维持酸碱平衡等作用，参与构成组织，参与体内的生物化学反应，维持神经和肌肉细胞的正常兴奋性。②矿物质主要有钙、碘、锌、硒、铁、镁等。例如，钙除了有助于骨骼和牙齿的健康外，还有助于维持人体的正常凝血功能和神经传导功能，使肌肉能够正常收缩和舒张。长期缺钙会造成骨质疏松，甚至引起骨折。此外，体内缺钙的人，神经系统处于过度兴奋的状态，也容易导致失眠。富含钙的蔬菜有苋菜、小油菜、茴香、毛豆、小白菜等。铁是构成血红蛋白、肌红蛋白的必要成分，也是许多酶的生物活性部分。人体缺铁会影响血红蛋白的生成，导致贫血。镁可以激活人体内 300 多种重要酶的活性，是食物蛋白质、脂肪、葡萄糖代谢过程中重要的参与者。足够的镁可以减少钙从骨骼中流失，并且有助于提高胰岛素的敏感性。富含镁的蔬菜有菠菜、芹菜叶等。钾可以预防中风，并协助肌肉正常收缩。在因摄入高钠导致高血压时，钾还具有辅助降压的作用。此外，钾对维持身体电解质平衡具有关键作用。钾缺少时，人体表现为肌肉无力、肾脏功能障碍等。富含钾的蔬菜有嫩蚕豆、竹笋、苋菜、芥菜等。

（6）水。

①水是构成人体的重要组成成分，其含量约占体重的 2/3，食品中的营养成分只有在水溶液中才能被人体吸收；②作为润滑剂减小体内摩擦，水能够为机体新陈代谢提供液体环境，使机体代谢正常进行；③人体缺少水分后将直接威胁生命，人的生命活动离不开水，水的重要性在特定情况下胜过其他营养素；④人体中的水一半以上都是来自液体食品，如饮用水、饮料等。

（7）膳食纤维。

①膳食纤维是植物的一部分不被人体消化的糖类物质，对人体健康有着显著的益处，如刺激肠道蠕动、促进排毒、缓解便秘、控制体重、预防肠癌等。短期摄入过低或无膳食纤维的食物可以引起便秘，长期摄入过低或无膳食纤维的食物将增加患心血管疾病、肠道疾病等的风险。②富含膳食纤维的食物有黑木耳、春笋、扁豆等。

互动课堂 10-2

如果你常看手机或电脑 吃这 3 种食物对眼睛好

现代社会，人们对着手机、电脑等电子屏幕的时间越来越长，随之加重的是视疲劳程度。视疲劳的直接影响之一是近视。此外，视疲劳也会加速眼睛老化。除注意用眼卫生外，常吃以下食物也能改善视疲劳，保护眼睛。

163

猪肝：补充维生素A。维生素A是对视力至关重要的一种维生素。尤其是对经常看电子屏幕的人来说，更应该吃富含维生素A的食物。成人维生素A的需要量为男性800微克RAE/天、女性700微克RAE/天。维生素A的食物来源有两类：一是植物性的；二是动物性的。在植物性食物中，绿色或黄色蔬果如菠菜、韭菜、豌豆苗、苜蓿、青椒、红薯、胡萝卜、南瓜、杏、芒果中含β-胡萝卜素较多，进入体内后会转化成维生素A。而在动物性食物中，动物肝脏、鱼肝油、牛奶及蛋类中含量较高，是维生素A的良好来源。猪肝中维生素A的含量为4 972微克RAE/100克，含量非常丰富。不过要注意，它的嘌呤和胆固醇含量也比较高。在食用量上，对于动物内脏，在没有忌口的情况下，一般成人每月食用2~3次，每次25克（生重）左右即可。

小麦胚芽：补充维生素B1。维生素B1是视觉神经的营养来源之一，维生素B1不足，眼睛容易疲劳。此外，现在很多人喜欢吃甜食，过量摄入甜食会大量消耗体内的维生素B1，从而导致视力下降。维生素B1的食物来源非常丰富，粮谷类、薯类、豆类、酵母、硬果类、蛋类，以及动物的心、肝、肾、瘦肉都是良好的来源。其中，谷类胚芽中维生素B1含量最高，如小麦胚芽粉的维生素B1含量高达3.5毫克/100克。食用小麦胚芽，可以在煮好的粥或米饭中趁热加入，焖3~5分钟即可，或做面食时加入。

猕猴桃：补充维生素C。维生素C是组成眼球晶状体的成分之一，摄入充足的维生素C，有助于延缓眼睛老花和衰老，缓解视疲劳。刺梨、鲜枣、彩椒、小白菜、猕猴桃、草莓、西蓝花、菜花等都含有丰富的维生素C。

资料来源　于康. 如果你常看手机或电脑 吃这3种食物对眼睛好［N］. 北京青年报，2023-06-29（B03）.

请同学们结合资料思考：食品中营养成分有哪些？常吃哪3种食物对眼睛好？你认为大学生如何合理使用手机？

4）食品安全

（1）食品安全的含义。

食品安全是指食品无毒、无害，符合应当有的营养要求，对人体健康不造成任何急性、亚急性或者慢性危害。

（2）危害食品安全的因素及防治。

①食品生物性污染及其防治。食品生物性污染是指食品在生产、运输、贮藏、销售和烹调的各个环节中，受到致病微生物和寄生虫、卵的污染。防止食品生物性污染的主要措施是加强食品卫生监督，提高食品卫生的科学管理水平，改善食品加工、贮藏、运输、销售等环节的卫生条件和环境条件等。比如，防止黄曲霉素的污染，有效的措施就是控制食品的贮藏环境，防止食品发生霉变。②食品化学性污染，如化肥农药残留对食品的污染、重金属对食品的污染、添加剂对食品的污染。③食品放射性污染主要来自放射性物质的开采、冶炼以及国防、医疗、生产中放射性物质的应用与排放。放射性物质可污染大气、水、土壤和食物，人体通过呼吸、皮肤接触和进食等途径受其危害。放射性污染发生的概率低于生物性污染和化学性污染。

食品添加剂不等于非法添加物　应科学理性看待食品添加剂

色泽诱人的蛋糕甜点、口味丰富的各色饮品……这些诱人的美食都少不了食品添加剂的"功劳"。当前，我国食品安全形势持续稳中向好，但在公众中仍存在谈食品添加剂色变的情况。

公众谈食品添加剂色变，更多的原因是混淆了非法添加物和食品添加剂的概念。相关专家介绍，食品添加剂是指为改善食品品质和色、香、味以及为防腐、保鲜和加工工艺的需要而加入食品中的人工合成或者天然物质，包括营养强化剂。酸度调节剂、抗结剂、消泡剂、抗氧化剂、漂白剂、膨松剂等都是比较常见的食品添加剂。

事实上，没有食品添加剂，就没有现代食品工业。我国对食品添加剂的使用有严格的审批管理制度，只有工艺技术上确有必要，经过风险评估后，安全可靠的食品添加剂才会被批准使用。此外，对每种食品添加剂的使用范围、使用剂量等都有严格规定。对食品添加剂的管理、标识，食品添加的生产许可，也有严格的相关要求。所以，只要符合标准规定的食品添加剂都是安全的。

除了避免有害健康之外，食品添加剂的使用还要避免降低食物营养价值和避免掩盖食物质量缺陷。如不能用食品添加剂来掩盖食品腐败变质等。消费者应理性、科学看待食品添加剂，平日可以多学习和掌握相关知识，从而更好地享受美食和生活。

资料来源　范志红，高洁，于航宇. 临期食品的消费提示［EB/OL］.［2021-09-17］. http：//www.samr.gov.cn/spcjs/yjjl/spyj/202109/t20210917_334845.html.

10.2　生鲜食品

10.2.1　生鲜食品概述

1）生鲜食品的概念

生鲜食品的概念源于外资零售企业，经过多年的发展，生鲜食品经营普遍为国内消费者所认同。生鲜食品一般是指未经烹煮等熟制加工过程、未添加其他配料的食用农产品，包括畜禽肉类、果蔬类、水产品类等食品，它具有广义和狭义两个概念。狭义的生鲜食品是指"生鲜三品"，包括蔬菜水果类、肉类、水产品类。这类商品未经烹调、制作等深加工过程，基本上只做必要的保鲜和简单整理就可以上架出售。广义的生鲜食品是指"生鲜五品"，由初级产品的"生鲜三品"和加工制品的面包、熟食等现场加工品类共同组合而成。生鲜食品与人们日常生活密切相关，绿色、新鲜、健康的消费理念逐步确立，优质生鲜食品的消费已呈上升趋势。随着人们的饮食习惯倾向于快速化、多样化、绿色化发展，水产品、果蔬、鲜肉等生鲜产品的市场需求在不断增加，同时人们对生鲜食品品质、购买便捷性也提出了更高要求。

2）生鲜食品的特征

生鲜食品具有易腐性、季节性、地域性和价格波动性等特征。由于生鲜食品本身的鲜活易腐性，往往具有保质期较短、保存难度较大、不易运输和保存的特点，因此生鲜食品在销售时往往具有较强的时节性和地域性。时节性是由生鲜食品的保存时间短而导致的，而地域性则是由于生鲜食品的保存条件较高，因此运输难度加大、运输时间增长，导致运输成本的增加。生鲜食品在长距离运输的过程中，一旦气温、湿度、光照等外部物理条件发生变化，食品的风味和质量就会出现显著的下降。生鲜食品在运输和保存的过程中对气温、湿度、光照等外部物理条件的要求较高。在从生产者到达最终消费者的过程中质量变化的影响也是非常大的。另外，生鲜食品中新鲜蔬果、肉蛋种类繁多，其生产特点是生产者众多、生产规模小、产地分散。新鲜菜果及肉蛋，其色、香、味、形及成熟度等不仅因季节、产地而异，即使相同季节、产地，同一货品质量也会有差别。部分生鲜食品集锦如图10-1所示。

图10-1　部分生鲜食品集锦

10.2.2　果蔬类

1）新鲜蔬菜类

蔬菜一般是指以柔嫩多汁的植物作为重要农产品的1年生、2年生及多年生的草本植物，少数木本植物、菌类、藻类、蕨类、调味品类等的统称。据不完全统计，我国栽培的蔬菜有150多种。

（1）从商业经营的角度出发，新鲜蔬菜一般按照其可食用的部分进行分类，包括根菜类、茎菜类、叶菜类、花菜类、果菜类和食用菌类等。①根菜类食用的是变态的肉质根，按其生长形成的不同可分为：肉质直根——由直根膨大形成的肉质贮藏器官，如萝卜、胡萝卜等；肉质块根——由主根或侧根膨大而形成的，多呈纺锤形，如豆薯等。②茎菜类食用的是肥嫩而富有养分的变态茎，其外观上都具有植物茎的基本特征，即顶端有顶牙，有节和节间，有叶或叶痕并着生腋芽。地上茎菜有莴笋、蒜苗、茭白等；地下茎菜有竹笋、芦笋等；块茎菜有马铃薯、菊芋（洋姜）、山药等；球茎菜有芋头、慈姑、荸荠等；根状茎菜有藕、姜等；肉质茎菜有榨菜等；属于假茎的鳞茎菜有大蒜、洋葱、百合等。③叶菜类食用的是叶片及肥嫩的叶鞘和叶柄，也是种类最多的蔬菜。按照农业栽培的特点又可分为：普通叶菜——以幼嫩的绿叶、叶柄或嫩茎供食用，生长期短，属于快熟菜，播种后能随时采收，在蔬菜的全年供应中具有重要作用，如小白菜、油菜、菠菜等；结球叶菜——叶片大而圆，叶柄肥宽，在营养生长的末期包心而形成紧实的叶球，大多收获后处于休眠状态，因而比较耐贮藏，如大白菜和结球甘蓝（洋白菜）等；香辛叶菜——为绿叶蔬菜的一种，但在叶片和叶柄中含有挥发油成分，具有调味品作用，如大葱、韭菜、香菜、茴香等。④花菜类食用的是幼嫩的花器，种类不多，常见的主要有金针菜（黄花菜）、花椰菜（菜花）和绿菜花等。⑤果菜类食用的是果实和幼嫩的种子，可以分为：瓠果菜——果皮肥厚而肉质化，主要是一些瓜类，如黄瓜、冬瓜、南瓜、丝瓜、苦瓜等；浆果菜——中果皮肉质化或内果皮呈浆状，主要有番茄、茄子和辣椒等；荚果菜——果实呈长刀形状，主要有菜豆、豇豆、豌豆、蚕豆、毛豆和刀豆等。⑥食用菌类是一大类可食用的低等植物的总称，主要是大型无毒食用菌的子实体，如木耳和蘑菇等。

（2）以蔬菜的农业生物学特性作为依据进行分类，一般分为根菜类、白菜类、绿色蔬菜类、葱蒜类、茄果类、瓜类、豆类、薯芋类、水生蔬菜类、多年生蔬菜类、食用菌类和其他蔬菜类等。

（3）以蔬菜所含营养成分的高低作为依据进行分类，一般分为甲类、乙类、丙类、丁类的蔬菜。①甲类蔬菜：富含胡萝卜素、核黄素、维生素C、钙、纤维素等，营养价值较高，主要有小白菜、菠菜、苋菜、韭菜、雪里蕻等。②乙类蔬菜：营养仅次于甲类蔬菜，富含核黄素（如新鲜的豆类和豆芽等）、胡萝卜素（如胡萝卜、芹菜、大葱、青蒜、番茄、辣椒、红薯等）、维生素C（如大白菜、包心菜、菜花等）。③丙类蔬菜：一般含维生素较少，但是含热量较高，主要有土豆、山药、芋头、南瓜等。④丁类蔬菜：含少量维生素C，营养价值相对较低，主要有冬瓜、竹笋、茄子、茭白等。

（4）蔬菜的产品分级是指按蔬菜产品大小、重量、色泽、形状、成熟度、病虫害及其他商品要求的规定标准分为若干等级的措施。入级产品的基本品质要求是形状正常（具有该品种固有的形状）、产品新鲜、色泽良好、成熟度适宜、无机械伤和病虫害。

蔬菜产品一般分为特级品、一级品和二级品三个等级。特级品要求产品具有其品种特有的形状和色泽，不存在会影响产品特有的质地、风味的内部缺陷。大小、粗细、长短一致，在包装内产品排列整齐，允许各分级项目的总误差不超过5%。一级品的质量要求大致与特级品相似，允许个别产品在形状和色泽上稍有缺陷，并允许存在较小的不影响外观和耐贮藏性的外部缺陷，允许总误差为10%。二级品可以有某些外表或内部缺陷，该级产品只适合于就地销售或短距离运输。

课外阅读 10-1

评价分级，能否倒逼农产品"品质变革"？

近些年，随着消费物质的极大丰富，消费者对食用农产品的要求越来越高，农产品的数量、安全、卫生等基本要求得以满足后，其外观、风味、营养等要素就越来越受到关注。在质量安全的前提下，选择优质农产品已成为一种消费趋势。如果一场农产品的"品质变革"正蓄势待发，那么评价分级能否率先卷起"风暴"，将品质提升推向一个新的高度？

资料来源　丁乐坤. 评价分级，能否倒逼农产品"品质变革"？[EB/OL].［2023-12-19］. https://www.farmer.com.cn/2023/12/19/99942850.html.

要进一步了解农产品品质评价，可以扫描二维码查看。

2）果品类

中国是全球最大的水果生产和消费国。果品有鲜果和干果之分。鲜果，即新鲜水果，具有鲜艳的色泽、浓郁的香气、醇厚的味道；干果主要包括坚果和果仁。果品是饮食中不可缺少的组成部分，含有多种营养成分，可以调节代谢、预防疾病、增进健康。多数新鲜水果富含水分（80%～90%），是膳食中维生素（如维生素C、胡萝卜素、维生素B等）、矿物质（如钾、镁、钙、铁等）、膳食纤维（如纤维素、半纤维素）的重要来源。红色和黄色水果中胡萝卜素含量较高。枣类、柑橘和浆果类水果中维生素含量较高，香蕉、枣、龙眼等钾的含量较高，樱桃中铁、钾含量居水果之首。水果中矿物质的含量和种类十分丰富，常吃水果可以维持体内的酸碱平衡。水果中的有机酸比蔬菜更丰富，能刺激人的消化腺分泌，增进食欲，促进消化。水果中的膳食纤维能促进肠道蠕动等。成熟的水果比未成熟的水果营养成分更高。总之，水果不但种类多，营养价值高，在维持人体正常生理功能、促进生长发育、防治疾病、延缓衰老等方面都具有特殊的保健功能，因此颇受人们喜爱。

（1）从商业经营的角度出发，果品可按照果实的构造进行分类，主要包括仁果类、核果类、坚果类、浆果类、柑橘类、瓜类和复果类等。①仁果类：属于蔷薇科果树的果实，主要有苹果、梨、海棠、沙果、山楂、木瓜、枇杷等。其中，苹果和梨是北方的主要果品。②核果类：食用的是肥厚的中果皮，内果皮硬化而成为核，故称为核果，主要有桃、李、杏、樱桃等。③坚果类：食用的是种子或种仁，外面有木质或革质的硬壳，又称壳果或干果，主要有核桃、栗子、榛子、香榧、开心果、银杏等。④浆果类：果实含有丰富的浆液，故称为浆果，主要有葡萄、草莓、树莓、猕猴桃、石榴、人参果等。⑤柑橘类：食用的是由内果皮发育而成的囊瓣状果肉，内生许多肉质化的砂囊，果汁含在砂囊中，其外覆蜡质并含有芳香油，主要有柑橘、甜橙、柚和柠檬等。⑥瓜类：西瓜、甜瓜等通称为瓜类，瓜类味道甜美、多汁、含糖量高，是夏季消暑解渴的大众化果品。⑦复果类：果实是由整个的花序组成的，食用的是肉质的花序轴及苞片、花托、子房等，主要有菠萝、菠萝蜜和面包果等。

（2）果品按照性味可分为温热类、寒凉类和甘平类的水果。①温热类水果，是指热量密度高、糖分高的水果。这类水果食用后容易上火，身体能量增加，感觉比较"热"，体质燥热的人群对温热类水果应适量食用。常见的温热类水果有枣、栗、桃、杏、龙眼、荔枝、樱桃、石榴、菠萝等。②寒凉类水果，是指热量密度低、纤维素丰富，但脂肪、糖分含量少的水果，体质虚寒的人群对寒凉类水果应慎用。常见的寒凉类水果有柑橘、香蕉、雪梨、柿子、百合、西瓜等。③甘平类水果，适合各种体质的人群，常见的甘平类水果有葡萄、木瓜、橄榄、李子、枇杷、山楂、苹果等。

课外阅读 10-2

国产水果，为好生活再加点甜

中国是全球最大的水果生产和消费国。当国产水果逐步走向品质化路线，也意味着消费者能获得更多优质优价的水果，尝鲜时间也更长了。这是如何实现的？水果产业发展之路未来在哪儿？

国产水果迈向新品种、高品质，在销售终端体现得非常明显。从现有数据分析来看，果品供应总量非常充足，而且品种丰富，可以说是天天有果，季季有果。小品类水果品种也丰富了，海南首批国产榴莲即将迎来"树上熟"——这则消息让许多人为之振奋，意味着中国消费者将第一次吃到中国产的榴莲，打破了多年来外界认为"中国种不了榴莲"的印象。再以蓝莓为例，国际蓝莓组织发布的数据显示，2021年全球蓝莓种植面积达到23.54万公顷，中国以近7万公顷的种植面积成为全球最大的生产国，超过美国、智利和秘鲁。蓝莓在中国并非传统的食用水果，但在消费需求带动下，目前中国有20多个省级行政区进行蓝莓产业化种植。国内外蓝莓产业领军企业如美国怡颗莓、澳大利亚Costa和中国的鑫荣懋，都在中国鲜食蓝莓主产区云南进行了大量投资。

水果行业最大的变化是更多着眼于消费者的需求，从这一点出发，撬动行业从种植到销售的各个环节，带动国产水果的崛起。从全国范围来看，2021年全国果园面积约为12 962千公顷，同比增长2.5%。与此同时，苹果、梨等传统水果的面积有所调减，樱桃、猕猴桃、草莓等小品类水果面积则不断扩大。从市场表现来看，新品种价格好、高品质价格优、大品牌价格高，低端、低品质的大路货价格低，优质优价、低质低价的趋势越来越明显，价格差距进一步加大。果品转型升级的重要方向是优化产业布局，大力推进品种培优、品质提升。

资料来源　李婕. 国产水果，为好生活再加点甜（探访"水果大国"消费新趋势（下））节选［EB/OL］.［2023-06-29］. http://health.people.com.cn/n1/2023/0629/c14739-40023546.html.

10.2.3　生鲜肉类

1）生鲜肉的主要分类

随着居民生活水平的提高，对肉类等食材的新鲜度和安全性的要求越来越高。商家需要保持肉类产品的新鲜度，延长产品的货架期，给人们提供足够新鲜和安全的食品。

目前，我国市场上销售的肉类主要有热鲜肉、冷冻肉、冷鲜肉三类。①热鲜肉是指宰杀完以后直接上市的猪肉。②冷冻肉是指在-18℃的环境下冻结并保存的猪肉。③冷鲜肉是指严格按检疫标准屠宰的畜禽胴体，在0℃～4℃的环境下进行排酸处理，然后分割、包装、运输，在零售环节始终保持在0℃～4℃条件下的肉。通过排酸、成熟工艺等过程，冷鲜肉具有安全卫生、滋味鲜香、口感嫩、营养价值高等优点，越来越受到人们的欢迎。

2）生鲜肉的主要成分

生鲜肉类富含蛋白质、糖类、维生素、脂肪、有机酸、水分等，营养成分全面而丰富。其中，水分含量会直接影响肉的品质和口感：若鲜肉水分含量过高，则会导致细菌、霉菌繁殖加剧，容易引起肉品变质；若鲜肉脱水、干缩，则会导致肉品失重、脂肪氧化，影响肉的颜色、风味和组织状态，造成经济损失。

3）生鲜肉新鲜度评价

肉的新鲜度评价主要通过感官评价、理化检验和微生物检验进行。感官评价包括色泽、黏度、弹性、气味、肉汤等指标。理化检验包括挥发性盐基氮（TVB-N）、硫

169

化氢、生物胺等指标。微生物检验主要有菌落总数指标等。对新鲜生鲜肉的一般要求是：①色泽上，肌肉有光泽、红色均匀、脂肪呈白或呈淡黄色；②黏度上，外表微干或微湿润或有风干膜、不粘手，指压后立即复原；③气味上，具有鲜肉的正常气味；④做成肉汤后，透明清亮，脂肪团聚于表面，具有肉香味。

课 外 阅 读 10-3————————————————————————————

话说羊肉

随着大众生活水平的提高，羊肉作为低脂肪、高蛋白、低胆固醇食品越来越受到人们的追捧。羊肉既能御风寒又能滋补身体，自古被视为冬季的美味佳肴。羊肉营养成分因羊的年龄不同、所处地域不同、品种不同、饲养方式不同而有所差异。羊肉平均水分含量较高，能够达到70%~76%，粗蛋白质和脂肪是其主要的营养成分。同时，羊肉中矿物质的含量丰富，是人类理想的微量元素来源，对维护人体健康有着非常重要的作用。

资料来源 农业部农产品质量标准研究中心. 食用农产品消费健康科学面对面 [M]. 北京：中国标准出版社，2017.

10.2.4 水产品类

1）水产品的主要分类

水产品是指海洋和淡水渔业生产的动植物及其加工产品的统称。①按肉色区分，可分为白色肉鱼、红色肉鱼两类。②按表面形态区分，可分为鲜活水产品、冰鲜水产品、冷冻水产品、水产干货四类。其中，鲜活水产品又分为鱼、虾、蟹、贝四类。

2）水产品的主要特点及质量要求

水产品最突出的特点就是鲜活性、易腐性。我国是水产养殖大国，水产品的消费量不断提高。近年来，随着人们生活水平的不断提高，对水产品的质量提出了更高的要求，主要表现在：①要求品种优良、营养丰富、口感好；②拒绝接受食品添加剂、防腐剂、合成色素；③注重是否有药物残留、重金属污染、细菌超标等安全卫生问题；④人们更崇尚无污染、安全、优质营养的原生态绿色食品。

10.3 茶叶商品

中国是茶叶的发源地，是最早饮用茶、加工茶的国家。陆羽在《茶经》中归纳了茶叶功效，"精行俭德之人，若热渴、凝闷、脑疼、目涩、四肢烦、百节不舒，聊四五啜，与醍醐、甘露抗衡也"，茶作为中华民族的传统饮品，它的神奇功效在国民长久的使用历史中不断地被发现和总结出来。中国茶叶的种植、生产、加工、消费量始终位居全球首位，各类茶叶商品的出口贸易占有主导地位。茶与咖啡、可可并称为当今世界三大饮品，在现代人类活动中扮演着重要的角色。

10.3.1 茶叶的分类及特点

1）按照国家标准《茶叶分类》（GB/T 30766—2014）分类

国家标准《茶叶分类》（GB/T 30766—2014）首次将我国的茶叶以标准的形式进

行分类，明确以加工工艺和产品特性为主，结合茶树品种、鲜叶原料、生产地域进行分类的原则，将我国的茶叶产品分为绿茶、红茶、黄茶、白茶、乌龙茶、黑茶和再加工茶。①绿茶分为炒青绿茶、烘青绿茶、蒸青绿茶、晒青绿茶；②红茶分为工夫红茶、小种红茶、红碎茶；③黄茶分为芽型、芽叶型、多叶型；④白茶主要品种有白牡丹、白毫银针等；⑤乌龙茶分为闽南乌龙茶、闽北乌龙茶、广东乌龙茶、台式乌龙茶、其他地区乌龙茶；⑥黑茶分为湖南黑茶、四川黑茶、湖北黑茶、广西黑茶、云南黑茶、其他地区黑茶；⑦再加工茶分为花茶、紧压茶、袋泡茶、粉茶等。

另外，我国茶叶还有以下分类：①按照发酵程度分为全发酵茶、半发酵茶和不发酵茶；②按照制茶形状分为散茶、副茶、砖茶、饼茶等；③按照制茶程序分为毛茶、精茶；④按照制茶技术分为烘青茶、蒸青茶、炒青茶、晒青茶等；⑤按照茶树品种分为大红袍、铁观音等；⑥按照产茶地分为祁门茶、六安茶、西湖龙井等；⑦按照消费市场分为内销茶、外销茶、侨销茶、边销茶等。

2）主要茶叶的种类及特点

（1）绿茶。

绿茶是由鲜叶→杀青→揉捻→干燥等工序加工而成，属不发酵茶。根据加工工艺的不同分为炒青绿茶、烘青绿茶、蒸青绿茶、晒青绿茶等。①炒青绿茶是对炒锅加温，将茶叶炒干，在我国的十大传统名茶中有产于浙江杭州的西湖龙井、江苏苏州的洞庭山碧螺春。②烘青绿茶是采用烘焙的方法将茶叶烘干。其产区分布广阔，是绿茶类中较为大宗的一类，在我国的十大传统名茶中有产于安徽黄山的黄山毛峰、安徽金寨的六安瓜片、河南的信阳毛尖、贵州的都匀毛尖等。③蒸青绿茶是以蒸汽杀青制成的绿茶，蒸汽杀青工艺主要靠蒸汽发生机、蒸汽杀青机、冷却机等机械来完成。蒸青绿茶讲求三绿，即干茶色泽绿、浸泡汤色绿、泡后叶底绿，且茶的滋味甘醇鲜爽、带海藻味的绿豆香，如恩施玉露等。④晒青绿茶是利用日光将茶叶晒干，产量较少，如云南大叶种制成的滇青。优质绿茶的品质特点是条索圆紧、匀直、白毫显露、色泽绿润、香气清爽、滋味鲜醇、不带青涩味、茶汤绿色、清澈明亮、叶底肥软、嫩绿匀亮等。

课内阅读 10-2

蒸青绿茶

蒸青绿茶是我国古代最早发明的一种茶类，比炒青的历史更悠久。到了唐代，蒸青绿茶制法已逐渐完善。据《茶经》中记载，其制法为："晴，采之、蒸之、捣之、拍之、焙之、穿之、封之、茶之干矣。"将采来的新鲜茶叶，经蒸青或轻煮"捞青"软化后揉捻、干燥、碾压、造型而成。到了明代，出现了红茶、黄茶、黑茶、白茶，到了清朝才出现青茶（乌龙茶）。蒸汽杀青的目的是通过蒸汽热效应破坏茶鲜叶中氧化酶的活性，使杀青叶保持绿色，除去青味，叶体变软便于后续工序的加工。我国蒸青绿茶为数不多，主要有恩施的恩施玉露、当阳的玉泉仙人掌茶、宜兴的阳羡茶。

蒸青绿茶是古老的茶叶种类之一，具有干茶色泽深绿、茶汤浅绿、叶底青绿的"三绿"特点。自唐代即盛行蒸青制作茶叶，随着中华文化的传播，蒸青绿茶制作工

171

艺传至日本。自唐代从我国传入日本茶种及制茶方法后，日本至今仍主要采用蒸青方法制作绿茶。日本制茶业在此基础上研制出了碾茶、煎茶、玉露茶等种类，并在栽培、加工、制作方面取得发展，煎茶成了日本绿茶的当家茶类。

资料来源　编者根据相关资料整理。

（2）红茶。

红茶是由鲜叶→萎凋→揉捻→发酵→干燥等工序加工而成，属全发酵茶。发酵是其独特并形成红茶品质优劣的关键工序。红茶根据加工工艺的不同分为工夫红茶、小种红茶、红碎茶。①工夫红茶是我国特有的传统红茶品种，因做工精细而得名，工夫红茶多以产地取名，如安徽祁门的祁红、云南凤庆的滇红、江西修水的宁红、湖北五峰的宜红、四川宜宾的川红、福建福安的闽红、浙江绍兴的越红、广东高饶的粤红、湖南安化的湘红等。其中，以祁红、滇红、川红和宜红的质量最佳，而安徽祁门红茶又是我国十大传统名茶之一。工夫红茶条索紧细匀齐、色泽乌润、香气馥郁、纯正持久并有蜜糖香、滋味鲜醇爽口、汤色红艳明亮、叶底呈古铜色。②小种红茶，福建特产，初制时因烘干采用松末烟熏，所以它带有松木烟的香气。福建的"正山小种"（金骏眉）比较闻名。③红碎茶，比较闻名的是云南、广西、广东所产大叶种红碎茶。

课内阅读 10-3

祁门红茶

"祁红特绝群芳最，清誉高香不二门。"祁门红茶简称"祁红"，产于中国红茶之乡——安徽省祁门县，是红茶中的极品，其香名远扬，被誉为"群芳最""红茶皇后"。祁红是中国历史名茶、著名红茶精品。清朝光绪年以前，祁门只产绿茶，不产红茶。光绪元年（1875年）左右，祁门人士胡元龙借鉴外省的红茶制法，在祁门加工出红茶，后由北平同盛祥茶庄引入北平，在市场上获得了成功。此后经过不断摸索，制成色、香、味、形俱佳的上等红茶。祁门红茶外形条索紧细，峰苗秀丽，金毫显露，色泽乌润，汤色红艳明亮带金圈，有"镶着金边的女王"之誉，滋味鲜醇隽厚，叶底红艳匀亮，尤以香气浓郁奇妙著称，因其香气似花、似果、似蜜，国际茶市上把这种香气称为"祁门香"，是世界上唯一以地域命名其香气类型的茶叶。祁红产区自然条件优越，山地林木多，温暖湿润，土层深厚，雨量充沛，云雾多，很适宜茶树生长，所用的茶树是全国茶叶品种审定委员会议定的国家良种"祁门种"，灌木型、中叶类、树姿半开展、分枝密度中等、叶片略向上斜生、叶形长椭圆、叶面微隆起、叶色绿、富光泽、叶质柔软。祁红现采现制以保持鲜叶的有效成分，特级祁红以一芽一叶和一芽二叶为主，制作工艺精湛，分为初制和精制两大过程，初制包括萎凋、揉捻、发酵、烘干等工序；精制则将长短粗细、轻重曲直不一的毛茶，经筛分、整形、审评提选、分级归堆，同时为提高干度、保持品质、便于贮藏和进一步发挥茶香，再行复火、拼配成为形质兼优的成品茶。祁门红茶工艺精湛，是中国最早进行系统化科学研究推广的茶叶加工工艺，其科研机构也被誉为"当代中国茶叶科研人员的摇篮"。祁门红茶是中国十大名茶中唯一的红茶，与印度大吉岭红茶、斯里兰卡乌红茶并称为世界三大高香茶。祁红的制作技艺是中国红茶制法的典型代表，"祁门红茶传统制作技艺"入选了第二批国家非物质文化遗产。祁红性温良，适合各类人饮用，尤以胃寒体虚者为佳。

资料来源　编者根据相关资料整理。

（3）黄茶。

黄茶是由鲜叶→杀青→揉捻→闷黄→干燥等工序加工而成，属轻发酵茶。黄茶根据加工工艺的不同分为芽型茶（黄芽茶）、芽叶型茶（黄小茶）和多叶型茶（黄大茶）。①黄芽茶是采摘单芽或一芽一叶的细嫩原料加工而成，主要有产于湖南洞庭湖的君山银针、四川雅安的蒙顶黄芽和安徽的霍山黄芽；②黄小茶是采摘细嫩芽叶加工而成，主要有产于湖南岳阳的北港毛尖、宁乡的沩山毛尖、湖北的远安鹿苑和浙江温州的平阳黄汤；③黄大茶是采摘一芽二叶、三叶、四叶或五叶为原料制作而成，主要有产于安徽的霍山黄大茶以及广东韶关、肇庆、湛江等地的大叶青。黄茶具有茶色黄、汤黄、叶底黄，香味清悦醇和的特点。黄茶在闷黄工艺中产生了大量的消化酶，具有助消化、增进食欲、健脾胃等功效。作为黄茶代表且为我国十大传统名茶之一的君山银针，具有茶形紧实挺直、芽头肥硕、满披白毫、色泽金黄润亮、香气清鲜、汤色杏黄清澈，茶味爽甜醇厚、叶底嫩黄明亮等特点。

（4）白茶。

白茶是由鲜叶→萎凋→做青→杀青→揉捻→干燥等工序加工而成，属不发酵茶。在白茶的传统制作工艺中，萎凋是其独特的关键工序，白茶的外形、色泽、香味等主要是在萎凋过程中形成的。白茶的主要品种有白牡丹、白毫银针等，主要产于福建一带。白茶由于摘取的鲜叶经萎凋后不炒不揉，直接进行干燥，从而形成了白茶特有的品质特征：色泽银白闪亮、外形美观、外表满披白色茸毛、汤色黄亮明净、叶底匀嫩显毫、具有清鲜毫香和清甜醇爽滋味。白毫银针由于色白如银、形状似针而得名，是我国十大传统名茶之一。

（5）乌龙茶。

乌龙茶又称青茶，介于不发酵的绿茶和全发酵的红茶之间，属半发酵茶。乌龙茶是由鲜叶→萎凋→干燥等工序加工而成，做青是青茶独特的关键工序，由摇青与晾青两个环节组成。乌龙茶分为闽南乌龙茶、闽北乌龙茶、广东乌龙茶、台式乌龙茶和其他地区乌龙茶。乌龙茶主要产于福建、广东、中国台湾，以福建的产量和品种最多，比较著名的有安溪铁观音、武夷岩茶（大红袍）、广东凤凰乌龙、台湾冻顶乌龙等。乌龙茶兼有红茶和绿茶的优点，有七分绿、三分红、绿叶红镶边的独特特点。

（6）黑茶。

黑茶是由鲜叶→杀青→揉捻→渥堆→干燥等工序加工而成，属后发酵的全发酵茶。黑茶的制作工序与黄茶相比，黑茶选用较粗老的鲜叶为原料，经揉捻后，采取的是渥堆发酵工序，在该工序中通过较长时间的堆积达到完全发酵的目的，使茶叶呈现油黑色或黑褐色，故称黑茶。渥堆发酵是决定黑茶品质的关键工序，渥堆时间的长短与渥堆温湿度的高低对其品质都会产生十分重要的影响。

（7）再加工茶。

再加工茶是以绿茶、红茶、黑茶等成品茶为原料，利用茶叶的吸湿性、陈化性、吸附异味性等特性而再加工的一类茶。再加工茶主要有花茶、紧压茶、袋泡茶和粉茶等。①花茶因窖制的香花不同分为茉莉花茶、白兰花茶、珠兰花茶等。我国花茶中产量最多的是茉莉花茶，国家标准《茉莉花茶》（GB/T 22292—2017）中，根据茶坯原料不同可分为烘青茉莉花茶、炒青（含半烘炒）茉莉花茶、碎茶和片茶茉莉花茶等。②紧压茶是各种散茶经再加工蒸压成一定形状而制成的茶叶。根据采用原料茶类的不同可分为绿茶紧压茶、红茶紧压茶、乌龙茶紧压茶和黑茶紧压茶。绿茶紧压茶产于云南、四川、广西，主要有沱茶、普洱方茶等；红茶紧压茶中的茶砖主要产于湖北赵李桥；乌龙茶紧压茶中"水仙饼茶"产于福建漳平，主销闽西各地及厦门、广东一带；黑茶紧压茶主要有湖南的"湘尖""黑砖"、湖北的"老青砖"、四川的"康砖"、云南的"紧压""圆茶""饼茶"等。③在国家标准《袋泡茶》（GB/T 24690—2018）中，根据茶叶原料的不同，主要分为绿茶袋泡茶、红茶袋泡茶、乌龙茶袋泡茶、黄茶袋泡茶、白茶袋泡茶、黑茶袋泡茶和花茶袋泡茶等。

10.3.2　茶叶的主要成分及功能

1）茶多酚

茶多酚又称茶单宁，具有苦涩味和收敛性，是决定茶叶色、香、味的重要成分，茶多酚和咖啡碱含量的高低是评判茶叶质量优劣的重要指标。茶多酚是茶叶药效的主要活性成分，具有较强的抗氧化活性，是一种天然的抗氧化剂，在1991年被列入国家食品标准，而且很多研究表明茶多酚有非常明显的生理活性，可以用于防治心血管系统疾病、抗癌、防辐射等方面，同时可与茶叶中的维生素C、维生素E等产生明显的相互增效作用。

2）生物碱

茶叶中含有较多的生物碱，但含量较高的是咖啡碱。咖啡碱在茶叶中多与茶多酚结合生成大分子化合物，因此在茶汤中会出现"后浑"的现象。咖啡碱具有明显地兴奋中枢神经系统、加快血液循环、消除疲劳等作用，因此喝茶可以兴奋大脑皮层，让人思维敏捷，可以提高工作学习效率。

3）芳香油

芳香油又称挥发油、茶香精，芳香油是形成茶叶香气的主要物质，是一种很复杂的混合物，具有挥发性的香气。虽然芳香油在茶叶中含量很少，但是它能决定茶叶的香气。嫩茶、高山茶中芳香油的含量多，品质好、香气浓。鲜叶中的芳香物质以醇类化合物为主，低沸点的醇类化合物具有强烈的青草气。高沸点的醇类化合物等具有清香、花香等特性。芳香物质一部分是物质代谢的自然产物，另一部分则是制茶工艺过程中的产物。

4）蛋白质和氨基酸

茶叶中含有较多的蛋白质，干茶为17%～20%，除蛋白质外还含有一定量的游离氨基酸（1%～3%），茶叶中的氨基酸含量决定了茶汤的口感，氨基酸含量较高的茶叶，其茶汤的香味和鲜味比含量低的茶叶浓郁。由于大多数的茶叶均是采集幼嫩叶芽，因此茶叶中的游离氨基酸种类有20多种，氨基酸的存在有利于提高茶汤的滋味，使茶汤具有鲜爽味。

5）碳水化合物（糖类）

茶叶中含碳水化合物20%～30%，有单糖、双糖、淀粉、纤维素、果胶质等。单糖和双糖能使茶汤具有甜醇味，有助于提高茶香，可溶性果胶质可使茶汤具有醇厚感。

6）茶色素

茶色素是指茶叶中水溶性酚性色素的总称。茶色素是构成干茶、茶汤、叶底颜色的主要物质。绿茶的色素物质主要是叶绿素，故称为茶绿、汤绿、底绿；红茶的色素主要是儿茶素的氧化产物茶黄素和茶红素等，故称为茶红、汤红、底红。茶色素具有抗凝、抗动脉粥样硬化的作用。与此同时，有研究表明茶色素可降低紫外线导致的肿瘤发生的概率。茶色素既对人体的组织系统具有一定的调节作用，又对人体的呼吸道上皮细胞的肿瘤具有较强的抑制、稳定和缓解作用。

7）矿质元素

茶叶中的矿质元素含量是评价茶叶品质的重要指标之一，茶叶中的矿质元素有钾、钠、钙、镁、铝、铁、锌、锰、钼、硼、钛、钒、钴等，这些元素按其在自然界中存在量的大小和人类获取的难易程度，又可分为常量元素和微量元素。其中，常量元素有钾、钙、镁、铝、铁等，微量元素有硼、钛、钒、锌、锰、钼、钴、钠等。茶叶中矿质元素含量因地域不同，存在差异；茶叶采摘季节不同，元素含量存在较大差异，一般春茶中的钠、铁、钛、钒、镍、铜、砷、锶、镉、钡、铅元素比夏茶和秋茶中的含量要高，而春茶中的钙、铝、锰、镓、锗等元素则比夏茶、秋茶中的含量低；茶叶品种不同，其矿质元素含量也存在较大的差异。

8）维生素

茶叶中还含有多种维生素，维生素主要分为水溶性和脂溶性两种。维生素C是茶叶中的维生素含量最高的人体所需要的微量元素。

10.3.3　茶叶的品质鉴定及保管

1）茶叶品质鉴定

国家标准《茶叶感官审评方法》（GB/T 23776—2018），规定了茶叶感官审评的条件、方法和审评结果与判定，适用于各类茶叶的感官审评。茶叶感官审评是指审评人员运用正常的视觉、嗅觉、味觉、触觉等辨别能力，对茶叶产品的外形、汤色、香气、滋味与叶底等品质因子进行综合分析和评价的过程。

2）茶叶保管

茶叶有很强的吸潮和吸异味等吸附功能，不同的贮存条件将直接关系到茶叶产品的保质期长短，产品标准中对茶叶贮存的要求应符合《茶叶贮存》（GB/T 30375—2013）的规定。①茶叶应及时包装入库，入库的茶叶应有相应的记录（如种类、等级、数量、产地、生产日期等）和标识。②入库的茶叶应分类、分区存放，防止相互串味，入库的包装件应牢固、完整、防潮、无破损、无污染、无异味。③在保质措施方面，对库房要求应具有封闭性，黑茶和紧压茶的库房还应具有通风功能。包装应选用气密性良好且符合食品卫生要求的塑料袋（如塑料编织袋）或相应复合袋；黑茶和紧压茶宜选用透气性较好且符合卫生要求的材料；袋泡茶滤袋应符合相关食品安全国家标准中食品接触材料及制品的要求；滤纸、尼龙包装材料应满足相关要求。④绿茶要求控制温度在 10℃以下，相对湿度在 50% 以下；红茶、白茶、花茶、乌龙茶要求控制相对湿度在 50% 以下；黑茶和紧压茶要求控制相对湿度在 60% 以下。⑤茶叶应用较多的贮藏保鲜技术，如干燥贮存、普通密封贮存、低温冷藏保鲜贮存和气调保鲜贮存等。

10.4　酒类商品

　　酒是指用高粱、小麦、葡萄等粮食和水果经过糖化发酵酿造的含有乙醇的饮料。我国酿酒的历史非常悠久，其起源比人类发明文字还要早。早在 8 000 年前的新石器时代就出现了酿酒，商周时期已经出现了制作酒曲的方法，到了南北朝时期，已经出现了好几十种酒和药酒的酿造方法。陕西眉县、临潼等地发现的有关酒的文物，说明了中国酒是世界上最古老的酒种之一，中国是世界酒文化大国之一。

10.4.1　酒的分类

　　1）根据酿造方法分类

　　（1）酿造酒。它是指原料经过糖化或者不经糖化发酵后，采用压榨方法使酒与酒糟分离而制成的酒。

　　（2）蒸馏酒。它是指含淀粉或糖较多的物质原料，经过糖化、发酵后，采用蒸馏的工序制成的酒。

　　（3）配制酒。它是指用成品酒或食用酒精作为酒基，再配以香料、中草药和添加适量的糖和食用色素制成的酒。

　　2）根据酒精含量分类

　　（1）高度酒。高度酒的酒精度在 40°以上，用蒸馏法制成的酒，如白酒、威士忌等。

　　（2）中度酒。中度酒的酒精度为 20°~40°，如青梅酒、人参酒。

　　（3）低度酒。低度酒的酒精度在 20°以下，如葡萄酒、黄酒、啤酒等。

　　3）根据经营习惯分类

　　根据经营习惯不同，酒可分为白酒、黄酒、啤酒、葡萄酒、果酒、配制酒、进口酒等。

10.4.2　酒的主要品种

　　1）白酒的主要品种

　　白酒又称烧酒、白干，是以高粱、玉米等含淀粉较多的粮食或薯类为原料，以酒曲为糖化剂，用蒸馏法制成的高度酒。白酒的酒精度一般在 40°以上。

　　（1）根据白酒的香型分类。

　　①清香型又称汾香型，采用清蒸清渣工艺，在地缸内发酵制成。其特点是：酒气清香芬芳、醇厚绵软、酒味纯正、余味爽净，以山西汾酒为代表，其他有衡水老白干

等。②浓香型又称窖香型，采用混蒸续渣工艺，在陈年老窖或人工酒窖内发酵制成。其特点是：酒气芬芳浓郁、绵柔甘冽、香味协调、回味悠久，以四川五粮液为代表，其他有剑南春、古井贡酒、洋河大曲等。③酱香型又称茅香型，采用超高温制曲、堆积清蒸等酿造工艺，在石窖或泥窖内发酵制成。其特点是：酱香突出、幽雅细致、回香绵长、酒体醇厚，以贵州茅台酒为代表，其他有郎酒、武陵酒等。④米香型又称蜜香型，采用酱香、浓香两种香型的某些特殊工艺酿造制成。其特点是：蜜香清柔、入口绵甜、落口甘冽、回味怡畅，以桂林三花酒为代表，其他有广西全州湘山酒、黑米酒等。⑤复香型又称兼香型或混香型，此香型酿酒工艺独特、大小曲都用、发酵时间长，兼有两种以上香型的白酒风格。其特点是：清澈透明、入口绵柔、醇香浓郁、余味悠长，以陕西西凤酒为代表。

（2）根据白酒的发酵状态分类。

①固态白酒是采用固态糖化、固态发酵和固态蒸馏的传统工艺酿制而成的白酒。固态白酒分为大曲酒、小曲酒、麸曲酒、混曲酒和其他糖化剂酒。②半固态白酒是采用固态培菌、糖化，加水后，在液态下发酵、蒸馏的传统工艺酿制而成的白酒。③液态白酒是主要采用液态糖化、液态发酵、液态蒸馏而制成的白酒。

2）啤酒的主要品种

啤酒是以麦芽、啤酒花为主要原料，再添加水、淀粉、酵母等辅料，经过发酵酿制的一种富含二氧化碳的发酵酒，是酒类中酒精度最低的酒，一般在3.5°左右。啤酒中除含有大量的二氧化碳外，还含有多种营养成分如糖类、蛋白质、氨基酸、维生素等，素有"液体面包"之称。其主要特点是营养丰富，且营养成分易被人体消化吸收，发热量高，可健脾开胃，增进食欲。

（1）根据啤酒麦汁浓度的不同分类。

啤酒根据其麦汁浓度的不同可分为低浓度、中浓度和高浓度啤酒三种。①低浓度啤酒发酵前麦汁的浓度通常只有6°~8°，酒精度约为2°（重量计），较适合于夏天作为清凉饮料，它的稳定性差，需要注意控制保存温度和保存期；②中浓度啤酒的麦汁浓度为10°~20°，尤以11°~12°为最普遍，酒精度在3.5°左右（重量计），这是啤酒中产量最多的品种；③高浓度啤酒的麦汁浓度为14°~20°，酒精度为4.9°~5°，这种啤酒的稳定性较好，适宜贮存和远销。

（2）根据啤酒杀菌处理分类。

根据啤酒杀菌与否可分为熟啤酒、纯生啤酒、生啤酒。①熟啤酒在啤酒发酵勾兑装瓶后，通过巴氏杀菌的啤酒，也有的啤酒是装瓶前煮沸，然后再充入二氧化碳，最后装瓶，保存时间较长。②纯生啤酒采用低温无菌膜过滤除菌达到生物稳定性，在不影响啤酒风味的基础上，使其能够和熟啤酒有相同的保质期，而且随着贮存时间的延长，风味变化不会太大。③生啤酒又称鲜啤，不经过高温杀菌，只经过一次简易的过滤，直接灌装。这种做法比较完整地保留了啤酒的营养、风味和口感。生啤酒的优点是颜色清亮、泡沫细腻、口感好，缺点也很明显，就是保质期很短，一般只有3~7天。扎啤和原浆都属于生啤。

（3）根据啤酒颜色的深浅分类。

根据啤酒颜色的深浅可分为淡色啤酒、浓色啤酒、黑色啤酒。①淡色啤酒呈淡黄色，采用短麦芽做原料、糖化周期一般较短，酒花香气突出，口味清爽，是我国啤酒生产的大宗产品。②浓色啤酒，一般采用溶解度高或者烙焦温度高，通风不良且色泽较深的麦芽，这种麦芽酿制过程糖化周期较长，麦汁冷却时接触空气较多，所以其颜色较重。浓色啤酒口味较醇厚，苦味较轻，麦芽香味突出，具有独特的啤酒原始风味。③黑色啤酒的原麦汁浓度为 $11.5°\sim11.8°$，颜色特别深，呈黑褐色或深红褐色，酒精度较高，为 $4.8°\sim5°$。生产时用高温烘烤麦芽酿造，酒液突出麦芽香味和麦芽焦香味，口味比较醇厚，略带甜味，酒花的苦味不明显。

另外，还有特种啤酒，如干啤酒、冰啤酒、低醇啤酒、无醇啤酒、小麦啤酒等。

3）葡萄酒的主要品种

葡萄酒是用葡萄为原料经压榨和发酵酿制的低酒精发酵酒。酒精度一般为 $7°\sim24°$。葡萄酒具有天然色泽、水果香气，还具有酒的醇香。葡萄酒的主要成分有酒精、水、糖类、有机酸、无机物质、含氮物质、果胶质和各种维生素；葡萄酒中的微量元素参与人体的代谢；葡萄酒中含有少量的铁，具有补血作用；葡萄酒中含有的肌醇、烟酸、多酚等成分，可以软化血管，对心血管患者很有好处。

（1）根据葡萄酒酒液色泽分类。

按照酒液色泽的不同，可分为红葡萄酒、白葡萄酒和桃红葡萄酒（如桃红色、玫瑰红色、淡红色等）。

（2）根据葡萄酒含糖量分类。

按照含糖量不同，可分为干葡萄酒（含糖量为4%以下）和甜葡萄酒（含糖量为4%~14%）。

另外，葡萄酒按照添加剂种类的不同，可分为起泡葡萄酒、利口葡萄酒、加香葡萄酒；按照饮用时间的不同，可分为餐前葡萄酒、佐餐葡萄酒、餐后葡萄酒；按照葡萄来源的不同，可分为家葡萄酒、山葡萄酒等。

4）黄酒的主要品种

黄酒又称料酒，是以糯米、籼米、粳米、玉米等含淀粉类粮食为主要原料，蒸熟后加入专门的酒曲，经麦曲糖化、发酵而酿成低酒精压榨酒。酒精度一般为 $16°\sim20°$。黄酒是我国最古老的一类饮料酒，因其多数品种呈黄色，故名为黄酒。

黄酒分类方法很多，主要有：（1）按照酿酒原料、工艺及成品风格的不同，可分为江南黄酒、福建黄酒、北方黄酒三类。江南黄酒比较有代表性的是绍兴黄酒，北方黄酒比较有代表性的是即墨老酒。（2）按照黄酒的糖分不同，可分为干型黄酒、半干型黄酒、甜型黄酒、半甜型黄酒、浓甜型黄酒五种。

10.4.3　酒类商品的标签及质量要求

1）酒类商品的标签

酒类商品的标签应粘贴得整齐、端正，字迹清晰、符合规范。酒类商品标签与普通预包装食品标签的要求不同，标签内容除了必须符合国家标准《食品安全国家标准 预包装食品标签通则》（GB 7718—2011）外，还必须符合国家标准《食品安全国家标准 蒸馏酒及其配制酒》（GB 2757—2012）和国家标准《食品安全国家标准发酵酒及其配制酒》（GB 2758—2012）等规定。一般饮料酒标签需强制标示以下内容：酒名称、配料清单、酒精度、原麦汁/原果汁含量、制造者/经销者的名称和地址、日期标示和贮藏说明、净含量、产品标准号、质量等级、警示语以及生产许可证等。

对蒸馏酒及其配制酒的标签：必须以"%vol"为单位标示酒精度，强制要求标示"过量饮酒有害健康"等警示语。酒精度大于等于10%vol的饮料酒可免于标示保质期等。

对发酵酒及其配制酒的标签：必须以"%vol"为单位标示酒精度，啤酒应标识原麦汁浓度，以"原麦汁浓度"为标题，以柏拉图度符号"°P"为单位。果酒（葡萄酒除外）应标示原果汁含量，在配料表中以"××%"表示。例如，"蓝莓（70%）"，表示含有70%的原果汁。同时，标签上应标示"过量饮酒有害健康"等警示语。用玻璃瓶包装的啤酒应标示如"切勿撞击防止爆瓶"等警示语。葡萄酒和其他酒精度大于等于10°的发酵酒及其配制酒可免于标示保质期。发酵酒及其配制酒标签除酒精度、原麦汁浓度、原果汁含量、警示语和保质期的标识外，还应符合国家标准《食品安全国家标准 预包装食品标签通则》（GB 7718—2011）的规定。

2）白酒类商品的质量要求

（1）感官要求。

①色：无色透明，清亮无悬浮物，无混浊和沉淀物；②香：清香，芳香扑鼻，饮后有回味余香；③味：醇厚，不酸，无怪味，无强烈刺激性等；④风格：是对酒的色、香、味全面评价的综合体现。

（2）理化及安全要求。

①酒精：白酒酒精含量应符合各种白酒所规定的含量标准，以"%vol"为单位标示酒精度；②甲醇：以粮谷类为原料的蒸馏酒或其配制酒中甲醇限量指标为≤0.6g/L（以100%vol酒精度计），以其他为原料生产的蒸馏酒或其配制酒中甲醇限量指标为≤2.0 g/L（以100%vol酒精度计）；③氰化物：其限量指标为≤8.0 mg/L（以100%vol酒精度计）。

3）啤酒类商品的质量要求

（1）感官要求。

①透明度：酒液应澄清透明、无杂质、无沉淀，不含明显的悬浮粒。②气味与滋味：应有明显的酒花香味、口味纯正、无其他异味，浅色啤酒要求酒花香气突出，深色啤酒要求麦芽香气突出。③泡沫：啤酒注入杯中，有泡沫升起，细腻洁白，消失缓慢，有密集泡沫产生，持久挂杯。如果倒入杯中后，泡沫消散很快，泡沫粗黄，不挂杯，则视为不合格产品。

（2）理化及安全要求。

①酒精：啤酒中酒精含量与麦汁浓度和发酵度有关系。②原麦汁浓度：原麦汁浓度是啤酒的一项重要理化指标，低浓度啤酒、中浓度啤酒、高浓度啤酒对原麦汁浓度要求不同。③总酸：酒中酸对啤酒的风味影响较大。适量的酸可改进啤酒的风味，但酸含量过多会使啤酒风味变坏。啤酒中总酸在1.8%～3.0%为佳。④甲醇：啤酒中甲醇限量指标为≤2.0mg/L。⑤砷：啤酒中砷（无机砷）限量指标为≤0.05mg/kg。

179

互动课堂 10-3

选购啤酒小知识

你喝过哪种啤酒？你知道啤酒怎么生产的吗？如何挑选优质啤酒呢？下面让我们一起来了解一下与啤酒相关的小知识，让您明明白白喝啤酒。

1.啤酒的生产

啤酒的生产大致可分为制麦、糖化、发酵、包装四个工序。(1) 制麦：麦芽的制备，简单来说是使大麦发芽，将大麦中酵母不能利用的淀粉，变为酵母可以利用的糖。(2) 糖化：将麦芽、大米、玉米等原辅料粉碎、糊化、糖化，然后煮沸、沉淀，变为发酵用的麦芽汁，在这个过程中会加入啤酒的灵魂——啤酒花。(3) 发酵：首先将麦芽汁加入啤酒酵母发酵，使麦芽汁中的糖变为酒精和二氧化碳，大约一周后发酵为"嫩啤酒"，这种啤酒不能喝，味道很苦、很冲；然后，再经过7~21天的发酵使其成熟；最后，经过过滤把沉淀物和酵母除去，啤酒就制作好了。(4) 包装：有的啤酒为了便于贮存会选择杀菌，即熟啤酒；有的啤酒为了保持酒的风味会选择不杀菌，即生啤酒或鲜啤酒，再经过包装就可以销售了。

2.如何挑选优质啤酒呢？

(1) 看配料：通常情况下，优质的啤酒配料只包含啤酒花、水、麦芽 3 种物质，这也是大家判断啤酒是否优质的最直接的标准。如果用啤酒花制品替代啤酒花，即用玉米、大米、淀粉来替代麦芽，这样一来，啤酒的生产成本就大大降低了。(2) 看原麦汁浓度：我们经常在酒瓶上见到"8°P"字样，表示啤酒的原麦汁浓度；而在产品参数表中"酒精度≥2.5%vol"字样，则表示啤酒的酒精度。原麦汁浓度越高的酒，口感越醇厚，营养价值越高，保质期也就越长。而我们日常喝的啤酒的酒精度一般为2%vol~4%vol。

3.饮酒注意事项

(1) 不宜早饮。清早胃肠处于"饥饿状态"，饮酒之后，酒液由胃直接进入小肠，马上参与血液循环，对身体危害很大。所谓"早酒易醉"，就是这个道理。(2) 不宜畅饮。饮酒应以细品慢咽为妙，融情于饮酒之中，既过了酒瘾，又不致伤身。(3) 不宜连饮。醉相叠，日久必会成疾。当盛情难却时，不妨以茶代酒、以果汁代酒，求得两全其美、皆大欢喜。

资料来源　刘秋艳，连欣悦，容格清，等.膳食纤维生理功能研究进展 [J]. 粮食与食品工业，2021 (4).

请同学们结合资料思考：(1) 如何挑选优质啤酒？(2) 饮酒时应注意的事项有哪些？

单元小结

本单元主要从食品概况入手，分别介绍了生鲜食品、茶叶类、酒类等商品。食品是供人食用、具有人体所需的营养成分或能满足人们某种嗜好的天然产物及其加工制成品。食品的营养成分主要有水分、蛋白质、脂类、维生素、糖类、矿物质等。食品商品根据选择不同分类标志，可以将食品划分为不同类别。其中自热食品、功能性食品、无公害食品、绿色食品、有机食品等类别越来越受到消费者欢迎。生鲜食品一般是指未经烹煮等熟制加工过程、未添加其他配料的食用农产品，包括畜禽肉类、果蔬类、水产品类等食品，种类繁多，营养丰富。我国是茶叶的发源地，茶叶种类繁多，主要有绿茶、红茶、黄茶、白茶、乌龙茶、黑茶和再加工茶。茶叶感官审评是指审评人员运用正常的视觉、嗅觉、味觉、触觉等辨别能力，对茶叶产品的外形、汤色、香气、滋味与叶底等品质因子进行综合分析和评价的过程。茶叶有很强的吸潮和吸异味等吸附功能，不同的贮存条件将直接关系到茶叶产品的保质期长短。酒是指用高粱、小麦、葡萄等粮食和水果经过糖化发酵酿造的含有乙醇的饮料。我国酿酒历史非常悠久，酒的种类繁多，主要有白酒、黄酒、啤酒、葡萄酒、果酒、配制酒等。酒类商品质量要求主要有感官要求、理化及安全要求等。酒类商品的标签应粘贴整齐端正，字迹清晰，尤其是要符合国家标准（如《食品安全国家标准 预包装食品标签通则》《食品安全国家标准 蒸馏酒及其配制酒》《食品安全国家标准 发酵酒及其配制酒》等）的要求。

主要概念

生鲜食品　功能性食品　自热食品　绿色食品　有机食品　膳食纤维

基础训练

一、选择题

1.苹果属于（　　）。

A.仁果类　　　　　B.核果类　　　　　C.坚果类　　　　　D.浆果类

2.化肥农药残留对食品的污染属于（　　）。

A.物理性污染　　　B.化学性污染　　　C.生物性污染　　　D.放射性污染

3.红茶属于（　　）。

A.不发酵茶　　　　B.半发酵茶　　　　C.全发酵茶　　　　D.其他茶

4.根据酒的酿造方法不同，可分为（　　）。

A.酿造酒　　　　　B.蒸馏酒　　　　　C.配制酒　　　　　D.高度酒

5.素有"液体面包"之称的酒类是（　　）。

A.白酒　　　　　　B.葡萄酒　　　　　C.啤酒　　　　　　D.黄酒

6.决定茶叶色、香、味的重要成分是（　　）。

A.茶多酚　　　　　B.生物碱　　　　　C.芳香油　　　　　D.氨基酸

7.以贵州茅台酒为代表的白酒属于（　　）。

A.米香型　　　　　B.清香型　　　　　C.浓香型　　　　　D.酱香型

8.具有"七分绿、三分红，绿叶红镶边"的独特特点的茶叶是（　　）。

A.绿茶　　　　　　B.红茶　　　　　　C.花茶　　　　　　D.乌龙茶

9.冷鲜肉需要在（　　）环境下进行排酸处理、分割、包装、运输及零售等。

A.0℃~4℃   B.2℃~4℃   C.4℃~6℃   D.6℃~10℃

10.属于水溶性维生素的是（   ）。

A.维生素A   B.维生素C   C.维生素D   D.维生素E

二、判断题

1.根据来源的不同，可把食品分为植物性、动物性、矿物性三类。   （   ）

2.食品营养成分包括蛋白质、脂肪、糖类、矿物质、维生素、水等。   （   ）

3.蛋白质的食物来源主要是动物性食品和植物性食品。   （   ）

4.近几年流行的自热食品是一种方便食品。   （   ）

5.维生素能够有效调节机体新陈代谢，预防疾病，维持人的身体健康。   （   ）

6.啤酒标识的原麦汁浓度是指其酒精的含量。   （   ）

7.绿色食品、有机食品、无公害农产品都是安全食品，其标准要求是完全一致的。   （   ）

8.生鲜肉类的感官评价主要包括色泽、黏度、弹性、气味、肉汤等指标。   （   ）

三、简答题

1.食品营养成分主要有哪些？

2.茶叶商品如何贮存保管？

3.啤酒类商品的感官要求有哪些？

4.葡萄酒的主要成分及品种包括哪些？

5.我国茶叶以标准的形式是如何进行分类的？

6.饮料酒标签上需要强制标示哪些内容？

7.绿色食品、有机食品、无公害食品有什么不同？

实践训练

案例：全脂、低脂、脱脂奶哪种好？

买牛奶时，看到"全脂""低脂""脱脂"的字样，会不会有点纠结？到底买哪种更好？

为什么劝你多喝奶？

奶及奶制品营养成分丰富、组成比例适宜，容易被消化吸收，可以提供优质蛋白质、维生素A、维生素B2和钙等。牛奶中蛋白质含量约为3%，消化率达90%以上，其必需的氨基酸比例符合人体需要，属于优质蛋白质。牛奶中脂肪含量约为3%~4%，并以微脂肪球的形式存在，有利于消化吸收。牛奶中的碳水化合物主要为乳糖，具有调节胃酸、促进胃肠蠕动和消化液分泌的作用，并能促进钙、铁、锌等矿物质的吸收。牛奶富含钙、磷、钾，是膳食中钙的最佳来源。保证每天吃适量奶或者奶制品有利于骨骼健康，促进儿童的生长发育。

《中国居民膳食指南（2022）》建议，吃各种各样的奶制品，保证每天吃相当于300ml以上液态奶。

全脂、低脂、脱脂奶哪个好？

市面上销售的牛奶有全脂、低脂、脱脂之分。顾名思义，这三类牛奶的差别主要在脂肪含量上，其他的营养成分差别不大。以市售某品牌全脂、低脂、脱脂奶为例，将全脂、低脂、脱脂奶的能量及产能营养素含量进行对比发现：

1.三种牛奶的蛋白质、碳水化合物含量相近；2.三种牛奶中脂肪含量差别较大。全脂奶的脂肪含量约为低脂奶的 2 倍，而脱脂奶中几乎不含脂肪；3.脱脂奶在脱脂过程中，除降低了牛奶中的脂肪含量外，溶解在脂肪里对健康有益的脂溶性维生素，如维生素 A、维生素 D、维生素 E 等也被一并脱去了；4.全脂奶及其制品的摄入与乳腺癌发病风险无关，但增加对低脂奶及其制品的摄入，可降低乳腺癌发病风险。

应该如何选择牛奶？

根据自己的身体情况，选择合适的牛奶：1.乳糖不耐受症者可以选择酸奶或舒化奶；2.体重超重或肥胖者可以选择低脂牛奶或脱脂牛奶；3.没有乳糖不耐受症者或体重未超标者，可以选择全脂牛奶。

如果体重正常的您还在担心全脂奶中的脂肪，那就来为大家算一笔账——市面上销售的牛奶通常每个包装为 250 毫升，约含 9.3 克脂肪。而手掌心大小的肉，约为 50 克，50 克的猪肉含有 18.5 克脂肪，而同等大小的羊肉含有 7.1 克脂肪、牛肉含有 2.1 克脂肪、鸭肉含有 9.9 克脂肪、鸡肉含有 4.7 克脂肪。因此，就算你喝了一瓶全脂奶，摄入的脂肪含量也就相当于一块肉。其实，体重正常者完全没必要纠结喝全脂奶多出来的几克脂肪，合理膳食才是最重要的。

资料来源　马冠生. 全脂、低脂、脱脂奶哪种好？[N]. 北京青年报，2023-06-29（B03）.

结合案例分析：

1.奶及奶制品的主要营养成分是什么？

2.全脂、低脂、脱脂奶哪个好？

3.如何开展合理膳食？

服装类商品

【学习目标】

通过本单元的学习，达到以下学习目标：

知识目标：了解服装主要材料的种类，理解天然纤维和化学纤维的不同特点，熟悉服装分类及功能特点，明确服装标准及质量要求、保管要求。

能力目标：结合引例、基础训练、实践训练等，培养学生区分服装的不同材质，能够识别服装的各种标志，根据顾客需求进行服装销售和保管技能。

素养目标：结合教学内容、案例资料等，通过互动课堂、案例分析等形式，引导学生树立绿色环保意识，积极参与中华服饰文化传承与创新活动，帮助学生形成正确的职业行为和道德规范。

【单元框架】

功能与艺术结合　北京冬奥会制服装备亮相

在北京 2022 年冬奥会倒计时 100 天之际，冬奥赛场的流动风景线——北京冬奥会和冬残奥会制服装备正式亮相。这套从 600 多套外观设计作品中脱颖而出的制服装备，前后进行了 8 轮版型优化，蕴藏着深厚的文化内涵和丰富的科技含量，融合了中国传统山水画与冬奥核心图形的雪山图景，将功能性、民族性和艺术性完美结合，可以实现温度变化和场景转换下的自由穿搭。

水墨轻岚　天人合一

冬奥制服装备供北京冬奥会和冬残奥会工作人员、技术官员及志愿者穿着使用，包含服装、鞋品、配件三类。冬奥制服装备的外观设计，灵感来源于中国传统山水画与冬奥会核心图形的雪山图景。冬奥核心图形的设计展现了中国传统的"道法自然、天人合一"思想，融合了京张赛区山形、长城形态，以及《千里江山图》的青绿山水。而北京冬奥组委最终确定的制服外观设计，则将冬奥核心图形合理地拓展到立体化的服装上，运用具有中国水墨画韵味的笔触、浓厚淡薄的线条、远近虚实的层次，将传统美学和冰雪运动巧妙地联系、融合在一起。在色彩选择上，沉稳的墨色和跃动的霞光红展现了工作人员的实干和热情，中性的长城灰彰显技术官员的客观公正，明亮的天霁蓝展示志愿者的青春活力，纯洁的瑞雪白作为调和色象征着"瑞雪兆丰年"。霞光红、长城灰、天霁蓝、瑞雪白，这些冬奥色彩中的主色勾勒出冬奥会的恢弘场景与空间意境，以及冬季运动的节奏感和韵律感。

万里挑一　双奥传承

在筹划、设计、生产制作赛时制服的过程中，北京冬奥组委制服工作团队、主创设计师以及北京冬奥组委官方合作伙伴安踏公司全身心投入。对制服装备面料选择、版型提升、外观设计等进行把关。依托北京服装学院、安踏公司组建"制服装备研发实验室"，在面料、结构、工艺等方面不断研发，完成样衣测试。借助冬奥会大型的国际化平台，可以很好地树立中国文化的形象，制服是奥运会重要的服装设计项目，设计一定要有国家品牌形象的意识，从而传达中国人民的精神风貌和时尚观点。

科技创新　注重细节

轻便保暖、美观舒适，是冬奥制服研发的题中之义，北京冬奥组委充分发挥专业力量、专业机构的作用，推进新材料、新工艺、新技术的应用，提升制服装备功能和防护作用。防寒服采用了内里无缝线热熔压合工艺，达到了防风、防水、防漏绒的优良特性。制服装备在设计、生产、发放等各环节也着力践行绿色环保和可持续理念。

资料来源　马艳. 功能与艺术结合　北京冬奥会制服装备亮相 [N]. 中国工业报，2021-11-17（4）.

11.1　服装类商品概述

中国是一个具有 5 000 多年历史的文明古国，中国服装也有着璀璨的发展历史。服装行业是我国传统支柱产业之一，在国民经济中处于重要地位。近年来，我国的纺织服装业有了较大的发展，也在较大程度上推动了国民经济的发展。

服装是指用于穿着并覆盖人体的着装总称。服装最基本的功能是实用功能，服装的审美和标识功能不仅反映物质生活水平，还反映社会、政治、文化等诸多现象，折射出社会政治、经济、民俗、宗教、伦理、社会风尚、价值观念以及社会心理等方面的发展变化，反映中国民众不同时期的生活方式、审美意趣以及对时尚的不同理解和追求。服装的面料、款式和色彩等要素与穿着人的体型、性格、职业以及环境等相互影响，服装经历数千年的发展，文化也在服装的发展中得到继承和展现。

课　外　阅　读 11-1

中国服装品牌历史与发展轨迹

随着全球经济的发展和人们生活水平的提高，服装品牌在消费者生活中的地位日益重要。中国作为全球最大的服装制造、加工和消费中心，服装品牌的发展自然受到世界各国关注。

中国服装品牌的发展历程悠久，具有丰富的文化内涵和独特的风格演变。现代意义上的品牌发展起步较晚，与国际品牌的差距较大，具体体现在品牌形象、文化内涵等方面存在显著差异。中国服装的具体发展历程大致可分为萌芽期、发展期、成熟期三个阶段。

资料来源　敖欢．中外服装品牌发展因素与差异研究 [J]．染整技术，2024（11）．

要进一步了解中国服装品牌的历史与发展轨迹，可以扫描二维码查看。

11.1.1　服装面料的分类及特点

构成服装的三大要素有服装色彩、款式造型和服装面料。而在服装的三大要素中，又以服装面料为基础和根本，服装面料的发展，引导着服装潮流的变迁，也创造了服饰文化的历史。服装面料的作用就是要满足各种各样服装的要求，能够塑造各种各样风格、形象的服装，体现服装不同的外观和内涵，使人们在生理上和心理上得到满足。服装面料的发展大致可以划分为：天然纤维的发现和生产；普通化学纤维的发明和生产；新合成纤维、再生纤维、功能纤维等的开发和研制。

1）天然纤维

天然纤维是指自然界原有的，或从经人工培植的植物、人工饲养的动物中获得的纺织纤维。天然纤维按来源分为动物纤维、植物纤维、矿物纤维三类。其中，动物纤维主要包括丝纤维、毛纤维等；植物纤维主要包括棉纤维、麻纤维。近年来，竹纤维被称为第五种天然纤维，竹纤维是一种由我国自主研发成功的天然纤维。竹纤维是指以竹子为原料，采用独特的物理、化学等方法取出竹子中的木质素和多糖等物质。竹纤维是可持续利用的天然优质纺织原料。

（1）棉纤维。①棉花在我国的大规模种植推广，得益于黄道婆，她是宋末元初著名的棉纺织家、技术改革家，在清代被尊为布业的始祖。②在不同历史时期，我国主要栽培的棉花品种也不一样，亚洲棉引入历史最久，种植时间最长，同时栽培区域较广；陆地棉引入我国的历史较短，但发展很快，在19世纪50年代取代了亚洲棉。20

187

世纪后期，带有颜色的棉花——彩棉，逐渐成为各国棉纤维研究、试验的热点。③按照棉花的品种分类，可分为细绒棉和长绒棉。细绒棉的纤维线密度和长度中等，一般长度为25～35mm，长绒棉的纤维细而长，一般长度在33mm以上。棉纤维在生长过程中自然形成的天然转曲，使其具有较高的强度、较好的弹性和柔和的光泽，而棉纤维的中空结构，使其具有良好的保暖性、透气性、吸湿性和染色性。用棉纤维制成的衣物，有很好的吸水性和透气性，在舒适性方面，其集合了麻纤维与丝绸纤维二者的优势于一体。相比麻纤维产品，棉纤维产品的柔软性和贴合程度明显提升，具有良好的舒适性能，成为深受人们喜欢的服装材料。

课 内 阅 读 11-1

长绒棉简介

中国是世界第一大棉产国，第二是美国，第三是乌兹别克斯坦。棉花一般按照纤维的长短可分为长绒棉和细绒棉。目前我国除新疆之外，绝大部分棉区种的都是细绒棉。

（1）新疆长绒棉的特点。新疆长绒棉因纤维较长而得名，产于新疆吐鲁番盆地、塔里木盆地的阿克苏、巴音郭楞、喀什等地。新疆长绒棉没那么肥大的棉瓣，其棉籽比细绒棉多，看起来还很瘦，但是从远处看，它很亮白，拉开来看上面有丝光，光的反射率非常好。在新疆棉区所见的长绒棉，不仅纤维长度长，还具有纤维强度高、细、洁白光泽、弹性好的特点，是纺高支纱和特种纺织工业不可缺少的原料。新疆长绒棉柔软度、光泽度、亲肤度、透气性、弹力等均远超普通棉。新疆长绒棉品质优良，各项质量指标均超过国家规定标准，吐鲁番盆地所产尤佳，其纤维柔长，洁白光泽，弹性良好。新疆长绒棉可制成高级大胎帘子布、防化与防原子辐射布、其他纺织品，以及各类宝塔线、缝纫线、绣花线、针织线等。

（2）新疆长绒棉的采摘。棉花生长期为200天左右，采摘期集中在40天左右，每年9月至10月棉花必须采摘完成，否则到10月底左右，棉桃就要落地。由于新疆地广人稀，在新疆棉花产量日益增长的同时，也出现了"幸福的烦恼"——采棉人力严重短缺。每到棉花成熟季节，仅靠本地棉农采摘，已经无法抢在无霜期结束前收获全部棉花，而机械化采摘还存在一些技术障碍，难以实现规模普及。这样，每年9月至10月就形成了百万"采棉大军"赴疆采棉的壮观景象。

资料来源　编者根据相关资料整理。

（2）麻纤维。①人类最早使用的天然纤维是麻类，它的发现和运用居天然纤维之首。麻是我国的本土作物，对环境的适应性强，在我国有广泛的种植。麻类植物品种繁多，一般来说应用于纺织的麻类植物有十多种。在古代，我国种植的麻类作物品种以大麻和苎麻为主，还有其他一些品种占比较小，如苘麻、黄麻、亚麻、荨麻和罗布麻等。黄麻主要在南方种植，而苘麻和亚麻则分布在北方。②纺纱用的麻类纤维可分为韧皮纤维和叶纤维。韧皮纤维是双子叶植物茎的韧皮层内部丛生成束的纤维，如苎麻、亚麻、黄麻、大麻、苘麻、荨麻、罗布麻等；叶纤维是单子叶植物的叶鞘和叶身内的维管束纤维，如剑麻、蕉麻、菠萝麻等。③亚麻纤维素有"天然纤维皇后"之美称。一是它可以表示亚麻在诸多纺织纤维中受人喜爱的程度，同时可以显示其高贵的等级；二是由于亚麻纤维是天然纤维中最细的品种，"皇后"一词用以体现其在麻类纤维中手感最为柔软的特性。亚麻纤维具有拉力强、柔软、细度好、导电弱、吸水和散水快、膨胀率大等特点，可纺高支纱，作为高级衣料。亚麻以其天然绿色环保的特性受到广大消费者的青睐。④麻纤维具有纤维长、强度高、伸长小、质地轻、抗紫外线、无静电、寿命长、耐日晒、传热和导热快、凉爽挺括、良好的吸湿散湿与透气性等特点，用麻纤维纺成的纱线可广泛应用于服装、装饰品等。韧皮纤维中的亚麻、苎麻是非常优良的麻类品种，其纤维未木质化，具有强度高、伸长小、柔软细长、可纺性能好等优点，是很好的服装材料，在纺织工业中占有重要地位。

（3）丝纤维。①我国是著名的丝绸发源地。古代所指的丝绸，是以蚕丝（以桑蚕丝为主，也包括少量的柞蚕丝和木薯蚕丝）织造的纺织品。蚕丝纤维是熟蚕结茧时所分泌丝液凝固而成的连续长纤维，是人类利用最早的动物纤维，包括桑蚕丝、柞蚕丝、蓖麻蚕丝、木薯蚕丝等。②蚕丝是自然界中最轻、最柔、最细的天然纤维，外力没有了以后可轻松恢复原状，蚕丝纤维光泽柔和、明亮，具有其他纤维所不可比拟的美丽光泽。丝纤维相互摩擦会产生一种悦耳的声觉效应，被称为"丝鸣"。蚕丝纤维的光泽、丝鸣是构成丝绸品独特风格的重要因素。

课外阅读 11-2

千年经典向新而行：当丝绸遇上新质生产力

中国丝绸，纤纤细密，披散如流云，华贵有光泽，以其独有的魅力和绚丽的色彩，搭建起联通东西的丝绸之路，也编织出绵延千年的桑蚕丝绸产业。如今，以创新为主导，古老传统的丝绸也在不断蜕变，一丝一缕都在向新而行，为新质生产力写下生动的注脚。

丝绸，是中华文化的一个符号、一张名片。那些传统工艺中，有勤劳、有智慧，更有我们的文化理念。从自然生命中提炼出蚕丝彰显的就是人与自然和谐共生的理念。如今，丝绸产业不断创新突破，追求更环保、更好用、更高质量，是产业的蜕变升级，也是对一以贯之的中华文化理念的传播与表达。当古老的传统与新质生产力相遇，开出了更加绚烂的文化之花。

资料来源　郭倩. 丝绸之美由标准来守护［EB/OL］.［2024-05-05］. https: //news.cctv.com/2024/05/05/ARTI1hZls9qT8WBXJI5ZL8xt240505.shtm.

要进一步了解丝绸之美，可以扫描二维码查看。

（4）毛纤维。①作为从动物身上直接获得的纺织纤维，毛纤维是重要的天然纤维材料，其应用历史十分古老。我国古代用于纺织的毛纤维原料有羊毛、山羊绒、骆驼绒毛、牦牛毛、兔毛和飞禽羽毛等。其中，羊毛始终是主要的毛纤维原料，使用量最大。绵羊的毛质好，其纤维具有许多良好的纺织性能，如良好的弹性、保暖性、柔软性，质地坚韧、光泽柔和，特别是其表层的鳞片发育较好，适于卷曲，颇富纺织价值。②毛纤维有许多优良的特性，保暖性好是其最为突出的特点，其他特性如弹性好、吸湿性强、透气性好、不易沾污渍，加之其有光泽柔和、色彩温和、悬垂适中等特点，因此毛纤维制品深受消费者欢迎。

以棉、毛、丝、麻为代表的传统四大天然纤维，在人类发展的历史长河中，创造

189

了服装材料的多彩文明，也演绎了服饰文化的独特内涵。近年来竹纤维被称为第五种天然纤维，在我国发展很快并应用到纺织服装中，也逐步被消费者接受。

课 内 阅 读 11-2

绿色环保型纺织纤维

随着社会经济的不断发展，人们对环境保护提出了更高的要求，绿色环保型纺织纤维的应用，有效改善了纺织工业对自然环境产生的污染现象，也能最大限度地满足人们对绿色产品理念的需求。

1.绿色环保的天然纤维

（1）天然彩色棉的天然色彩可以减轻人工染色方面的压力，也被称为生态棉，但其纤维的长度偏短，在整齐程度上差异较大，导致其在色彩方面会有不稳定和不鲜艳的问题。（2）无公害棉主要是在基因工程的基础上，在不用农药的情况下生产出能对抗病虫害的生态棉花，而且仅对昆虫有毒，对人类无毒。（3）竹纤维是近年来开发成功的一种新型纤维，受到了国内外市场的广泛关注，竹纤维有竹原纤维和竹浆纤维两种类型。（4）大麻纤维是一种历史悠久的纤维，可以用来制造绳索、帐篷以及家用的装饰物。其织品在凉爽、抗菌保健及耐用和防紫外线方面具有优势，但也存在粗糙刺痒、硬板易皱的缺点。人们运用新技术对大麻纤维进行了机械、化学和生物方面的处理，创造出了柔软的大麻纤维。

2.绿色环保型再生纤维素纤维

（1）莫代尔纤维是一种新型再生纤维，主要利用山毛榉木的浆液作为基础原料，在处理加工后制成纤维，不会对人体和环境产生不好的影响，可以实现自然降解。其强度相对较高，且纤维的分布密度相对均匀，可以和其他织物混合制造，手感和悬垂感较好，被称为"第二肌肤"。（2）天丝纤维属于一种新型的人造纤维，原料主要来自树木内的纤维。其使用相当广泛，可与棉、毛、丝、麻等多种纤维进行混纺。（3）甲壳素纤维是一种动物纤维，可以从螃蟹、虾类及昆虫等甲壳类动物中提取获得，也存在于部分真菌和细菌的内部。（4）海藻纤维是从褐藻中提取出天然多糖生物，再利用湿法纺丝提取出来的。海藻纤维在凝胶、去除性、吸湿性、生物降解和相容性等方面具有相对良好的性能。

3.绿色环保型再生蛋白质纤维

绿色环保型再生蛋白质纤维属于可再生的循环纤维，利用植物或者动物的蛋白纤维进行合成，如牛奶纤维、大豆纤维、玉米纤维等。

资料来源　陈建荣. 绿色环保型纺织纤维研究［J］. 化纤与纺织技术，2021（1）.

2）化学纤维

化学纤维是用天然的或合成的高聚物为原料，主要经过化学方法加工制造出来的纺织纤维。按原料、加工方法和组成成分的不同，又分为合成纤维和人造纤维两类。合成纤维和人造纤维的发展反映了人们致力于突破纤维和纱线本身的性能而使整个织物的性能得到提升。

（1）合成纤维。合成纤维是由煤、天然气、石油等原料经过提炼和进一步化学合成制得的。合成纤维主要包括涤纶、锦纶、腈纶、丙纶、维纶、氯纶和氨纶等。

①涤纶具有强度高、弹性好、抗皱性强、尺寸稳定、耐磨性好、化学性稳定、易洗快干、耐热性和耐气候性等优良性能，是很受消费者欢迎的服装面料纤维。但其缺点是染色性差、吸湿性低、容易起球等。②锦纶与涤纶都具有优良的性能，耐磨性优于其他纺织纤维，但锦纶的耐光性比涤纶差。锦纶用途广泛，可以加工成各种针织、机织等纺织品，锦纶同丝混纺可织成羽绒服的防绒尼龙绸，锦纶短纤维与羊毛混纺可织成仿毛织物。③腈纶的性能与羊毛相似，故有"合成羊毛"之称，具有强度高、质轻、防蛀、防霉等优点，这些方面都优于羊毛。腈纶与羊毛混纺可织成高级毛料，适合加工成西服，具有外形挺括、尺寸稳定、易洗免烫等优点，广为人们喜爱。④丙纶有强度大、弹性好、耐腐蚀、质地轻等优点，但缺点是光热稳定性和染色性差等。⑤维纶的最大特点是吸湿性能好，与棉花相似，但维纶的强度比棉花高 50% ~ 100%。维纶的耐腐性、耐霉性、耐日光性及保暖性能都很好，但缺点是弹性差、不挺括、容易折皱，染色性能差、不易染成鲜艳的色泽，耐热水性能较差，缩水率较高，尤其是用热水洗涤后易变形。⑥氯纶耐酸碱性强、难燃，还有良好的保暖性和耐日光性，但是耐热性差、染色困难，容易产生静电。⑦氨纶的弹性很好，一般用于纺织有弹性的织物，适合加工成内衣、运动服、紧身衣、牛仔裤、泳装和舞台服装等。

（2）人造纤维。人造纤维的原料一般是纤维素或蛋白质。人造纤维主要包括黏胶纤维、醋酸纤维、铜氨纤维和酪素纤维等。其中，黏胶纤维通常被称为人造棉、人造丝，它的性能与棉相似，易于染色、吸湿性能好，可以纯纺，也可以混纺。

①纯纺黏胶纤维布细洁柔软，透气性好，穿着舒适，染色或印花后色泽鲜艳，色牢度好，是春夏季的主销品种。其不足之处是遇水后纤维膨胀，织物发硬，不能猛烈搓洗。做成服装穿着时易下垂和飘荡，耐磨性差，表面易起毛、弹性差、易出现褶皱、尺寸稳定性也较差，遇水后衣服易变形，这种纤维最适合夏季做裙子用。②混纺黏胶织物很多，有与棉混纺的棉粘布，有与涤混纺的中长纤维织物，这种织物有薄与厚之分。薄型中长织物适合做衬衫和春秋季服装面料，厚织物可做裤料和春秋衫。黏胶纤维还可以与腈纶混纺，织成凡立丁、华达呢等品种。③黏胶长丝在丝绸上应用也很广，如被面、羽纱及仿丝绸服装面料等。

服装面料的发展是随着应用领域的需求变化而发展的，服装面料目前已经向科技功能和绿色环保方向发展。服装面料既要有天然纤维的舒适透气性能，又要有化学纤维的不易起皱、不收缩的性能，能随意穿着、放置，能随环境、温度变化产生保暖或散热效果，能排除生活空间中不利健康的因素，能抗紫外线、抗菌、防螨等。

191

课外阅读 11-3

化学纤维材料在服装设计中的应用

随着科技的持续发展，新材料不断改变着我们生活的方方面面。今天，化学纤维材料在服饰领域中的应用日益广泛，成为不可或缺的重要部分。化学纤维凭借其独特的性能，如优异的弹性、耐磨性、光泽感等，正在深刻改变传统的服装设计理念。

化学纤维是由化学合成的纤维材料，因其独特的性能在服装设计中得到了广泛应用。化学纤维的原料来源广泛，包括天然高分子化合物和人工合成的高分子化合物，因此生产成本相对较低，其可以通过大规模工业化生产，提高生产效率，降低生产成本，满足市场的需求。

资料来源　王辉，杨楠，祝莹. 化学纤维材料在服装设计中的应用——评《服装面辅料及选用》[J]. 化学学报，2024（11）.

要进一步了解化学纤维材料在服装设计中的应用，可以扫描二维码查看。

11.1.2　服装色彩、款式造型

随着我国社会经济的快速发展，人们生活的幸福指数获得了极大地提升，对服装审美的要求也越来越强烈。在服装领域中，服装设计行业逐步凸显出了多元化发展的态势。大众对服装的要求已经不局限于御寒与保暖等基本功能的需求方面了，对于其舒适程度、美观程度以及时尚风格和美学意义等方面都不同程度地有了新的想法。服装也渐渐变成了权衡大众生活层次与审美水平的一大关键要素。当代大众对于服装色彩、服装款式均更为关注。

1）服装色彩

服装的色彩美是服装外表美的具体内容之一。色彩专家经过多年调研得出结论：成功的商品40%是因为色彩的作用。色彩的重要性不言而喻。色彩是服装构成的主要要素，服装映入人们眼帘的第一感觉是色彩的渲染，它营造出整体的艺术氛围，为服装打造不同的感觉。服装外观有不同的色彩、图案、光泽、表面肌理、质地、观感等，给人以不同的感觉，可形成各种不同的服装风格。比如，红色让人感觉温暖、热情、喜庆，蓝色让人感觉清净、理智等；圆形的图案让人感觉柔和，菱形的图案让人感觉坚毅；光泽好的面料让人感觉华丽、富贵；表面整齐平坦的面料让人感觉细腻、爽洁；轻滑的面料让人感觉凉爽。

（1）影响服装色彩的主要因素有：自然环境；社会生活；人的体型、肤色特点等。

（2）现代服装设计色彩搭配原理：①无彩色的搭配原理。无彩色主要是黑色和白色，能够调节其明暗度，具有可调和的特点。②有彩色的搭配原理。有彩色是指除黑色和白色以外的其他颜色，色彩变化多种多样。在运用多种色彩进行搭配时，要根据服装的主色调和辅助色进行搭配。

2）服装款式造型

（1）服装造型的含义。服装造型是由服装的外部轮廓线和服装的内部分割线以及领、袖、口袋、纽扣和附加饰物等局部的组合关系形成的一种视觉形态。

（2）服装款式的含义。服装款式是指服装的式样，通常是指形状因素，是造型要素中的一种，主要由结构、风格、面料组成。款式是由服装的设计意图、风格定位、外部造型、内部结构和服装零部件等综合因素决定的。

（3）服装款式分析。服装款式分析的主要内容包括人群定位、风格特征、外部造型、内在结构、细节特征、衣面辅料、制作工艺、加工成本等。其中，以风格特征、外部造型等最为重要。

互动课堂 11-1

推进时尚文化建设

积极构建具有中国特色、世界影响、时代特征的行业时尚生态，推进基于文化进步、创意引领和可持续发展的产业内涵式发展，以文化引领风尚，以创意重塑价值，以包容彰显个性，中国创意、全球设计加速形成中国服装业世界级时尚话语权。

1.构建时尚文化体系

以世界多元文化为背景，梳理中国文化脉络，提炼中华服饰优秀文化内涵，结合当代艺术、科技发展属性与趋势，不断汲取和沉淀中华时尚美学精神，持续提炼意象、符号和语言，逐步构建起富有中国特色标识的时尚价值观和时尚价值体系。加强文化要素应用，强化中华哲学、东方美学、非物质文化遗产在产品文化中的技艺融合、资源转换与市场应用，提升产品和品牌文化内涵。特别注重把中华文化精神注入设计、研发、生产及营销，实现创意形式、创意内容的突破和创新，打造蕴含中华文化印记的品牌和产品。持续加强新时代中国服装工业精神的传承与再造，构建精益求精的工匠精神、积极创新的劳模精神、知行合一的实践精神、生态文明的绿色精神、艺技融合的美育精神为代表的产业新文化。打造以市场承诺为表征，以生活态度鲜明、时尚品位独特、审美情感共鸣、精神高度认同为目标消费者所眷念和信仰的品牌文化。构建以终端消费价值为导向，富有网络效应联动发展、协同创新的产业链生态文化。营造时尚文化创意舆论氛围，提高全民服饰文化素养，提升消费时尚文化社会认知，倡导健康、时尚、文明的消费文化，以辐射、影响来引导消费，为时尚强国建设注入系统性文化新动力。

2.提升文化创意水平

打破行业界限，加快融合商业、影视、运动、健康等全文化时尚生态，重点形成文化艺术与时尚跨界融合的新格局。以数字化平台为依托，以大数据、云计算、AI智能设计为基本方法，充分挖掘线上、线下生活与工作场景，加速形成市场流行趋势、消费需求挖掘、时尚创意设计的新机制和新路径，形成互联网时代即时快速且可预测、可验证的智能化设计创新体系和衣着解决方案，提升创意设计的精准性服务能力。打造人工智能时尚设计平台，研发人工智能时尚图案设计、色彩趋势应用分析工具，重点加强信息技术在流行趋势预测、创意设计、消费研究中的应用。提升服装时尚设计管理水平，推广产品开发创新管理等先进设计管理工具，优化设计流程，提升创意水平。

资料来源　中国服装协会.中国服装行业"十四五"发展指导意见和2035年远景目标［N］.中国纺织报，2021-10-13（3）.

请同学们结合资料思考：（1）如何传承中华服饰优秀文化？（2）如何体现服装时尚文化？

11.1.3　服装的分类

目前，服装消费已从单一遮体避寒的温饱型消费需求转向追求时尚、文化、品牌、形象等消费潮流。服装分类方法繁多，《服装分类代码》（GB/T 23560—2009）是主要的分类方法。

1）按照服装的专业属性或应用领域分类

按照服装的专业属性或应用领域，可分为机织服装、针织及钩编服装、毛皮及皮革服装、特种服装、服装配饰、个体防护装备等。

2）按照人体部位和基本用途分类

按照人体部位和基本用途，服装可分为大衣、防寒服、羽绒服、西服、马甲、衬衫、T恤、裤子、裙子、套装、休闲装、家居装、普通运动装、民族服装、婴幼儿装、孕妇装、旗袍、婚纱礼服、内衣等。

3）按照穿着季节分类

按照穿着季节，服装可分为春装、夏装、秋装、冬装。①春装是适宜春季气候的服装。春天是万物更新的季节，春装在色彩方面比较鲜艳多彩。春天气候凉中带暖，因此人们穿着的服装衣料往往比夏装稍厚、比冬装稍薄，厚薄适中。②夏装是适宜夏季气候的服装。夏天气候炎热、日照时间长且强，对服装的要求是衣料轻薄、透气、吸湿和排湿性能好。夏装以单衣为主，款式造型比较宽松，色彩方面比较淡雅，有利于减少对热辐射的吸收。③秋装是适宜秋季气候的服装。秋天气候凉爽、干燥，气温情况与春天差不多，因此秋装衣料厚薄与春装相似。④冬装是适宜冬季气候的服装。冬天由于气候寒冷，对服装的保暖性能要求比较高，像厚呢、裘皮都是制作冬装的好材料。许多外套类冬装一般填有如棉絮、羽绒等保暖性很强的材料。

4）按照服装的功能分类

按照服装的功能，可分为生活装、工作装、运动装、表演装、礼仪装、特种装等。①生活装是指人们日常生活中穿着的服装。生活装在款式、色彩与造型等方面没有太多限制，主要体现随意、自然、舒适的特点。除了人们日常穿着的衣服、裤子、裙子外，还包括家居服等。②工作装是指因工作需要而穿着的服装。工作装是为了实现某些如劳动保护、提高工作效率、提高工作质量等目的而为各个工种专门设计的服装。③运动装是指人们在户外运动和训练比赛时穿着的服装。其特点是穿着轻便舒适，便于运动人员活动，如篮球服、网球服、游泳衣等。④表演装是文艺演出时穿着的服装。表演装又可分为戏剧服装和演艺服装。⑤礼仪装是指用于参加庆典、宴会等礼仪活动时穿着的服装。⑥特种装是指用于特殊用途的服装，如宇航服等。

5）按照穿着性别、年龄分类

①按照穿着性别，服装可分为男装、女装。②按照穿着年龄，服务可分为婴幼儿装、童装、青少年装、中老年装等。婴幼儿装又可分为婴幼儿上装、婴幼儿下装、婴幼儿内衣等。

互动课堂11-2

服装商业模式加速创新

数字化时尚消费全面升级，市场新物种持续涌现，中国成为全球服装行业最为活跃的商业模式创新中心。移动网络催生跨境电商、农村电商快速崛起，推动国内外两个市场一体化纵深拓展。服装零售领域人工智能渗透率大幅度提升，时尚消费趋势分析、时尚智能搭配、营销文案生成等智能技术加快应用，数字技术零售应用场景不断拓展。借助线上新入口和新界面，超级IP、短视频等新形态，O2O、C2M、B2C、C2C、B2B等新模式，实体店智能化、电子商务体验化双向融合的全顾客、全渠道、全时段、全链路、全数据的新零售模式正在立体构建，初步实现了产业价值创造模式的新一轮重构。服装行业商业业态创新多点迸发，网红经济、共享经济、社群经济迅速兴起，场景经济、共享经济、新个体经济蓬勃发展。品牌营销内容化、内容产品化特征十分明显，兴趣电商、内容电商、娱乐营销越加活跃。虚拟技术驱动从"在线"到"在场"，沉浸式体验新空间和新购物场景持续创新。市场服务体系不断完善，服务标准日益提高。围绕消费升级趋势，从穿着场景、时尚美学、生态健康等方面提高品牌的消费体验，从工业设计、时尚创意、文化融入、人格表征等方面满足消费情感需求，以高质量供给创造高品质生活。商业模式开创性的拓展，强化了品牌与消费者链接服务，为激发和创造市场新需求、满足人民日益增长的美好生活需求和推动消费升级作出了重要贡献。

资料来源　中国服装协会. 中国服装行业"十四五"发展指导意见和2035年远景目标［N］. 中国纺织报，2021-10-13（3）.

请同学们结合资料思考：（1）服装商业模式有哪些创新之处？（2）如何满足人民日益增长的对美好生活的需求？

11.2　服装的质量要求及保管

随着物质及文化生活多样化日趋明显，人们对于服装的品质要求也越来越高，对服装认识除了实用性这一基本要求外，对舒适性、风格等功能和附加值的要求越来越多，人们对于服装功能定位更多的是借服装显示自己的个性和品位。然而，无论对服装的要求如何变换，质量要求仍是最为关键和根本的要求。

11.2.1　服装标准

服装标准是对服装质量要求的具体准则和规范。我国服装有国家标准、行业标准、地方标准、团体标准和企业标准的分级，服装标准按照标准的约束力又分为强制性标准和推荐性标准等。

1）服装号型标准

（1）服装号型标准的发展变化。

我国1977年制定了《全国服装统一号型（试行标准）》，经过不断试行和总结经验，并结合各地设计、生产、销售、购买的具体情况不断加以完善，形成了国家标准，即《服装号型 男子》（GB/T 1335.1—1981），后来又完成了《服装号型 男子》

195

（GB/T 1335.1—1997）、《服装号型 男子》（GB/T 1335.1—2008）的修订工作。目前，我国所使用的标准是《服装号型 男子》（GB/T 1335.1—2008）、《服装号型 女子》（GB/T 1335.2—2008）、《服装号型 儿童》（GB/T 1335.3—2009）。这些标准包括男子服装号型标准、女子服装号型标准以及儿童服装号型标准。

（2）服装号型标准的作用。

服装号型标准的实行、推广和应用对服装厂家的服装设计生产、对消费者购买成衣都起着极大的统一规范和指导作用。生产厂家以号型标准为依据来确定服装的部位尺寸，生产出符合人体体型的服装，消费者能够方便地挑选出适合自己体型的服装。

（3）服装号型的定义。

①服装的号是指人体的身高，以厘米为单位，是设计和选购服装长短的依据；②服装的型是指人体的上体胸围和下体腰围，以厘米为单位，是设计和选购服装肥瘦的依据；③体型分类是以人体的胸围与腰围的差数为依据来划分，并将人体体型分为四类，体型分类代号分别用 Y、A、B、C 表示，具体见表11–1。

表11–1　　　　　　　　　　　体型分类代号一览表

体型分类代号	Y	A	B	C
男子胸围与腰围的差数	17～22cm	12～16cm	7～11cm	2～6cm
女子胸围与腰围的差数	19～24cm	14～18cm	9～13cm	4～8cm
适合人群	适合肩膀较宽人群	适合标准体型人群	适合微胖人群	适合肥胖人群

（4）号型标志。

号型的表示方法为号与型之间用斜线分开后接体型分类代号。例如，服装的上装170/88A，其中170代表号（身高），88代表型（胸围），A代表体型分类；下装170/74A，其中170代表号（身高），74代表型（腰围），A代表体型分类。服装上必须标明号型，套装中的上下装分别标明号型。

（5）号型系列。

①号型系列是指服装批量生产中规格制定和购买成衣的参考依据。②号型系列以各体型中间体为中心向两边依次递增或递减，服装规格也以此系列为基础按需加放松量进行设计。③身高以5cm分档组成系列，胸围以4cm分档组成系列，腰围以4cm、2cm分档组成系列。身高与腰围搭配组成5×4或5×2号型系列。

2）服装使用说明和维护标准

（1）产品的使用说明含义。

产品的使用说明是向消费者传达如何正确、安全使用产品的信息工具。产品的使用说明能够使消费者了解产品的性能，掌握产品正确的使用方法，明确产品的维护和保养方式，从而正确、安全地使用产品。产品使用说明的形式不是唯一的，通常有使用说明书、标签、标志等形式，服装的使用说明一般有纸吊牌和耐久性标签两种。

互动课堂 11-3

服装纸吊牌上安全技术类别A、B、C是什么意思？

A类是指婴幼儿用品，即年龄在36个月以内的婴幼儿穿着或使用的纺织产品，如尿布、内衣、袜子、外衣、帽子、床上用品等；B类是指直接接触皮肤的产品，即在穿着或使用时，产品的大部分面积直接与人体的皮肤接触的纺织产品，如文胸、腹带、短裤、棉毛衣裤、衬衣、（夏天）裙子、（夏天）裤子、袜子、床单；C类是指非直接接触皮肤的产品，即在穿着或使用时，产品不直接与人体皮肤接触或仅有小部分面积直接与人体皮肤接触的纺织产品，如外衣、裙子、裤子、窗帘、床罩、墙布、填充物、衬布。

资料来源　编者根据相关资料整理。

请同学们结合资料查看你们所购买服装的纸吊牌上的安全技术类别。

（2）服装使用说明标准的作用。

①当前市场上服装款式品种繁多，对于不同材质和不同功能的织物，作为普通消费者仅凭产品的外观或手感不易分辨，也无法正确了解服装的面料成分、维护方法和贮藏注意事项等信息，通过服装使用说明标准获得正确的信息。服装使用说明可以说明产品的性能和特殊要求，帮助消费者正确选购和使用产品。②当消费者遇到产品质量问题时，也可以通过使用说明信息进行监督和投诉。③对企业而言，利用产品使用说明将产品的各种信息正确直白地告诉消费者，可以避免因消费者使用不当而引起的争议。④为质监部门判定产品质量合格与否提供了重要依据。

（3）《消费品使用说明　第4部分：纺织品和服装》（GB/T 5296.4—2012）。

①《消费品使用说明　第4部分：纺织品和服装》规定纺织品和服装使用说明的基本原则、标注内容和标注要求，以及适合在国内销售的纺织品和服装，为规范国内市场纺织品和服装的使用说明提供了明确依据；②服装类使用说明的主要内容有制造者的名称、地址，产品的名称、号型或规格，纤维成分及含量，维护方法，执行的产品标准，安全类别，使用和贮藏注意事项等，具体内容见表11-2。

表11-2　　　　　　　**产品使用说明标注内容及部位一览表**

序号	产品说明	标注内容	标注部位
1	使用说明	制造者的名称和地址	包装明显部位
		产品的名称、号型或规格	
		纤维成分及含量	
		维护方法	
		执行的产品标准	
		安全类别	
		使用和贮藏注意事项	
2	耐久性标签	产品的号型或规格	产品适当部位
		纤维成分及含量	
		维护方法	

（4）《纺织品 维护标签规范 符号法》（GB/T 8685—2008）。

①服装应按规定的图形符号表述维护方法，排列顺序应按照洗涤、漂白、干燥、熨烫、专业维护的顺序正确排列，可增加与图形符号相对应的说明性文字，当图形符号满足不了需要时，可用文字予以说明，具体如图11-1所示。②服装使用说明的标注形式可采用一种或多种形式，当采用多种形式时，应保证相同内容的一致性。③耐久性标签又称"水洗唛"，应标注号型或规格、纤维成分及含量、维护方法三项内容，其他内容宜采用耐久性标签以外的形式标注。耐久性标签是指一直附着在产品上，并能承受该产品使用说明中规定的使用过程，保持字迹清楚易读的标签。

可以干洗	不能干洗只能水洗	不可以熨烫	可以熨烫，但必须低温熨烫
P 可以干洗，P 表示可以使用任何干洗剂洗涤	A 可以干洗，A 表示可以使用的干洗剂的型号	可以低温熨烫，使用的熨烫温度为110℃~120℃	可以中温熨烫，使用的熨烫温度为130℃~150℃

图11-1　服装洗涤、熨烫图形符号及其文字说明

3）服装安全标准

（1）服装安全标准的作用。

服装安全标准能有效保护我国纺织品消费者的健康、规范纺织产品市场，在提高我国纺织行业的整体水平等方面发挥了重要作用。服装安全标准更加关注纺织产品的安全性，从而对纺织服装企业的生产提出了更高的要求。

（2）《国家纺织产品基本安全技术规范》（GB 18401—2010）。

①《国家纺织产品基本安全技术规范》（GB 18401—2010）适用于在我国境内生产、销售的服用、装饰用和家用纺织产品，出口产品可以依据合同的约定执行。该标准2012年8月1日正式实施。②该标准将纺织品分为A、B、C三类，分别是婴儿用品、直接接触皮肤的产品和非直接接触皮肤的产品。③该标准规定纺织服装最基本的指标主要包括甲醛、pH值、可分解芳香胺染料、染色牢度（包括耐水色牢度、耐酸碱汗渍色牢度、耐干摩擦色牢度、耐唾液色牢度）、异味五类。该标准规定所有生产销售的纺织品都必须符合该安全技术要求，否则禁止生产、销售、使用。其具体要求见表11-3。④提高婴幼儿纺织产品的使用年龄，扩大对婴幼儿的保护范围。婴幼儿纺织产品的使用年龄由24个月改为36个月。

表11-3　《国家纺织产品基本安全技术规范》（GB 18401—2010）中的基本指标

项目		A	B	C
甲醛含量/（mg/kg）≤		20	75	300
pH值a		4.0~7.5	4.0~8.5	4.0~9.0
染色牢度b/级≥	耐水（变色、沾色）	3~4	3	3
	耐酸汗渍（变色、沾色）	3~4	3	3
	耐碱汗渍（变色、沾色）	3~4	3	3
	耐干摩擦	4	3	3
	耐唾液（变色、沾色）	4	—	—
异味		无		
可分解芳香胺染料		禁用		

11.2.2　服装质量监督与检验

1）服装质量监督管理

（1）服装质量监督管理的作用。

相关统计资料显示：我国每年平均生产纺织服装约250亿件，直接或间接就业人数超过2 000万人。近年来，纺织服装贸易出口额占我国贸易出口总额的13%以上，全球45%的人口的日常消费服装都是由中国制造的。由国家质检总局修订并于2016年3月31日起实施的《纤维制品质量监督管理办法》是加强对絮用纤维制品、学生服、纺织面料质量监督的重要措施，是提高纤维制品质量，保障人身健康安全，对纤维制品质量监管法治化的重要保障。

（2）纤维制品质量应当符合要求。

《纤维制品质量监督管理办法》规定纤维制品质量应当符合以下要求：①不存在危及人身、财产安全的不合理危险，有保障人体健康和人身、财产安全的国家标准及行业标准的，应当符合该标准；②具备产品应当具备的使用性能，对产品存在使用性能的瑕疵作出说明的除外；③符合在产品或者其包装上注明采用的产品标准，符合以产品说明、实物样品等方式表明的质量状况。

（3）纤维制品应当按照有关规定标注标识。

纤维制品应当按照有关规定标注标识：①产品质量检验合格证明；②生产者名称和地址；③产品名称、规格、等级、产品标准编号；④国家规定的其他内容；⑤学生服、纺织面料标识还应当包括纤维成分及含量、安全类别。

2）服装质量检验主要内容

服装质量检验主要内容包括：①外观质量检验；②规格尺寸检验；③色差检验；④疵点检验；⑤缝制质量检验；⑥理化质量检验；⑦安全质量检验等。

互动课堂 11-4

纺织服装检测技术革新

1.智能化检测技术

智能化检测技术作为信息技术与纺织服装领域深度融合的产物，正逐步展现出其强大的革新潜力。振动式细度仪、数字图像处理技术、激光扫描仪等一系列新型检测设备的涌现，既标志着检测技术自动化水平的显著提升，也预示着精准度迈入了一个全新的阶段。这些智能化检测设备内置高精度传感器与先进的计算机控制系统，实现了对纤维、纱线性能的快速且准确的测量，为纺织品的质量控制构筑了坚实的屏障。具体而言，振动式细度仪利用高频振动原理，对纤维的细度进行非接触式测量，有效避免了传统接触式测量可能带来的误差；数字图像处理技术则通过捕捉并分析纺织品表面的微观图像，实现对纱线结构、纤维排列等特征的精确识别；而激光扫描仪则运用激光测距原理，对纺织品的尺寸、形状进行高精度测量。这一系列智能化检测技术的应用不仅大幅度提升了纺织检测的效率与准确性，还为纺织品的质量控制提供了强有力的技术支撑。

2.高精度检测技术

高精度检测技术作为现代纺织检测领域的重要发展方向，正引领着纺织品微观结构分析的精细探索。通过不断优化检测设备的机械结构、提升检测元件的灵敏度，高精度检测设备得以实现对纺织品微观结构的深入剖析，如纤维直径、卷曲度、纱线捻度等关键参数的精确测量成为可能。这一技术成果的取得不仅为纺织品的检测精度设立了新的标杆，还为材料性能的优化提供了宝贵的数据支持。在实际应用中，高精度检测技术能揭示纺织品微观结构中的细微差异，为研发人员提供关于材料性能改进的深入洞察。例如，通过对纤维直径的精确测量，可以优化纺纱工艺，提高纱线的均匀度与强度；而对纱线捻度的精确控制，则能改善织物的手感与外观。高精度检测技术的应用无疑为纺织品的品质提升与技术创新开辟了新的道路。

3.非破坏性检测技术

非破坏性检测技术的出现，为传统纺织品检测方法带来了颠覆性的变革，为解决样品破坏性处理导致的资源浪费与成本增加问题提供了创新路径。以近红外光谱分析为代表的非破坏性检测技术，能在保持样品完整性的前提下实现对纺织品成分、含量的快速检测。这一技术的核心优势在于其非破坏性与高效性，它无须对样品进行任何形式的物理或化学处理，即可获取准确的检测结果。这不仅极大地提高了检测效率，降低了检测成本，还为纺织品的品质控制与原材料管理提供了新的解决方案。在实际应用中，非破坏性检测技术广泛应用于纺织品的原料鉴别、成分分析、质量控制等环节，为纺织企业带来了显著的经济效益与社会效益。

4.网络化与集成化检测技术

随着物联网技术的飞速发展，纺织检测技术的网络化与集成化趋势日益显著。通过建立基于计算机网络的检测数据分析系统，实现检测仪器与中心计算机的联网通信，纺织检测工作得以迈入智能化、高效化的新阶段。这种集成化检测系统不仅提升了检测工作的效率与准确性，还为纺织企业的智能化管理提供了坚实的技术支持。在网络化与集成化检测系统的框架下，检测数据得以实时上传至中心计算机，并通过数据分析算法进行快速处理与深度挖掘。这使检测结果的反馈更迅速、更及时，也为纺织企业的生产决策提供了有力的数据支撑。同时，网络化与集成化检测系统还实现了检测资源的优化配置与共享，提高了检测设备的利用率与整体效益。在这一技术的推动下，纺织检测行业正逐步迈向智能化、网络化、集成化的全新发展阶段。

资料来源：马斌．纺织服装材料性能提升与检测技术革新［J］．化纤与纺织技术，2024，53（9）．

请同学们结合资料思考：纺织服装检测技术的革新在提高检测效率、保证产品质量方面的关键作用有哪些？

11.2.3　服装商品的选购与保养

1）服装选购

（1）查看服装使用说明。

产品使用说明是一种向消费者传递产品性能、质量状况、使用方法等的信息工具。消费者在选购服装时应注意服装产品是否按相关标准规定进行标注，通过查看标识内容和标识的完整性来了解产品的质量状况：①查看型号规格是否表达清楚，与穿着者的体型是否相适应；②查看服装布料采用的材质组成描述是否清晰齐全；③查看服装有无洗涤、保养方法的信息，不同风格、特性的服装在使用、洗涤、维护上是有所区别的，能使服装在较长的时期内保持外观美观、经久耐穿。

课内阅读 11-3

如何区别柞蚕丝和桑蚕丝？如何识别真假丝绸？

一、如何区别柞蚕丝和桑蚕丝？

柞蚕与桑蚕都是我国产量占世界第一的产丝昆虫。俗语说："南方有桑蚕，北方有柞蚕。"柞蚕丝绸与桑蚕丝绸并存，共同构成华夏五千年的丝绸文化。中国一直保持着世界柞蚕丝生产第一大国的地位，柞蚕茧产量占世界总产量的90%以上。提到柞蚕，人们总是难免会将它与桑蚕对比。一字之差，二者究竟有何不同？

1.柞蚕与桑蚕同属于鳞翅目吐丝类昆虫，分别以柞树叶和桑树叶为主要食物来源。虽然它们都是蚕类，但在生物学特征、生活习性、产业应用等方面存在着明显的差异。

2.柞蚕和桑蚕都可以吐丝制绸。桑蚕丝多为乳白色，质地细腻光滑，纤维较长，易于加工，被称为"软黄金"。柞蚕丝则呈黄褐色，纤维呈中空多孔结构，其吸湿、保暖、阻燃、抗紫外线功能更优，但手感相对粗糙。

3.柞蚕丝有着独特的珠宝光泽，具有刚性强、耐酸碱性强、纤维粗的特点，是一种绿色的天然纺织纤维。由于柞蚕丝是空心的，因此用它做成的蚕丝被，蓬松度和保暖度比桑蚕丝被要好。此外，柞蚕丝还具有抗紫外线能力，有一定的电阻和很高的抗击穿强度，因此它也会被用于特种工业服装制作，如宇航员的航空服中就有柞蚕丝的成分。

二、如何识别真假丝绸？

1.真丝绸。它是指天然纤维中唯一的蛋白质长纤维蚕丝。真丝绸外表光滑，与肌肤结构很接近，舒适透气、透温，特别适合贴身穿着。真丝绸还能依靠自身的泛黄来保护皮肤，可称为人类的"第二肌肤"。

2.假丝绸。它是指采用人造纤维与蚕丝混纺，或纯人造纤维、合成纤维的织品，如尼丝纺、涤爽绸、涤丝纺等。

3.分辨真假丝绸的五个步骤。第一步折：用手捏紧织物然后放开，真丝织品因弹性较好，可无折痕，并难以迅速恢复原状。第二步摸：真丝织品用手摸时有拉手的感觉，化纤丝织品则无此感觉。虽然人造丝织品滑爽柔软，但是不挺括，锦纶丝织品用手摸时，则感到较硬且不柔和。第三步拉：从边缘抽几根纤维，用舌头将其润湿，用力拉紧，若在湿处易拉断，则是人造丝绸；反之，若不是在湿处拉断，且断头处的纤维呈长短不一的毛丛状，则是真丝绸。第四步看：真丝织品的光泽柔和均匀，虽明亮但不刺眼；人造丝织品虽光泽明亮，但不柔和且刺眼；涤纶丝制品的光泽虽均匀但有闪光亮点或条状亮丝；锦纶丝织品光泽较差，似涂了一层蜡。第五步磨：真丝织品由

于蚕丝外表有丝胶保护而耐摩擦，相互摩擦会产生声响，俗称"丝鸣""绢鸣"，而其他丝织品则无此声响。

资料来源　李丽颖，于险峰，王臻. 柞蚕产业如何"破茧"？[N]. 农民日报，2024-11-22.

（2）辨别服装面料。

消费者要掌握一些常见服装面料的辨别方法。①棉织物：使用最为广泛也最为大众化，穿着舒适，吸汗功能强，透气性良好，保暖性好，又容易清洗，不会导致皮肤过敏，不会产生静电，但易皱褶和霉变。最简单的辨别方法是手摸、眼看，最好的办法是抽几条纱用火烧，如果全部燃尽，只有灰且闻到像烧纸一样的味道，则为纯棉制品。②真丝织物：真丝是蚕吐的丝经过诸多工艺、工序制作出来的，柔软舒服、防皱耐磨、光泽好，透气性和保暖性都较好，价格较高。市面上有很多商家把涤纶仿丝的产品当成真丝来卖。辨别方法可以是手摸，丝绸很柔软，有凉凉的手感，也可以抽取几条纱用火烧，真丝燃烧后会成一团黑色的颗粒，手一捻就碎。③羊毛织物：羊毛是取自羊身上的毛，它手感柔软，光泽性好，防皱耐磨，保暖性强，拉伸性和恢复性较好，羊毛织物经常摩擦会起球。辨别羊毛的方法和真丝织物一样，可以用火烧，味道和残留物都与烧头发丝一样。④化纤织物：化纤是化学纤维的简称，化纤织物包括很多类，如涤纶、腈纶等，它们共同的优点是色彩鲜艳，缺点是耐磨性、耐热性、吸湿性、透气性较差，遇热容易变形，容易产生静电。简单的分辨方法也是用火烧，燃烧时有的会发出刺鼻难闻的气味，燃烧后的残余物大多呈颗粒状，有黑色，也有白色，不能像羊毛、真丝的残余物可以捻碎。

（3）服装感官鉴别和试穿。

消费者可以通过看外观、摸手感、闻味道、试穿等方式进行简单的鉴别。①看外观：服装外观与缝制质量直接关系到穿着过程中的使用性能与美观效果。缝制工艺可以通过查看服装的主要部位有无明显瑕疵、色差，条格面料是否对称、对齐，辅料（如拉链、纽扣等）是否完好，各对称部位是否一致；缝制线路是否顺直、拼缝是否平服、袖窿是否圆顺、下摆底边是否顺直平服等。②摸手感：用手触摸其质感、厚薄等，夏季以柔软、滑爽、透气为宜；冬季以厚实、保暖为宜。可根据季节需求与喜好选择适宜的材质。③闻味道：服装在生产过程中，加工工艺不当残留多余化学成分，会对人体造成伤害。在选购时，可将商品拿起靠近鼻孔，闻一闻"味道"，是否带有霉味、石油味、鱼腥味中的一种或多种气味。如果产品散发出刺激的异味，则产品存在质量隐患，且可能有有害物质（如甲醛）残留，购买时应谨慎。④试穿：消费者在试穿服装时应自然放松站立，注意感觉一下自己的颈、肩、手臂、腹、腿等部位有无压迫感；试穿上衣和裤子时，还应注意一下袖笼部位，两手臂或两腿活动时应有舒展自如的感觉，防止袖笼过小、过紧，衣服下摆是否平服等。

2）服装洗涤与保养

（1）纯棉服装的洗涤与保养。

①纯棉服装尤其是童装和内衣，在穿用前应进行充分的水洗，这样可以使残留在服装上的有害物质得以充分释放，pH值趋于中性，提高产品的安全性。纯棉织物耐碱不耐酸，洗涤时用普通洗衣粉、肥皂即可，可手洗也可机洗，晾晒前可采用洗衣机

202

脱水，晾晒时尽量将衣物拉平且衣物反面朝外。纯棉服装易起皱，晾晒八九成干时，取下折叠好压平再晾干就会平整无皱，垫上白布熨烫，效果更佳。②纯棉服装易吸潮，存放时应放在衣柜中，避免潮气侵蚀。若环境潮湿，则应经常通风和晾晒，以免服装长时间处于潮湿环境中发霉。

（2）真丝服装的洗涤与保养。

①真丝服装在维护保养时要注意产品耐久性标签所给出的提示。首先要弄清楚该产品是否可以水洗，可水洗的真丝服装平时穿用（如出汗）后，应尽快用低温水浸泡后搓洗，一般不用洗衣机，也不宜用碱性肥皂，应采用中性洗涤剂、低温水性及手洗的洗涤方式，并且真丝服装不宜长时间浸泡在洗涤液中。不可水洗的真丝服装只能采用局部清洁或干洗的方式保洁。②真丝服装晾晒时不要使用铁制衣架、铁丝晾衣线等，以防粘上锈斑。晾晒时先拉挺服装的衣领、袖子、门襟、口袋等部位，采用衣架挂晾的方式在阴凉处晾干，切莫在阳光下暴晒，晾至八成干后，可用湿布垫盖熨烫平整，熨烫温度不宜过高，以不发生极光、烫黄变色为准，以免丝绸纤维遇高温老化变硬、发黄发脆。③贮藏保养时，真丝服装不要与其他质地的成品同袋混装，应放置在阴凉避光干燥处贮藏，不要放置樟脑丸等化学制品，容易损坏丝绸，尤其素色丝绸如碰到这些化学制品会使衣服面料发黄、出现斑点。另外，真丝服装易被虫蛀且怕闷，所以长期存放时，应定期通风、透气。

（3）毛呢、毛绒类服装的洗涤与保养。

①羊毛纤维的特性决定了毛呢服装耐碱性差，在一定碱性和机械力的作用下就会产生缩绒，所以有些毛呢服装在洗涤时如条件掌握不好，会出现皱缩变形、手感僵硬、丧失弹性等现象，要根据毛织品的产品耐久性标签的标注采用相应的洗涤方法，一般更适宜干洗。②毛呢、毛绒类服装弹性好，但承受强力较差，所以穿着时应尽量避免粗糙剧烈摩擦，以防磨损布料和起毛球，表面如有起球现象，要待毛球浮起离开布面时，小心进行手工修剪使毛球脱落，不能用力拉扯，一旦出现破损小洞应及时修补，避免再度扩大。③毛呢、毛绒类服装要按标注的洗涤方法洗涤，一般不宜水洗，最好选择干洗。即使标注可机洗、水洗或手工水洗的羊毛产品，洗涤时间也要短，洗涤速度要在缓和洗涤状态下，洗涤剂和清洗方法与丝绸服装相同，洗后不能拧绞，只能挤压，在阴凉通风处吹干，待半干状态时要进行平整整形，并蒸汽熨烫，温度不能超过200℃。④毛呢、毛绒类服装保持干燥后再存放，可防止霉变，深、浅色服装应分别悬挂放置，并放入防蛀剂，防止虫蛀，确保服装安全存放。

（4）人造纤维和合成纤维类服装的洗涤与保养。

①人造纤维织物在遇水后，强力明显下降，一般采用手工洗涤，在冷水和洗涤液中浸泡时间要短，以随浸随洗为好，温度低于40℃，不可强力搓刷，也不能使劲拧绞，在通风处阴干为宜；②合成纤维面料吸湿性差、静电大、易吸尘、易起毛起球、纤维强力高，具有一定的化学稳定性，可以机洗或手洗，温度不要超过45℃，用一般洗衣粉即可，中性洗涤剂效果更佳，选择阴凉、干燥处存放。

（5）皮革类服装的洗涤与保养。

①皮革类服装具有粒面细致、光亮美观、毛孔清晰、透气性能好、富有弹性、柔软轻薄、坚韧、保暖等优点，是适宜深秋、冬季、初春穿着的一种流行服装。②皮革

类服装在穿着时要注意保护皮面，防止被硬物或尖物划破，要防折防裂，不要暴晒，更忌烘烤。③保养时既要防潮，又要防止过分干燥，因为受潮易使皮革发霉，过分干燥也会造成皮革表面龟裂和变形，机械性能下降。皮革类服装要定期晾晒，但不能在阳光下暴晒，以防皮质受到破坏而脆化。存放时必须挂放，切勿折叠，要选择通风干燥处采取防霉和防虫蛀措施进行保养。

课外阅读 11-4

曹县的汉服春秋

曹县是坐落于山东省菏泽市的一座"平平无奇"的县城。你若空手走在曹县大集镇面料辅料一条街上，不出5公里，一件汉服便能完整地制作出来。这件汉服10分钟就能上高速，40分钟可达机场。曹县汉服生产成本低，产量大，款式多样，集群发展，所以有人说曹县是年轻人第一件汉服的来源地，也有人说是曹县让每个中国人都能穿得起、穿得上汉服。

几千年文明、中国崛起、传统文化热、文化自信、年轻一代等原本宏大浩渺的词汇，从2023年年底开始，落在了这座县城的许多村里那一台台缝纫机实实在在的针脚上。一针一线，起起落落，一件件马面裙上便有了飞龙舞凤、锦绣河山。

资料来源　巩淑云，吕兵兵. 曹县的汉服春秋［EB/OL］.［2024-05-27］. https://www.farmer.com.cn/2024/05/27/99955315.html.

要进一步了解曹县的汉服春秋的详情，可以扫描二维码进行查看。

单元小结

本单元主要从服装色彩、款式造型和服装面料三大要素入手，介绍服装面料中的天然纤维和化学纤维。天然纤维主要有棉纤维、麻纤维、丝纤维、毛纤维、竹纤维。化学纤维主要分为合成纤维和人造纤维。其中，合成纤维包括涤纶、锦纶、腈纶、丙纶、维纶、氯纶和氨纶等；人造纤维有人造棉、人造丝等。服装种类繁多，可以按照服装功能用途、穿着季节和年龄等进行分类。影响服装色彩的主要因素有服饰色彩与自然环境，服饰色彩与社会生活，服饰色彩与人的体型、肤色特点等。服装色彩、构造与服装工艺等随着时代不同而进行变化。服装标准是服装质量的具体准则和规范。本单元重点讲述了服装号型标准、服装使用说明和维护标准。服装安全标准主要将纺织品分为A、B、C三类，分别是婴儿用品、直接接触皮肤的产品和非直接接触皮肤的产品。服装安全标准规定纺织服装最基本的指标包括甲醛、pH值、可分解芳香胺染料、染色牢度和异味五类；《纤维制品质量监督管理办法》是对纤维、纤维制品，尤其是絮用纤维制品、学生服、纺织面料质量进行监督，是提高纤维制品质量、保障人身健康安全的重要措施。服装质量检验的主要内容包括外观质量检验、规格尺寸检验、色差检验、疵点检验、缝制质量检验、理化质量检验和安全质量检验等。本单元最后介绍了服装商品选购、洗涤与保养的基本知识，指导消费者购买服装和穿着保养，进行科学合理消费。

主要概念

天然纤维　化学纤维　服装号型　安全性指标　选购与保养

基础训练

一、选择题

1.被称为第五种天然纤维的是（　　　）。

A.棉纤维　　　　　　B.麻纤维　　　　　　C.竹纤维　　　　　　D.丝纤维

2.构成服装的三大要素有（　　　）。

A.服装面料　　　　　B.款式造型　　　　　C.服装色彩　　　　　D.天然纤维

3.纤维相互摩擦会产生一种悦耳的声觉效应，被称为"丝鸣"的是（　　　）。

A.丝纤维　　　　　　B.棉纤维　　　　　　C.麻纤维　　　　　　D.毛纤维

4.有"合成羊毛"之称，性能与羊毛相似的合成纤维是（　　　）。

A.涤纶　　　　　　　B.锦纶　　　　　　　C.腈纶　　　　　　　D.氨纶

5.服装安全标准将纺织品分为（　　　）。

A.A 类　　　　　　　B.B 类　　　　　　　C.C 类　　　　　　　D.D 类

6.服装安全标准中染色牢度主要包括（　　　）。

A.耐水色牢度　　　　　　　　　　　B.耐酸碱汗渍色牢度

C.耐干摩擦色牢度　　　　　　　　　D.耐唾液色牢度

7.《纤维制品质量监督管理办法》重点加强对（　　　）的质量监督。

A.絮用纤维制品　　　B.学生服　　　　　　C.纺织面料　　　　　D.皮革

二、判断题

1.服装面料所用纤维主要分为天然纤维和化学纤维。　　　　　　　　　（　　　）

2.苎麻是中国古代重要的纤维作物之一，被世界誉为"中国草、中国宝"。

（　　　）

3.服装安全标准将纺织品进行分类，其中 C 类是指直接接触皮肤的产品。（　　　）

4.目前，除新疆之外，我国绝大部分棉区种植的都是长绒棉。　　　　　（　　　）

5.服装应按规定的图形符号表述维护方法，排列顺序为洗涤、漂白、干燥、熨烫、专业维护。　　　　　　　　　　　　　　　　　　　　　　　　　　　（　　　）

6.《国家纺织产品基本安全技术规范》（GB 18401—2010）是推荐性标准。

（　　　）

7.服装安全标准规定纺织类服装的最基本指标主要包括甲醛、pH 值、可分解芳香胺染料、染色牢度和异味五类。　　　　　　　　　　　　　　　　　（　　　）

8.合成纤维包括涤纶、锦纶、腈纶、丙纶、维纶、氯纶、氨纶、人造棉。（　　　）

9.纯棉服装易吸潮发霉，存放时要晾晒和保持环境干燥。　　　　　　　（　　　）

10.丝绸、毛呢、毛绒、皮革类服装在保养时要注意防虫蛀。　　　　　（　　　）

三、简答题

1.天然和化学纤维各有何特点？

2.服装是如何进行分类的？

3.服装号型标准主要有哪些规定？

4.如何识别服装使用说明和维护标准中的图形文字？

5.服装安全标准的最基本指标有哪些？

6.消费者如何进行服装选购与保养？

实践训练

案例：苎麻和亚麻纺织品的选购与保养

1.苎麻纺织品的选购与保养

（1）苎麻是中国古代重要的纤维作物之一，被世界誉为"中国草、中国宝"。原产于中国西南地区。中国苎麻栽培已有4 700多年的悠久历史。苎麻纤维较粗，其吸湿透气性是棉纤维的3～5倍，有强度大而延伸性小的特点。（2）由于苎麻纤维富含多种天然抑菌微量元素，能有效抑制多种细菌、螨虫滋生，苎麻纺织品能起到抗菌、防异味的作用，具有防霉、耐磨、不易腐蚀的特点；苎麻织物能有效地阻挡紫外线对人体的辐射；苎麻纤维还具有天然防静电的特点，苎麻纺织品不易吸附灰尘，具有优良的吸湿透气性。但是，由于苎麻纤维顶端呈尖锐状，直接接触皮肤有刺痒感，最适合做枕套、凉席的面料，或者和其他纤维混纺做成服装，使其具有苎麻的各项优点，在穿着舒适性上也有一定的提高。（3）由于苎麻纤维比较刚硬，抱合力差，因此在清洗苎麻织物时要轻揉，尤其不能用力揉搓，在漂洗后也不能用力拧，以免衣物中苎麻纤维滑移，影响外观和耐穿程度，在晾晒时应将衣服领子及接缝等处拉平、拉挺，不能晾晒时间过长或暴晒，以防止衣物褪色。

2.亚麻纺织品的选购与保养

（1）亚麻为一年生草本植物，又称长茎麻。亚麻的种植范围较广，其适于在高纬度较寒冷地区生长，俄罗斯、比利时和中国东北、西北地区都是亚麻的主要产区。亚麻是人类最早使用的天然植物纤维，距今已有一万年以上的历史。亚麻是纯天然纤维，具有吸汗、透气性良好和对人体无害等特点，越来越被人类重视。亚麻纺织品具有吸湿性好、无静电、保暖性强、抗拉力高、抗腐耐热、平直光洁、光泽柔和等特点。亚麻纤维是植物的皮层纤维，具有保护肌体、调节温度等天然性能。亚麻的透气性、吸湿性、清爽性和排汗性，使其成为自由呼吸的纺织品，被称为"天然空调"。但是，亚麻织物易起皱，这是由于亚麻韧性大、弹力差造成的，亚麻织物贴身穿着还会有刺硬感。（2）在选购亚麻纺织品时，消费者可通过"望、闻、问、切"的方法来判断。A.望：接触一件亚麻制品时，消费者首先要用眼睛仔细观察，纯亚麻面料会在表面形成天然云状纹路，非常易于辨认。B.闻：燃烧亚麻纤维时，会产生洁白的烟雾，有标志性棉麻气味，燃烧后没有残留物。C.问：高档亚麻制品的价格比较高，普通的亚麻服饰，以上衣为例，价格也在百元以上。D.切：用手摸亚麻制品时，会有明显的凉爽感。亚麻制品在用力挤压后，容易产生褶皱，撕扯不易变形。（3）亚麻织物耐碱性能好，可选择中性洗涤剂进行手洗、机洗，洗涤时水温不能过高，应该控制在35℃～40℃。洗涤时应比棉织物要轻柔，不能用力搓洗和大力拧绞，漂洗时宜添加柔顺剂，以保持衣物的柔软手感、减轻褶皱。亚麻服装在熨烫时温度要控制在

200℃~230℃，并且最好在衣服半干的时候熨烫。亚麻织物要在阴凉、干燥通风处存放，避免潮湿发霉；不可长时间暴晒，以免染料褪色、材质泛黄。

资料来源   编者根据相关资料整理。

结合案例分析：

1.纺织纤维主要有哪些种类？

2.亚麻和苎麻各有何特点？

3.服装有哪些标准和质量要求？

塑料与陶瓷玻璃类商品

【学习目标】

通过本单元的学习，达到以下学习目标：

知识目标：了解塑料、陶瓷、玻璃类商品的基本类别，熟悉塑料、陶瓷、玻璃类商品的特点，掌握塑料、陶瓷、玻璃类商品的质量要求。

能力目标：结合引例、基础训练、实践训练等，培养学生学会在工作和生活中正确销售、保管及使用塑料、陶瓷、玻璃类商品的技能。

素养目标：结合教学内容、案例资料等，通过互动课堂、案例分析等形式，引导学生领略中国瓷器的独特魅力和风韵、精益求精的精神与工匠的伟大智慧，增强文化自信；树立绿色环保、节约资源的意识，自觉参加减少白色污染的活动，合理宣传和使用陶瓷、玻璃、塑料类商品；帮助学生形成正确的职业行为和道德规范。

【单元框架】

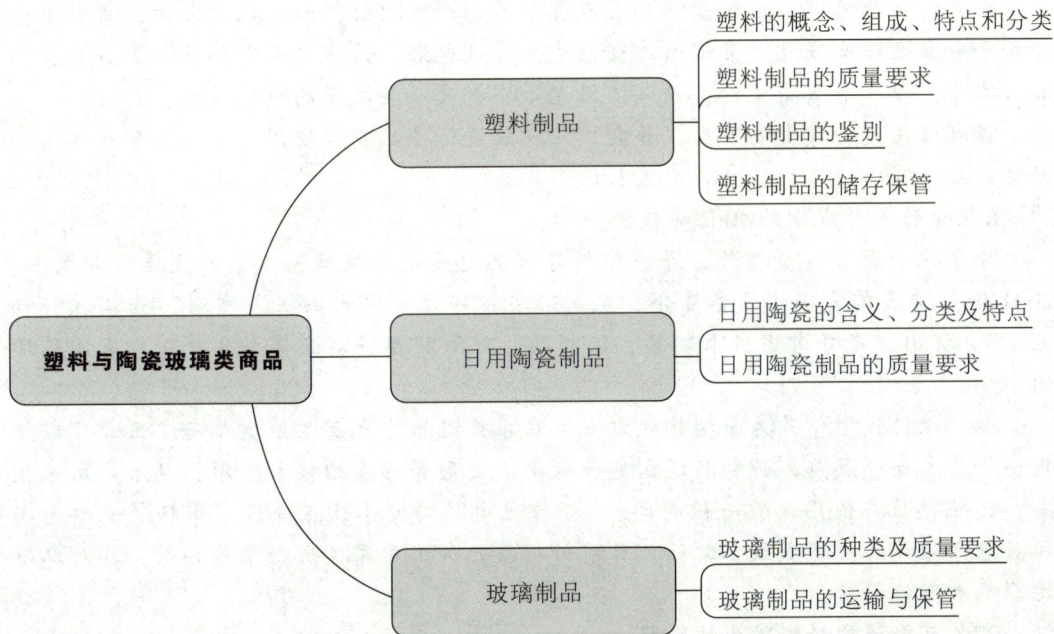

塑料与陶瓷玻璃类商品

塑料制品
- 塑料的概念、组成、特点和分类
- 塑料制品的质量要求
- 塑料制品的鉴别
- 塑料制品的储存保管

日用陶瓷制品
- 日用陶瓷的含义、分类及特点
- 日用陶瓷制品的质量要求

玻璃制品
- 玻璃制品的种类及质量要求
- 玻璃制品的运输与保管

引例

"全球战塑"，塑料污染新难题如何应对？

450年，这是一个塑料瓶在自然环境中完全降解大约需要的漫长时间。塑料制品在日常生活中无处不在，从小小的塑料瓶、包装袋、外卖盒到大型的电子产品、汽车配件、建筑材料等，塑料的广泛应用给地球环境带来了沉重的负担。

"全球战塑"，是2024年4月22日第55个世界地球日的主题。塑料污染防治已成为当前国际社会共同面临的重大环境挑战之一。

中国是塑料生产和消费大国。自2008年开始实施限塑令以来，我国陆续出台了一系列与塑料污染治理相关的全国性、地方性规范性文件，掀起了全社会减塑的热潮。2024年，"塑料污染治理"更是首次出现在政府工作报告中，与固体废物治理并列。

在"全球战塑"大背景下，中国如何应对经济结构的变化和互联网业态的兴起所带来的新的塑料污染治理难题？

快递外卖成为塑料垃圾大户

随着互联网在中国的快速发展，快递和外卖两大消费业态兴起，快递和外卖行业成为新的塑料垃圾生产大户，由此也带来了大量的二氧化碳排放。

近年来，从中央到地方政府都在积极寻求外卖、快递塑料污染治理的对策。2021年，国家发展和改革委员会、生态环境部印发《"十四五"塑料污染治理行动方案》，指出要积极推动塑料生产和使用源头减量。

以外卖行业为例，摆脱塑缚政策专员李茜向南方财经全媒体记者表示，目前不少外卖平台立足源头减量，尝试通过提倡减少过度包装、落实"无需餐具"等方式推动源头减量。除了源头减量外，循环使用也是塑料废弃物减量的重要措施。

循环使用是将外卖的餐具、餐盒、外包装进行多次重复使用，如同堂食所使用的器具，经清洗、消毒后，可再次投入使用。

6亿吨竹子可减少约40亿吨碳排

除了推动源头减量之外，寻找塑料替代品也是近年来减塑探索的主要方向之一。2021年，国家发展和改革委员会、生态环境部印发《"十四五"塑料污染治理行动方案》，提出应充分考虑竹木制品、纸制品、可降解塑料制品等全生命周期资源环境的影响。

但"以竹代塑"作为新型替代方案，在推广过程中也面临不少难题。目前"以竹代塑"技术尚未成熟，竹制品还需突破耐用、变形等方面的技术难题，且推广成本较高，大规模推广使用尚需一段时间。"以竹代塑"尚处于试点阶段，市场还需要时间和数据来验证其减塑成效。此外，目前竹制品的加工中需使用化学添加剂，其对环境的影响也有待评估。

97%可降解塑料实际未被降解

相对于"以竹代塑"，可降解塑料制品则更早进入消费者认知。目前可降解塑料袋已在国内大部分商超推广普及。

但据业内人士透露，可降解塑料分为生物降解塑料和氧化降解塑料，其中氧化降解塑料实际上是在传统塑料基础上添加降解剂，其对环境危害还有待评估。此外，可降解塑料不能完全达到自然降解，不同技术路线的降解材料实现降解需要一定的前置或补充条件，其中有些需要堆肥，有些会面临功能删减、成本较高等问题。

因此，未来可降解塑料制品的技术路线发展和降解条件的配套完善将走向何方也备受业内人士关注。

资料来源　郭晓洁.　"全球战塑"，塑料污染新难题如何应对？［EB/OL］.［2024-04-21］. https：//www.21jingji.com/article/20240421/herald/aa920094b6e9387e509273d7f9a57a8f.html.

12.1　塑料制品 ////////.。。。。。。。

塑料制品作为重要的基础材料之一，已渗透到国民经济的各个领域，特别是在农业、包装、建筑装修、交通运输、邮电通信、电子电器及生活日用品等领域。塑料制品给人们带来诸多便利的同时，也给环境治理带来挑战。

12.1.1　塑料的概念、组成、特点和分类

1）塑料的概念

塑料是指以合成树脂为主要成分，在一定温度、压力条件下，塑成一定形状，当外力解除后，在常温下保持形状不变的高分子材料。

2）塑料的组成

塑料由合成树脂和辅助材料两个部分组成。合成树脂是塑料的主要成分，为了改进塑料的性能，还要添加辅助材料，如增塑剂、润滑剂、稳定剂、着色剂、填料等塑料助剂，才能成为性能良好的塑料。

（1）合成树脂是指以煤、电石、石油、天然气以及一些农副产品为主要原料，先制得具有一定合成条件的低分子化合物（单体），进而通过化学、物理等方法合成的高分子化合物。

（2）塑料助剂又称塑料添加剂，是合成树脂进行成型加工时为改善其加工性能或为改善树脂本身性能不足而必须添加的一些化合物。塑料助剂在塑料成型加工中占有特别重要的地位。用于塑料成型加工品的助剂包括增塑剂、热稳定剂、光稳定剂、抗氧剂、阻燃剂、发泡剂、润滑剂、抗静电剂、防霉剂、着色剂、增白剂和填料等。常见的塑料成分表见表12-1。

3）塑料的特点

塑料制品相较于其他材料制品而言，主要特点与优势体现在以下方面：

（1）重量轻。大多数塑料材料自身重量轻，相对密度分布在0.9～2.2。新工艺支持下所研发的发泡塑料内部具有微孔，相对密度仅在0.01左右，因此可将此类塑料材料应用于对自重有较高要求的产品生产中。

（2）化学稳定性良好。塑料对各类化学物质如酸性物质、碱性物质等均具有良好的抗腐蚀能力。以聚四氟乙烯材料为例，其化学性能高度稳定，是非常理想的耐腐蚀材料，更在当前广泛应用于管道输送领域，所制成的管道对高腐蚀性以及黏液性液体的储运效果非常理想。

211

表12-1 　　　　　　　　　　　　　　　常见的塑料成分表

成分类别	性能特点
合成树脂	树脂的性质决定了塑料的性质，占塑料含量的40%～100%
增塑剂	增强塑料的可塑性和柔软性，降低塑料的脆性，使塑料易于加工成型
稳定剂	有热稳定剂和光稳定剂等，防止合成树脂在加工和使用过程中受到光和热的作用被分解和破坏，延长塑料的使用寿命
抗氧剂	防止塑料在加热成型或在高温使用过程中受热氧化而变黄、发裂、变脆等
阻燃剂	延缓塑料的燃烧速度或阻止燃烧的物质。当塑料暴露于火焰下时，阻燃剂能抑制火焰的蔓延，防止烟雾的形成；当火焰被灭掉时，燃烧便会停止。阻燃剂分为卤化阻燃剂和非卤化阻燃剂
发泡剂	发泡剂是一类能使塑料产生微孔的物质。这类物质多为随温度变化可气化或产生气体的化合物，可增加塑料的体积，满足塑料制品的造型要求，降低塑料成本
润滑剂	防止塑料在成型时粘在金属模具上，同时可以使塑料的表面光滑、美观
着色剂	使塑料具有各种鲜艳、美观的颜色，常用有机染料和无机染料作为着色剂。着色剂是塑料必不可少的"助剂"，虽然其"体型"小，但赋予了这个世界以色彩，汽车、家电、日用品等都离不开着色剂，着色剂提升了产品的内在价值与艺术性
填料	提高塑料的强度和耐热性能，可以降低塑料成本。填料分为有机填料和无机填料

资料来源　编者根据相关资料整理。

（3）绝缘性能较好。常规塑料均属于对电的不良导体，体积电阻以及表面电阻大，导热性低，因此可利用塑料制品的绝缘性能在工业、电力等领域发挥独特优势。

（4）消声减震效果突出。以泡沫塑料为例，此类材料内部微孔中含有一定气体，因此具有良好的消声以及减震效果。除此之外，泡沫塑料制品导热性能差，具有良好的隔热以及节能效果。

（5）成型性和着色性较好，加工成本较低。但是，塑料一般容易燃烧，燃烧时会产生有毒气体；塑料难以被自然分解，废弃塑料回收利用困难，对环境会造成污染。

互动课堂12-1

"塑"造美好生活

据统计，2024年前5个月，福建出口塑料制品214.4亿元，同比增长41.5%，产品热销全球180多个国家和地区，出口值位列全国第五。作为传统的塑料制品生产大省，福建众多家居日用、塑料等加工制造企业正大踏步走向国际市场，逐渐成为福建外贸出口的新亮点。

东盟为福建塑料制品出口第一大市场。今年前5个月，福建共向东盟出口83.7亿元，同比增长102.9%，占同期福建省塑料制品出口总值的39%。其中，对新加坡、马来西亚分别出口27.3亿元和20.1亿元，分别同比增长4.4倍和2.2倍。推进共建"一带一路"高质量发展也为福建塑料制品出口注入了新的活力，

2024 年前 5 个月，福建对"一带一路"共建国家出口塑料制品 116.4 亿元，同比增长 66.1%。此外，民营企业"主力军"作用突显，出口值达 181.5 亿元，同比增长 50.5%，占同期福建塑料制品出口值的 84.7%。

近日，福建家居日用塑料制品制造领域的龙头企业自动化生产车间内，编程机械臂和自动引导车马不停蹄地运转，自动注塑、自动取件、自动传输、自动包装、自动贴标……一派热火朝天的景象。而在成品仓库，一批批衣架、厨房餐具、收纳用品、水壶水杯等产品将从这里远销海外。

"我们以国外客户需求为导向，通过不断强化外观设计、功能创新、产品结构等，着力培育国际竞争新优势。目前订单已排到 9 月底，2024 年前 5 个月出口值近 7 000 万元，预计全年出口值将超过四成。"该公司生产管理部部长高兴地说。

为助力福建塑料制品开拓海外市场，厦门海关结合"关长送政策上门""进千企、解千题"等行动，积极引导企业加强产品质量管理，提升产品核心竞争力。同时进一步优化作业流程，打造出口便捷通道，全力保障福建塑料制品出口跑出"加速度"。

资料来源　胡林冀，曾毅琳．"塑"造美好生活［N］．中国国门时报，2024-06-25．

请同学们结合资料思考：（1）生活中的塑料制品有哪些？（2）如何看待塑料制品的优缺点？

4）塑料的分类

（1）按照塑料的使用特性，可分为通用塑料、工程塑料、特种塑料。①通用塑料一般是指产量大、用途广、成型性好、价格便宜的塑料。通用塑料主要有聚乙烯塑料、聚丙烯塑料、聚氯乙烯塑料、聚苯乙烯塑料、ABS 塑料等。②工程塑料一般是指能够承受一定外力作用，能代替金属材料制造机器零件和化工设备的工业用塑料，具有良好的机械性能和耐高、低温性能，尺寸稳定性好，尤其是机械性能、耐热性能均优于普通塑料。工程塑料主要有聚碳酸酯塑料、聚甲醛塑料、聚酰胺塑料、尼龙塑料等。③特种塑料一般是指具有特种功能（如耐热、自润滑等），可用于航空航天等特殊领域的塑料，如氟塑料、有机硅等。

（2）按照塑料的理化特性，可分为热塑性塑料、热固性塑料。①热塑性塑料是指加热后会熔化，可流动至模具冷却后成型，再加热后又会熔化的塑料，即受热可熔化，冷却又变硬，可反复此过程，运用加热及冷却方式，使其产生可逆的物理变化。多数热塑性塑料能制成透明制品。通用的热塑性塑料的连续使用温度在 100℃以下，热塑性塑料具有良好的电绝缘性，易于成型，但耐热性较低，容易蠕变，其蠕变程度随着环境温度、湿度、溶剂和承受负荷而发生变化。②热固性塑料是指在受热或在其他条件下能固化或者具有不熔（溶）特性的塑料，如酚醛塑料、脲醛塑料、密胺塑料等。热固性塑料仅在某些溶剂中溶胀，其制品几乎不透明，具有耐热性高、受热不易变形的优点，缺点是机械强度一般不高，但可以通过添加填料等提高其机械强度。

（3）按照塑料树脂成分不同，可分为单一组分塑料和多组分塑料两大类。①单一组分塑料主要是指以合成树脂为主体，由一种单一的合成树脂组成的塑料，如聚乙烯塑料、聚丙烯塑料、有机玻璃等；②多组分塑料主要是指除主体成分是合成树脂外，

213

还加入增塑剂、稳定剂、润滑剂、阻燃剂、发泡剂、着色剂、交联剂和填料等的塑料。

课 内 阅 读 12-1

一次性外卖塑料包装：能不用就不用，能少用就少用

袋中盒，盒中袋，即便下单时选择了不要餐具，偶尔也硬是给你。外卖行业的快速发展让我们的生活变得便利，但对消费者来说，外卖所带来的一次性塑料垃圾负担却并未减轻。

近日，环保机构摆脱塑缚联合广东省循环经济和资源综合利用协会共同举办"推动外卖塑料污染综合治理"线上研讨会，与会专家认为，目前任何单一的策略都无法扭转当前外卖行业塑料污染局面，需要全面综合的治理方案。环境压力如影随形，广东省循环经济和资源综合利用协会副主任骆天生表示："中国外卖市场发展迅速，已占到全球外卖市场营业额的接近一半，是'美国市场'的近1.5倍。可以预计，我国外卖市场在未来仍有巨大的增长潜力。"外卖行业发展带来商业和经济上的巨大潜力，同时也伴随着相应的环境压力。为了应对外卖塑料污染问题，国内几大外卖平台在过去几年内进行了不断的努力和尝试。

在国际通用的"废弃物管理3R原则"中，排序首位的是"源头减量"，"无需餐具"已成为外卖行业塑料垃圾减量的重要抓手。然而，"无需餐具"订单比例仍有提升空间，且在实施过程中仍存在挑战。除了从源头上减量，不少解决方案提供商也将思路转向了"替代"，如今被广泛应用于外卖塑料包装的可降解塑料，也被作为"环保材料"在全国范围内推广使用。

从减塑的角度来说，从源头减量，减少任何形式的一次性包装才是减塑的重要原则。包括无纺布包装在内的一次性包装，能不用就不用，能减少就减少，才是最好的降低塑料污染的方案。

资料来源 白雪. 一次性外卖塑料包装：能不用就不用，能少用就少用 [N]. 中国经济导报，2024-04-20.

5）塑料的品种

（1）热塑性塑料的主要品种。

①目前聚乙烯塑料是世界上热塑性塑料中产量最大的一个品种，人们常用的方便袋就是聚乙烯，它是结构最简单的高分子材料，也是应用最广泛的高分子材料。聚乙烯塑料无臭、无毒，手感似蜡，为白色蜡状半透明材料，具有优良的耐低温性能（最低使用温度可达-70℃）。聚乙烯塑料柔而韧，能伸长，比水轻，易燃。聚乙烯塑料在大气、阳光和氧的作用下，会产生老化、变色、龟裂、变脆等现象。聚乙烯根据聚合方法、分子量高低等不同，分为高密度聚乙烯（HDPE）、低密度聚乙烯（LDPE）和线性低密度聚乙烯（LLDPE）。高密度聚乙烯为无毒、无味、无臭的白色颗粒，熔点约为130℃，相对密度为0.941～0.960，具有良好的耐热性和耐寒性，化学稳定性好，还具有较高的刚性和韧性，机械强度好。高密度聚乙烯薄膜的耐热性、机械强度比低密度聚乙烯薄膜好，一般来说，随着密度的上升，机械性能和阻隔性能会相应提高，同一密度的聚乙烯由于成膜工艺的不同，它们之间也有不同的性能。聚乙烯按生产方法的不同，还可分为低压法聚乙烯、中压法聚乙烯和高压法聚乙烯。

②聚氯乙烯塑料薄膜透明度比聚乙烯塑料薄膜高，制品色泽鲜艳，手感光滑，无蜡状感，常可嗅到特殊气味，遇冷后明显变硬，聚氯乙烯的燃烧性能不好，离火即灭，属于难燃性塑料。聚氯乙烯塑料分为软质聚氯乙烯塑料和硬质聚氯乙烯塑料。软质聚氯乙烯塑料一般含30%～50%增塑剂，质地柔软，强度较高，具有良好的气密性和不透水性。硬质聚氯乙烯塑料只加少量增塑剂制成，其特点是质地坚硬，机械强度高，耐化学腐蚀性能好。

③聚苯乙烯塑料也是热塑性塑料中产量最大品种之一。它无色无味、无毒透明，能自由着色，易成型加工，具有良好阻电性能，耐酸性、耐热性和机械性能差。聚苯乙烯塑料根据用途，可分为透明、改性、阻燃、可发泡性、增强性等级别，其常用级别和典型用途见表12-2。

表12-2　　　　　　　　　　　　　聚苯乙烯塑料的常用级别和典型用途

级别	典型用途
阻燃级	制造电视机壳、各种仪表以及多种工业品等
透明级	制造日用品，如餐具、玩具、包装盒、光学仪器、装饰面板、旋钮等
可发泡级	制造包装和绝缘保温材料等

资料来源　编者根据相关资料整理。

④聚丙烯塑料是目前塑料工业中发展速度最快的品种，产量仅次于聚乙烯塑料、聚氯乙烯塑料和聚苯乙烯塑料。聚丙烯通常为半透明色或白色、易燃的蜡状物，比聚乙烯透明，有良好的流动性和成型性、表面光泽、着色性能好。在塑料中它的耐温性最高，绝缘性和机械强度较高，耐弯曲性尤为突出。另外，它的化学稳定性好，不溶于有机溶剂，喷油、烫印及粘结困难。常温下耐冲击性能好，耐磨性优异。由于聚丙烯塑料无毒，被广泛应用于食品、药品的包装以及日用品的制造方面。聚丙烯塑料还常用来代替部分有色金属，被广泛用于汽车、化工、机械、电子和仪器仪表等工业部门。

⑤ABS塑料的主体是丙烯腈（A）、丁二烯（B）、苯乙烯（S）的共聚合物，是一种坚韧而有刚性的热塑性塑料。丙烯腈使ABS塑料有良好的耐热性、耐磨性、耐化学腐蚀性和表面硬度；丁二烯使ABS塑料有良好的柔顺性、材料韧性、抗冲击强度；苯乙烯使ABS塑料有良好的光泽、刚性、模塑性（如流动性和着色性）。三种组成成分的比例不同，ABS塑料性能也会随之发生变化。ABS塑料的性能特点是收缩率小、尺寸稳定性好，原料为浅黄色、不透明，一般为浅象牙色，能通过着色而制成具有高光泽的制品，具有良好的电气绝缘性、抗冲击强度和表面强度、电镀性能，是所有塑料中电镀性能最好的。ABS塑料根据用途不同进行分级见表12-3。

表12-3　　　　　　　　　　　　ABS塑料根据用途不同进行分级

级别	典型用途
通用级	制造电视机、电话、各种仪表等的外壳和玩具等
阻燃级	制造电子部件，如机器外壳和各种家用电器产品等
耐热级	制造动力装置中自动化仪表和电动机外壳等
透明级	制造冰箱内食品盘等
结构发泡级	制造电子装置的罩壳等

215

资料来源　编者根据相关资料整理。

（2）热固性塑料的主要品种。

①酚醛塑料，俗称"电木"，是最重要的一类热固性塑料。它的机械性能高，坚韧耐磨，尺寸稳定，耐腐蚀，电绝缘性能优异，成型性较好，广泛用于制成电绝缘材料、家具零件、日用品、工艺品等。

②脲醛塑料，俗称"电玉"，无臭、无味，着色力强，色彩鲜艳，形似美玉。它的表面硬度大，有一定的机械强度，不易变形，但脆性较大；耐热性好，不易燃烧；吸水性较好，电绝缘性良好，但是耐酸、耐碱、耐水性较差。脲醛塑料可制成多种制品，如日用品、电器元件等，还可制成漂亮的包装盒、包装盘、瓶盖等。但是，由于脲醛塑料含有甲醛，不宜用于食品包装。

③密胺塑料，又称"仿瓷制品"，有质轻、无毒、无味、颜色鲜艳、美观、耐低温、耐蒸煮、耐污染、不易跌碎等性能，被广泛用于快餐业及儿童饮食业，深受广大消费者的喜爱。但是密胺餐具不适合用于微波炉，会发生开裂现象。

课内阅读 12-2

密胺餐具选购和使用提示

密胺餐具是指以三聚氰胺、甲醛为主要原料或以三聚氰胺与甲醛的低聚合物为主要原料，经模压热固反应成型制得的餐具产品，也称仿瓷餐具，具有性价比高、色泽鲜艳、外观光滑、无臭无味、使用轻便、不易碎裂、生产成本较低等优点。密胺餐具用于家庭、学校、幼儿园以及单位食堂、酒楼、餐馆、快餐店、小吃店等，且很多家长将其用作儿童餐具。为帮助消费者科学选购和使用密胺餐具，特作如下消费提示：

1. 密胺餐具的执行标准

密胺又称酚醛树脂，是一种热固性塑料。在食品安全方面，密胺餐具需要符合《食品安全国家标准 食品接触用塑料材料及制品》（GB 4806.7—2023）的有关要求。该标准包括感官要求、总迁移量、高锰酸钾消耗量、重金属量（以Pb计）、脱色试验、三聚氰胺特定迁移限量和特定迁移总量限量（以甲醛计）等食品安全性能指标。特别值得注意的是，该标准中指出，密胺餐具不得用于微波炉加热使用，同时针对婴幼儿专用密胺餐具，给出了更严格的三聚氰胺特定迁移量限量为1mg/kg（非婴幼儿用产品规定的三聚氰胺特定迁移量限量为2.5mg/kg）。

2. 正确区分密胺树脂（MF）和脲醛树脂（UF）标识

带有密胺树脂（MF）标识的产品，可作为餐具使用，而带有脲醛树脂（UF）标识的产品，不能盛放直接入口的食品。有的生产企业为了降低成本，使用脲醛树脂或者脲醛树脂和密胺树脂混合料代替密胺树脂生产密胺餐具。这种餐具在外表上无法分辨好坏，但其高温稳定性差，特别是在长期接触酸性、油性食品时，容易分解出甲醛和三聚氰胺单体，对消费者的身体健康造成危害。

3. 密胺餐具的选购注意事项

一是建议消费者在正规商场、超市购买，不建议在地摊上购买，不建议购买三无产品。密胺餐具的质感越接近瓷的越好，其表面像陶瓷般光滑反光，手感也偏沉。质感越接近塑料的越差，表面明显不如陶瓷光滑，手感也偏轻。劣质的密胺餐具制品有少量小泡、泛白、浅度裂纹，有较为明显的起梗、杂色点、鼓底及水波纹等现象。二是消费者在选购时应注意密胺餐具产品标签标识。注意产品名称、材质、执行标准、生产日期、生产企业信息、生产许可证编号以及使用温度或注意事项等。三是建议消费者尽量选择表面光洁、内部无图案或者浅色餐具。特别是供婴幼儿使用的餐具，要购买婴幼儿专用密胺餐具。

4. 密胺餐具的使用注意事项

正确使用密胺餐具是确保密胺餐具安全性的重要因素。消费者在使用时需要注意以下四点：一是不要长期高温使用。密胺餐具在高温环境下会加速有害物质的迁移，并且其物理性质也会被破坏，如出现裂痕等，因此密胺餐具不得用于微波炉加热使用、不要长时间盛高温食物，不建议高温蒸煮消毒，还应尽量避免急冷急热。二是不要长时间盛放酸性食品。试验表明，酸性条件下密胺餐具更容易迁出有害物质，同时酸性条件下还会导致产品脱色，因此尽量不要长时间盛放酸性食品，如醋、果汁等。三是不要用钢丝球擦洗餐具。由于密胺餐具表面有一层密胺粉光亮膜，有保护餐具的作用，因此清洗时，宜用餐具清洁剂配合软纱布擦洗，以免留下刮痕。不要用漂白水和强化学腐蚀性的洗涤用品洗涤密胺餐具。四是及时更换有明显磨损的餐具。当密胺餐具磨损或吸附色素等污渍导致发黄、发黑时，建议及时更换，特别是婴幼儿使用的密胺餐具。分格快餐盘和特殊形状（复杂形状）的密胺餐具容易损坏，注意避免严重撞击餐具。

资料来源　王佳丽，张玉芳，段敏，等. 密胺餐具选购和使用提示［J］. 中国食品安全，2024（3）.

12.1.2　塑料制品的质量要求

1）塑料制品的外观质量要求

一般来说，塑料制品外形不应有翘曲缺角，尺寸要符合一定的偏差规定。装配制品的部件尺寸要相互配合得当，中空制品要厚薄均匀。制品不应有变色、色调不匀等现象。塑料制品的表面缺陷和可能产生的外观疵点主要有麻点、翘曲、气泡等。

（1）麻点是指成型品表面上的微小凹坑，是由于树脂没有粘在模腔面上产生的。

（2）翘曲是因为成型品的收缩不均匀，导致其内部形成应力，脱模后产生的形状自然改变，该异常多出现在薄壁产品、较大平面产品和结构复杂产品中。

（3）气泡是指成型品表面的一种现象，由于塑料内部的空气隔离区使其表面产生圆形的凸起，或者在注射成型后从模具取出时，制品表面开始渐渐鼓起或受热膨胀而鼓起，从而形成气泡。

塑料制品外观质量要求的严格程度由高到低的顺序为：产品正面>产品侧面（或顶面）>产品背面（或底面）>产品内部。

2）塑料制品的内在质量要求

塑料制品种类多、用途广，涉及日用塑料制品的性能指标主要有比重、拉伸强

217

度、冲击强度、撕裂强度、断裂伸长率、硬度、耐热性、耐寒性、收缩性、透明性、透湿性、透气性、耐磨性和耐老化性等。对于某一具体塑料制品，应根据其类型和用途特点来确定其内在质量要求。

（1）比重。每一种塑料都有一定范围的比重值。对同一容积的塑料来说，比重大，分量就重；相反，比重小，分量就轻。比如，同样规格、容积的塑料杯子，聚丙烯（比重为 0.90～0.91）的杯子就比聚乙烯（比重为 0.91～0.96）的杯子轻。凡采用比重大于 1 的塑料，制品都会沉入水中；而采用比重小于 1 的塑料，制品都会浮于水面。

（2）拉伸强度是指单位面积的塑料，在规定时间内被拉断时所能承受的应力。其单位为千克/平方厘米（kg/cm^2）。对同样粗细的塑料绳来说，它的拉伸强度越高，说明它能承受的拉力越大。

（3）断裂伸长率。不同的制品，对断裂伸长率的要求也不同。断裂伸长率大，制品的弹性高。对于塑料鞋，人们希望它的弹性高，穿着舒服，因此要求其有较大的断裂伸长率；而对于塑料绳，人们则要求它的断裂伸长率小，这样才能把物品捆扎得更紧。

（4）硬度一般是指塑料表面的软硬程度，如塑料鞋底太硬或太软穿着都不舒适。因此，塑料鞋底在出厂时，就规定它的硬度不能大于 75 度（邵氏硬度计单位）。这样，鞋子才能软硬适中，穿着舒适。

（5）耐磨性。塑料鞋和其他布鞋、橡胶鞋一样，在走路时，由于鞋底经常与粗糙的地面接触会出现磨损。生产厂家为保证鞋子有一定的穿着时间，提高产品质量，就需要测定其耐磨性能。

3）塑料制品的卫生安全要求

日用塑料制品的质量要求是其制品的外观和物理机械性能符合规定，对部分制品还需要考虑其卫生要求，如食品袋、玩具等塑料制品必须无毒、无味、安全。

12.1.3　塑料制品的鉴别

1）外观鉴别法

该方法主要是通过塑料的外观特征，如色泽、透明度、光滑度、手感、表面硬度及放入水中的现象等来判断和区分塑料的种类。

（1）聚乙烯（PE）塑料：乳白色半透明，手摸有石蜡滑腻感，质地柔软、能弯曲，放在水中能漂浮于水面，沸水中显著软化。

（2）聚氯乙烯（PVC）塑料：硬制品坚硬平滑，敲击声发闷，色泽较鲜艳；软制品柔软、弹性好，薄膜透明度较好，放在水中下沉，遇冷变硬，有特殊气味。

（3）聚丙烯（PP）塑料：乳白色半透明，手摸润滑但无滑腻感，质地硬挺有韧性，能浮于水面，沸水中软化不显著。

（4）聚苯乙烯（PS）塑料：表面较硬有光泽，透明度较高，有韧性，敲击声音清脆如金属声，色泽鲜艳，折拗时容易碎裂。

（5）有机玻璃（PMMA）：外观似水晶、透明度较高，折拗有韧性、敲击声发闷，用柔软物摩擦制品时能产生水果香味。

（6）赛璐珞（CN）塑料：富有弹性和韧性，用柔软物摩擦其制品时能够产生樟脑味。

（7）酚醛（PF）塑料：表面较硬、质脆易碎，断面结构松散，均为黑色、棕色的不透明体，敲击声如敲木板声。

（8）脲醛（UF）塑料：表面较硬、质脆易碎，断面结构紧密，多为浅色的半透明体。

（9）密胺（MF）塑料：表面坚韧结实，外观手感似瓷器，断面结构紧密，沸水中不软化。

（10）聚酰胺（PA）塑料：具有良好的拉伸强度、耐冲击强度、刚性、耐磨性、耐化学性等性能，透光率高，与光学玻璃相近。

2）燃烧鉴别法

根据塑料燃烧时所产生的现象特征，可以鉴别塑料的种类，具体见表12-4。

表12-4　　　　　　　　　　塑料燃烧时所产生的现象特征

塑料名称	燃烧难易	离火后情况	气味	火焰特点	燃烧时变化状态
聚乙烯塑料	易燃	继续燃烧	有烧蜡烛气味	上端黄色＼下端蓝色	熔融滴落
聚氯乙烯塑料	难燃	离火即灭	有刺激性酸味	尖部黄色＼底部绿色	软化有白烟
聚丙烯塑料	易燃	继续燃烧	石油味	上端黄色＼底部蓝色	有少量黑烟
酚醛塑料	难燃	熄灭	苯酚臭味	黄色	颜色变深有裂纹
脲醛塑料	难燃	熄灭	甲醛刺激气味	黄色＼顶端蓝色	燃烧处变白开裂
赛璐珞塑料	极易燃	继续燃烧	无味	黄色	迅速燃烧
有机玻璃	易燃	继续燃烧	水果香味	浅蓝色＼顶部白色	融化、起泡

课⌒外⌒阅⌒读 12-1

塑料"七兄弟"它们都是谁？

塑料与我们的生活密不可分，保鲜膜（袋）、沐浴露外包装、打包外卖的餐盒……我们每天都会接触大小不一、形状各异的塑料容器。可你注意过塑料容器上的数字吗？这些数字从1到7不等，代表着七类不同用途的塑料材料，它们如同一母所生的七兄弟，各有所长、各有所好。但是，我们经常会认错它们，甚至用错它们，这就给我们的健康埋下了隐患。

数字中隐藏的秘密。在塑料容器的底部都有一个带有循环箭头的三角形图形，根据《塑料制品的标志》（GB/T 16288—2008）的规定，这个图形代表可回收再利用，是一种塑料制品的回收标志，一般来说，图形标志内标记的数字代号总共有七个，它们并非表示七个塑料质量等级，而是代表七种有着不同功能用途和使用禁忌的塑料。

塑料"七兄弟"如图12-1所示。

图12-1 塑料"七兄弟"

资料来源 蔡荣. 塑料"七兄弟"它们都是谁？[J]. 质量与标准化，2018（5）.

12.1.4 塑料制品的储存保管

（1）储存场所要求阴凉、干燥、通风、清洁卫生；温度控制在5℃～30℃，相对湿度为50%～70%。绝大部分塑料制品是耐水的，但是保管条件不能过于潮湿。对聚酰胺制品来说，吸湿过大将会引起尺寸和形状的变化。某些酚醛塑料潮湿将会造成其失光、发霉。未加工的塑料原料，大部分都是怕潮的，应放在干燥、避风的环境中。

（2）储存场所禁止乱放、混放，应分库、分区、分类存放，注意防火等。大部分塑料制品遇明火后都会迅速燃烧，燃速很快，有的能释放强腐蚀性的和有毒的气体。另外，热塑性塑料受热后，大部分会熔化、分解。因此，塑料制品应特别注意防火。

（3）防热、防冻、避光、防裂、防压和防止老化。热塑性塑料制品较易蠕变，在长期受力的情况下容易发生永久变形，因此在保管和使用中应注意受力不可太大，并使应力分布均匀。热固性塑料制品大部分抗冲击性能不好，要摆放稳妥，避免碰撞。容易老化是塑料制品的一大特点，热塑性塑料制品在氧气、高温辐射和某些物质的作用下，会迅速老化而失去原来的性能。一般对于塑料制品的老化的补救办法除了在加工时加入有效的防老化剂和稳定剂外，还需要在保管和使用中尽量改善能促使其老化的条件，延缓老化速度，加有增塑剂的制品更应特别注意。

12.2　日用陶瓷制品 ////////·············

我国是日用陶瓷生产、出口和消费大国。在英文中"中国"和"瓷器"是同一单词，即 China。从人类早期的新石器时代开始，聪慧的中国劳动人民就已经学会使用土与水混合形成的黏土塑造各式各样的形状，并且发现等到水分蒸发或者晒干后会维持塑造的形态不变并更加坚挺，而且这样制作出来的物品不怕火，也不怕水，适合烹饪，也可以用于存放食物和其他物品，这就产生了传统意义上的日用陶瓷。我国的日用陶瓷也由此开始进入到人们生活的方方面面。

在我国，日用陶瓷已经是一项发展长久的产业，已具有 9 000 多年的历史。日用陶瓷是我国陶瓷产业发展过程中的一个重要产品类别。瓷器的发明是中华民族对世界文明的伟大贡献，中国陶瓷有着灿烂辉煌的历史，曾让世人叹为观止。

12.2.1　日用陶瓷的含义、分类及特点

1）陶瓷及日用陶瓷的含义

（1）陶瓷是指以天然黏土及各种矿物为主原料经过粉碎、成型和煅烧而制作完成的各种制品。

（2）日用陶瓷是指供日常生活使用的各类陶瓷制品，主要品种有餐具、茶具、咖啡具、酒具、文具、容具、耐热烹饪具和美术陈设制品等。

2）日用陶瓷的分类及特点

日用陶瓷通常是指饮食用陶瓷，不仅花色繁多、造型各异，而且细腻光滑、美观大方、不生锈、不腐朽、不吸水，易于洗涤、装饰性强。

（1）日用陶瓷按照制造材料的不同，可分为陶器和瓷器。①陶器是指用陶制造出来的陶具，并且是密闭的，不透光、不透风，胎体没有玻化或者被玻化的程度较低，整体结构比较松散而不紧密，表面不光滑，显得很粗糙，敲打的过程中会出现沉闷浑浊的声音。②瓷器是指用瓷制造出来的瓷具，不会透出光亮，表面光滑细腻，胎体的玻化程度和本身的密闭程度都很高，敲打的过程中会出现清亮悦耳的声音。陶器和瓷器的异同点见表12-5。

表12-5　　　　　　　　　　　**陶器和瓷器的异同点**

项目	制作过程相同	原材料成分不同	烧制温度不同	施釉方法不同	成品表面不同
陶器	选土—淘泥—制坯—干燥—修坯—上色—焙烧	黏土，含铁量一般在3%以上	700℃~900℃	表面不施釉或施低温釉	粗糙，无或少有光泽，有吸水性，叩之声音浑浊
瓷器	选土—淘泥—制坯—干燥—修坯—上色—焙烧	高岭土，含铁量一般在3%以下	1 200℃以上	表面施耐高温釉	玻璃质，细腻光滑，吸水性弱，叩之声音清脆悦耳

资料来源　编者根据相关资料整理。

（2）日用陶瓷按照花面装饰方式，可分为釉上彩、釉中彩、釉下彩、色釉瓷、

白瓷等。①釉上彩陶瓷制品色彩艳丽、图案丰富，由陶瓷装饰材料直接置于产品表面烧制而成。花面紧贴釉层表面，用手触摸制品表面有凸凹感，肉眼观察稍有高低不平。②釉中彩陶瓷制品在高温烧制过程中，陶瓷颜料融入釉中，冷却后被釉层覆盖，用手触摸制品表面平滑如玻璃，无明显的凸凹感。③釉下彩陶瓷制品在瓷坯上进行彩饰，经过施釉高温烧制，花面被釉层覆盖，表面光滑、平整，基本上无高低不平的感觉。例如，青花瓷就是呈现蓝色花纹的釉下彩瓷器。④色釉瓷制品是烧成后釉面呈现某种特定的颜色，如黄色、蓝色、豆青色等的陶瓷制品。⑤白瓷通常是指未经过任何彩饰的陶瓷制品。

课 内 阅 读 12-3

从陶器到瓷器

陶器是用黏土塑形、高温烧制而成。陶器的起源与农业生产息息相关，目前中国考古发现的较早的陶器都属于新石器时代文化遗存，如河南新郑裴李岗文化陶器、江西万年仙人洞陶器、广西桂林甑皮岩陶器，距今约 6 000~8 000 年。

瓷器是从陶器发展而来的，其主要区别在于原料、烧造温度和釉料的使用。从陶器的出现到商代晚期出现原始瓷器，大约经历了 3 000~5 000 年的发展历程，人类在漫长的发展过程中不断摸索和积累经验，提高技术，在经历了陶器制作的高峰期之后，逐步发展到瓷器时代的原始阶段、成熟阶段。

黏土的升华：陶器。中国的新石器时代也是陶器文化的发展和高峰时期，以地域划分的考古学文化成为这个时期陶器的文化归属，各区域新石器文化的陶器有着自己的造型风格和装饰特色，比较突出的彩陶、黑陶、白陶等都是这个时期引人注目的产品。目前，中国考古发现的新石器时期窑址有 100 多处，大部分集中在黄河流域。从目前所发现的陶器来看，黄河流域的制陶水平明显高于长江流域和华南地区。陶器烧制经历了窑炉构造的不断发展，窑炉温度也从 600 ℃逐渐提高到 1 100 ℃。窑炉温度的提高，是瓷器产生的重要条件，原始瓷器的成功烧制，窑炉温度必须达到 1 200 ℃以上，因此窑炉设计和窑温控制均是瓷器发展的重要条件。

生活的新宠：原始瓷器。所谓原始瓷器，是指陶器向瓷器过渡阶段的产物，以瓷土作胎，表面施高钙釉，经高温烧成。今人观之，是"原始"，但在当时，可谓是最先进的"高科技"。从陶器到瓷器存在一个发展和提高的过程。商周时期是中国古代青铜文化最发达的时期，青铜是这个时期最重要、最精彩的器物。青铜器主要是贵族阶层的祭祀和礼乐用器，但漆器和陶器在日常生活用器中所占的比例更大。瓷器与硬陶器、釉陶器、泥质陶器共生的时期很长，由于品质的不同，作为商品和生活用品，它们在不同时期流行的阶层是不同的。直到东汉末年，中国才出现真正意义上的成熟青瓷。

资料来源　[1] 杨桂梅. 从陶器到瓷器 [N]. 人民政协报，2021-09-16 (12). [2] 林蔚，段金柱，赵锦飞，等. 中国最早的龙窑、原始瓷器在何处？[J]. 福建史志，2023 (1).

（3）日用陶瓷按照瓷质，可分为硬质瓷和软质瓷。①硬质瓷多采用高温一次烧成，硬质瓷的釉面硬度比软质瓷要大，使用时刀叉不容易划出伤痕。②软质瓷则多以高温素烧、低温釉烧工艺为主。软质瓷的釉面平整度、光亮度一般都好于硬质瓷，肉眼观察感觉比较柔和温润。

（4）日用陶瓷按照日常生活的使用，可分为盛装食品类产品、烹饪食品类产品和包装食品类产品。①盛装食品类产品，主要用于短期盛装食品的陶瓷产品，如盘、碗、碟、杯等；②烹饪食品类产品，主要用于明火或电加热烹饪食品的陶瓷产品，如烹调器、炖锅等；③包装食品类产品，主要用于长期盛装食品的陶瓷产品，如酒瓶、菜坛等。

（5）日用陶瓷按照产地，可分为宜兴紫砂陶、洛阳唐三彩、佛山石湾陶、钦州坭兴陶、淄博美术陶瓷、东营黑陶、景德镇瓷器、醴陵釉下彩瓷、德化白瓷、龙泉青瓷、耀州青瓷、汝州青瓷、禹州钧瓷等。①宜兴紫砂陶是用质地细腻、含铁量高的特殊陶土制成的无釉陶器。宜兴紫砂陶品类众多，有壶、杯、碟、瓶、盆、文具雅玩、人物雕塑等。其中，茶具为代表之作，宜兴紫砂壶不仅有极高的艺术价值，而且有无可比拟的独特优点，因表里不施釉具有良好的透气性能，所烹之茗，醇芳隽永，泡茶不走味，贮茶不变色，越宿不易馊。泡茶沏以开水时，冬不易冷，夏不炙手；赏用日久，越安放越细润、光洁、古雅，有"世间茶具称为首"的赞誉，宜兴紫砂陶具有"天下神品"之称。②洛阳唐三彩是一种低温铅釉的彩釉陶器，这种彩釉陶器色彩以黄、绿、褐三色为主。唐三彩最早、最多出土于洛阳，故有"洛阳唐三彩"之称。其造型精湛、生动传神、线条流畅、古朴端庄、栩栩如生，釉面色红的热烈、绿的深沉、白的素洁，兼有蓝、黑、紫各色，斑驳绚丽、鲜艳夺目、富丽堂皇。③佛山石湾陶主要分布在广东省佛山市石湾镇，该镇素有"南国陶都"之称。日用陶器以三煲，即饭煲、粥煲、茶煲为主。④钦州坭兴陶产于广西壮族自治区的钦州，坭兴陶是中国四大名陶之一，坭兴陶无釉无彩，在 1 150℃以上高温烧制后产生"自然陶彩"，是其艺术风格的一大亮点。⑤淄博美术陶瓷产于山东的淄博，制作历史悠久，是早在汉代就能制作出粟黄、茶黄、翠绿、淡绿等色彩的美术陶瓷，中华人民共和国成立后又研制出滑石质瓷、鲁玉瓷、骨灰瓷、宝石瓷等系列瓷品，近年来又创制出刻瓷、陶瓷雕塑、园林陶瓷、仿古陶瓷、彩陶绘画等新的艺术种类。⑥东营黑陶产于山东省东营市佛头寺村，紧傍黄河，拥有得天独厚的黄河口天然淤泥原料，世代以制陶为生，佛头黑陶器形规整、结构简洁、造型优美、色泽乌黑、质地坚硬、饰纹及图案清晰。⑦景德镇瓷器产于瓷都江西省的景德镇，景德镇瓷器自古以来名扬天下。在琳琅满目的瓷器中青花瓷、青花玲珑瓷、粉彩瓷、薄胎瓷都是景德镇瓷器中闻名中外的四大传统名瓷，被人们誉为"中华民族文化之精华""瓷国之瑰宝"。景德镇瓷器中白瓷素有"白如玉，明如镜，薄如纸，声如磬"之称。⑧醴陵釉下彩瓷是湖南醴陵烧制的一种日用餐具瓷，具有独特的制作工艺。釉下彩瓷是一种传统的陶瓷装饰艺术，醴陵釉下彩瓷犹如罩上一层透明的玻璃罩，画面五彩缤纷，色彩显得格外清新、柔和、明亮。釉下彩的釉是一种很坚硬的玻璃质，它保护着画面，耐摩擦、耐高温、耐酸碱腐蚀，能始终保持原来色彩，被誉为"东方艺术的精华"。⑨德化白瓷产于福建省德化，这里是我国著名的古白瓷产地，早在唐宋时期，福建省的德化与江西省的景德镇、湖南省的醴陵并列为当时中国的三大瓷都。德化白瓷在世界陶瓷史上有"中国白"之称，具有质地洁白、细腻如玉、釉面光润、明亮如镜、瓷胎坚密、击声如磬的特点。⑩青瓷是表面施有青色釉的瓷器，是中国瓷器的鼻祖。龙泉青瓷具有青如玉、明如镜、声如磬的特点；耀州青瓷素有"巧如范金、精如啄玉"的美誉；汝州青瓷有天青、天蓝、豆绿、月白等釉色。其中，天青釉瓷的釉中含有玛瑙，色泽青翠华滋，釉汁肥润莹亮，有如堆脂，视如碧玉、叩声如磬、质感甚佳，有"似玉非玉而胜似玉"之说、"雨过天晴云破处"之誉。⑪禹州钧瓷以独特的窑变艺术著称于世，其他瓷器上的釉色及花纹包括图案全部仰仗人工前期着墨描绘，而钧瓷釉色则靠自然窑变而成，故有"入窑一色，出窑万彩""钧瓷无对，窑变无双"之说。钧瓷的色彩艳丽异常、丰富多变，素有"红为贵、紫为最、天青月白胜翡翠""黄金有价钧无价"的说法。

互动课堂 12-2

一种文化因传承接续而美好

"三面青山一面水，一城瓷器半城窑"的景德镇，千年窑火不熄，代代赓续传承，其深远博大、底蕴丰厚的陶瓷文化，跨越历史的时空，历久弥新，光芒闪耀。

2021年10月19日，景德镇瓷博会开幕的第二天，在景德镇国际会展中心B馆"钟家窑"展位，陶瓷艺术家钟辉忙得不亦乐乎，接待洽谈的客商，向陶瓷购买者介绍作品，和参展同行沟通交流。钟家窑是景德镇知名陶瓷品牌之一，由钟辉、钟剑等钟氏兄弟一同创办。钟氏瓷业自民国以来，便在景德镇生根发芽，历经三代，每一代人都非常重视陶瓷文化的发展传承。他们专注于柴窑青花、珐琅彩等传统手工艺瓷的制作与创新，家族复原了南北宋、清朝时期已经"断代"的工艺。"钟家窑第一代以陈鸿高、钟心灵为代表，陈鸿高是现代颜色釉的奠基者之一，钟心灵是新中国第一代陶瓷肖像大家。第二代以钟拥清、钟明金为代表，以粉彩技艺与器型设计为最。第三代就是我和几个兄弟，以陶瓷绘画见长。"说起家族的传承人，钟辉如数家珍。钟辉说，一代代钟家传人，秉承家学，开拓进取，在汲取前辈技艺与家族精神的基础上，勇于挑战与创新，和千千万万景德镇陶瓷工作者一道，引领着当代陶瓷文化的发展潮流。

在展馆的另一侧，"晓柴窑"的创始人胡春晓展出的陶瓷作品，造型精美，釉色鲜亮，受到观展者的追捧。作为国家级非物质文化遗产传承人胡家旺之女，胡春晓主要作品为柴窑高温单色釉，包括天青釉、豆青釉、卵白釉、象牙黄釉、桃红釉等。"父亲从事陶瓷行业50多年，烧窑30多年，做把桩师傅就有20多年。作为景德镇把桩师傅，他可以称得上是记录了景德镇陶瓷烧制行业变迁的活化石。"胡春晓说，与窑炉打了半辈子的交道，父亲早已洞悉景德镇千年窑火的秘密，她的釉料配方均来自其父的传承，且全部作品由父亲亲自把桩，用古法烧制柴窑。她传承的不仅是父亲胡家旺的技艺，更是一颗执着的"匠心"。

资料来源 毛江凡.一种文化因传承接续而美好［N］.江西日报，2021-10-22（A009）.

请同学们结合资料思考：（1）景德镇瓷器有哪些特点？（2）景德镇的陶瓷工作者是如何坚守"匠心"和引领"潮流"的？

12.2.2 日用陶瓷制品的质量要求

日用陶瓷制品的质量要求有外观质量要求、卫生要求和理化性能要求。

1）外观质量要求

（1）体型周正匀称，规格尺寸、公差等应符合规定要求。

（2）瓷坯应质地致密、瓷化完全，白瓷的白度和吸水率符合规定标准要求。

（3）带釉制品应釉面光润平滑，无黏渣、炸裂和磕碰等缺陷，并且色彩均匀、协调。

（4）釉面光润、颜色纯正，彩饰清晰美观，不允许有炸釉、磕碰、裂纹渗漏等缺陷。

（5）口部、边沿和棱角处不允许有开口釉泡。

外观质量是产品等级划分的重要指标，我国现行的产品标准将产品分为优等品、一级品和合格品。优等品的外观质量基本达到了"五无一小"的要求，即无斑点、无落渣、无色脏、无针孔、无釉面擦伤、变形小，优等品相当于国际先进水平。一级品为国内先进水平，合格品为国内一般水平，一级品和合格品在允许存在缺陷上比优等品有较大的宽松要求。

2）卫生要求

日用陶瓷产品的卫生要求主要是铅、镉溶出量的限量要求。陶瓷生产用的原料或装饰材料中经常混合起到助熔或显色作用的铅或镉。

《食品安全国家标准　陶瓷制品》（GB 4806.4—2016）于 2016 年 10 月 19 日发布，并于 2017 年 4 月 19 日起正式实施，该标准为食品接触用陶瓷制品的国家强制性标准，对日用陶瓷产品的铅、镉溶出量限制标准具体见表12-6。

表12-6　　　《食品安全国家标准　陶瓷制品》（GB 4806.4—2016）
陶瓷制品铅、镉迁移量限量指标

检验标准	项目	扁平制品（mg/ dm²）	贮存罐（mg/L）	大空心制品（mg/L）	小空心制品（mg/L）	杯类（mg/L）	烹饪器皿（mg/L）
GB 4806.4	铅	0.8	0.5	1.0	2.0	0.5	3.0
GB 4806.4	镉	0.07	0.25	0.25	0.30	0.25	0.30

3）理化性能要求

日用陶瓷理化性能要求主要有吸水率、抗热震性、白度、光泽度（无光釉、哑光釉产品除外）、釉面色差、微波炉适应性、冰箱到微波炉适应性、冰箱到烤箱适应性等。

（1）吸水率是表明陶瓷产品烧成后致密程度的特征性指标，吸水率指标是划分陶瓷瓷种的依据，吸水率≤0.5%、吸水率≤1.0%、吸水率≤5.0% 的陶瓷，分别为细瓷、普瓷、炻器；吸水率≥10% 为陶器。吸水率的大小直接反映产品的瓷化程度。

（2）抗热震性是表明陶瓷产品抵抗外界温度急剧变化时不出现裂纹或无破损能力的特征性指标。《日用瓷器》（GB/T 3532—2022）中规定小器型产品的抗热震性为"180℃～20℃热交换一次不裂"，而大器型产品也应达到"160℃～20℃热交换一次不裂"。

（3）微波炉适应性、冰箱到微波炉适应性、冰箱到烤箱适应性是表明陶瓷产品是否适合在微波炉、烤箱中使用的特征性指标。

4）日用陶瓷制品选购

陶瓷餐饮器具以其易清洗、耐酸碱、方便高温消毒及能够蒸、煮、烧、烤食品等许多优点被广大消费者所喜爱。造型美观、装饰漂亮的高档陶瓷器皿不仅具有实用性，还具有艺术观赏性，是日常生活的必需品。

（1）外观质量。消费者可查看产品包装箱或箱内文件所标明的产品名称和等级，还可通过肉眼观察产品的实际质量，选购时应尽量选择表面无明显缺陷，器型规整的产品。例如，对盘、碗类产品可将几个规格大小一样的产品叠放在一起，观察其相互间的距离，距离不匀，说明器型不规整，变形大；对单个产品可将其平放或反扣在玻璃板上，看是否与玻璃板吻合，以判断其变形大小。对瓷质产品，可托在手上，用手指轻敲口沿，若发出沙哑声，说明有裂纹存在。

（2）彩瓷产品。釉中彩陶瓷和釉下彩陶瓷的表面看起来很平滑，有玻璃光泽，用手摸无凸凹感，光滑如玻璃。釉上彩陶瓷由于颜料在釉层表面，用手触摸凸凹感明显，肉眼观察制品表面高低不平。

（3）使用功能。选购微波炉用瓷具，应避免有金属装饰的产品，如带有金边、银边或用金花纸、金属丝镶嵌图案的产品。用洗碗机洗涤的产品宜选用边缘较厚带圆弧状加强边的产品，因为这类产品在洗涤过程中不易损坏。

（4）降低铅含量影响。对于盛装食物的用具，应注意与食物接触面的装饰。用于盛装酸性食物的器皿，应尽量选用表面装饰图案较少的产品。

课外阅读 12-2

巧手拼接 匠心传承——"全国技术能手"陶瓷项目文物修复师群像

近日，人力资源和社会保障部授予30名文物修复师2022年度全国行业职业技能竞赛"全国技术能手"称号。30名文物修复师从国家文物局、人力资源和社会保障部、中华全国总工会共同主办的2022年全国行业职业技能竞赛——全国文物行业职业技能大赛中脱颖而出，分别为木作文物修复师、泥瓦作文物修复师、陶瓷文物修复师、壁画彩塑文物修复师、金属文物修复师、考古探掘工。为大力弘扬劳模精神、劳动精神、工匠精神，国家文物局将推出系列稿件，展现基层文物修复工作者的责任担当与精神风貌。

有这样一群人，他们用灵巧的双手，拼接着文物，还原着历史；他们用匠心，力求逼真且最大限度地保护文物……很多人说他们像医生，只不过"患者"是文物，他们用十八般武艺为"患者"治病解难，用匠心、良心，力求每一件文物都能"活起来"，让承载着中华优秀传统文化基因的文物芳华永葆。

资料来源 冯朝晖. 巧手拼接 匠心传承——"全国技术能手"陶瓷项目文物修复师群像 [EB/OL]. [2023-12-05]. http://www.ncha.gov.cn/art/2023/12/5/art_722_185739.html.

要进一步了解"全国技术能手"陶瓷项目文物修复师的故事，可以扫描二维码查看。

12.3 玻璃制品

12.3.1 玻璃制品的种类及质量要求

1）玻璃制品的种类特点

玻璃是由二氧化硅和多种金属氧化物按一定的比例配合，经过高温熔融、冷却固化而形成的非结晶无机物。

（1）玻璃制品按照用途，可分为玻璃板、玻璃杯、玻璃酒具、花瓶、镜子、果盘、灯具等。

（2）玻璃制品按照加工成型的方法，可分为吹制品、拉制品、压制成型品等。

①吹制法生产的玻璃器皿体壁比较薄，表面光滑，耐热性较好，式样精致美观。②拉制法生产的玻璃制品形状精确，体壁较厚，表面不光滑，耐热性比吹制品差。有的玻璃制品还带有压模接缝的痕迹。③压制成型品采用自动化生产，批量大，效率高。压制成型法适用于能退出冲头的口大底小的器形制品，如杯、盘、烟缸等。

（3）玻璃制品按照装饰方法，可分为高级银镜玻璃、彩印玻璃、彩釉钢化玻璃、彩绘玻璃等。①高级银镜玻璃是采用现代先进制镜技术，选择特级浮法玻璃为原片，经敏化、镀银、镀铜、涂保护漆等一系列工序制成的玻璃制品。②彩印玻璃是摄影、印刷、复制技术在玻璃上应用的产物。③彩釉钢化玻璃是将玻璃釉料通过特殊工艺印刷在玻璃表面，然后经烘干、钢化处理而成的玻璃制品。彩色釉料永久性烧结在玻璃表面，具有抗酸碱、耐腐蚀、永不褪色、安全性高等优点，并有反射和不透视等特性。④彩绘玻璃是一种应用广泛的高档玻璃品种。它是用特殊颜料直接着墨于玻璃上或在玻璃上喷雕各种图案，再加上色彩制成的玻璃制品。它可逼真地对原画复制，且画膜附着力强，可进行擦洗。根据室内彩度需要选用彩绘玻璃，可将绘画、色彩、灯光融于一体。

（4）玻璃制品按照功能，可分为平板玻璃、钢化玻璃、中空玻璃等。①平板玻璃是传统的玻璃产品，主要用于门窗，起着透光、挡风和保温的作用。对其要求是无色，并具有较好的透明度，表面光滑平整，无缺陷。②钢化玻璃，又称强化玻璃，是利用加热到一定温度后迅速冷却的方法，或者用化学方法进行特殊处理的玻璃制品。它的特性是强度高，其抗弯曲强度、耐冲击强度都比普通平板玻璃高，安全性能更好，有均匀的内应力，破碎后呈网状裂纹。③中空玻璃是由两片或两片以上平板玻璃所构成的玻璃制品。四周用高强度、高气密性复合粘结剂将两片或多片玻璃与密封条、玻璃条黏接密封，中间充入干燥气体，框内充以干燥剂，以保证玻璃片间空气的干燥度。由于中空玻璃留有一定的空间，因此具有良好的保温、隔热、隔音等性能。

（5）玻璃制品按照玻璃的成分，可分为钠玻璃制品、钾玻璃制品、铅玻璃制品、硼硅玻璃制品、铝玻璃制品、石英玻璃制品。

玻璃制品具有光泽好、透明度大、色泽鲜艳、易于清洗、抗腐蚀性强、原料来源多、制品易于成型、价格低廉、安全卫生、多次周转使用、性价比高等优点。玻璃包装相比塑料包装来说，既可高温杀菌，又可低温贮藏。目前，一些耐热性好的烹饪器皿、餐具以及新玻璃制品也在不断问世。日用玻璃具有可循环、可回收、可再利用的绿色环保优势，其产业将在低碳、绿色、环保、循环的主旋律中承担重要角色。多功能日用玻璃的生产工艺不断革新，以其高质量的品质和高端定位受到市场和消费者的青睐，市场需求量巨大。

互动课堂12-3

选购玻璃餐具勿入误区

玻璃因为具备许多优点，如透明、耐磨、室温时不导电、化学稳定性好等，成为人们日常工作生活中的常备物品，各大商店、超市中都有形式多样的玻璃制品。随着社会居民环保意识、节约资源意识的增强，玻璃包装容器成为政府鼓励的包装产品，消费者对玻璃包装容器的关注程度也在不断提升。

食品接触用玻璃制品按产品种类分为双层口杯、耐热玻璃制品、钢化玻璃制品、玻璃杯和高脚杯等。在商场、超市和精品店都能看到琳琅满目的玻璃餐具。"现在市面上常见的玻璃餐具主要有普通玻璃、钢化玻璃和耐热玻璃三类，但多数消费者对这三类玻璃制品在认识上存在误区，购买时容易混淆。例如，钢化玻璃餐具存在爆裂风险，若不了解其适用的加热温度，很容易发生危险。有些消费者认为，玻璃餐具可以直接放入微波炉和烤箱中使用，比其他材质的餐具方便。业内人士介绍，普通玻璃不能置于高温和低温环境中，钢化玻璃防摔，但不耐热，一般不能用于明火，不能用于微波炉和烤箱，只有耐热玻璃才适合在微波炉、烤箱中使用。有些消费者在购买时一般比较在意玻璃餐具的款式，看起来好看适用就行。业内人士提醒，虽然玻璃餐具美观，但在选购时应该注意一些安全因素。消费者购买玻璃餐具时最好挑选有合格证的，尽量少用没有详细生产信息的玻璃餐具进行加热。耐热玻璃具有良好的耐高温和耐温度急冷急热变化的特性，适宜用作厨房中的食品加工容器，可以直接放入微波炉和烤箱中使用。另外，耐热玻璃的生产难度较高，因此制造费用也较高。消费者在选购时，如果发现一些标注耐热的玻璃餐具价格很低，则应慎选。

玻璃制品凭借优异的气密性、光洁透明、耐高温、易消毒等一系列物理化学性质，占领部分包装市场。未来，玻璃包装容器必定会有更为广阔的发展空间。虽然食品玻璃容器中除耐热玻璃容器有国家强制性标准外，其他玻璃制品都是推荐性标准规范，但其质量的优劣直接关系到千家万户的生活质量。按照《中华人民共和国产品质量法》的规定，销售的产品应符合相关产品标准，且要符合产品明示的质量要求。

资料来源 编者根据相关资料整理。

请同学们结合资料思考：（1）消费者选购玻璃餐具时容易陷入哪些误区？（2）玻璃制品的质量要求是什么？

2）玻璃制品的性质

（1）机械性质。脆性是玻璃的主要缺点，玻璃脆性指标越大越容易破碎。

（2）热稳定性。玻璃经剧烈的温度变化而不至于破裂的性能，我们称之为玻璃的热稳定性或耐温急变性。玻璃的热稳定性不仅与物理机械性能有关，还与玻璃制品的形状、受热情况以及是否存在缺陷等密切关系。同一成分的玻璃制品越薄，热稳定性越高。当玻璃制品局部骤然受热或受冷时，就容易破裂。

（3）化学稳定性。化学稳定性是指玻璃抗水、酸、碱、大气中的水汽或其他气体以及各种化学因素作用的能力。玻璃具有较高的化学稳定性，玻璃对水和酸具有较强的抵抗性，但抗碱性较差。

（4）光学性质。光线照射到玻璃表面可产生透射、反射和吸收三种情况。光线透过玻璃，称为透射；光线被玻璃阻挡，按一定角度反射出来，称为反射；光线透过玻璃后，一部分光能量损失在玻璃内部，称为吸收。

3）玻璃制品的质量要求

玻璃作为食品的包装器物，越来越多地用于人们的日常生活中。日用玻璃制品的质量要求主要包括正确的规格和形状、必要的坚固性和耐热性、外形美观、图案清晰、卫生安全等。随着消费者对食品安全的意识和要求逐渐提高，玻璃制品的安全性能日益受到关注。

（1）规格。规格通常是指尺寸、重量、容量等方面的要求。

（2）结构。结构是指日用玻璃制品的形状、厚度以及主件和附件的匹配情况。结构不良不仅会影响美观，而且会造成使用不便，降低制品的坚固性和耐热性。

（3）色泽。无色玻璃制品应透明、洁净而富有光泽；有色玻璃制品应色泽鲜艳、赏心悦目、深浅均匀；带有彩色图案和花样的玻璃制品，要求花纹清晰、形象逼真、色彩调和。

（4）耐热冲击温度。它是耐热玻璃器皿的基本指标，因为耐热玻璃多半属于硼硅玻璃系列，硼硅玻璃的热膨胀系数小，具有良好的耐高温和耐温度急冷急热变化的特性。将玻璃制品放于低温环境中静置一段时间，取出后立即投入沸水中而不炸裂，表明耐温急变性良好。

（5）卫生安全。卫生安全主要是指玻璃制品不得含有可溶于食品的对人体健康有害的物质。内表面耐水性能是一项安全指标，该指标体现了玻璃制品理化性能的好坏，内表面耐水性能差的玻璃制品使用时易析出碱金属离子，影响盛放食物的品质。

12.3.2　玻璃制品的运输与保管

1）玻璃制品的运输要求

（1）玻璃制品应包装牢固、内衬适宜、防震、防潮、清洁，适于长途运输。

（2）玻璃制品在储存、运输、装卸时，箱盖向上，箱子不得平放或斜放。

（3）玻璃制品在运输时箱子方向应平行于运输前进方向，并采取措施防止倾倒、滑动。

（4）玻璃制品在搬运时必须轻拿轻放，搁置时应采取措施防止玻璃面和边缘受到损坏，一般情况下应搁置在垫木上。

（5）玻璃制品外包装应标明批号、品名、货号、规格、数量、重量、体积及"易碎产品""小心轻放"等字样，并应清晰完整。

2）玻璃制品的保管要求

（1）玻璃制品要防碰撞，轻拿轻放。玻璃制品属于易碎物品，因此保管存取时应轻拿轻放，避免碰撞。玻璃制品在堆码时要平稳牢固，不能倾斜倒置，堆码高度一般为3~5箱，以免破损。

（2）玻璃制品要防潮，通风干燥。玻璃制品长期受碱、水等的侵蚀，会发生风化现象，因此玻璃制品在保管时应经常通风，保持库房环境的干燥，防止与水、碳酸气接触，底层应与地面有一定距离。

（3）玻璃制品在保管时应防止温度急剧变化。玻璃制品尤其是压制成型的玻璃制品，耐受急剧温度变化的性能不强，因此保管时要注意掌握仓库温度的变化。

（4）玻璃制品要经常在库检查。玻璃制品的保管应经常在库检查，便于发现问题后及时处理，避免造成更大的损失。

课外阅读12-3

《日用玻璃行业规范条件（2023年版）》

为进一步加强日用玻璃行业管理，规范日用玻璃行业生产经营和投资行为，推进节能减排清洁生产，引导日用玻璃行业绿色转型，促进日用玻璃行业高质量发展，根据国家有关法律法规和产业政策，制定了《日用玻璃行业规范条件（2023年版）》。

资料来源　工业和信息化部. 日用玻璃行业规范条件（2023年版）[EB/OL].［2023-10-17］. https://www.gov.cn/zhengce/zhengceku/202310/content_6912854.htm.

要进一步了解《日用玻璃行业规范条件（2023年版）》的内容，可以扫描二维码查看。

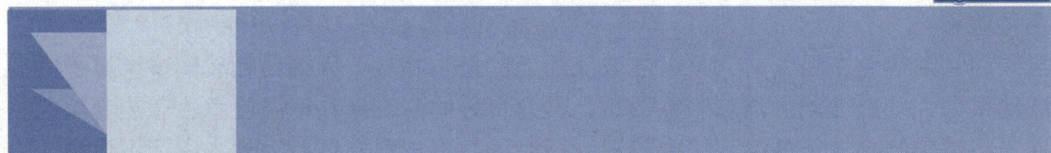

单元小结

本单元主要介绍了塑料、陶瓷和玻璃制品。塑料由合成树脂和辅助材料两个部分组成。合成树脂是塑料的主要成分，辅助材料能改进塑料的性能。塑料制品种类繁多，按照塑料的使用特性，可分为通用塑料、工程塑料和特种塑料；按照塑料的理化特性，可分为热塑性塑料和热固性塑料。本单元还介绍了塑料制品的外观、内在和卫生安全质量要求。近年来，对塑料制品提出"绿色化、减量化、可循环"的要求。我国是日用陶瓷生产、出口和消费大国，日用陶瓷不仅花色繁多、造型各异，而且细腻光滑、美观大方，具有易于洗涤、装饰性强等特点。日用陶瓷按照花面装饰方式，可分为釉上彩、釉中彩、釉下彩、色釉瓷、白瓷等；按照产地，可分为宜兴紫砂陶、洛阳唐三彩、佛山石湾陶、钦州坭兴陶、淄博美术陶瓷、东营黑陶、景德镇瓷器、醴陵釉下彩瓷、德化白瓷、龙泉青瓷、耀州青瓷、汝州青瓷、禹州钧瓷等。日用陶瓷产品质量要求不只是外观质量要求，还有卫生要求和多项理化性能的要求。玻璃制品具有光泽好、透明度大、色泽鲜艳、易于洗涤、抗腐蚀性强、原料来源多、制品易于成型和价格低廉、安全卫生、可多次使用、性价比高等优点。日用玻璃制品的质量要求主要包括正确的规格和形状，必要的坚固性和耐热性、外观美观、图案清晰、卫生安全等。塑料、陶瓷和玻璃制品在运输、销售、保管和使用中都有相应要求。

主要概念

塑料制品　陶瓷制品　玻璃制品

基础训练

一、选择题

1.下列塑料制品中，属于热固性塑料的是（　　　）。

A.电木插座　　　B.聚氯乙烯塑料　　　C.聚丙烯塑料　　　D.聚乙烯塑料

2.近年来，对塑料制品提出（　　）的要求。

A.绿色化　　　　　B.减量化　　　　　C.可循环　　　　　D.不可降解

3.（　　）材质的塑料制品可用于制作微波炉盒。

A.PVC　　　　　B.PE　　　　　C.PP　　　　　D.PS

4.外观鉴别法主要是通过观察塑料的外观特性，如（　　）等进行鉴别。

A.色泽　　　　　B.透明度　　　　　C.光滑度　　　　　D.表面硬度

5.陶瓷制品按照花面装饰方式，可分为（　　）。

A.釉上彩　　　　　B.釉中彩　　　　　C.釉下彩　　　　　D.白瓷

6.素有"白如玉，明如镜，薄如纸，声如磬"之称的是（　　）。

A.宜兴紫砂陶　　　B.洛阳唐三彩　　　C.景德镇瓷器　　　D.淄博美术陶瓷

7.玻璃制品不得含有可溶于食品的对人体健康有害的物质，属于对（　　）的要求。

A.规格　　　　　B.色泽　　　　　C.耐温急变性　　　D.卫生安全

8.日用陶瓷产品的卫生安全要求主要是对（　　）的限量要求。

A.铅溶出量　　　B.镉溶出量　　　C.铜溶出量　　　D.锡溶出量

二、判断题

1.塑料制品的质量要求主要是对其外观和物理机械性的要求。（　　）

2.正确区分MF（密胺树脂）和UF（脲醛树脂）标识，带有MF标识的产品，可作为餐具使用。（　　）

3.树立绿色环保、节约资源意识，自觉践行减塑理念，减少白色污染，合理宣传和使用陶瓷、玻璃、塑料制品。（　　）

4.中国瓷器的独特魅力和风韵、精益求精的精神与工匠的伟大智慧，可以提升中华民族的文化自信。（　　）

5.玻璃制品具有光泽好、透明度低、物美价廉等优点。（　　）

6.抗热震性是表明陶瓷产品抵抗外界温度急剧变化而不出现裂纹或无破损能力的特征性指标。（　　）

7.吸水率是表明陶瓷产品烧成后致密程度的特征性指标，吸水率指标是划分陶瓷瓷种的依据。（　　）

8.有"世间茶具称为首"赞誉的宜兴紫砂壶为瓷器。（　　）

9.玻璃制品耐水性好，但脆性较高，易碎。（　　）

10.玻璃制品耐酸性和耐碱性都较差。（　　）

231

三、简答题

1.日用陶器与瓷器有哪些异同点？

2.热塑性塑料与热固性塑料各有何特点？

3.如何通过外观对塑料制品进行鉴别？

4.玻璃制品的保管有哪些要求？

5.日用陶瓷按照产地如何划分？各有何特点？

6.如何选购塑料制品、日用陶瓷和玻璃制品？

实践训练

案例：如何安全选购陶瓷餐具、玻璃水具及保鲜膜

陶瓷餐具是指以无机非金属为主要材料，经过一定生产工艺烧制成的硅酸盐制品，包括盘、杯、碗、碟、罐、壶等陶瓷餐具。陶瓷餐具具有工艺先进、款式多样、外观精美等优点，非常符合我国传统的餐桌审美，常用于家庭、饭店和餐馆。在选购和使用陶瓷餐具时，除了要关注易碎、彩釉中可能含有铅、镉等重金属元素外，还需注意以下问题：消费者在选购时应选购正规厂家生产、正规销售点销售的陶瓷餐具，注意是否有说明书和产品合格证明等，是否标明产品名称、材质、执行标准、生产商的名称地址和联系方式等，避免购买不合格的"三无"产品；应选择色彩相对较淡或釉下彩工艺加工的产品，触摸花纹时凹凸不平或与食品接触表面装饰花纹图案过多的产品尽量不要选择；应选购外形周正，釉面光亮，无异味、裂痕、缺口或图案缺失的产品。另外，儿童用陶瓷餐具应尽量选购轻便一些的产品，避免儿童因力气小，使用时跌碎导致划伤。消费者在使用时要注意：在购买陶瓷餐具后，可先用沸水（或加少量醋）将餐具煮一煮再使用，有杀菌消毒的作用；陶瓷餐具不宜长时间盛放盐、酱油、醋、菜汤等食品，这些食品中普遍含有大量的电解质，长时间盛放接触，餐具中的铅、镉等物质可能会与电解质产生电化学反应，使重金属元素溶出，污染食品；陶瓷餐具重量大，不耐摔碰，容易破损，是易碎品，建议产生裂纹破损后直接更换，儿童应在家人的陪护下安全使用；对可能用于微波炉、烤箱、洗碗机的陶瓷餐具，应选购标明"微波炉适用、烤箱适用、洗碗机适用"字样的产品；对标明用于装饰的陶瓷产品，不能用于盛装食物，因为此类产品的重金属迁移量不一定符合相关食品安全标准限量要求。

陶瓷勺（筷）具有高强度、高洁净、抗污染、不沾菌等优点。在选购和使用陶瓷勺（筷）时，除了要关注铝、镍等微量金属离子的迁移量问题外，还需要注意以下问题：消费者在选购时应到正规陶瓷餐具售卖点购买，尽量选择正规商超，切忌贪图便宜购买没有明确生产厂家信息的产品；应看釉彩颜色，有些厂家为使产品色彩鲜艳，会在釉彩里加入一些重金属添加剂，因此颜色越鲜艳的勺（筷），重金属含量就越容易超标，应尽量避免购买颜色过于鲜艳或图案过多的陶瓷勺（筷）。消费者在使用时要注意：对于刚买回来的陶瓷勺（筷），使用前可先用白醋浸泡几个小时，可以将铅、镉等重金属浸泡出来，如果白醋的颜色有明显变化，则应弃之不用；应避免放入微波炉中使用，因为陶瓷勺（筷）多含金属装饰，微波炉在加热时会与之产生电火花并反射微波，既损伤炉体又破坏勺（筷）；应避免用彩色或带图案的陶瓷勺（筷）长时间接触酸性食品（如水果等），以免重金属溶出，污染食物。

玻璃水具是办公室及家庭生活中常用的消费品，主要有玻璃水壶、玻璃水杯等。按照能否盛装热饮，玻璃水具可分为耐热玻璃水具和普通玻璃水具。对于不能盛装热饮的普通玻璃水具，如果产品缺少警告标识信息，或消费者无法有效获取警告标识信息，则可能会造成水具炸裂，甚至造成严重的烫伤事故。因此，消费者在选购时应检查产品标识是否齐全，包括生产厂家的名称、地址，产品的名称、型号、安全警示语等，不要购买"三无"产品；在购买时，应向经营者索取发票或购物凭证；在

使用前，一定要详细阅读产品说明书及警告标识信息，尤其是普通玻璃水具的最高使用温度、盛装液体种类等事项，以免发生烫伤或划伤等事故。

保鲜膜是指以聚乙烯、聚氯乙烯、聚偏二氯乙烯等树脂为主要原料生产的用于包装食品时具有保鲜或保洁功能的一类薄膜。保鲜膜具有调节被保鲜品周围的氧气含量和水分含量，阻隔空气中的灰尘，从而延长食品的保鲜期，减少食物浪费等作用。保鲜膜按材质，可分为聚乙烯（PE）、聚氯乙烯（PVC）、聚偏二氯乙烯（PVDC）三大类。消费者在选购和使用时，除了要注意分清材质问题以外，还要掌握一些选购小常识：（1）看清材质和适用范围。根据自己的需要选购适用的保鲜膜，建议消费者最好到正规的商场或超市购买保鲜膜，购买时注意辨别保鲜膜的材质和生产日期。（2）看外观。消费者应挑选表面平整，无气泡、无穿孔、无破裂、无杂质、无异物的保鲜袋、保鲜膜，以方便使用；应选择包装完好的产品，包装袋不能有破损，注意生产日期及保质期，选择保质期内的产品，以防细菌、霉菌滋生。（3）嗅气味。消费者可先闻一下有没有异味、异嗅，否则使用时会影响食品安全。（4）查看许可证号。目前，在监管体系中保鲜膜属于食品相关产品，列入工业品生产许可管理范围，要求生产企业必须取得生产许可证，并且在产品包装上进行标识，所以消费者在购买时，应注意查看是否有许可证号。另外，在选购塑料产品时，消费者应认准食品接触用标识，要注意检查商品标识信息是否充分、清晰，应特别注意商品上是否标有"食品接触用""食品包装用"等标识（已有明确用途的产品除外，如筷子等），还要认清塑料制品回收标识。图12-2中的三角形图形代表可回收再利用。

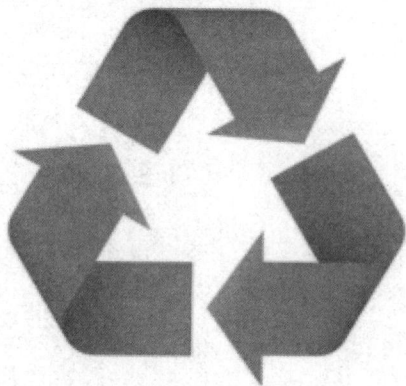

图12-2 可回收再利用标识

资料来源　［1］质量监督司. 纸类、竹木类、陶瓷类食品相关产品选购和使用小常识［EB/OL］. ［2021-06-17］. http：//www.samr.gov.cn/zljds/xfzn/202106/t20210617_330895.html. ［2］质量监督司. 塑料类食品相关产品使用和选购小常识［EB/OL］. ［2021-06-18］. http：//www.samr.gov.cn/zljds/xfzn/202106/t20210608_330394.html. ［3］质量监督司. 食品相关产品选购和使用提示——纸类、竹木类、陶瓷类篇［EB/OL］. ［2022-07-22］. https：//www.samr.gov.cn/zljds/xfzn/art/2023/art_b5dba13c633f4ce584c7fc3b5602877c.html.

结合案例分析：

1.陶瓷餐具有哪些特点？如何安全选购？

2.玻璃水具有哪些特点？如何安全选购？

3.如何辨别保鲜膜？塑料制品回收标识有何意义？

化妆品类商品

【学习目标】

通过本单元的学习，达到以下学习目标：

知识目标：了解化妆品的分类和作用，熟悉皮肤的生理结构、化妆品的主要品类，掌握化妆品的主要种类特点、化妆品的监管要求。

能力目标：结合引例、基础训练、实践训练等，培养学生正确识别化妆品与药品、医美产品的区别，具备一定的化妆品销售、选购和使用等技能。

素养目标：结合教学内容、案例资料等，通过互动课堂、案例分析等形式，引导学生树立正确的审美观，科学、合理宣传和使用化妆品，帮助学生形成正确的职业行为和道德规范。

【单元框架】

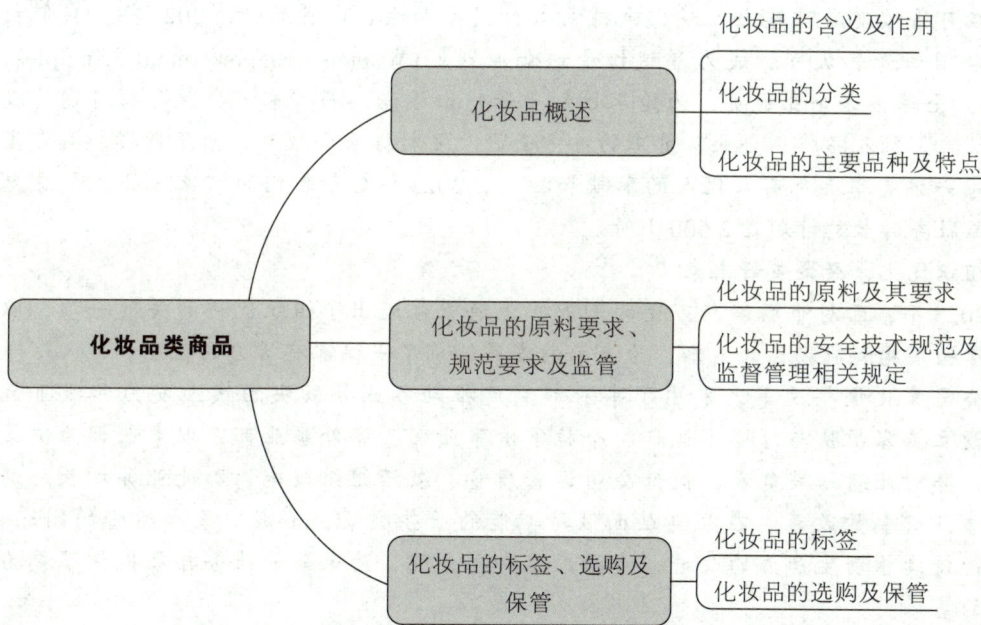

引例

致敬时代，献礼未来

对2024年的热切期盼驱散了最强寒流的凛冽，也为新的一年点燃了一抹温暖的希望。这一年，中国美妆日化行业迎来了国货的强势崛起和直播生态的变革发展，高质量发展、科技力量、民族自信不仅成为消费者的共识，也是越来越多公司发展的关键词。这一年也是上海家化的125周年，家化人用坚韧和执着拨开眼前云雾，让品牌之光、组织之光、变革之光冲破云霄，冲向更加美好的未来。

品牌焕新，引领美好时代

在这个激流勇进的时代，我们深感肩负着的历史责任，在品牌专业化、高端化、体验化的三重维度上持续创新。每一款产品都是对消费者心声的聆听，是岁月淬炼的匠心之作，更是对美好生活的执着追求。

可持续征途，力肩美好担当

2023年，我们立足当下，积极践行可持续发展理念，为美好明天发光发热：青浦跨越工厂太阳能光伏项目正式并网发电；加入RSPO（Roundtable on Sustainable Palm Oil，可持续棕榈油圆桌倡议组织），积极推动可持续棕榈油的采购和使用；全面引入EWG安全评级体系进行成分评估，通过产品包装和废弃物3R管理和创新、追踪和管理全价值链碳排放等措施，构建绿色低碳的生态环境。

在可持续发展道路上，我们秉持初心，因美而生、向善而行。2023年，我们获得联合国妇女署认可，成为《赋权予妇女原则》（Women's Empowerment Principles，WEPs）全球签署企业成员，为追求性别平等作出承诺。而"家·公益"项目则将我们的"善"融入品牌、企业、员工的方方面面，乡村振兴和教育、紧急救援、关爱星宝等每一桩美事上都有家化人的奉献和担当，2023年全年我们的"家·公益"志愿者公益服务时长总计超过2 600小时。

组织优化，凝聚美好未来

2023年，面对市场瞬息万变的潮流，上海家化迈出了组织优化的关键一步，以更灵活的架构和前瞻性的策略，为未来的发展绘制了一幅富有活力的蓝图。

公司深化调整改革，采用了事业部制度推动各业务板块的线上发力和线下优化，设立美容护肤与母婴事业部、个护家清事业部、海外事业部，以事业部为决策主体，并对业绩结果负责，提升公司运营质量、激活组织效率、加速业务增长。通过对事业部制的改革，在品类层面做跨职能的业务决策，形成决策和运营的闭环，公司能持续推动生产力的改进、资源聚焦和再分配，为未来的业务拓展提供了更为坚实的基础。

当下，中国经济已由高速发展阶段步入高质量发展阶段，品质红利逐步显现，上海家化历经125年沉淀，整装待发，重新起航。作为国内美妆日化企业的引领者，我们将继续实现高质量与韧性发展，以品牌创新与升级驱动，为消费者提供至美产品和服务，将中国美带给全世界。

资料来源　上海家化. 上海家化新年祝福：致敬时代，献礼未来［EB/OL］.［2023-12-29］. https：//finance.sina.com.cn/stock/med/2023-12-29/doc-imzzsiyy3006273.shtml？cref=cj.

13.1　化妆品概述

13.1.1　化妆品的含义及作用

1）化妆品的含义

根据《化妆品监督管理条例》（2021年1月1日起施行）的规定，化妆品是指以涂擦、喷洒或者其他类似方法，施用于皮肤、毛发、指甲、口唇等人体表面，以清洁、保护、美化、修饰为目的的日用化学工业产品。

2）化妆品的作用

化妆品是满足广大人民群众对美好生活追求的日用消费品。目前，我国已成为全球第二大化妆品消费市场，仅次于美国，随着网购平台的加入，线上消费规模逐渐扩大，产品的种类和结构也更加丰富。化妆品行业是一个为了满足广大人民群众对美的需求而不断研究美、生产美、推广美的行业，这种美借由各种护肤品、彩妆直接作用于人体。化妆品在清洁、保护、美化、修饰等方面发挥重要作用。

13.1.2　化妆品的分类

1）按照产品功能和使用部位分类（见表13-1）

根据《化妆品分类》（GB/T 18670—2017）可将化妆品分为清洁类化妆品、护理类化妆品和美容/修饰类化妆品三类。

表13-1　　　　　　　　　　　　　　按产品功能和使用部位分类

部位	清洁类化妆品	护理类化妆品	美容/修饰类化妆品
皮肤	洗面奶、卸妆水、清洁霜、面膜、花露水、痱子粉等	护肤膏/霜、乳液、化妆水	粉饼、胭脂、眼影、眼线笔、眉笔、香水等
毛发	洗发液、洗发膏、剃须膏等	护发素、发乳、发油等	摩丝、发胶、染烫发剂等
指甲	洗甲液	护甲水、指甲硬化剂等	指甲油
口唇	唇部卸妆液	润唇膏等	唇膏、唇彩、唇线笔等

2）按照化妆品风险程度分类

根据《化妆品监督管理条例》，将化妆品分为特殊化妆品和普通化妆品。用于染发、烫发、祛斑美白、防晒、防脱发的化妆品以及宣称新功效的化妆品为特殊化妆品；特殊化妆品以外的化妆品为普通化妆品。国家对特殊化妆品实行注册管理，对普通化妆品实行备案管理。

3）按照化妆品产品剂型分类

根据化妆品的产品剂型，可分为水剂、油剂、乳剂、粉状、块状、悬浮状、表面活性剂溶液、凝胶状、气溶胶状、膏状、锭状、笔状、珠光状等化妆品。

4）按照化妆品的成分构成分类

根据化妆品的成分构成，可分为生化类化妆品、中药类化妆品。

5）按照化妆品的使用年龄分类

根据化妆品的使用年龄，可分为婴幼儿专用类、青少年使用类、成人使用类、老年人使用类的化妆品。婴幼儿期是指1~3周岁。婴幼儿皮肤娇嫩、柔软，随着人体的生长发育，皮肤也不断地经历变化。婴幼儿化妆品是新生儿或1~3周岁婴幼儿专门使用的化妆品，其功能是清洁和保护皮肤，是直接施于皮肤上的。

6）按照化妆品的适用性别分类

根据化妆品的适用性别，可分为女性专用类化妆品、男性专用类化妆品。

7）按照化妆品的使用效果分类

根据化妆品的使用效果，可分为清洁型、护肤型、基础型、美容型、疗效型等化妆品。

随着化妆品产业的快速发展，许多新产品、新技术不断出现，甚至出现了一些跨界产品，如美加净推出的大白兔联名款唇膏、自然堂出品的旺旺联名款气垫和面膜、百雀羚出品的多款喜茶联名款产品等。

课内阅读 13-1

化妆品和其他产品的区别

1.化妆品与药品的区别

从使用目的来说，化妆品以清洁、美容修饰为主；药品是指用于预防、治疗、诊断人的疾病，有目的地调节人的生理机能，并规定有功能主治、用法和用量的物质。从使用方式来说，化妆品仅可外用；药品则可外敷、内服、注射等。实际上，化妆品对安全性的要求是非常高的，一般来说，要求其在正常以及合理的、可预见的使用条件下，不得对人体健康产生危害。

2.化妆品与外用药品的区别

在安全性要求方面，化妆品应具有高度的安全性，对人体不允许产生任何刺激或损伤；而外用药品作用于皮肤时间短暂，在一定范围内允许对人体可能产生的微弱刺激及不良反应。在产品使用对象方面，化妆品的使用对象是皮肤健康人群；而外用药品的使用对象是患病人群。在使用目的方面，使用化妆品的目的是清洁、保护、营养和美化等；而使用外用药品是为了治病。在皮肤结构和功能作用方面，外用药品作用于人体后能够影响或改变皮肤结构和功能；而化妆品不具备改变皮肤结构和功能的作用。虽然某些特殊用途的化妆品具有一定的药理活性或功能性，但是一般都很微弱且短暂，更不会起到全身作用；而外用药品的药效则更显著、全面、持续。

3.化妆品与医美产品的区别

医美产品是具有医疗效果的美容类产品的统称，包括具有医疗效果的产品、仪器、药品，以及医疗器械类产品。值得注意的是，医疗美容是为了满足特定的需求，由经过培训的、有资质的人员，在特定的场所（一般为医院、诊所）对患者实施的治疗或辅助治疗。化妆品是供大众消费者日常使用的，涂抹到人体表面的，起到改善、防护、美化和修饰作用的产品。尽管特殊化妆品也具有某种特定功效（如祛斑美白），但是产品配方和使用效果较为温和。化妆品在经药品监管部门审核、确认符合化妆品相关法规的要求，证实安全性较高后，方可供消费者日常使用。

资料来源 佚名. 图解化妆品安全科普知识——2019"全国化妆品安全科普宣传周"特别专题[J]. 中国食品药品监管，2019（5）.

13.1.3 化妆品的主要品种及特点

皮肤是人体最大的器官，除保护机体、抵御外界侵害外，还有调节体温、维持代谢及排泄废物等功能，与整个机体的健康状态息息相关，直接影响我们的外在形象。要熟悉化妆品主要品种及特点，应先从了解皮肤的基础知识开始。皮肤保湿、抗皱、美白、防晒等均与皮肤结构密切相关。

1）皮肤组织结构

皮肤从外到内分为三层，即表皮、真皮、皮下组织。与化妆品最为密切的是表皮，最为重要的是真皮。

（1）表皮是皮肤的最外层，表皮是肤色的成因之一，决定了皮肤的质地和润泽度。①角质层是皮肤的最外层，由5～15层角质细胞和角层脂质组成，与皮肤关系最密切，具有美学、保护、防晒、吸收和保湿五大功能。美学功能：光线在厚薄不一的皮肤中散射后，表皮颜色会出现变化，如光滑含水较多的角质层有规则地反射可形成明亮的光泽；保护功能：角质层的主要成分角蛋白及脂质紧密有序地排列能抵御外界各种物理、化学和生物性有害因素对皮肤的侵袭；防晒功能：角质层可吸收紫外线，主要是中波紫外线UVB，因此角质层具有防晒功能；吸收功能：角质层是皮肤吸收外界物质的主要部位，占皮肤全部吸收能力的90%以上；保湿功能：正常角质层中的脂质、天然保湿因子使角质层保持一定的含水量，稳定的水合状态是维持角质层正常生理功能的必要条件。②透明层、颗粒层、棘细胞层位于表皮的中间。透明层、颗粒层构成一个防水屏障，使水分不易从体外渗入，也阻止了角质层下水分向角质层渗透。棘细胞层有分裂功能，可参与表皮的损伤修复，还具有一定的吸收紫外线作用。③基底层位于表皮的最底层，仅为一层柱状或立方形的基底细胞，与基底膜带垂直排列成栅栏状，为表皮细胞的生发层，与皮肤自我修复、创伤修复有关。④黑素细胞位于基底细胞层，黑素细胞中的黑素是决定皮肤颜色的主要因素。黑素细胞的大小、种类、数量和分布不同，皮肤颜色就不同。黑素的产生和代谢受多种因素影响，如紫外线、内分泌、细胞因子、精神因素、睡眠等。黑素细胞功能异常可导致色素增加，直接影响皮肤的颜色、光泽、细腻等美学特征。

（2）真皮由胶原纤维、弹力纤维、基质组成。①胶原纤维又称胶原蛋白，胶原纤维的主要作用是维持皮肤的张力，其韧性大、抗拉力强，但缺乏弹性。②弹力纤维又称弹力蛋白，弹力纤维是由交叉相连的弹性蛋白外绕以微纤维蛋白所构成，对皮肤的弹性和顺应性起着重要的作用，使皮肤有弹性、光滑，能减少皱纹的产生。紫外线所导致的皮肤老化可使弹力纤维变性、增生、变粗、卷曲，形成浓染的团块状聚集物，皮肤弹性和顺应性也随之丧失。③基质有保湿作用，参与水化和细胞的形态变化。真皮组织含有大量的水，是细胞生理活动的基础，也是表皮的物质基础，因此皮肤不仅需要表皮层保湿，还需要真皮层保湿。

（3）皮下组织由疏松结缔组织及脂肪小叶组成，又称皮下脂肪层。皮下脂肪具有海绵肤垫的作用，适量厚度的皮下组织可使皮肤显得丰满，表现女性的曲线美和青春丰满美，但皮下脂肪过度沉积则显得臃肿；太薄则显得干瘪，易出现皱纹。皮下组织的厚度与体表部位、年龄、性别、内分泌、营养和健康状态等有关。

2）皮肤生理功能

皮肤有保护、感觉、参与免疫等生理功能，对于机体的健康起着重要作用。判断皮肤健康的标准主要包括皮肤的色泽、光洁度、纹理、湿润度、弹性。

（1）人体的天然屏障。由于皮肤具有较大的韧性和弹性，能使身体深部组织避免机械性刺激的损伤，在日光照射下，皮肤中黑色素细胞的黑色素可以防止紫外线穿透皮肤损伤内部器官。

（2）感觉刺激功能。皮肤内有感觉神经末梢，对外界刺激能够通过神经传导和大脑皮层的分析，产生热、冷、触、痛、痒等主要感觉功能。

（3）调节体温功能。皮肤有散热和保温的功能，对体温调节有重要作用。人体内部各器官所产生的热量，主要是通过血液循环带到身体表面，然后由体表向外散发，因此皮肤散热是人体最重要的散热途径。

（4）水合保湿功能。皮肤的总储水量占到全身的18%～20%，年轻人约占13%，老年人约占7%，婴幼儿高达40%，其皮肤显得非常水嫩和富有弹性。

（5）代谢与吸收功能。皮肤参与整个机体的代谢活动。皮肤中含有的氯、钾、钙、镁、磷、锌和铜等多种电解质，对人体维持酸碱平衡起到重要作用。影响物质吸收的主要因素有物质的浓度、分子大小、亲油亲水性等。皮肤的吸收功能是人们利用化妆品进行皮肤保健的必要条件，皮肤可以通过角质层、毛孔、汗孔吸收各种物质。皮肤对水分、脂溶性的维生素A、维生素D、维生素E等均有较强的吸收作用。

互动课堂 13-1

皮肤类型与皮肤护理、化妆品的选择

根据年龄、性别、季节、皮肤状况及过敏状况，可以把皮肤分为油性皮肤、干性皮肤、中性皮肤、敏感性皮肤和成熟性皮肤。

1. 油性皮肤

油性皮肤的特点：油性皮肤皮脂分泌量比正常皮肤多。其特征是：用手触摸时，皮肤较厚，不平滑、粗糙、油腻感，毛孔粗大有黑头、白头粉刺，毛孔阻塞和出现暗疮，肤色可以从淡褐色到褐色再到铜红色。油性皮肤经得起刺激，不易过敏、不易起皱纹、不易出现衰老现象。

油性皮肤的护理：如果油性皮肤得到正确护理，可使皮脂分泌趋于正常，如不注意清洁，就会出现毛孔阻塞，形成粉刺。一般人认为皮脂分泌只需要多洗脸就可以了，实际上清洗只能清除皮肤表面的油污，并不能清除毛囊深处的油垢、死细胞和角栓，而且经过多次清洗，皮肤表面皮脂即使暂时减少，但通过反馈作用，会刺激皮脂腺分泌更多的皮脂。由于表皮的脂膜被破坏后，减弱了皮肤的防御能力，更易招致细菌进一步侵袭，因此油性皮肤的人每天洗两次脸即可，早晚

最好用微酸性的洗面奶或碱性较弱的香皂小心洗脸，然后用含有酒精成分的化妆水涂抹脸部，可以收敛毛孔，防止粉刺形成。如果有粉刺可以用维甲酸软膏帮助角栓溶解，再用面霜、奶液等含油较少的护肤品，不可用油性化妆品和可以阻塞毛孔的粉剂化妆品。

2.干性皮肤

干性皮肤的特点：干性皮肤是指缺乏油脂和水分的皮肤。其特征是：用手触摸时，皮肤较薄，干燥且缺乏弹性，外观皮肤毛孔细小、无油腻，皮肤不够光滑，缺乏光泽，眼角及口角出现小细纹，鼻子及两颊皮肤粗糙、脱屑。干性皮肤不易起黑头粉刺且无皮肤瑕疵，但由于缺乏滋润，皮肤容易衰老出现皱纹。

干性皮肤的护理：干性皮肤的有效护理方法是刺激皮脂腺促使其分泌皮脂，从而保持皮肤滋润。干性皮肤可分为缺乏油脂的干性皮肤和缺乏水分的干性皮肤两大类。缺乏油脂的干性皮肤不能用香皂洗脸，因为香皂碱性大会损伤皮肤。一般情况下，这类皮肤的人可选择弱碱性香皂或弱酸性洗面奶洗脸，洗脸水温度应保持在30℃，洗脸后用含油分较多的护肤品。缺乏水分的干性皮肤应尽量避免过度暴晒，外出用防晒霜，洗脸后先用化妆水柔软皮肤，化妆水不要含有酒精，以免皮肤粗糙，然后用面霜。虽然缺乏水分的干性皮肤有足够的皮脂，但是仍觉干燥，易起皮屑，这是由于皮肤中水分不足。了解了皮肤干燥的原因后，可以采用各种方法进行护理，如内服维生素B族，外用天然油脂（如橄榄油）等。

3.中性皮肤

中性皮肤又称正常皮肤，是理想的皮肤状态，水分和皮脂分泌适中，皮肤不粗不细，对外界刺激不敏感。这类皮肤的特征是：皮肤结实、有弹性、肤质柔软有光泽、毛孔较细。中性皮肤的人适合使用香皂洗脸，选择化妆品的范围比较大，一般的膏霜类化妆品均可使用。

4.敏感性皮肤

敏感性皮肤的特点：这类皮肤一方面具有干性皮肤的特征，皮肤干燥缺乏油脂或水分，皮肤细嫩，面颊和鼻旁皮肤细紧而薄，有毛细血管扩张，对冷热极为敏感；另一方面，极易出现过敏现象，如果选用不适合的化妆品，可以出现红斑、水疱和瘙痒等现象。

敏感性皮肤的护理：对于敏感性皮肤，一般情况下应尽量少用清洁剂洗脸，如果用可选择弱酸性洗面奶，洗脸水温度最好为30℃，洗脸后应使用无刺激性冷霜或橄榄油，或含高级脂肪醇原料的护肤品，应尽量避免使用含香精的化妆品和含荧光增白剂的防晒霜。

5.成熟性皮肤

成熟性皮肤又称老化皮肤，由于生理性衰老或光线损伤导致皮肤衰老、干燥、脱水、缺乏弹性，以及形成皱纹、色斑，出现毛细血管扩张现象。防止皮肤老化，要心情舒畅、精神愉快、注意营养、避免暴晒，用一些高营养物质

（如维生素、胶原、氨基酸、透明质酸、人参等）、油膏、果酸或维甲酸、维生素膏，同时可配合用防晒霜减轻光线损伤造成皮肤老化，还可以外用美白剂减轻色斑，老化皮肤可以经过脸部护理获得改善，延迟皮肤衰老过程。

资料来源　编者根据相关资料整理。

请同学们结合资料思考：（1）测试一下你们各自的皮肤类型。（2）分析一下皮肤的组织结构和生理功能。

3）化妆品的主要品种及特点

（1）洗面奶。洗面奶为弱酸性或中性白色乳液，多采用软管包装，是一种专门用来洗脸或卸妆的皮肤清洁剂，是生活中的高级脸部清洁剂。它是由油、水、表面活性剂、保湿剂、营养剂等成分构成，具有良好的流动性、延展性和渗透性，起到清洁作用的成分就是表面活性剂。洗面奶的去污作用，主要是由于表面活性剂降低了表面张力而产生的润湿、分散、发泡、去污、乳化等多种作用综合的结果，帮助去除我们脸上的油脂、污垢、化妆品残留物。表面活性剂与污垢进行乳化后，亲水基溶解水溶性污垢，亲油基溶解油溶性污垢，经清水反复清洗从而达到洗涤效果。洗脸后，脸上留下一层由甘油、醇、脂肪酸等物质组成的保护膜，令皮肤十分光滑。洗面奶不仅具有清洁肌肤的作用，通常还兼具滋润肌肤、护肤保湿和营养肌肤等功能。

（2）面膜。面膜因其携带方便、使用效果明显等优势，成为深受爱美人士欢迎的护肤产品。①面膜的作用是：首先，面膜通过阻隔肌肤与空气的接触，抑制汗水蒸发，保持面部皮肤充分的营养和水分，增强皮肤的弹性和活力；其次，面膜中的大量水分可以充分滋润皮肤角质层，使角质层的渗透力增强，面膜中的营养物质能有效地渗入皮肤，促进上皮组织细胞的新陈代谢；最后，面膜具有黏附作用，当揭去面膜时，皮肤污物（如表皮细胞代谢物、多余皮脂、残妆等）随面膜一起黏除，使皮肤毛囊通畅，皮脂顺利排出。②面膜按照功效性不同，可分为八大类：第一类是清洁面膜，这是最常见的一种面膜，可以清除毛孔内的脏东西和多余的油脂，并去除老化角质，使肌肤清爽干净；第二类是保湿面膜，含保湿剂，将水分锁在膜内，软化角质层，并帮助肌肤吸收营养，适合各类肌肤；第三类是舒缓面膜，能迅速舒缓肌肤，消除疲劳感，恢复肌肤光泽和弹性，适用于敏感性肌肤；第四类是紧致面膜，能帮助收缩毛孔、淡化皱纹；第五类是再生面膜，内含植物精华，能软化表皮组织，促进肌肤新陈代谢，适用于干性或缺水性的肌肤；第六类是美白面膜，能清除死皮细胞，兼具清洁、美白双重功效，使肌肤重现幼嫩光滑、白皙透明；第七类是瞬间美白补水面膜，能在短时间内保养护肤，瞬间达到美白补水的功效；第八类是控油面膜，可以吸出皮肤油污，同时收敛毛孔，令皮肤柔润充满光泽。③面膜按照质地不同，可分为泥膏型、撕拉型、冻胶型、湿纸巾型的面膜。泥膏型面膜常见的有海藻面膜、矿泥面膜等；撕拉型面膜最常见的就是黑头粉刺专用鼻贴；冻胶型面膜以睡眠面膜最为出名；湿纸巾型面膜一般就是单片包装的浸润着美容液的面膜纸。④面膜按照使用方式不同，可分为非贴式面膜和贴式面膜。非贴式面膜的成膜材质主要为水溶性增稠剂，贴式面膜的成膜材质包括无纺布、蚕丝、生物纤维、天丝和竹炭纤维等。

（3）营养润肤霜是以雪花膏的部分原料为基础，增加了合成或天然的表面活性剂，并加入了营养剂及药物添加剂制成的，其润肤、护肤效果远远超过了雪花膏。营养润肤霜中的营养添加剂种类很多，主要有维生素类、氨基酸类、水解蛋白类、卵磷脂类等，以滋补类中草药、天然营养物质类最受欢迎。

（4）冷霜也称香脂或护肤脂，是属于油包水型乳剂化妆品，功能主要是滋润皮肤，防止干燥、皲裂，特别适合干性皮肤以及在秋冬干燥气候条件下使用，尤其对皮肤粗糙的人更为有效。冷霜的特点是含有较多的油脂成分，涂抹在皮肤表面后，水分逐渐挥发，留下一层油脂薄膜，使皮肤与外界空气隔绝，起到保持皮肤水分、柔软滋润皮肤的作用。由于水分挥发时皮肤上会有冷的感觉，冷霜因此而得名。

（5）防晒化妆品是指具有吸收紫外线作用、减轻因日晒引起皮肤损伤功能的化妆品。防晒化妆品在中国属于特殊用途化妆品。防晒化妆品按照防晒原理可分为物理防晒、化学防晒和生物防晒。物理防晒是采用折射、反射的原理，使用滑石粉、氧化锌和氧化钛等无机物质反射紫外线，有利于人体肌肤，安全性能高。化学防晒是采用有机的紫外线吸收剂吸收阳光，将热能进行转化，从而减少对皮肤的伤害。随着生物工程技术的发展，人们开始采用生物技术制造与人体自身结构相仿并具有高亲和力的生物精华物质，将其加入防晒产品中，被称为生物防晒制品，生物防晒是近年来研究较多的一个方向，它的优点在于不仅能有效吸收紫外线，而且具有清除氧自由基、抗击光老化的生物活性。在生活中，物理防晒、化学防晒和生物防晒相互配合使用，能达到防晒效果的最大化。

防晒化妆品形式多种多样，如防晒油、防晒棒、防晒乳液和膏霜、防晒凝胶、防晒喷雾等。①防晒油属于一种古老的防晒化妆品剂型，优点是制作工艺简单、产品抗水性好以及易涂抹，缺点是油膜较薄，不易持久保持，难以达到较好的防晒效果。②防晒棒是新的防晒化妆品剂型，主要由油与蜡等成分组成，配方中也常加入一些无机防晒剂，产品携带方便、使用简单，效果优于防晒油，但不适于大面积涂用。③防晒乳液和膏霜，市场上的防晒品以乳液形式为主。防晒乳具有可以搭配防晒剂和很少受到剂型限制等的优点，因此产品的SPF值可以比较高。防晒乳易于涂抹且不油腻，可制成抗水型产品，有水包油型和油包水型两种可供选择。④防晒凝胶，多为不溶性凝胶，肤感清爽，适宜夏天使用，缺点是抗水性差，油溶性防晒剂不易加入，因此防晒效果不明显。⑤防晒喷雾是简便型防晒产品。

近几年，随着我国国民收入的提高、户外活动和旅游的增加、消费者护肤意识的加强，我国防晒类化妆品市场规模不断扩大。抗蓝光是防晒类化妆品细分市场的新趋势，养肤功效型防晒产品的多元化功效诉求还将快速增长，防晒刷、防晒慕斯崭露头角，成为市场"新宠"。防晒刷不仅便于携带，而且可在化妆后轻松地将粉状质地的防晒产品刷于面部，不会破坏妆容，同时有一定的定妆、控油作用。防晒慕斯比防晒乳、防晒霜的延展性好，成膜速度也更快。孕妇、儿童对防晒类化妆品的个性化需求较高，为其推出专属防晒产品是未来防晒类化妆品品牌的发展方向。便于携带、清爽、温和，对孕妇肌肤无负担、对儿童皮肤无刺激是这类产品的共同特点。

互动课堂 13-2

防晒化妆品SPF值和PA值

一般情况下，判断一款防晒化妆品的防晒效果，既要看其产品上所标示的SPF值，也要看PA值。SPF是日光防护指数的英文缩写。阳光中的紫外线根据其波长，可分为短波紫外线、中波紫外线和长波紫外线，其英文简称分别是UVC、UVB、UVA。短波紫外线由于能量高，通过大气层时全部被电离吸收，不能到达地面，所以真正引起皮肤色素沉着和皮肤皱纹的是中波紫外线和长波紫外线。防晒化妆品的主要功效体现在对UVB和UVA的防护效果上。所谓的日晒红斑，是指日光UVB诱发的一种皮肤红斑反应，防晒化妆品的SPF值也经常代表对UVB的防护效果指标。SPF值是指涂抹防晒化妆品和未涂抹防晒化妆品所产生的最小红斑量之比。也就是说，如果某个防晒化妆品的SPF值是15，那么涂抹该化妆品的皮肤可以比未涂抹部位多耐受15倍的紫外线照射，而不发生红斑。PA值是指防止紫外线到何种程度的指标，PA值是通过测定皮肤黑色素的生成进而得出UVA的防护指数的，按防御能力分为PA+、PA++、PA+++三个等级。PA+表示有效、PA++表示相当有效、PA+++表示非常有效。SPF值是防晒黑和晒伤的数值，PA值是防皮肤老化的数值。

资料来源　编者根据相关资料整理。

请同学们结合资料思考：如何区别防晒化妆品的SPF值和PA值？

13.2 化妆品的原料要求、规范要求及监管

13.2.1 化妆品的原料及其要求

1）化妆品的原料

化妆品已经成为人们生活中的必需品，但很多人在选择时经常为一些看不懂的原料成分而苦恼，从而影响了对化妆品功效的了解。因此，了解化妆品中常见的原料，有助于挑选到更适合的产品。化妆品是由不同功能的原料按一定的科学配方，通过混合加工技术而制成的产品。化妆品的特性及质量的好坏很大程度上取决于原料，化妆品原料分为新原料和已使用的原料。国家对风险程度较高的化妆品新原料实行注册管理，对其他化妆品新原料实行备案管理。在我国境内首次使用于化妆品的天然或者人工原料为化妆品新原料。具有防腐、防晒、着色、染发、祛斑美白功能的化妆品新原料，经国务院药品监督管理部门注册后方可使用；其他化妆品新原料应当在使用前向国务院药品监督管理部门备案。国务院药品监督管理部门可以根据科学研究的发展，调整实行注册管理的化妆品新原料的范围，经国务院批准后实施。

2）化妆品的原料要求

为了满足化妆品的安全性、稳定性、功效性和使用性，作为化妆品原料，应符合

以下要求：①化妆品原料应经过安全性风险评估，确保在正常、合理及可预见的使用条件下，不得对人体健康产生危害。例如，防晒剂是防晒化妆品中的关键成分，防晒剂除能防晒外，还应具备光化学、化学性质稳定，不刺激皮肤，无毒无害，安全可靠的性质。②原料技术要求的内容应包括化妆品原料名称、使用目的、适用范围、规格、登记号、检测方法、可能存在的安全性风险物质及其控制措施等内容。③化妆品原料的包装、储运、使用等过程，均不得对化妆品原料造成污染。直接接触化妆品原料的包装材料应当安全，不得与原料发生化学反应，不得迁移或释放对人体产生危害的有毒有害物质。对有温度、相对湿度或其他特殊要求的化妆品原料应按规定条件储存。④化妆品原料应能通过标签追溯到原料的基本信息、生产商名称、纯度或含量、生产批号或生产日期、保质期等中文标识。属于危险化学品的化妆品原料，其标识应符合国家有关部门的规定。⑤动植物来源的化妆品原料应明确其来源、使用部位等信息。动物脏器组织及血液制品或提取物的化妆品原料，应明确其来源、质量规格，不得使用未在原产国获准使用的此类原料。⑥化妆品原料质量安全要求应符合国家相关规定，并与生产工艺和检测技术所达到的水平相适应。使用化妆品新原料应符合国家有关规定。化妆品原料的使用应根据实际生产情况注明在配方表中，且应与原料本身的化学性质及配方体系相符。

课外阅读 13-1

化妆品爆发原料大战！"备案热"持续，抗衰成"香饽饽"

2024 年前 10 个月，化妆品新原料备案数量已超过 2023 年全年备案总数。但截至目前，仅有一个美白新原料注册成功，能应用到产品中。

从备案到上市应用，化妆品原料"闯关"难在哪儿？业内人士对中国商报记者表示，原料生产涉及植物提取、化工合成、生物合成等技术，短期内难以被攻克，多数企业仍处在仿制阶段。此外，企业自主研发原料投入高，后期专利保护申请周期较长。一款新原料被推出后，极易被他人模仿和侵权。

原料"备案热"持续　抗衰成"香饽饽"

2024 年 11 月 28 日，"2024 绿色转型与可持续发展论坛"召开，在平行论坛之一的"源头赋能——原料创新与可持续发展论坛"上，化妆品"原料大战"成为业内人士关注的话题。

根据国家药品监督管理局备案数据，截至 2024 年 10 月底，已经备案、取得公示的化妆品原料达到 190 例，新原料品种达到 162 个。记者注意到，多数企业备案的化妆品原料与抗衰有关。比如，上美股份和山东济肽备案的肽类成分、片仔癀备案的金线莲提取物、谷雨备案的紫檀芪等。

值得关注的是，目前暂未有抗衰原料注册成功，以 β-烟酰胺单核苷酸（NMN）为例，2024 年前 9 个月已有 12 次 NMN 化妆品新原料备案。自 2022 年以来，NMN 成为备案次数最多的化妆品原料。多家企业均备案了该原料，且均在审核中。

2021 年 5 月起实施的《化妆品分类规则和分类目录》及《化妆品功效宣称评价规范》等法规文件中并没有"抗衰""抗老"等功效，目前大家所说的抗衰包括抗氧化、抗敏、淡纹、紧致等。针对抗衰，第三方检测公司会有很多检测产品是否具有抗衰功效的模型，但是每个模型的检测标准是不一致的，法规也很难界定这个标准。在海外市场，国际品牌普遍已形成比较完善的抗衰产品矩阵；在国内市场，抗衰这个赛道仍有很大的待挖掘空间。

资料来源　马嘉. 化妆品爆发原料大战！"备案热"持续，抗衰成"香饽饽" [EB/OL]. [2024-12-06]. https://www.news.cn/fashion/20241206/e17e7d33df184e6b89dc6cf23cc48c2a/c.html.

要进一步了解化妆品行业新原料"闯关"难的内容，可以扫描二维码查看。

13.2.2　化妆品的安全技术规范及监督管理相关规定

1）《化妆品安全技术规范》简介

《化妆品安全技术规范》对化妆品相关术语、安全通用要求、禁限用组分要求、准用组分要求、理化检验方法、微生物检验方法、毒理学试验方法、人体安全性检验方法和人体功效评价检验方法等作出了明确规定，该规范的修订包括上述全部内容。

2）化妆品监督管理要求

按照《化妆品监督管理条例》的规定：（1）国务院药品监督管理部门负责全国化妆品监督管理工作。国务院有关部门在各自职责范围内负责与化妆品有关的监督管理工作。县级以上地方人民政府负责药品监督管理的部门负责本行政区域的化妆品监督管理工作。县级以上地方人民政府有关部门在各自职责范围内负责与化妆品有关的监督管理工作。（2）化妆品注册人、备案人对化妆品的质量安全和功效宣称负责。化妆品生产经营者应当依照法律、法规、强制性国家标准、技术规范从事生产经营活动，加强管理，诚信自律，保证化妆品质量安全。（3）化妆品经营者应当建立并执行进货查验记录制度，查验供货者的市场主体登记证明、化妆品注册或者备案情况、产品出厂检验合格证明，如实记录并保存相关凭证。

课 内 阅 读 13-2

化妆品：监管和科普，一个不能少

"新质生产力为化妆品产业带来了前所未有的发展机遇和挑战。"2024年全国两会期间，全国政协委员郑春阳表示，"对于化妆品产业而言，新质生产力的提出不仅意味着一场深刻的产业变革，更为行业指明了未来发展的新方向。面对这一时代潮流，化妆品产业必须积极拥抱变革，以科技创新为引领，推动产业向高质量发展迈进。"

化妆品是为美而生的产品，"美丽经济"是对化妆品产业的赞誉。近10年，我国"美丽经济"逐渐崛起，目前我国已成为全球第二大化妆品消费国。新时代新命题，我国化妆品产业要交出令人满意的答卷，持续加强监管、积极开展消费者科普教育，无疑是众多助推产业发展因素中的重中之重。

加强监管，护航"美丽消费"

截至2024年2月4日，国家药监局共发布17个2023年国家化妆品抽样检验工作通告，353批次化妆品不符合规定。通告称，国家药监局要求相关省药监部门对不符合规定化妆品涉及的备案人、生产企业依法立案调查，责令相关企业立即依法采取风险控制措施并自查整改。各省（自治区、直辖市）药监部门责令相关化妆品经营者立即停止经营上述化妆品，依法调查其进货查验记录等情况，对违法产品进行追根溯源；发现违法行为的，依法严肃查处；涉嫌犯罪的，依法移送公安机关。

为了规范化妆品生产经营活动，加强化妆品监督管理，保证化妆品质量安全，保障消费者健康，促进化妆品产业健康发展，我国对化妆品产品的监管力度不断加大，2020年以来，我国先后发布实施《化妆品监督管理条例》《化妆品生产经营监督管理办法》《儿童化妆品监督管理规定》《牙膏监督管理办法》《化妆品网络经营监督管理办法》等，以新理念、新思路、新内容全面促进化妆品行业在保持高速发展的同时，向高质量发展方向升级转型，在"颜值经济""健康经济"等社会消费增长点持续稳定提高，在推动消费市场高质量发展、满足中国老百姓日益提高的对高品质生活的需求中，护航"美丽消费"工作贡献巨大，使我国化妆品产业实现平稳发展，"美丽经济"后劲十足。

加强科普教育，培育明白消费者

翻阅电商平台商品分类目录人们会发现，绝大部分平台都将美妆与洗护分为两个目录。但实际上，洗发水等头发洗护、染色用品，沐浴液、洗手液等皮肤洗护用品以及牙膏，都属于化妆品范畴。

引导消费者科学认知化妆品、理性消费化妆品、正确选购化妆品，对防范消费欺诈和虚假宣传，传递消费"正能量"，促进我国化妆品产业高质量发展具有重要意义。

当前，我国化妆品监管政策持续释放利好，法治保障更加坚实有力，化妆品产业成绩喜人。未来，我国化妆品市场空间依然广阔，消费活力有待进一步激发，化妆品产业充满无限可能。

资料来源 丁莹. 化妆品：监管和科普 一个不能少［EB/OL］.［2024-03-15］. https://finance.sina.com.cn/jjxw/2024-03-15/doc-inanktup8559764.shtml? cref=cj.

3）化妆品不良反应监测制度

化妆品不良反应是指正常使用化妆品所引起的皮肤及其附属器官的病变，以及人体局部或者全身性的损害。国家建立化妆品不良反应监测制度。化妆品注册人、备案人应当监测其上市销售化妆品的不良反应，及时开展评价，按照国务院药品监督管理部门的规定向化妆品不良反应监测机构报告。受托生产企业、化妆品经营者和医疗机构发现可能与使用化妆品有关的不良反应的，应当报告化妆品不良反应监测机构。鼓励其他单位和个人向化妆品不良反应监测机构或者负责药品监督管理的部门报告可能与使用化妆品有关的不良反应。

13.3 化妆品的标签、选购及保管

13.3.1 化妆品的标签

1）化妆品标签的含义

化妆品标签是指粘贴、连接或直接印刷在化妆品销售包装上的文字、数字、符号、图案以及置于销售包装内的说明书。

2）化妆品标签应遵循的原则

（1）化妆品标签的所有内容应简单明了、通俗易懂、科学正确。所标注的内容应真实，所有文字、数字、符号、图案应正确。

（2）化妆品标签所标注的内容应符合现行国家法律、法规的要求。

（3）化妆品的标签应如实介绍产品，不应有夸大和虚假的宣传内容，不应使用医疗用语，或容易与药品混淆的用语。

3）化妆品标签的基本内容

（1）化妆品标签应当标注的内容：①产品名称、特殊化妆品注册证编号；②注册人、备案人、受托生产企业的名称、地址；③化妆品生产许可证编号；④产品执行的标准编号；⑤全成分；⑥净含量；⑦使用期限、使用方法以及必要的安全警示；⑧法律、行政法规和强制性国家标准规定应当标注的其他内容。

（2）化妆品标签禁止标注的内容：①明示或者暗示具有医疗作用的内容；②虚假或者易误解的内容；③违反社会公序良俗的内容；④法律、行政法规禁止标注的其他内容。

13.3.2 化妆品的选购及保管

1）化妆品的选购

化妆品与消费者日常生活密切相关，各大商场均将其放在最醒目的位置，五光十色、琳琅满目。面对种类繁多的化妆品，许多消费者感到无所适从，不知如何选用。一般来说，化妆品有三性，即功能性、安全性和稳定性。消费者在选用化妆品时，既要关心化妆品对皮肤有无保健美化效果，也要关心化妆品有无副作用及保质期的长短。化妆品正确的选用方式是：根据自己的皮肤性状、年龄、性别、生理条件，以及不同季节和不同用途等进行挑选，在挑选化妆品时应注意产品的质量、有效期或生产日期，检查包装是否密封良好等，从而选出适合的化妆品。

互动课堂 13-3

化妆品中可以添加防腐剂吗？

我们生存的环境是个充满微生物的世界，化妆品中的许多原料是微生物生长繁殖的营养物质，在适宜的温湿度条件下，微生物可大量生长繁殖；在化妆品生产过程中，如果设备、环境等清洗、消毒不彻底，则容易产生微生物，造成化妆品的一次污染，我们在取用化妆品内容物时有可能造成化妆品的二次污染。为了避免化妆品在生产、储存及使用过程中发生腐败，一般需要在化妆品中添加防腐剂来抑制微生物的生长，确保其在使用期间不会因为微生物滋长而变质。防腐剂是用来抑制或防止化妆品中微生物生长繁殖，进而防止产品腐败的一类原料。防腐剂的种类繁多，安全起见，世界上许多国家均对化妆品中的防腐剂使用作出了相关规定。我国现行的《化妆品安全技术规范》（以下简称《技术规范》）规定有51种（类）防腐剂可用于化妆品，并对防腐剂的用量、使用范围等作出了明确规定。由于《技术规范》中的防腐剂列表为肯定列表，使用化妆品防腐剂时只能选用防腐剂表中的防腐剂。

一些消费者"谈腐色变",觉得只要不含防腐剂就是安全的、高品质的,其实这种想法是不可取的。目前,宣称不含防腐剂的化妆品主要有以下三种情况:第一种情况是产品中确实不含防腐剂,多限于一次性包装产品(如胶囊类产品)和基质本身不易长菌的产品(如唇膏、花露水、香水等)。第二种情况是涉嫌炒作概念。这一类产品并不是没有使用防腐成分,而是添加了一些具有抑菌效果的、但又不在《技术规范》准用防腐剂列表里的具有防腐作用的成分,如戊二醇、辛甘醇等。含这一类防腐成分的产品并不一定比按照《技术规范》的规定使用防腐剂的产品更安全。第三种情况是虚假宣传或误导消费者的产品。比如,实际使用了防腐剂却宣称没使用,或者回避使用的防腐剂,片面宣传没有使用的防腐剂等。我们应该理性、科学地看待化妆品中存在的防腐剂,我国法规要求所有的化妆品上市前都需要进行毒理测试或一定的风险评估。一般来说,严格按照《技术规范》的规定使用防腐剂的化妆品是安全的。

资料来源 杭州市市场监督管理局.【化妆品安全宣传周】化妆品中可以添加防腐剂吗?[EB/OL].[2021-05-26]. http://scjg.hangzhou.gov.cn/art/2021/5/26/art_1693492_58921879.html.

请同学们结合资料思考:(1)化妆品中是否可以添加防腐剂?(2)如何选购化妆品?

2)化妆品的保管

化妆品成分复杂,有些含有蛋白质、维生素等营养成分,如果存放过久或保管不当,易滋生微生物造成化妆品污染与变质,使用后极易导致面容受损或皮肤过敏。所以,妥善保管化妆品是有效使用化妆品的前提。

(1)存放前先判断是否变质。正规化妆品外包装上都有"请在标注日期前使用"或"请在保质期内使用"等提示字样,但化妆品在开封后有很多不确定因素,如会接触到一些污染源,储存环境、使用状况等都可能影响保质期的长短。所以,在保存化妆品之前要先确定化妆品是否已经变质。

(2)存放环境要适宜。化妆品使用过程中最常见的是被微生物、灰尘等污染,或者氧化造成变质。①温度要适宜。化妆品的保存温度不宜过高,高温会造成油水分离,膏体干缩,引起变质。寒冷季节温度过低会使化妆品发生冻裂现象。②避光保存。阳光或灯光直射处不宜存放化妆品,因为光线照射会造成化妆品水分蒸发,某些成分失去活性,从而引起变质。阳光中的紫外线还能使化妆品中的部分物质发生化学变化,影响使用效果,甚至发生不良反应。③保持干燥。有些化妆品含有蛋白质,受潮后容易发生霉变。有的化妆品使用铁盖包装,受潮后容易生锈腐蚀化妆品,导致产品变质。④避免污染。化妆品使用后一定要及时旋紧瓶盖,以免细菌侵入繁殖。

课外阅读 13-2

破解化妆品谣言

随着我国经济的发展,人民生活水平不断改善,对自身形象更加关注,化妆品应用越来越广泛,市场体量逐年扩大,我国化妆品市场整体规模已跃居世界第二位。互联网和网络社区平台飞速发展,消费者可以接触到更多化妆品资讯和信息,加深对化妆品的认识。然而,错误的、无用的信息也被裹挟其中,这无形中加大了消费者筛选和分辨正确信息的难度,关于化妆品的各种说法让消费者莫衷一是。这些谣言会对消费者选择、鉴别、使用化妆品产生错误的影响和指导，如何破解这些谣言，将正确的化妆品知识传达给每一位消费者是化妆品从业人员亟待解决的问题。

资料来源　[1]蒋丽刚，岳娟.破解化妆品谣言[J].日用化学品科学，2019(9).[2]佚名.最新提示！选购化妆品，这几点要注意[EB/OL].[2024-03-07].https://www.thepaper.cn/newsDetail_forward_26606141.

要进一步了解如何破解化妆品谣言，可以扫描二维码查看。

单元小结

本单元主要介绍了化妆品的含义、作用和种类。化妆品分为特殊化妆品和普通化妆品。国家对特殊化妆品实行注册管理，对普通化妆品实行备案管理。皮肤是人体最大的器官，除保护机体、抵御外界侵害外，还具有感受刺激、吸收、分泌、调节体温、维持代谢、修复及排泄废物等功能，与整个机体的健康状态息息相关，直接影响我们的外在形象。要熟悉化妆品的主要品种及特点，应先了解皮肤的组织结构和生理功能。皮肤从外到内分为三层，即表皮、真皮、皮下组织，其中与化妆品最为密切的是表皮，最为重要的是真皮。皮肤的保湿、抗皱、美白、防晒等均与皮肤结构密切相关。本单元还分析了化妆品的主要品种及特点，重点介绍了化妆品标签应遵循的原则和基本内容，介绍了化妆品的选购及保管的基本知识等。

主要概念

化妆品　化妆品分类　化妆品标签　化妆品选购及保管

基础训练

一、选择题

1.皮肤的生理功能主要有（　　　）。

A.屏障保护功能　　B.水合保湿功能　　C.感觉刺激功能　　D.代谢吸收功能

2.特殊化妆品主要包括（　　　）。

A.染发、烫发　　B.祛斑美白　　C.防晒　　D.防脱发

3.化妆品标签应当标注的内容有（　　　）。

A.全成分　　B.净含量　　C.使用期限　　D.使用方法

二、判断题

1.化妆品标签所标注的内容应符合现行国家法律、法规的要求。（　　）

2.SPF值表示能防护阳光中所有的紫外线的指标。（　　）

3.化妆品是以清洁、保护、美化、修饰为目的的日用化学工业产品。（　　）

4.国家对特殊化妆品实行注册管理，对普通化妆品实行备案管理。（　　）

5.用于染发、烫发、祛斑美白、防晒、防脱发的化妆品以及宣称新功效的化妆品均属于特殊化妆品。（　　）

三、简答题

1.化妆品原料的主要要求有哪些？

2.化妆品的主要品种及特点有哪些？

3.化妆品标签需要标注哪些内容？

4.如何选购和使用化妆品？

实践训练

案例：如何正确选购、分辨、使用和保管化妆品

使用过程中，不要丢弃化妆品外盖内的保护盖，它可以防止空气进入、减少活性成分流失；化妆品使用后，多余部分不应放回瓶中，以免污染；用完后，务必将化妆品瓶盖封紧。注意成分说明，维生素C和维生素E相对容易氧化，使用含有这些成分的化妆品时应尽快用完。化妆品暂时不用时应放在冰箱内冷藏。大瓶的化妆水等液体产品可以倒入干净的小喷雾瓶（50ml左右）内，直接喷洒到使用部位，这样可以使化妆品少接触空气。流动性好的化妆品，应尽量购买泵式包装，虽然包装内的产品无法完全泵出，但是可以使化妆品减少接触污染源的可能。润肤产品的季节性较强，最好估算一段时间内的使用量，尽量避免购买大包装产品。比如，一些人购买了大包装的润肤霜，春季只使用了一小部分，夏季很少使用，储存也比较麻烦，大部分要留到秋冬季再使用，这样长时间存放可能影响效果。对于彩妆产品，如果随身携带最好放在化妆包内，减少与手提包内其他物品的接触，避免被污染。每种化妆品要适量，多颜色的大彩盒不适合随身携带，仅携带常用的一两种颜色供补妆用即可。

化妆品在外包装上都会标注保质期，有些还会标示开封后最佳使用期，对没有标示开封后使用期的化妆品，可参照以下标准：①水状产品：如化妆水、卸妆水等，开封后使用期限为6～12个月；②霜状产品：如面霜，开封后使用期限为6～12个月；③膏状产品：如洗面奶、面膜等，开封后使用期限为1年；④粉状彩妆品：如粉饼、散粉等，开封后使用期限为3～5年；⑤防晒产品：开封后使用期限为6个月；⑥霜状彩妆品：如粉底霜、霜状腮红，开封后使用期限为1～2年；⑦笔类产品：如眉笔、眼线笔等，开封后使用期限为3年；⑧睫毛膏、染眉膏、眼线液：开封后使用期限为3～6个月；⑨唇膏：开封后使用期限为2年；⑩香水：开封后使用期限为1～2年，除外观变化外一般不影响使用；⑪指甲油：开封后使用期限为1年。

怎样分辨变质化妆品：①变色：化妆品原有颜色发生了改变，是由于细菌产生色素让化妆品变黄、变褐，甚至变黑；②发酵：化妆品产生气泡和怪味，是由于细菌的发酵作用，使化妆品中有机物分解产生酸和气体；③油水分离：化妆品变稀出水，是由于菌体里含有水解蛋白质和脂类酶使化妆品中蛋白质分解，乳化程度受到破坏，导致变质；④长斑：化妆品出现绿色、黄色、黑色等霉斑，是由于潮湿环境下霉菌污染了化妆品。

资料来源　编者根据相关资料整理。

结合案例分析：

1.如何进行化妆品选购？

2.怎样分辨变质化妆品？

3.如何使用和保管化妆品？

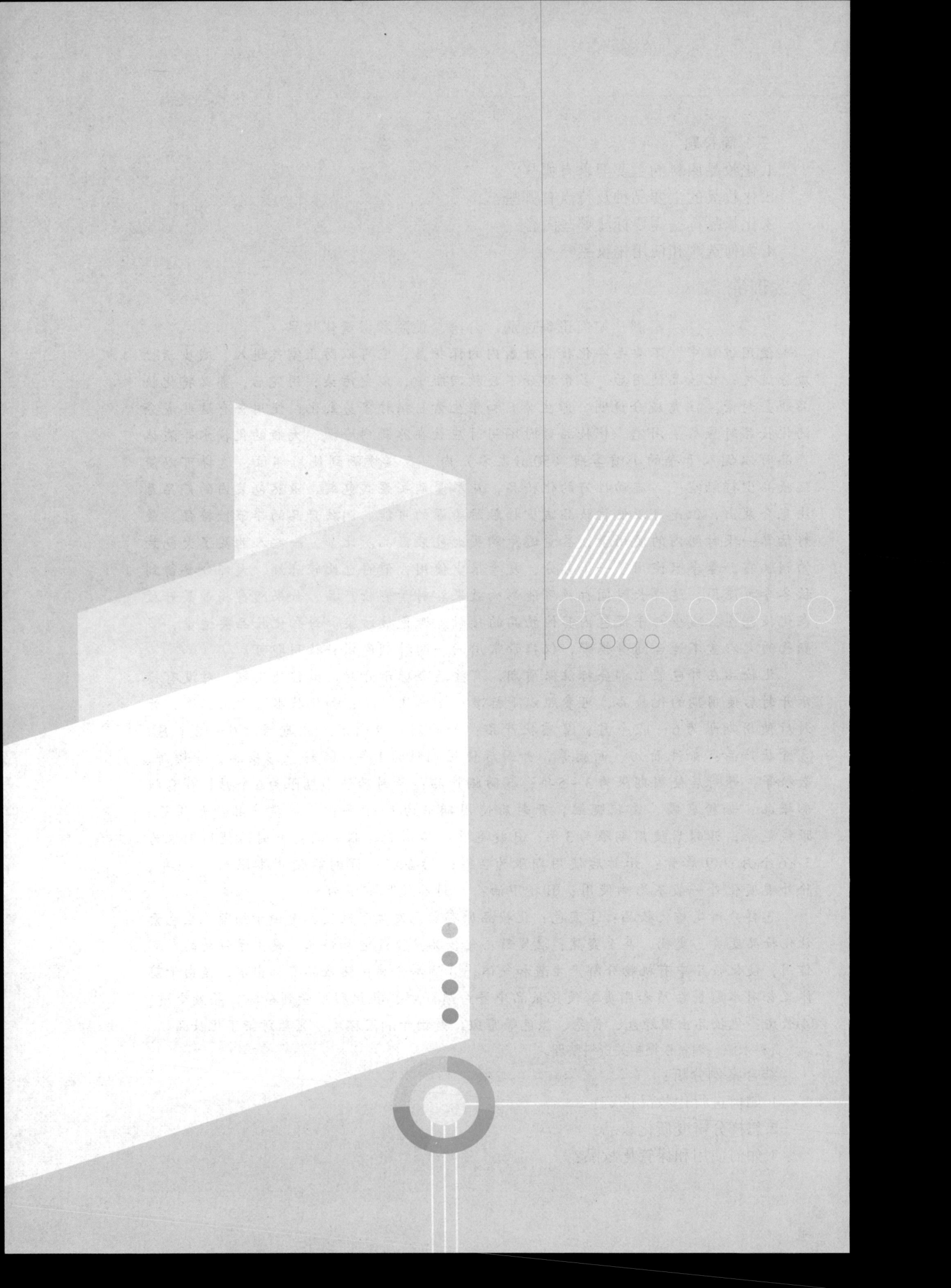

服务类商品

【学习目标】

通过本单元的学习，达到以下学习目标：

知识目标：了解服务、服务商品、服务质量以及顾客满意的含义，熟悉服务商品特征、服务质量构成、顾客满意度的衡量。

能力目标：结合引例、基础训练、实践训练等，培养学生的服务意识，区分服务商品的类别、有形产品制造和服务活动，提高学生的服务质量技能。

素养目标：结合教学内容、案例资料等，通过互动课堂、案例分析等形式，引导学生树立服务意识，提高顾客满意度，满足人民对美好生活的向往，帮助学生形成正确的职业行为和道德规范。

【单元框架】

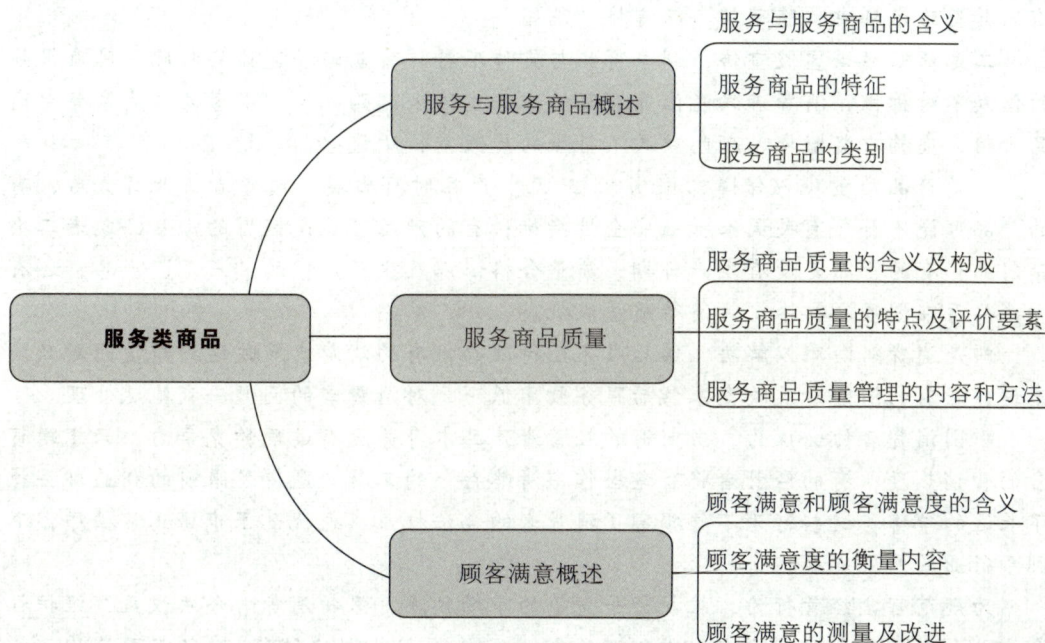

引例

经营者销售盲盒当规范　消费者购买盲盒勿盲目

盲盒，顾名思义就是在相同的盒子中放置不同的商品，消费者事先不知道盒子里装的是哪一款商品，但有一定概率能够抽到自己心仪的商品，正是这种类似于抽奖的营销策略，极易刺激消费者的购买欲望，成为当下吸引青少年群体消费的营销方法之一。

由于各行各业的商家发现盲盒市场有利可图，都想来分一杯羹，因此除最初的玩具外，餐饮、美妆、文具、图书等诸多消费领域也都掀起了"盲盒风"，消费市场上随处可见盲盒的身影。在盲盒经济迅猛发展的同时，伴随而来的一些问题却不容忽视。从媒体报道及消费者投诉的情况来看，盲盒市场主要存在以下问题：

一是商家过度营销，消费者易中套"上瘾"。经营者营销手段众多，有的是通过与明星、综艺节目、网红主播等合作，不停地"刷存在感"；有的是通过玩家分享、讨论、交换等方式，唤起消费者的收藏心理和炫耀心理，激发消费者的购买动机和欲望；还有的是打造"系列"概念，并设置一个最难获得的"隐藏款"，进行饥饿营销，抽中概率大都为"百里挑一"。这类营销手段促使很多消费者醉心于享受拆盲盒所带来的不确定性与惊喜感，引发消费者冲动购买，助长了非理性消费行为。由于青少年群体的好奇心强、喜欢攀比、消费观念尚不健全，十分容易为盲盒而"上瘾"，有的甚至为了抽中"隐藏款"而直接"端箱"。

二是商家涉嫌虚假宣传，到手货品与宣传不符。盲盒与普通商品相比，具有很强的信息不对称性，消费者只能依靠商家的广告宣传来选购，这就很容易被商家夸大商品价值、虚构中奖概率、颜色款式不符等的虚假宣传所误导。

三是产品质量难以保障，假劣、"三无"产品时有出现。消费者拆开盲盒后，有的产品可能不符合有关国家标准安全性指标；有的产品可能是假冒的山寨品或者二次销售品；有的产品是没有生产日期、质量合格证以及生产厂家的"三无"产品；还有的产品存在划痕、掉漆、污渍等质量瑕疵。

四是消费纠纷难以解决，售后服务亟待改善。有的消费者反映遇到质量问题只换不退；还有的消费者反映商家售后服务效率低下，对消费者的问题一直拖延处理。

中国消费者协会认为，当前有的经营者产品本身并没有过硬的竞争力，只想蹭盲盒的营销热度；有的经营者将盲盒当作"清库存"的工具，赢得了眼前的利益却丢掉了长远的口碑。这些行为不仅损害了消费者的合法权益，也扰乱了市场正常秩序，不利于行业的健康发展。

为规范盲盒经营行为，维护公平竞争的市场秩序，保护消费者合法权益，维护社会公共利益，市场监管总局印发《盲盒经营行为规范指引（试行）》（以下简称《指引》），为盲盒经营划出红线，推动盲盒经营者加强合规治理。《指引》具体从四个方面予以规范：

制定负面销售清单。对于不适宜进入盲盒领域的药品、医疗器械、活体动物、易燃易爆物品等，提出不得以盲盒形式销售。对于关系人民群众健康的化妆品、食品，作出限定性表述。

　　明确信息披露范围。要求盲盒经营者将盲盒内物品的商品价值、抽取规则、抽取概率等关键信息以显著方式对外公示，保证消费者在购买前知晓真实情况。

　　鼓励建立保底制度。鼓励盲盒经营者通过设定抽取时间、抽取金额上限和次数上限等方式引导理性消费，自觉承诺不囤货、不炒作、不直接进入二级市场。

　　完善未成年人保护机制。对盲盒销售对象的年龄进行严格限制，要求不得向未满8周岁未成年人销售。要求盲盒经营者采取有效措施防止未成年人沉迷，保护未成年人身心健康。鼓励地方有关部门出台保护性措施，推动净化学校周边消费环境。

　　资料来源　　[1] 中国消费者协会. 经营者销售盲盒当规范 消费者购买盲盒勿盲目 [EB/OL]. [2021-01-26]. http：//www.cca.org.cn/jmxf/detail/29916.html. [2] 国家市场监管总局. 市场监管总局印发《盲盒经营行为规范指引（试行）》[EB/OL]. [2023-06-16]. https：//www.gov.cn/lianbo/bumen/202306/content_6886698.htm.

14.1　服务与服务商品概述

　　服务业是国民经济的重要组成部分，服务业的发展水平是衡量社会经济发达程度的重要标志。服务业的形成、发展是和社会分工、经济增长等密切相关的。

14.1.1　服务与服务商品的含义

1）服务的界定

服务的内涵比较丰富，人们对服务的理解各有不同：

（1）美国市场营销协会：服务是可被区分界定的，主要为不可感知，却可使欲望得到满足的活动，而这种活动并不需要与其他商品或服务的出售联系在一起。生产服务时可能会或不会利用实物，而且即使需要借助某些实物协助生产服务，这些实物的所有权也不涉及转移的问题。

（2）詹姆斯·A.菲茨西蒙斯：服务是一种顾客作为共同生产者的、随时间消逝的、无形的经历。

（3）张宁俊：服务是一种提供时间、空间和形式效用的经济活动、过程和表现，它发生于与服务人员和有形资源的相互作用中，但不产生所有权的转移，直接或间接地使服务接受者或拥有的物品形态发生变化。

（4）张淑君：服务是通过与顾客接触而形成的在一定时间范围内满足顾客需求的一系列活动。首先，服务过程需要顾客的参与；其次，服务的生产与消费同时开始、同时结束，二者不可分割；最后，服务的目的是满足顾客的需求，服务者所提供的是有形产品与无形产品的组合，而顾客所得到的是显性效益和隐性效益的组合。

2）服务业的范围

在不同时期、不同的国家/地区，服务业所涵盖的范围也有所不同。一般观点认为，服务业是指生产或销售服务产品的生产部门和企业的集合。服务业是为人们生活或社会生产提供服务的行业部门。

255

3）服务商品的整体概念

服务商品一般是指有形与无形的统一体，所有的服务商品都是以服务要素和商品要素组合的形式提供给消费者的。服务商品的整体概念通常包括以下四个方面：

（1）基本服务：核心服务的有形部分，即"硬件"。

（2）预期服务：核心服务的服务等级标准，即"软件"。

（3）增量服务：额外服务，即"配套"服务。

（4）潜在服务：期望之上或之外的各种服务，即"额外"服务。

互动课堂 14-1

小店铺服务大民生

天津市发展综合型社区商业中心、智慧型邻里中心，建成一批示范项目；推动品牌连锁便利店进社区，拓展"品牌便利店+"商业模式。

家门口哪里有市场？很多人能轻松回答。哪里能改衣服、修电器、请家政？这个问题是否把您难住了？针对市民需求，近年来，天津市不断推动便民服务业发展，将部分商业设施包括"小修小补"等在内的多种类型生活服务纳入其中，丰富社区商业内涵，让市民生活在氤氲的烟火气中更加便利。便利店摆上"共享"工具箱、充电宝、医药箱、打印机……位于东丽区枫舒园的京喜便利店，有着这样的"特殊配置"，这是专门设置的便民服务区域。除此之外，顾客还能通过便利店的线上平台预约衣物清洗、家政保洁、手机维修等服务。自开业以来，这个小小"服务站"被许多周边居民熟知。这家便利店的前身是一家小超市，为了让小店有更大发展，决定走品牌化路线，告别"夫妻店"模式，进行标准化、规范化管理。"这个免费工具箱，两三天就有人来借用。之前有个顾客家里水管坏了，就是从这儿拿的工具，我跟着去修好的。增加生活服务最大的好处就是亲民，以前我们只是单纯卖货，现在顾客来了会聊两句，有事我们都会尽可能帮忙，关系越来越近了。"店主说，"原来店里几乎都是上岁数的顾客，现在也吸引了很多年轻人。过去一天交易一二百单，现在能达到三四百单，客单价也提高了5元到8元，老百姓对品牌的认可度提高了。"未来，这样的便利店会越来越多地出现在市民身边。京喜计划在天津建设京喜社区生态城市，以门店为载体，打造线上线下一体化运营、商品种类丰富、服务功能齐全的生态社区。

资料来源　马晓冬. 我市不断丰富商业设施的生活"内涵"小店铺服务大民生［N］. 天津日报，2021-08-30（1）.

请同学们结合资料思考：（1）小店铺如何服务大民生？（2）谈谈你对服务业的理解。

14.1.2　服务商品的特征

服务商品与其他产业产品相比，具有无形性、不可分离性、不可储存性、异质性、互动性、文化性等特征。

1）无形性

无形性是服务最为显著的一个特征，是服务商品不同于有形商品的关键差别。首先，服务的很多元素看不见、摸不着，不能预先被品尝、感觉、触摸，无形无质；其次，顾客在购买服务之前，往往不能肯定自身能得到什么样的服务；最后，顾客享用服务后的利益也很难被觉察，或者要等一段时间后才能感觉出来。

2）不可分离性

服务商品具有不可分离性的特点，即服务人员向顾客提供服务时，也正是顾客消费的时刻，二者在时间上不可分离。

3）不可储存性

由于服务产品的不可感知和服务生产与消费不可分离性，使得服务产品不能像有形产品那样被储存起来以备将来销售或消费，因此服务产品无法储存，只有出现消费者需求的时候才会产生。

4）异质性

异质性是指服务商品无法像有形商品那样实现标准化，每次服务带给顾客的效用、顾客感知的服务商品质量都有可能存在差异。服务的质量往往取决于服务人员的工作态度、个人技能、工作经验等。另外，由于消费者直接参与服务的生产和消费过程，消费者本身的因素也会影响服务的效果和质量。

5）互动性

互动性是指消费者在参与服务的生产和消费过程中，与服务人员的交互活动。服务的生产和消费往往是同时进行的，顾客要与服务生产、服务企业发生多层次和多方面的交互作用。交互过程的好坏直接影响顾客对服务的评价，决定着服务质量的高低。

6）文化性

文化性是指服务人员的服务理念、行为和形象应具有较好的文化品位。无论服务人员的着装、语言，还是表情，都应展现一定的文化和职业修养。

课　内　阅　读 14-1

兼顾产品与服务 电商行业寻找新增量

商务部近期公布的2024年上半年电子商务发展情况显示，我国网络零售促进消费恢复向好。业内人士认为，电商平台应在提升产品竞争力和服务体验的基础上，提高平台自身的渠道效率和运营服务水平，引入 AI 等新技术，打造电商服务新场景，构建良性竞争生态。

2024年上半年，价格依然是电商行业最关注的主题，但单纯的低价已经不能满足消费者的需求。"精打细算，实用至上"的理性消费观念正在成为越来越多消费者的共识。

当前，性价比与质价比成了消费者最为在意的方面，这一趋势为电商平台与商家提出了挖掘新商机的要求。从低价竞争升级为兼顾产品与服务，电商行业进入更为健康的发展模式。

理性消费趋势显著

商务部数据显示，2024年上半年我国网上零售额7.1万亿元，增长9.8%。其中，实物商品网上零售额5.96万亿元，增长8.8%，占社零总额25.3%。电子商务规模的持续增长，彰显了旺盛的生命力。在助力消费增长的同时，电子商务领域也悄然发生变

257

化。2024年上半年，理性消费趋势显著，消费者更加注重寻找适合自己的产品，而不是盲目跟风消费。在这样的理念下，单纯的低价已不能满足消费者的需求。在2024年的"6·18"电商大促活动中，京东以"又便宜又好"为主题，推出百亿补贴、便宜包邮等诸多促销活动，并创新性地推出"2元包邮日"。"6·18"电商大促开启前，京东对京喜进行品牌升级，将其更名为"京喜自营"。京喜自营主要覆盖的是产业带白牌商品，主打的是采销严选、工厂直供、单件包邮等。以自营模式发展产业带白牌商品的全新模式，让京东在性价比之战中拥有重要力量。不久前，拼多多调整了此前推出的"自动跟价"服务协议，进一步扩大了平台对开通该功能的商家改价产品范围的权限。拼多多的自动跟价服务是平台为提升商家经营效率、维护平台秩序，向消费者提供更有价格竞争力商品的重要营销服务。

服务升级用户为先

"用户为先"是电商行业的另一个关键词。在2024年的"6·18"电商大促活动中，京东、天猫、快手等平台均取消了预售机制，消费者无须提前付订金，商家直接现货开卖。同时，各大电商平台对优惠促销机制也进行了大幅度的简化。在"6·18"电商大促前，电商平台进行了多次重大服务升级，包括退换货包运费、仅退款等。当前，电商行业竞争激烈，平台在保持市场份额和吸引新客户方面面临巨大挑战。为了应对这些挑战，电商平台持续进行创新和变革，服务升级则是提升用户满意度和忠诚度、增强电商平台竞争力的有效手段。

资料来源 蒋永霞. 兼顾产品与服务 电商行业寻找新增量［N］. 中国商报，2024-07-26.

14.1.3 服务商品的类别

1）按照服务对象不同划分

根据服务对象不同，可分为以人为对象和以物为对象的服务商品。以人为对象的服务商品往往需要消费者和服务人员面对面交流，互动性比较强。以物为对象的服务商品，消费者和服务人员不一定要面对面交流，比较灵活和多样化。

2）按照顾客和服务体系接触程度划分

服务体系接触程度是指顾客必须待在服务现场的时间与服务体系为顾客提供服务的时间之比。根据顾客和服务体系接触程度划分：

（1）在接触程度高的服务体系中，顾客参与服务过程，会影响服务需求时间、服务性质和服务质量，这类服务体系较难控制、较难提高生产率。

（2）在接触程度低的服务体系中，顾客与服务体系之间的相互交往很少发生，或相互交往时间相当短暂。

（3）在服务过程中，顾客对服务几乎没有什么影响，这类服务体系可以实现与工业企业类似的生产效率。

3）按照影响服务传递过程性质划分

根据影响服务传递过程性质的两个主要维度，服务组织的劳动密集程度和服务人员与顾客相互交往的程度、服务定制化即个性化的程度对服务进行分类。

4）按照服务传递方式不同划分

（1）从地理因素角度来看，服务传递方式可以是单一场所，也可以是多个场所。

在多个场所提供服务时，保证服务质量和一致性非常重要。

（2）从服务提供者与顾客互动的程度来看，可以是现场服务，也可以是远程服务。随着互联网和科技的发展，远程服务也会越来越多。

5）按照服务人员与设施的比例划分

根据服务人员与设施的比例关系，可分为技术密集型服务和人员密集型服务。技术密集型服务更注重技术装备的投资、技术使用维护的管理。人员密集型服务主要通过服务人员的技能向消费者提供服务，为了保证服务质量，要注重对服务人员的聘用条件、培训激励、过程控制等进行管理。

14.2　服务商品质量

14.2.1　服务商品质量的含义及构成

服务商品质量的内涵与有形产品质量的内涵是有区别的，消费者对服务质量的评价不仅要考虑服务的结果，而且要涉及服务的过程。服务质量应被消费者所识别，消费者认可才是质量。服务质量的主要类别、构成要素、形成过程、考核依据、评价标准均有其区别于有形产品的特点。有形产品制造和服务活动的区别见表14-1。

表14-1　　　　　　　　　　有形产品制造和服务活动的区别

特征	有形产品制造	服务活动
产品	产品是有形的、耐用的	产品是无形的、不耐用的
产出储存	产出可以储存	产出不可以储存
顾客接触	顾客与生产系统极少接触	顾客与服务系统频繁接触
响应需求周期	响应顾客需求周期较长	响应顾客需求周期较短
服务范围	服务范围较大	服务范围较小
设施	设施规模较大	设施规模较小
质量可控性	质量易于度量	质量难于度量

资料来源　张淑君. 服务管理［M］. 3版. 北京：中国市场出版社，2021.

1）服务商品质量的含义

服务商品质量是指服务能够满足规定和潜在需求的特征与特性的总和，即服务工作能够满足被服务者需求的程度，是企业为使目标顾客满意而提供的最低服务水平，也是企业保持这一预定服务水平的连贯性程度。

服务商品质量是顾客期望与感知的对比，服务质量指的是顾客总体的感知服务质量。

2）服务商品质量的构成

服务商品质量既是服务本身的特性与特征的总和，也是消费者感知的反应。服务商品质量的构成一般包括技术质量、过程质量、形象质量和真实瞬间等。

（1）技术质量也称产出质量，是指顾客从服务过程中最终得到的结果。

（2）过程质量也称职能质量，是指在服务传递的过程中顾客所感受到的服务人员在履行职责时的行为、态度、穿着和仪表等给顾客带来的利益和享受。

（3）形象质量是指企业在社会公众心目中形成的总体印象，包括企业的整体形象和企业所在地区的形象两个层次。顾客通过视觉识别系统、理念识别系统和行为识别系统等，从多个侧面认识企业形象。企业形象质量是顾客感知服务质量的"过滤器"。

（4）真实瞬间是在服务过程中顾客与企业进行服务接触的过程。这个过程发生在一个特定的时间和地点，这个时刻是企业向顾客展示自己服务质量的良机。同时，真实瞬间也是服务质量展示的有限时机。

14.2.2　服务商品质量的特点及评价要素

1）服务商品质量的特点

（1）服务商品质量具有很强的主观性。

（2）服务商品质量具有极强的差异性。

（3）服务过程质量比产出质量更重要。

（4）顾客感知服务质量是在服务提供者与服务接受者的互动过程中形成的。

（5）形象是影响顾客感知服务商品的主要因素。

2）服务商品质量的评价要素

服务商品质量的评价要素一般包括可靠性、响应性、保证性、移情性、有形性等。顾客从以上这些方面将预期的服务和接受的服务相比较，最终形成自己对服务质量的判断。

（1）可靠性。它是指企业可靠地、准确地履行服务承诺的能力。可靠的服务是顾客所希望的，它意味着服务以相同的方式、无差错地准时完成。许多以优质服务著称的企业都是通过"可靠"的服务来建立信誉的。

（2）响应性。它是指帮助顾客并迅速提供服务的愿望，是顾客感觉到的服务企业的态度，即企业随时准备为顾客提供快捷、有效的服务。在服务传递过程中，顾客等候服务的时间是关系到顾客感觉、顾客印象、服务企业形象以及顾客满意度的重要因素。因此，尽量缩短顾客等候时间、提高服务传递效率等可以大大提高企业的服务质量。

（3）保证性。它是指员工所具有的知识、礼节以及表达自信与可信的能力。服务人员的友好态度与胜任工作的能力等可以增强顾客对企业服务质量的信心和安全感。

（4）移情性。它是指设身处地为顾客着想和对顾客给予特别关注的能力和愿望。例如，接近顾客的能力（可接近性和便捷性），敏感地和有效地理解顾客需求（甚至是私人方面的特殊要求）并予以满足，做到换位思考，使整个服务过程富有"人情味"。移情性的本质是通过个性化的服务使消费者感到自己是唯一的和特殊的，表现出对消费者的关心和细致入微的个性关怀。

（5）有形性。它是指服务的实体设施设备、环境、人员外表以及服务中与顾客的实体接触等的有形证据。顾客在很大程度上借助与服务有着密不可分关系的有形的设施设备、工作人员的仪容仪表、各种指示符号与标志、价目表等来把握服务质量的高低。有形的环境条件是服务人员对顾客更细致地照顾和关心的有形体现。

14.2.3　服务商品质量管理的内容和方法

1）服务商品质量管理的含义

服务商品质量管理是指通过各种措施对企业服务行为进行策划、实施、控制以提高企业的服务质量、增加企业效益的过程，鉴于服务交易过程的顾客参与性和生产与消费的不可分离性，服务质量是在发生服务、生产和交易的过程中以真实瞬间实现的，因此服务质量也就是顾客感知的质量。

2）服务商品质量差距模型

服务商品质量测量的基础主要是服务质量差距模型。该模型认为服务质量就是顾客期望和顾客体验的差距。

（1）差距 1：管理者认知差距，是指顾客对服务的期望同管理者对顾客期望的认知之间的差距。其产生的原因主要有：对市场研究和需求分析的信息不准确；对期望的解释信息不准确；没有进行需求分析；从企业与顾客联系的层次向管理者传递的信息失真或丧失等。

（2）差距 2：服务质量规范差距，是指管理人员对顾客期望的认知同企业制定的服务质量标准之间的差距。其产生的原因主要有：计划失误或计划过程不够充分；计划管理混乱；组织无明确目标；服务质量的计划得不到最高管理层的支持等。

（3）差距 3：服务传送差距，是指服务质量标准与企业实际所提供服务之间的差距。其产生的原因主要有：标准太复杂或太苛刻；员工对标准有不同意见；标准与现有企业文化发生冲突；服务生产管理混乱；技术和系统没有按标准为工作提供便利等。

（4）差距 4：市场信息传播差距，是指企业进行外部市场沟通时承诺的服务同企业所提供的实际服务之间的差距，即承诺兑现差距。其产生的原因主要有：传统的市场营销和服务生产之间缺乏协作；营销沟通活动提出一些标准，但组织却不能按照这些标准完成工作；有故意夸大其词、承诺太多的倾向等。

（5）差距 5：感知服务质量差距，是指顾客对服务的期望与顾客对服务的感知之间的差距。这一差距实质上是前四个差距之和。其产生的原因主要有：消极的质量评价（劣质）和质量问题；口碑不佳；对企业形象的消极影响等。

互动课堂 14-2

网络购物：服务类问题占比最高

中国互联网络信息中心发布的第 47 次《中国互联网络发展状况统计报告》显示，截至 2020 年 12 月，我国网民规模达 9.89 亿人，手机网民规模达 9.86 亿人，互联网普及率为 70.4%，构成全球最大网络群体。在这个全球最大的数字社会中，网络购物用户规模达 7.82 亿人，占网民整体的 79.1%。

2020 年 1 月 1 日至 12 月 31 日，中国质量万里行消费投诉平台（投诉通）收到关于网络购物的投诉共计 5 973 次，其中有效投诉为 5 848 次。按照投诉性质，投诉数据分为质量问题、服务问题、虚假问题、合同问题、价格问题、售假问题、安全问题、其他问题八大门类。从投诉性质占比来看，排在第一位的是服务问题，共接到投诉 1 755 次，约占总投诉的 30%；排在第二位的是质量问题，共有 1 433 次投诉，约占总投诉为 24.5%；排在第三位的是合同问题；投诉最少的是价格问题和安全问题。其中，服务问题和质量问题约占总投诉的 54.5%。服务问题主要涉及以下方面：下单后的退换货问题；售后安装维修、发错货、乱收费、退款问题；货物丢失、发票、客服问题。

资料来源　肖文静，李颖. 网络购物：服务类问题占比最高［J］. 中国质量万里行，2021（3）.

请同学们结合资料思考：（1）网络购物造成感知服务质量的差距有哪些？（2）如何提高服务质量？

3）服务商品质量的测量方法

服务商品质量的测量是服务企业对顾客感知服务质量的调研、测算和认定。

服务商品质量的测量具有一定的主观性，由顾客对服务的感知与预期比较形成对服务质量的评价。顾客的经历、个人需求、经验等因素通过预期影响服务质量的评价。研究人员根据服务质量五维度设计了包括 22 个问项的调查问卷，建立了感知质量评价方法。

服务商品质量的测量一般采取评分量化的方式进行，具体步骤为：第一步，选取服务质量的评价标准；第二步，根据所调查的服务行业的地位确定权数；第三步，对每条标准设计 4 ~ 5 个具体问题；第四步，制作问卷；第五步，发放问卷，请顾客逐条评分；第六步，对问卷进行综合统计；第七步，采用消费者期望值模型分别测算出预期质量和感知质量；第八步，根据公式求得差距值，差距总值越大，表明感知质量离预期质量差距越大，服务质量越差，相反，则服务质量越好。

从服务商品质量管理角度出发，优质服务应符合以下要求：①规范化和技能化：顾客相信服务供应者，服务人员有必要的知识和技能，规范作业，能解决顾客疑难问题。②态度和行为：顾客感到服务人员用友好的方式主动关心照顾他们，并以实际行动为顾客排忧解难。③可亲近性和灵活性：顾客认为服务供应者的地理位置、营业时间、职员和营运系统的设计和操作便于服务，并能灵活地根据顾客要求随时加以调整。④可靠性和忠诚感：顾客确信无论发生什么情况，他们都能够依赖服务供应者及其职员、营运系统。服务供应者能够遵守承诺，尽心竭力满足顾客的最大利益。⑤自我修复：顾客知道无论何时出现意外，服务供应者都将迅速有效地采取行动，控制局势，寻找新的可行的补救措施。⑥名誉和可信性：顾客相信服务供应者的经营活动可以依赖，物有所值；相信服务供应者的优良业绩和超凡价值，可以与顾客共同分享。

262

课内阅读 14-2

海底捞重新定义"好服务"：探索服务升级的边界

餐饮行业中，海底捞以其卓越的服务闻名遐迩。然而，随着市场环境的变化和消费者需求的日益多元化，海底捞也在不断探索"好服务"的定义与边界。

近年来，海底捞在服务领域进行了一系列创新尝试。升级美甲服务、等位区的攒蛋、麻将到露营火锅等多元化场景覆盖，海底捞不断推出新颖且贴心的服务举措，满足不同顾客群体的需求。

在服务创新的过程中，海底捞也面临一些争议。有顾客和网友称，发现海底捞在免费基本款美甲之外，增加了收费美甲服务；小料台在增加冰粉、辣条等新品的同时，人气较高的牛肉粒被调整到 iPad 下单。这些调整经过舆论发酵，一度被当作"海底捞变抠搜""海底捞服务降级"的证据。这些争议引发了海底捞关于"好服务"定义与边界的广泛讨论。

实际上，海底捞对于"好服务"的理解并非一成不变。在新的市场环境下，海底捞更加注重服务的多元化和分层化。对真正的海底捞消费者来说，在海底捞的用餐体验非但没有降级，而是出现了显著的"升级"：不但关注到了不同层次顾客的多元化需求，还覆盖到了更多的顾客群体；同时，跟随顾客脚步，不断走进新的场景，让大家"随时随地海底捞"。

美甲的升级恰恰是海底捞服务多元化分层的典型案例。海底捞的美甲服务自推出以来受到广泛好评，随着00后成为消费市场新主力，顾客对于美甲的要求早已发生变化。为了给顾客更新潮的美甲体验，海底捞在免费的基本款美甲基础上，增设付费美甲，部分门店根据所在区域和商圈情况，针对不同的客群需求，新增多种花式美甲选择，并对美甲师进行更专业的培训，在款式、颜色、造型、工艺设计等方面不断升级。从网络上流传的海底捞美甲收费表来看，做美甲的价格也相当公道。

同时，海底捞也在努力覆盖更广泛的顾客群体。针对亲子用餐、老年顾客等特定群体，海底捞分别推出了亲子专属用餐区、敬老服务升级等举措。这些服务创新不仅增强了海底捞的品牌吸引力，也提升了消费者的用餐体验。从刚刚出炉的海底捞2024年上半年财报来看，市场是认可海底捞的"服务体验升级"的。集团营收和核心经营业务利润双双创新高，是超过2亿人次顾客对海底捞的肯定。

更重要的是，海底捞在服务创新中始终保持清醒的头脑，"免费、低价"不等于"好服务"。在惨烈的价格战中，海底捞没有盲目跟风降价或提供"免费""便宜"的产品或服务来讨好消费者。相反，海底捞更加注重产品的品质和服务的质量，通过不断创新和升级来提升消费者的满意度和忠诚度。

海底捞在探索"好服务"定义与边界的过程中，始终秉持着以消费者为中心的理念。通过不断创新和优化服务内容，海底捞不仅赢得了市场的认可，还为餐饮行业树立了新的标杆。

资料来源　何奎良. 海底捞重新定义"好服务"：探索服务升级的边界［EB/OL］.［2024-09-14］. https://news.sina.com.cn/sx/2024-09-14/detail-incpatas5016601.shtml.

14.3　顾客满意概述

14.3.1　顾客满意和顾客满意度的含义

1）顾客满意的含义

顾客满意是顾客对其期望已被满足的程度的感受，即顾客对产品或服务性能，以及产品或服务本身的评价，它表明与消费的满足感有关的快乐水平，包括低于或超过满足感的水平。顾客满意取决于顾客对组织提供产品或服务以及组织本身各方面的期望与顾客感受之间的差距。顾客的满意度越高，顾客与服务提供者之间的关系就会越牢固。

2）顾客满意度的含义

著名的营销大师菲利普·科特勒认为顾客满意度是指在发生服务前顾客对服务的预期和接受服务后的感受效果进行对比和评价的差异函数。也有人认为，顾客满意度是指顾客通过对某种产品或服务可感知的效果与其期望值相比后所形成的愉悦或失望的感觉，是顾客的一种心理状态。总而言之，顾客满意度是指顾客在使用某种商品和享受某项服务后，形成的满意或者不满意的态度，即顾客的满意程度。顾客满意度是对顾客满意程度的量化描述，"度"是测量的意思，是顾客接受产品和服务的实际感受与其期望值比较的程度。这个定义既体现了顾客满意的程度，也反映出企业提供的产品或服务满足顾客需求的成效。满意的感觉越强，满意度就越高。顾客满意度是衡量企业的管理水平、产品质量和服务质量的重要指标，也是评价组织质量管理体系的重要指标。

14.3.2　顾客满意度的衡量内容

1）顾客期望

顾客期望是顾客在消费某种商品之前对其质量的综合估计，通常反映了那些来自顾客以前对该品牌的产品的消费或使用的直接经验，以及来自相关的广告、亲友推荐等间接渠道的非经验性信息，也反映了对该品牌未来质量水平的预期。

2）感知质量

感知质量是顾客消费某种产品之后对其质量的综合感受。衡量感知质量包括三个方面：满足顾客个人需求的程度；对可靠性的感知；总体感知。

3）感知价值

感知价值主要体现了顾客在综合考虑了质量和价格两个因素之后对所得利益的主观感受。

4）总体满意度

总体满意度对应了我们要测定的顾客满意指数。衡量总体满意度包括三个方面：实际感知同期望之间的差别；实际感知同理想产品之间的差别；总体满意度。

5）顾客忠诚度

顾客忠诚度是指顾客不受外部环境变化和营销活动的影响，在未来持续购买所偏爱产品或服务的内在倾向。除了顾客重复购买行为外，态度忠诚也在顾客忠诚度体系内。

6）顾客抱怨

顾客满意度越高，抱怨就越少、越轻微；顾客满意度越低，抱怨就越多、越严重。顾客抱怨越多越严重，越会影响顾客的忠诚度。如果顾客没有抱怨，也不表明顾客就非常满意或忠诚度很高。顾客抱怨包括两个观测变量：抱怨或投诉的程度；服务提供者处理抱怨或投诉的效果。

课 内 阅 读 14-3

胖东来，让"人性的光辉"照进商业社会

一家四线城市的商超硬把自己做成了消费者和同行的朝圣地，节假日人流堪比热门景区，不仅需要预约，还要防止被"黄牛"倒卖排队号，真是前所未闻的商业奇迹。它究竟有什么魅力？如何才做到这么火爆？

胖东来为何能吸引人们蜂拥而至？

第一，所有货品保真。

胖东来由烟酒铺发展而来，创始人于东来始终秉持"用真品，换真心"的经营理念，带领胖东来从一个小型烟酒店发展成为河南零售业的巨头之一。彼时，于东来就对自己店里出售的香烟每条都盖章，如果有人发现假烟，回来找他，看盖的章就知道是不是自己店里售出的。如今，胖东来依然延续了盖章保真这一做法。

对于老百姓最关心的食品安全问题，胖东来找不到达标的商品，就自己建工厂，研发自营产品。冲着"买得放心，吃着安心"，消费者口耳相传，胖东来的口碑越来越高。如今已经不是十里八方的人来这里购物，甚至有很多乘坐飞机、高铁的外地人来这里消费打卡。

第二，超出消费者预期的优质服务。

对商超而言，除了自营产品，其他商品差异并不大，除了性价比，胖东来在服务细节上做到了极致，让人感动。先从室外来看，第一个细节点就是停车棚，下雨下雪天车棚会打开，平时收起来。下雨天甚至还会有胖东来的工作人员贴心地帮忙把车子盖上雨披。商超门口有宠物寄存处，有宠物饮水碗，还配备了装动物粪便的纸袋。在胖东来租充电宝，前半个小时是免费的，之后是 1 元钱/小时。进入超市，过闸口前可以先洗手，有小朋友洗手的地方，也有大人洗手的地方，这个设计很实用。超市内设有母婴室，夸张点说有点像月子中心，除了婴儿床，还配备了大人和孩子的座椅，太高级！更贴心的是，连湿纸巾都是恒温的。卫生间特别干净整洁，洗手液、护手霜一应俱全，甚至连女生扎头发的头绳都准备好了。此外，商超内还设有功能卫生间，其内有方便老人的电动手扶马桶，有小孩子的冲水马桶，有成人的冲水马桶。蔬菜区菜品干净，都打了包装，摆放十分整齐，产地信息也写得很清楚。水果摊水果码放也非常整齐，并清晰地标注了产地信息和糖度信息。

每一位到胖东来光顾的消费者都能感受到诚意和尊重。所有这些"体贴"到骨子里的服务细节，只能用"宠溺"一词来形容。胖东来是如何做到这样贴心的服务的？这肯定不是靠于东来一个人或者其管理团队想出来的，这必然是每个一线员工的细致观察、用心建议、不断改善服务的结果。

资料来源　知顿，北溟. 胖东来，让"人性的光辉"照进商业社会 [EB/OL]. [2024-10-13]. https://m.baidu.com/bh/m/detail/ar_9152286810408825921.

14.3.3　顾客满意的测量及改进

由于顾客满意是不断变化的，建议企业建立定期监视和测量顾客满意的过程。企业在监视和测量顾客满意时应当采用以顾客为关注焦点的方法，乐于接受反馈。顾客满意的测量及改进活动主要包括识别顾客期望、收集顾客满意数据、分析顾客满意数

据、沟通顾客满意信息、持续监视顾客满意信息等。

1）识别顾客期望

在确定顾客期望时，建议组织识别当前的和潜在的两种顾客，以期确定他们的期望。

互动课堂 14-3

华润万家线上业务

华润万家线上业务是门店服务的延伸，为门店周边商圈消费者提供线上下单、即时送货到家的服务。通过以"萬家App"为核心的自有线上渠道（包括微信小程序、公众号）和主流的第三方到家服务平台（如京东到家、美团外卖、饿了么等），为消费者在万家购物提供更多渠道和触点的选择。

作为门店服务的延伸，华润万家线上售卖的商品均来自门店，品类丰富，品质有保障，更有丰富的促销活动和一小时到家的配送服务，旨在为消费者提供良好的线上购物体验。截至2020年2月，华润万家已上线近2 000家门店，在28个省、自治区和直辖市，超过100个城市提供一小时到家的商超配送服务。

资料来源　编者根据华润万家官网整理。

请同学们结合资料思考：（1）华润万家如何识别消费者期望？（2）华润万家线上业务有哪些作用？

2）收集顾客满意数据

①企业应识别对顾客满意有重要影响的产品或服务特性、交付特性和组织特性。为了方便，企业可对特性进行分类。例如，产品或服务特性：质量、可靠性、特点、美观、安全性、保养、价格、感知价值、保修期等；交付特性：按时交付、订单的完整性、响应时间、操作信息等；组织特性：人员的礼貌和沟通、结算过程、投诉处理、安全保障、商业道德、社会责任、社会形象、透明度等。企业应根据顾客感受对所选特性的相对重要程度进行排序。必要时，企业应采取细分顾客调查，以确定或验证顾客对特性相对重要程度的感受。②收集顾客满意数据的方法取决于多种因素，如顾客的类型、数量和地域或文化分布，与顾客互动的时间长短和频次，企业提供的产品或服务性质，测量目的和测量方法的成本。企业在经营过程中可以通过一些渠道获取与顾客有关的数据，如产品退换货、顾客投诉和争议等。采集顾客满意数据应系统、详细并给予记录。选择数据收集方法和工具时，企业应考虑顾客的类型和易接近程度、收集数据的时间安排、可使用的技术、可利用的资源等，尤其是在大数据时代企业应按照相关法律、法规保护顾客的个人隐私及信息安全等。

3）分析顾客满意数据

企业应根据所要收集数据的需求和类型，选择一种适合的收集数据的方法，常用定性或定量调查的方法或二者结合，并将分析结果形成研究报告，报告中可以形成顾客满意指数、顾客体验度、顾客满意度、净推荐值等定量指标，也可以包括能帮助企业识别改进领域的建议，以最终增强顾客满意，为企业更大的利益和使命服务。

4）沟通顾客满意信息

为实现经营目标，企业应将顾客满意数据的测量和分析所获得的信息分享给相关职能部门，以便采取措施改进产品或服务、过程或战略。企业应确定与哪些顾客交流什么信息，并制定改进措施。无论是顾客反馈的正面信息还是负面信息，都能帮助企业解决顾客需求方面的问题，还能帮助企业理解顾客期望或解决关于顾客对交付产品或服务的感受问题，从而增强顾客满意度。

5）持续监测顾客满意信息

①企业应核实所选择的顾客或顾客群与数据收集目的是否一致和完整，并检查直接和间接的顾客满意信息来源的有效性和相关性；②企业应由适当的管理层级定期对顾客满意信息进行监视；③企业应监视有关顾客满意信息传递给相关职能部门的过程，以便采取旨在增强顾客满意的措施，还应监视所采取措施的实施情况；④企业应评估改进措施的效果，验证所收集的顾客满意数据与其他相关的经营绩效指标是否保持一致，或被这些指标证实。

课外阅读 14-1

4项国标促质量管理提效加力

2021年9月，国家市场监督管理总局、国家标准化管理委员会公布了4项和质量管理相关的标准，分别是《质量管理 顾客满意 组织行为规范指南》（GB/T 19010—2021）、《质量管理 顾客满意 组织外部争议解决指南》（GB/T 19013—2021）、《质量管理 质量计划指南》（GB/T 19015—2021）、《质量管理 项目质量管理指南》（GB/T 19016—2021）。

随着这4项国家标准的发布，我国基本上已经完成了质量管理体系和顾客满意系列的所有国家标准的修订工作。这些标准的实施有助于增强顾客对组织的信赖，有助于改进组织处理投诉和争议的方法，帮助组织在争议解决过程中最大限度地降低不利影响，提高组织声誉或避免对组织声誉的损害，提高顾客满意度和忠诚度。每一项标准，对提升产品服务质量、提高顾客满意度，都有重要作用。

资料来源 任震宇. 4项国标促质量管理提效加力［N］. 中国消费者报，2021-09-16（3）.

要进一步了解以上4项国家标准的内容，可以扫描二维码查看。

单元小结

本单元阐述了服务、服务商品、服务质量、顾客满意的基本内容，主要介绍了服务、服务商品、服务质量、顾客满意的含义，重点介绍了服务商品的类别、服务商品的特征、服务质量的构成、顾客满意度的衡量，还分析了有形产品制造和服务活动的区别、顾客满意度的特点及顾客满意的测量及改进。

主要概念

服务 服务商品 顾客满意

基础训练

一、选择题

1.服务商品的特征主要有（   ）。

A.无形性　　　　　　B.不可储存性　　　　C.不可分离性　　　　D.异质性

2.服务商品质量的评价要素一般包括（   ）。

A.有形性　　　　　　B.可靠性　　　　　　C.响应性　　　　　　D.保证性

3.服务商品质量的构成包括（   ）。

A.技术质量　　　　　B.过程质量　　　　　C.形象质量　　　　　D.真实瞬间

4.衡量感知质量主要包括（   ）。

A.对可靠性的感知　　　　　　　　　　　B.总体感知

C.满足顾客个人需求的程度　　　　　　　D.有形性感知

二、判断题

1.顾客满意程度越高，抱怨就越少、越轻微；顾客满意程度越低，抱怨就越多、越严重。　　　　　　　　　　　　　　　　　　　　　　　　　　　　（   ）

2.服务接触主要包括电话接触、面对面接触、远程接触。　　　　　　（   ）

3.服务质量指的是顾客总体的感知服务质量。　　　　　　　　　　　（   ）

4.服务商品质量具有很强的客观性和差异性。　　　　　　　　　　　（   ）

5.顾客期望是顾客在消费某种商品之前对其质量的综合估计，不能反映出对其未来质量水平的预期。　　　　　　　　　　　　　　　　　　　　　　　（   ）

6.随着互联网和科技的发展，远程服务也会越来越多。　　　　　　　（   ）

7.移情性的本质是通过个性化的服务使消费者感到自己是唯一的和特殊的。

（   ）

三、简答题

1.服务商品的特征主要有哪些？

2.服务商品有哪些类别？

3.有形产品制造和服务活动有哪些区别？

4.服务商品质量的构成包括哪些方面？

5.如何理解顾客满意和顾客满意度？

6.企业如何进行顾客满意的测量及改进？

实践训练

案例：当幸福万家不再是愿景

大到国家，小到企业、个人，如何让人民真正拥有获得感、幸福感？回答这个问题前，华润万家——这家中国最具规模的零售连锁企业已给出了最佳范例。从刚刚创立到如今的蓬勃发展，华润万家已分布28个省、自治区和直辖市，自营门店总数超过3 240家，员工人数近17万人，实现销售额近900亿元。随着中国消费升级步伐的加快，消费者更青睐高品质消费模式，区别于传统的商超大卖场，华润万家等众多零售企业纷纷推出了创新型超市，提供丰富、优质的食材，以满足都市人群品质化的日常消费需求。

　　"第一次去逛这个新开的超市，里面的东西种类实在是太丰富了，特别是第一眼看到的报纸、粽子、水果，都太形象，颜值太高了。""喜欢的各类国内外生活品牌基本都有，特别是零食品类很多，是零食控的挑选好去处。在里面逛逛，买了一些东西，自助付款机体验也不错。"在广西南宁首家万家CiTY购物消费后的两位消费者这样评价。该店定位商圈生活所需，以新鲜、健康、高品质商品服务于新一代城市家庭，传递"轻享生活+健康"的理念。事实上，这只是华润万家基于为消费者服务进行品牌升级的一个缩影。在中国连锁经营协会秘书长彭建真看来，在"客群细分的背景下，从消费者的需求出发，形成不同业态差异化运营，从而提升品牌竞争力，是以华润万家为代表的多业态零售企业必须完成的能力升级"。90后上班族的张女士居住在深圳市福田区，她表示新开业的Olé精品超市给她的生活带来了极大的便利。"这里汇聚了来自美国、英国、澳大利亚、日本等全球多个国家和地区的优质好物与新鲜食材，从产地直送的肉类和水产、天然新鲜的时蔬水果到现场加工透明可视化的面包坊、高性价比的进口美酒，再到安全贴心的母婴用品、方便实用的家居配置，一站式满足日常所需。"

　　近年来，华润万家加速建设自有线上渠道"万家App"，并与第三方线上渠道展开合作，推进全渠道业务，不断延伸线下门店的服务范围。归根结底还是在捕捉消费者的需求。

　　对企业而言，自觉主动地投入慈善事业，回馈社会和人民是践行社会责任的体现。12年来，华润万家一直是"地球一小时"活动的积极参与者；在关爱社区方面，华润万家也一直贡献企业力量，如"夏季送清凉""冬季送温暖"活动是华润万家发起的户外工作者关爱活动，多年来一直为坚守岗位的户外工作者准备饮品和消暑、防寒物资，让社区更美好。温暖是一种无形的力量，可以穿破严寒，也可以跨越时间。"共同制造美好"，在践行社会责任的道路上，华润万家也在不懈追求卓越的精神内核。

　　资料来源　何欣. 当幸福万家不再是愿景［EB/OL］.［2021-10-11］. https://www.crv.com.cn/xwzx/mtbd/202110/t20211020_594176.html.

　　结合案例分析：

　　1.华润万家面对消费升级进行了哪些变革？

　　2.华润万家是如何让顾客满意的？

　　3.华润万家是如何践行社会责任的？

主要参考文献及网站

［1］陈文汉，陆影. 商品学概论［M］. 3版. 北京：中国人民大学出版社，2024.

［2］汪永太，李萍. 商品学概论［M］. 7版. 大连：东北财经大学出版社，2021.

［3］王孝通. 中国商业史［M］. 上海：东方出版中心，2020.

［4］黄洪波，徐丽. 商业简史：从大航海到物联网时代［M］. 成都：西南财经大学出版社，2020.

［5］谈留芳，任锋娟，王琳. 商品学［M］. 3版. 北京：科学出版社，2019.

［6］胡东帆. 商品学概论［M］. 5版. 大连：东北财经大学出版社，2020.

［7］张淑君. 服务管理［M］. 3版. 北京：中国市场出版社，2021.

［8］张世海. 商品学实务项目化教程［M］. 2版. 南京：南京大学出版社，2019.

［9］陈征科. 商品归类精要［M］. 上海：复旦大学出版社，2019.

［10］陈克伦. 瓷器中国［M］. 上海：上海书画出版社，2021.

［11］艺美生活. 寻茶记：中国茶叶地理［M］. 北京：中国轻工业出版社，2018.

［12］本书编委会. 中国地理标志产品集萃——陶瓷［M］. 北京：中国质检出版社，中国标准出版社，2016.

［13］农业部农产品质量标准研究中心. 食用农产品消费健康科学面对面［M］. 北京：中国标准出版社，2017.

［14］本书编委会. 中国地理标志产品集萃——水果［M］. 北京：中国质检出版社，中国标准出版社，2016.

［15］李慧中. 服务特征的经济学分析［M］. 上海：复旦大学出版社，2016.

［16］国家质量监督检验检疫总局产品质量监督司. 产品质量安全知识读本：日用消费品（二）［M］. 北京：中国标准出版社，2013.

［17］许晖. 服务营销［M］. 2版. 北京：中国人民大学出版社，2021.

［18］李志伟. 中国风物特产与饮食［M］. 4版. 北京：旅游教育出版社，2012.

［19］鲁怀坤，宋结合. 水果市场营销一本通［M］. 郑州：中原农民出版社，2010.

［20］戴强. 蔬菜市场营销一本通［M］. 郑州：中原农民出版社，2010.

［21］国家市场监督管理总局，http：//www.samr.gov.cn.

［22］国家认证认可监督管理委员会，http：//www.cnca.gov.cn.

［23］国家标准化管理委员会，http：//www.sac.gov.cn.

［24］中国消费者协会，http：//www.cca.org.cn.

［25］中国物品编码中心，http：//www.gs1cn.org.

［26］国家市场监督管理总局产品质量安全风险监测中心，http：//www.prisk.cn.

［27］中国质量协会，http：//www.caq.org.cn.

［28］新华网，http：//www.xinhuanet.com.

［29］地理标志网，http：//www.cpgi.org.cn.